"博学而笃志,切问而近思。"
(《论语》)

博晓古今,可立一家之说;
学贯中西,或成经国之才。

复旦博学·复旦博学·复旦博学·复旦博学·复旦博学·复旦博学

主编简介

竺乾威，全国MPA教育指导委员会成员，复旦大学国际关系与公共事务学院教授、公共行政系主任、博士生导师。主要讲授公共行政理论、比较行政等课程。在《公共行政与人力资源》和美国出版的《国际公共行政》等有影响的杂志上发表过学术论文，主编著作《当代中国公共政策》、《公共行政学》、《行政学导论》等，专著有《官僚政治》等。

邱柏生，复旦大学国际关系与公共事务学院教授、博士生导师。长期从事马克思主义理论与思想政治教育学的教学和科研工作，主编《思想教育接受学》、《大学生人生道德引论》、《人的发展与社会发展》等著作。同时从事公共管理学方面的研究，侧重于组织文化、组织行为问题等领域。

顾丽梅，女，复旦大学国际关系与公共事务学院副教授，主要研究领域为政府治理、公共政策等。出版专著《信息社会的政府治理》，主编教材《西方国家政治制度》，参与了《公共行政学》、《当代中国行政制度》等MPA教材的编写工作，并在《国外社会科学》（北京）、《中国社会科学季刊》（香港）、《国家行政学院学报》等核心学术期刊上发表论文近30篇。

复旦博学·MPA系列

组织行为学

竺乾威　邱柏生　顾丽梅　主编

复旦大学出版社

内容提要

本书从个体行为、团体行为、组织行为和组织发展四个方面，系统而完整地阐述了组织行为学的基本概念和基本理论，包括个体知觉、个性心理与行为、群体规模与行为、团队组织和管理、群体沟通与冲突、领导与决策、权利与政治、组织设计与组织文化等等。

围绕一定组织中人的心理与行为活动的相互作用，通过对个体、群体心理特征和心理活动的分析，揭示其与组织行为的各种关系，这是本教材的基本思路，也是其内容的逻辑发展过程。与偏重于企业组织的其他同类书比较，注重联系公共管理（公共组织）的实践则是本书的一大特色。

目 录

前言 ·· 1
绪论 ·· 1
  一、组织行为学的研究对象和研究领域 ·············· 1
  二、组织行为学的理论基础 ························ 5
  三、研究组织行为学的意义 ······················· 10
  四、组织行为学的研究方法 ······················· 13
  思考题 ··· 18

第一篇 个体行为

第一章 知觉与个体行为 ···················· 21
  一、知觉概述 ··································· 21
    (一) 知觉的概念 ····························· 21
    (二) 影响知觉的主客观因素 ··················· 23
  二、社会知觉 ··································· 27
    (一) 社会知觉及其内涵 ······················· 27
    (二) 知觉误差 ······························· 29
  三、个体的知觉类型与行为方式 ··················· 30
    (一) 知觉分类 ······························· 30
    (二) 知觉类型对行为方式的影响 ··············· 33
  思考题 ··· 36
  案例讨论 ······································· 36

第二章 个性心理与管理 ……………………………………………… 38
一、个性概述 …………………………………………………… 38
（一）个性的结构及特点 ………………………………… 38
（二）个性差异的根源 …………………………………… 42
二、能力与管理 ………………………………………………… 44
（一）能力类型及个体差异 ……………………………… 44
（二）能力的管理学意义 ………………………………… 48
三、性格与管理 ………………………………………………… 50
（一）性格的特征与类型 ………………………………… 50
（二）性格的管理学意义 ………………………………… 53
四、气质与管理 ………………………………………………… 55
（一）气质的类型及特点 ………………………………… 55
（二）气质的管理学意义 ………………………………… 57
思考题 …………………………………………………………… 59
案例讨论 ………………………………………………………… 59

第三章 个性倾向性与行为 ………………………………………… 61
一、需要与动机概述 …………………………………………… 61
（一）需要的分类与层次 ………………………………… 61
（二）动机与行为 ………………………………………… 64
二、态度与价值观 ……………………………………………… 69
（一）态度概述 …………………………………………… 69
（二）工作态度与工作绩效 ……………………………… 74
（三）价值观与人的行为 ………………………………… 76
三、个性差异与行为管理 ……………………………………… 81
（一）个性差异与人性假设 ……………………………… 81
（二）个性差异管理 ……………………………………… 85
思考题 …………………………………………………………… 88

第二篇 团体行为

第四章 群体的一般理论 ... 91
一、群体概述 ... 91
（一）群体的概念 ... 91
（二）群体维度的发展阶段 ... 95
二、影响群体行为绩效的主要因素 ... 98
（一）群体的规模和群体内的人际关系 ... 98
（二）群体的士气与凝聚力 ... 102
（三）群体的行为规范、压力与从众行为 ... 105
三、非正式群体 ... 107
（一）非正式群体及其特征 ... 107
（二）非正式群体的功能 ... 108
思考题 ... 110

第五章 团队建设 ... 111
一、团队概述 ... 111
（一）团队的涵义与特征 ... 111
（二）团队结构与类型 ... 113
（三）团队的目标、过程和作用 ... 115
二、团队的建设和管理 ... 118
（一）团队的建设 ... 118
（二）团队的领导和管理 ... 121
三、团队的发展及其文化 ... 124
（一）团队的生命周期 ... 124
（二）团队文化 ... 125
（三）走出团队的误区 ... 128
思考题 ... 129

第六章　群体沟通 ····················· 130
一、群体沟通概述 ····················· 130
（一）群体沟通的含义 ··············· 130
（二）群体沟通的网络 ··············· 136
二、群体沟通中的心理分析 ············· 140
（一）群体沟通中的相互作用分析 ····· 140
（二）个人间信息交流格调的模型 ····· 143
三、群体沟通的障碍及其对策 ··········· 145
（一）群体沟通的障碍 ··············· 145
（二）群体沟通的改善 ··············· 147
思考题 ····························· 148
案例讨论 ··························· 149

第七章　群体冲突 ····················· 154
一、冲突概述 ························· 154
（一）冲突的含义 ··················· 154
（二）冲突的来源 ··················· 157
二、冲突的层次与过程 ················· 161
（一）冲突的层次 ··················· 161
（二）冲突的过程 ··················· 164
三、冲突管理的基本策略 ··············· 170
（一）预防和引发冲突的基本策略 ····· 170
（二）谈判的基本策略 ··············· 172
思考题 ····························· 175
案例讨论 ··························· 175

第三篇　组 织 行 为

第八章　领导 ························· 179
一、领导概述 ························· 179

（一）领导的本质 ·········· 179
　　（二）领导的基础与功能 ·········· 181
　　（三）领导集体 ·········· 185
　　（四）领导效率 ·········· 190
　二、领导与决策 ·········· 195
　　（一）决策思维 ·········· 195
　　（二）群体决策 ·········· 198
　三、领导理论 ·········· 201
　　（一）传统的领导模型 ·········· 201
　　（二）偶然性领导模型 ·········· 204
　　（三）最新的领导行为模型 ·········· 212
　思考题 ·········· 216

第九章　激励 ·········· 217
　一、激励概述 ·········· 217
　　（一）激励的含义、原则及一般模式 ·········· 217
　　（二）激励理论 ·········· 222
　二、激励理论的应用 ·········· 230
　　（一）目标管理 ·········· 230
　　（二）工作设计和职业生涯设计 ·········· 232
　　（三）有效的奖惩体系 ·········· 236
　思考题 ·········· 237
　案例讨论 ·········· 237

第十章　权力与政治 ·········· 240
　一、权力概述 ·········· 240
　　（一）权力的含义 ·········· 240
　　（二）权力的基础 ·········· 243
　二、权力的行使 ·········· 247
　　（一）权力行使的条件 ·········· 247
　　（二）权力行使的原则 ·········· 249
　　（三）权力行使的技巧 ·········· 251

三、政治 ... 254
　（一）权力与政治 ... 254
　（二）政治行为 ... 256
　（三）对政治行为的道德制约 ... 258
思考题 ... 259

第四篇　组 织 发 展

第十一章　组织设计 ... 263
　一、组织概述 ... 263
　　（一）组织的含义及其分类 ... 263
　　（二）组织的结构与功能 ... 267
　二、组织的一般理论 ... 270
　　（一）传统组织理论 ... 270
　　（二）行为科学组织理论 ... 274
　　（三）系统学派组织理论和权变理论 ... 277
　　（四）组织理论的新发展 ... 279
　三、组织设计 ... 281
　　（一）组织设计过程 ... 281
　　（二）影响组织设计的因素 ... 289
　思考题 ... 291
　案例讨论 ... 291

第十二章　组织文化 ... 293
　一、组织文化概述 ... 293
　　（一）组织文化的含义、特点与功能 ... 293
　　（二）组织文化的类型 ... 298
　二、组织文化理论 ... 304
　　（一）7S框架 ... 304

（二）卓越企业文化论 ……………………………… 305
　　（三）美国企业精神 …………………………………… 306
　　（四）Z理论 …………………………………………… 308
　三、组织文化的发展 ……………………………………… 309
　　（一）组织文化的塑造机制 …………………………… 309
　　（二）组织文化的发展阶段与层次 …………………… 311
　思考题 ……………………………………………………… 313

第十三章　组织变革 …………………………………… 314
　一、组织变革概述 ………………………………………… 314
　　（一）组织变革的动力 ………………………………… 314
　　（二）组织变革的阻力 ………………………………… 317
　二、组织变革的模式 ……………………………………… 320
　　（一）组织变革的系统模式 …………………………… 320
　　（二）组织变革的过程模式 …………………………… 322
　　（三）组织变革的成长模式 …………………………… 325
　　（四）组织变革的综合模式 …………………………… 327
　三、组织变革的方法 ……………………………………… 328
　　（一）以人和文化为重点的方法 ……………………… 328
　　（二）以任务和技术为重点的方法 …………………… 331
　　（三）以结构和战略为重点的方法 …………………… 334
　思考题 ……………………………………………………… 337
　案例讨论 …………………………………………………… 337

主要参考书目 …………………………………………… 341

前　言

《组织行为学》是管理学中的一门专业基础课程,已有的《组织行为学》教材多偏向于企业管理方面的论述。本书作为 MPA 教材,力图反映公共管理方面的内容,进行更具普适性的阐述。当然,这一努力还非常不够。

本书由我们确定框架,参与本书写作的作者分别是邱柏生(绪论)、胡位钧(第一章)、李春成(第二章)、刘彩虹(第三章)、尹钢(第四章)、王石泉(第五章)、陈红(第六章)、何俊志(第七章)、赵永红和顾丽梅(第八章)、李琳(第九章)、竺乾威(第十章)、陶国宏(第十一章)、邹珊珊(第十二章)、刘圣中(第十三章)。本书是集体合作的结果,我们对参与的各位作者表示感谢。对于本书中存在的缺点和不足,欢迎读者批评指正。

竺乾威　邱柏生　顾丽梅
2002 年 6 月于
复旦大学国际关系与公共事务学院

绪　论

> 组织行为学是一门怎样的学科？它的研究对象和研究领域是什么？它的理论体系及其理论渊源和理论基础又是什么？研究组织行为学有什么意义？需要掌握哪些主要方法和途径？这些问题都需要我们在学习这门学科的起始就加以明确。

一、组织行为学的研究对象和研究领域

组织行为学的名称现在已被越来越多的人所熟悉，但它的许多内容却不为人们所熟知。这一方面是由于这门学科在中国还属一门新学科，尽管已有二十余年引进、介绍和自主研究的历史，但我们至今还没有形成有中国特色的组织行为学的内容体系，基本上还停留在以介绍国外学者研究成果为主的层次上。另一方面在于这门学科还处于不断发展变化之中，至少是它的研究领域和学科边界在不断拓展，跨文化研究的特征日益明显，从而使人们对它的深入了解增加了难度，同时也因它的不断变化而倍增人们的研究兴趣。

组织行为学是系统研究一定组织中人的心理和行为活动交互作用的一门学科。换言之，它专门研究处于组织环境之中的个体、群体以及整个组织之间的相互作用、包括这些活动主体与外部环境的相互作用所形成的、与组织生存和发展目标相关的一切行为。要把握组织行为学的研究对象，必须明确以下要点。

首先,组织行为学主要研究人的心理和行为活动的交互作用。从顾名思义的角度理解组织行为学,会以为它是专门研究人的行为问题的。然而,人的行为从来不是凭空发生的,而是在一定的环境因素刺激下,受到人的心理因素的支配而发生和进行的。因此,研究人的行为不能脱离人的心理,即人的行为总是在一定的心理过程、心理状况和个性心理的作用下发生的。一方面,从个体行为的发生来看,每个个体的行为总是受到他自身心理的影响,同时会受到其他个体的心理的影响;从群体行为来看,群体成员的行为不仅受到该群体心理的制约,而且会受到其他群体或组织心理的影响。另一方面,人的行为及其后效(结果)也会影响和形成新的心理。这种影响关系不仅可以是个体自身的、个体相互之间的,也可以是群体行为及其后效对个体心理的影响,以及群体相互之间心理与行为的交叉影响。我们在日常生活或管理活动中不难看到,某员工可以因为自己的某个行为顺利达到目标而感到自豪和兴奋,也可能因为自己的某个行为失误而沮丧并影响到自信心;若干员工也可以在群体心理或组织心理的支持和激励下感到无比振奋;决策阶层的某个错误决策或管理人员的某个管理行为的失误都可能导致下属的情绪低落,而这种低落情绪又会影响到他们的后继行为。这就是心理与行为的交互作用。

其次,组织行为学研究的是在一定组织体系中的人。这里所说的一定组织体系,可以包括企业组织、事业组织、政府组织、军事组织、非政府组织、民间组织等等,其中以企业组织为主。问题是如何理解"组织体系"?这里可以存在狭义与广义两种理解。狭义的传统的看法认为,组织就是人的集合体,或者更严格地说,组织就是具有一整套权力配置体系和相应规制运行其中的人的集团,这种人的集团有明确的边界。如人们提起经营组织,就认为它是经营者和职工的集团。因此,对组织行为学所研究的人可以十分明确地加以界定。我们可以研究某一企业集团中的员工的心理和行为,但一般不会对南京路步行街上随意漫步的人们的心理和行为感兴趣。因为前者是在组织体系中的人,而后者不属于组织体系中人。广义的看法认为,组织不是人的集团,而是相互协作的关系,是人相互作用的系统(巴纳德)。因此,股东和消费者也是经营组织的一部分。然而,股东与消费者在不断地变化,所以,不能把包括不断变化的股东与消费者在内的人的集团看成是组织。同时,具体的个人不仅参加一个特定的组织,而且也参加其他的组织,个人是站在许多组织的连接点上的。这就带来了对理解"一定组织体系中的人"的困难。对学校组织、政府组织等这些服务组织和公益组织来说,在南京路步行街上漫步的人们肯定不是"组织体系中的人",因为这些人没有发生与这些组织的相互协作关系。然而,对于南京路上的各种经营组织来说,这些漫步者的心理与行为就是他们必须研究的对象,商家的一切活动就是为了满足顾客的需要,并争取越来越多的"回头客"。

可以认为,组织行为学的研究对象最初限定于企业组织中的员工,但目前随着学科研究受到社会的广泛重视,它的研究对象的边界也在不断拓展。"一定组织体系"的含义也变得越来越丰富。

组织行为学与行为科学有联系又有区别。对行为科学可以作广义与狭义两种理解。广义的行为科学是指综合运用社会学、人类学、心理学等学科的理论知识来研究人的行为发生变化及其特征的一个学科群。在这个学科群中,包含着许多从不同视角解读不同人群的行为方式及其行为特征的分支学科,如专门研究在政治系统中活动的社会集团、社会阶层和人群的行为问题(譬如投票行为)的政治行为学;有专门研究病人行为以及病人与医疗者两者行为互动关系的临床行为学;有专门研究罪犯和犯罪嫌疑人的心理和行为的犯罪行为学;自然也包括了研究一定组织中人的心理与行为活动规律的组织行为学,以及其他诸如此类的行为学。狭义的行为科学是指管理理论中的一个学说。同时,行为科学还可以理解为一种研究动向。正如《简明不列颠百科全书》中所指出的那样:"虽然有些作者把它和社会科学相区别,但它还是经常作为'社会科学'的同义语。但'行为科学'这个术语表示了一种研究动向,它比'社会科学'这个旧词更富有实验性。"

组织行为学与管理心理学也有联系与区别。它们的联系主要表现为研究对象的相同,即都研究一定组织中的人的心理与行为活动的规律性,并且都以组织中的人为主要研究对象。而它们的区别主要表现在如下方面:首先,两者的学科性质有所区别。管理心理学作为心理学的一个分支,最先应用于20世纪初期的企业管理中,在长期的发展过程中,它的重点一直围绕着以人为中心的管理基础理论、实验技术和方法的研究,它是应用心理学的一门应用理论学科。而组织行为学作为管理心理学的新发展,则比较强调实践和应用,因此是一门应用学科,它更多研究提高管理效能的应用技术和方法。其次,两者在研究对象的内在关系处理上侧重点不同,即管理心理学在研究人的心理与行为两者关系时,侧重于研究人的心理,即研究人的怎么样的心理会导致什么样的行为,而行为及其后效又会影响人们发生怎么样的心理。组织行为学在研究人的心理与行为两者关系时,则侧重于研究人的行为,即研究行为发生的原因、过程、特点、效果等,它们与心理是一种怎么样的关系。

组织行为学的理论体系是由它的研究对象和研究领域所决定的。而研究对象与研究领域的关系,则表现为"一"与"多"的关系。组织行为学的研究对象只有一个,即一定组织体系中人的心理与行为活动的交互作用及其规律性,而研究对象的表现方式却是十分丰富的。这种研究对象表现方式的丰富多彩性就构成了组织行为学广阔的研究领域。一般而言,这种丰富多彩性是由"人"的多样性所决定的,人可以表现为个体,从而产生个体心理与行为,人可以表现为群体,从而表现为群体心理与行为,人又可以结成组织,从而形成组织心理与组织行为。因此组织行为学的理论体系大致如下:

个体心理与行为。这是组织行为学研究的基础。个体心理主要包括心理过程、心理状况和个性心理三方面因素,它们都与行为有着密切的关系。因此,我们将分别研究人的社会知觉与行为,社会学习与行为,特别是研究人的个性与行为的关系,即依次展开个性心理特征、个性倾向性诸内容与行为的关系的论述。

群体心理与行为。这是组织行为学研究的重要内容。众所周知,在社会活动中,离群索居的个体是无法存在的,为了活动和生存,人们必须结成一定的社会关系,必须组成一定的群体或组织,从而产生群体心理与行为。群体心理不是由组成该群体的全部个体的单个心理简单叠加而成,而是由这些心理交互作用产生的新的心理。群体心理对个体行为发生着丰富的影响作用,并且影响着群体行为。对此,我们将主要围绕着群体的一般理论、群体人际关系、群体沟通、群体冲突等问题进行论述。

组织心理与行为。这是组织行为学研究的重点。它可以分成三大分支,一是领导行为,包括决策行为、激励行为、领导过程和行为等;二是组织行为,包括组织设计、组织运行、组织变革、组织文化等;三是组织中的工作行为,包括工作设计、工作压力、员工的选择、培训和工作绩效评价等。

二、组织行为学的理论基础

组织行为学的产生和发展,经历了漫长时间的经验提升和理论汇集。由于坚持着"问题研究"的实用性原则,因此在学科发展中不受任何专业理论和思想的束缚,只要有助于解决问题的学科理论,都可以为其所用。这一研究特征使组织行为学具有丰富的多学科背景,并且能够持续地、大量地获得众多学科新知识的渗透和支撑。这些学科主要有心理学,特别是社会心理学、生理学、社会学、管理学、政治学、文化人类学、经济学等。在具体的研究过程中,人们通常特别关注以下学科理论对组织行为学的支撑。

心理学理论的应用。心理学曾经是一门被认为是"非自然科学又非社会科学的学科",它专门研究人的心理现象和心理活动。早在20世纪初期,心理学就被人们用于研究企业生产管理中出现的一些问题。二战以后,心理学得到了蓬勃发展,对心理学的研究也朝着纯理论和实际运用的两个方向纵深拓展,形成了门类繁多的心理学分支。在理论心理学领域,除了普通心理学理论不断发展之外,还有实验心理学、生理心理学、发展心理学、比较心理学、学习心理学、人格心理学等。在应用心理学领域,教育心理学、组织心理学(管理心理学)、环境心理学、政治心理学、犯罪心理学、商业心理学、领导心理学、销售心理学、广告心理学等等层出不穷。也有分类法将普通心理学分成个体心理学和社会心理学两大类,个体心理学包括研究个体、个性的一切心理学分支,如生理心理学、个性心理学、神经心理学、缺陷心理学等。而社会心理学则包括了研究群体和社会活动中各种人群的心理活动和心理想象的一切心理学分支,如集体心理学、民族心理学、犯罪心理学、宣传心理学等。可以说,这些心理学科的不断丰富发展,都启示和支持着组织行为学研究的不断进展。

心理学理论告诉人们,人类的心理现象和心理活动是丰富多彩的,它大致可以分成三类,即心理过程、心理状态和个性心理。第一类是心理过程。心理过程是心理活动的主要方面,它通常指认识、情感和意志三个方面的心理活动过程。认识是最基本的心理过程,它包括感觉、知觉、记忆、思维、想象等。情感是人们与对他们的需求满足有意义的事物建立联系后所产生的喜、怒、哀、惧等心理体验。情感具有两极性，一般而言，凡能符合主体需求之事物便产生积极的情感，反之，则产生消极的情感。意志过程是指人们自觉地确立目标，支配和调节自己的行动，克服困难以实现其预定目标的心理过程。认识过程、情感过程和意志过程是相互联系、相互制约、统一进行的，它们构成了心理过程的整体。它们又是不断变动和丰富多彩的，人脑反映客观事物，总是通过认识过程、情感过程和意志过程的综合过程而进行的，不同的人对同一事物也都会产生不同的心理过程，每个人对同一事物发展的全过程的不同阶段，也会产生不同的心理过程。因此，心理过程总是表现为一种动态的过程。第二类是个性心理。它是一个人身上经常地、稳定地表现出来的心理特征的总和，这种心理特征就是个体的认识过程、情感过程和意志过程的倾向性和特点，而这些稳定的心理特征就构成了人的个性。个性从其结构来说，包括相互联系的两个方面，即个性倾向性和个性心理特征。个性倾向性主要指需要、动机、信念、理想、价值观、世界观等，它们决定着个体心理和行为的方向，制约着个体所有的心理活动，是人的活动的基本动力。为此，人们也把个性倾向性称为个性的动力结构。个性心理特征是个体身上经常地稳定地表现出来的心理特点，主要包括气质、性格和能力，它通常决定着个体的行为样式和风格。第三类是心理状态。它是心理活动在某一短暂时间内的相对稳定特征，如表现在认识过程中的意义障碍状态，思维过程中的定势和疑难状态，情感情绪过程中的激情和心境，意志过程中的坚毅与犹豫状态，以及日常生活中的分心、疲劳、冷淡、烦恼、紧张、克制等。心理状态不同于心理过程和个性心理，它兼有心理过程和个性心理的特点，既有暂时性，也有一定的稳定性。心理状态是心理过程与个性心理的中介，心理过程与个性心理的相互联系是通过心理状态实现的。总之，心理过程、心理状态和个性心理既有区别，又有联系。"'心理过程'这个概念强调了心理学所确定的事实的过程性、动力性。'心理状态'这一概念说明心理事实的静止的因素、相对的稳定。'心理特征'表现心理事实的稳定性、在个性结构中心理事实的稳定性和重复性。"[①]

在组织行为学研究中，社会心理学的理论正越来越多地受到重视。这不仅是因为社会心理学研究更多倾向于应用性和实证性的课题，而且在于它所研究的主要问题对组织行为学有直接启示。一般而言，社会心理学研

[①] 〔苏〕彼得罗夫斯基：《普通心理学》，人民教育出版社1981年，第60页。

究的主要问题有社会动机的形成和种类、社会认知问题、社会态度问题;个人行为问题研究;群众性的社会心理现象研究,如模仿和流行、社会舆论和流言等;人际关系研究;团体心理研究等等,它们都对组织行为学关于个体心理与行为、群体心理与行为的研究有理论指导意义。

管理学理论的应用。管理学是从管理实践中形成和发展起来的,由一系列管理理论、职能、原则、方法和制度等组成的学科体系。其中管理理论的发展,经历了一个从古典管理理论、行为科学管理理论到现代管理科学理论,又到企业文化理论的漫长过程(此部分内容请参见本书第十一章)。

文化人类学理论的应用。文化人类学是人类学的主要构成部分。它的发展大体上可划分为两个阶段,第一阶段开始于19世纪60年代到70年代的欧洲,主要表现为只注重研究世界上的偏僻地区和小型社会,其目的主要是发现和甄别人类早期文化的不同演变及其阶段。这是因为欧洲人的对外扩张,使他们有机会发现和了解不同种族和民族的存在,了解到地球上存在着人类的多样性,存在着不同种族的生活方式的多样性,存在着文化的多样性,从而为文化人类学的产生和发展提供了丰富的资料。第二阶段是从第二次世界大战以来,文化人类学理论研究吸引了越来越多的学者,同时,随着全球化的文化变迁和文化传通,以及社会经济的迅速发展,不同地区、不同民族、不同族群相互之间交往的日益频繁,文化人类学的研究也出现了历史性的转变,这种转变突出表现在:由过去比较单纯的民族学研究转变为多元的文化研究;日益重视研究文化演进与人类行为之间的关系;重视因社会交往频繁而发生的跨文化现象所引起的行为方式研究;与其他学科渗透,形成了许多理论流派,诸如进化论、功能论、结构论、历史学派、心理学派、生态学派等等,这些研究开始注重把文化人类学研究转向实际应用,以适应多变的社会生活,并把发展问题与解决当代重大社会课题纳入自己的研究领域。

关于文化人类学所研究的主要问题,有许多学者提出了各自的见解。综合起来看,可以对文化人类学作广义与狭义两种理解。广义的文化人类学研究的是人类在与环境及相互之间的贯穿整个历史过程的竞争中创造出来的物质和文化的形式,以及这些文化与人的观念系统和行为系统之间的关系。广义的文化人类学在不同地区和国家有不同的称谓。在欧洲大陆被称为民族学,又称社会人类学。在美国有人称它为社会—文化人类学。由于广义的文化人类学以与人相关的所有对象和人类创造的文化作为研究对象,因而它的研究内容十分庞杂,这种庞杂的研究内容是无法单单依据某一学科理论所能厘清的,于是便形成了众多学科共同解读的情况。这种复杂的情况使得人们感觉到文化人类学仿佛是一门混乱的学科。狭义的文化人类学"主要研究人类物质文化与精神文化的起源和发展的规律,其内容包括语言的起源与发展、生产力、生产关系、经济基础和上层建筑以及人类社会制度、社会组织、宗教信仰、谚语、舞蹈、风俗习惯等精神文化。简言之,文化人类学研究整个人类文化的起源发展、演进过程,并研究和比较各民族、各国家、各地区、各社区的文化异同,借以展现文化的普同性及各个不同的文化模式"①。

文化人类学的主要研究内容是文化与人的关系。从文化人类学的产生看,可以明显地看出这一学科的特点。早期的人类学家在研究初民社会时,在惊异不同种族、不同地区人们的行为方式之间的差异时,最初试图用不同族群的生理因素,包括肤色、体质、体型等来证明这些差异及其各种人对不同环境的适应性。这就是体质人类学的主要任务。然而,随着研究的日益深入,人类学家发现,造成人们的观念系统和行为系统的差异性的最根本的原因是文化。诚然,没有人类就没有文化,"文化是指人类的主要行为特征,是人类群体所共有和习尚的行为、思维、感情和交流的选择性模式。"②另一方面,先人创造的文化,又是后人发展的基础,文化是人类生物进化的因素之一。

人们有时较难区别文化人类学和社会学研究之间的差异,于是有人把社会学的主要任务看作主要是研究"本文化",而人类学的主要任务是研究"异文化"。也有人认为文化人类学是"从比较完整的角度"去研究问题,"这种角度既注意到文化的生物基础,又包括文化积累发展的过程,即人类从生涯开端到当今的全部运动的所有人类的社会行为,使读者对文化存在的空间性和时间性获得一个整体性的认识。"③

文化人类学对组织行为学的最大启示在于跨文化研究的方法论。随着社会交流的频繁,各种不同文化之间的传通也日益密切。各种不同管理文

---

① 参阅〔美〕F·普洛格、D·G·贝茨著:《文化演进与人类行为》,辽宁人民出版社1988年,第1页。
② 〔美〕C·恩伯、M·恩伯著:《文化的变异——现代文化人类学通论》,辽宁人民出版社1988年,第5页。
③ 同上书,序言第6页。

化,包括不同的管理理念、经营管理价值观、人际沟通方式等等,都可能在同一时间和空间条件下汇合、交融,或者产生碰撞甚至冲突。在这种基础上就产生了跨文化管理的新课题。这一情形早已在我国的不少外企和中外合资企业中明显呈现。随着我国加入 WTO 和对外开放的进一步扩大,我国与国外的各种组织(包括大量企业组织)的交往也会进一步加强,研究与解决这些跨文化管理课题的迫切性和重要性日见显要。

具体地说,在大量的外资企业和中外合资企业中,管理者与管理者之间,管理者与一线操作员工之间,他们的观念和行为其实分别都是一定文化的产物,而他们之间的关系也就是不同文化之间的关系。不同文化背景的人,由于观念和生活经验的差异,在交往过程中常常存在信任和理解的障碍。因此,不同文化背景的人们彼此往来,就会存在跨文化传通的问题。在这种基础上,也就存在着跨文化管理的问题。20 世纪 70 年代,有人就论证了研究跨文化传通的重要性,从国际、国内和个人行为层面分别说明跨文化传通的作用。从国际上看,"地球村"使人们之间的交往变得不可避免,而一些共同利益和面临的共同挑战或危机,也需要不同国家、不同地区的人们寻求互相理解和沟通。经济全球化和文化多元化的并行走势使跨文化传通变得日益重要。从国内来看,文化的多样化特征也随处可见。不同社会群体、社会集团、不同地区的人们之间;主流文化和各种亚文化之间需要经常的、有效的沟通,才不至于发生因误会而引起的冲突。"人们越来越清楚地看到,误会(缺乏相互理解)的情况比我们预想的要深刻、复杂得多。我们常常在经受了痛苦之后才认识到,有些文化群体具有与我们不同的生活方式、价值观念和宇宙观。这种对于各种亚文化群体的理解并与之交往的需求,对跨文化传通的研究是一股重要的促进力量。"[①]从个人角度来看,跨文化研究可以使个人在以下四方面受益,其一,对新事物的发现,尤其是对其他人文化上特点的发现,会伴随着很大的乐趣和满足;其二,跨文化传通的知识能够帮助个人预见并解决在交往中将会出现的问题;其三,跨文化传通的领域提供了广泛的就业机会;其四,跨文化传通的研究将极大地改善人们的自我认识和理解。

从文化人类学的视角审视组织管理,不同的组织管理理论、措施、方法、手段等,其实都是不同文化的产物,或者是属于某种亚文化的东西,它有待

---

① 〔美〕萨姆瓦等著:《跨文化传通》,三联书店 1988 年,第 7 页。

于被主流文化所接纳、包容、统摄。更确切地说,它们是在性质、内容、作用等方面存在着差异的不同的管理文化。这些管理文化之间的传通、嫁接、移植,实际上是一个比较复杂和长期的过程。因此,传播和学习一种管理理论,实际上是在传播和学习一种文化。这种新文化与学习者原有的观念和行为方式所基础的文化可能发生一定程度的冲突而出现变异,从而形成一种新的管理文化。换言之,不同的管理文化仿佛是一块块有着不同底色的调色板,而将两块不同底色调色板的颜色调和,就会产生新的颜色。因此,对一个组织而言,不仅它原有的管理文化会随着外部环境的变化和组织内部战略、结构等组织变量的变化而出现演变,而且会随着它与其他组织之间的沟通与交流,使得外来的管理文化与其原有的管理文化进行"调和",从而形成新的管理文化,这种管理文化的性质组合,可能有以下几种:其一,这种管理文化可能是两种管理文化中的不良因素的产物,而使其具有不可避免的劣质性;其二,产生了"歪打正着"的结果;其三,两种管理文化中的优秀因素的结合,但出现了极大的变异,这是由于这种结合结果受到内外部一定时间、地点和条件的种种制约,从而使其实施的结果不尽如人意,甚至出现"播下龙种,生出跳蚤"的现象;其四,产生出优异的管理文化。因此,管理文化之间的沟通与学习,需要认真研究如何避免不良后果和促成积极效应的问题。

三、研究组织行为学的意义

尽管组织行为学还是一门新兴学科,但它却已在实践中发挥着越来越明显的作用,从而受到人们的日益关注。虽然人们对学习和研究组织行为学的意义还在不断认识之中,但它的如下作用已获得了人们的普遍认同。

1. 有助于不断提高管理水平和管理效度

无论是社会管理还是组织管理,它们都是复杂的系统工程。仅就管理对象来说,主要有事、物、人、财、信息等,而其中人是管理的中心。这不仅仅是因为人既是管理的客体,又是管理的主体,更在于人具有无限的主动性、积极性和创造性。研究组织行为学,其重要目的在于了解人,尊重人,关心人,以人为本。在此基础上,才可谈得上更好地发挥人的作用。

其实,在管理实践中贯彻"以人为本"原则是比较复杂的事。它既是一种管理方法,更是一种管理制度和管理理念。这是因为,任何管理都具有两重性,即具有自然属性和社会属性。一方面,管理作为对社会各种活动的计划、组织、协调、指挥等,是必不可少的一种社会功能,它既符合社会对各种活动顺利进展的需要,也体现了社会协调和社会发展的内在需求,也是人类自身发展的内在需求,这就是管理的自然属性。另一方面,任何管理又具有监督和控制的社会属性,这种社会属性受到特定社会中占统治地位的阶级意志的影响。在不同的社会中,管理的两重性的统一程度有很大区别。在阶级对抗的社会中,管理的自然属性与社会属性会出现很大的离异,具体表现为管理者(统治者)与被管理者(被统治者)两者的对抗,后者(被统治者)通常仅仅被前者(统治者)当作实现他们统治目的之工具,而不可能将自己同时又作为目的,因此,人作为目的与工具两者之间是分离的。在社会主义制度下,管理的两重性才可能出现统合。在这样的条件下,人既是工具,又是目的,它是工具与目的的统一。当然,这并不意味着我们就会自然而然地解决"以人为本"的问题。真正做到以人为本,还要解决一系列规制和措施的问题。

研究组织行为学,可以更好地掌握人的心理活动规律和行为规律,了解人的需求,注意满足人的合理需求,才能不断激发人的行为动机。同时,为了维护人们的良好的行为动机,光靠一时的满足需求是不够的,而是需要有科学的奖惩体系,有一整套科学有效的制度。因此我们又需要在制度建设上动脑筋。

值得重视的是,我们在加强制度建设的同时,一定要处理好制度管理与柔性管理之间的关系。即善于通过思想政治工作和文化建设,将外部规章和社会要求不断内化成人们的个体意识和行为动机。换言之,在管理活动中,主张在研究人们心理和行为活动规律的基础上,采用非强制的方式,使人们的心目中产生一种潜在的说服力,从而使组织意志变为人们自觉的行动。

2. 有助于改善群体管理状况,不断提高群体管理水平和质量

研究组织行为学,可以深入了解群体的心理活动和行为活动规律,注意确立和不断更新群体奋斗目标,注意满足群体的心理需求,以期激活群体的创造力和内驱力。

在社会生活多样化,特别是社会组织形式多样化的条件下,研究群体种类及其特征、行为方式等问题,具有特别重要的社会意义和理论价值。不同的群体,或是某种利益共同体,或是某种心理共同体,或者两者兼而有之,它们的人员组成有差异,以致在活动目的、活动内容、活动方式、活动特点等多方面都有不同的特征,并且在社会影响方面也会出现很大的差别,有些具有正功能,有些则具消极性。因此认真研究不同群体的发育、发展和有关管理、引导等问题,已成为组织行为学研究的新课题。尤其是在我国发展社会主义市场经济的过程中,为了发育市场和培育(做大)"社会",其中的重要课题是如何引导和培育社会非正式群体,这些非正式群体很可能就是未来的各种社会组织,包括各种社会中介组织、民间组织,它们将成为社会(社区)管理的重要力量或重要资源。

在社会群体多样化的条件下,不同群体有着不同的利益诉求和社会倾向性,因此,群体之间、群体内部个体与群体、个体与个体之间会发生不同程度的矛盾、有时甚至是冲突,而且这些冲突的表现方式也会是多种多样的。因此需要认真研究这些群体冲突,包括冲突形成的原因、解决对策等。

3. 有助于改善组织行为,提高组织行为的有效性

组织行为研究是组织行为学的"重头戏"。就现实性而言,主要有以下重要课题:第一,决策的科学性和民主化问题。现代社会的科学决策是关系到组织生存和发展的关键环节,它既需要有科学的决策理论指导,又需要有科学的决策程序和决策方法,还要有决策者的良好素质。第二,有效的领导行为研究。这种领导行为应该是领导者、被领导者和领导情势的函数值,它又涉及党的群众路线、领导理论、领导体制、领导作风、领导方法等一系列因素,其中核心问题是如何取得广大群众的拥戴和认同,不断激发群众的主动性、积极性和创造性。第三,组织创新和组织变革。面临着社会大转型和经济全球化的双重影响,我们的大量组织需要随着社会环境的不断变化而不断更新与改革。而在计划经济条件下生存的不少组织,现今几乎都面临着组织功能衰退、体制老化和机制落伍的问题。但不少组织在新旧体制转换的时刻,缺乏改革的内在动力,一些组织的改革主要是外力推动型。因此迫切需要研究组织改革的一系列问题,包括改革动力、改革目标、体制、机制、过程、内容、方法,还应研究改革面临的各种阻力及其克服。

组织变革的目的是为了提高组织效能。而不同功能的组织,其有效性的评价参数是有区别的。很显然,政府组织、政党组织不同于社会中介组织,经营性(企业)组织也不同于社会福利组织和慈善组织。进一步说,传统组织不同于现代组织,科层制组织也不同于学习型组织等等。因此,建立不同组织的效能评价体系,是规范组织行为的重要保障。至于这一课题究竟属哪一学科所研究,至今并不是一件很明确的事。但组织行为学研究肯定可以在这方面有所作为。

四、组织行为学的研究方法

组织行为学是一门实践性较强的应用性理论学科。在现代社会中,各种不同组织的变化层出不穷,令人眼花缭乱。这些不同属性的组织,上至政党、政府组织,下到民间互助组织,它们或从形成到成熟,或从规范到衰退,或面临着发展,或经受着挑战,或等待着选择,或尝试着改革,此起彼伏,兴衰不定。这些组织的行为正吸引着越来越多的人们对其产生研究兴趣。同时,许多组织的"边界"也开始变得越来越模糊,而在这些组织中活动的群体和个体的行为,也开始变得多样化和复杂化。组织人(或单位人)正向着"社会人"发展,即一个个体可以同时成为若干个组织的成员,于是他的行为也就会同时受到若干种组织文化的制约和影响。正是由于种种情况的复杂性,使得一些人对于组织行为学的研究产生了一种望而却步的疑难态度。有些人还以为研究组织行为学仅仅是学者和教授的任务,即便是各种组织的经营者和管理者,他们也不乏这样的认识。其实,他们是组织行为学研究中不可忽视的一支主力军,他们在大量的管理实践中积累了丰富的管理经验和对组织行为的直接感受。这些素材是研究组织行为学的最好的资料。但由于这些经营者和管理者对研究方法缺乏了解,平时与专门研究组织行为学的学者与教授也缺少必要的联系,从而使得他们感到自己是组织行为学研究的"门外汉"。对在研究所和高等院校工作的学者和教授来说,他们掌握着一定的研究方法,了解国内外专家学者的研究动态,对实践经验的归纳提炼和理论抽象是他们的强项,但他们往往缺乏直接的感性的经验材料。因此,两者的结合往往是促进组织行为学研究的最好的路径和方式。而在这一过程中,了解和掌握正确的研究思路和方法,对任何研究者都是十分必要的。

1. 研究组织行为学应当遵循的方法论原则

这里所说的方法论原则,是指组织行为学研究所必须遵循的基本要求,这些要求主要有:

首先,注意研究方法的多样性和综合性。组织行为学研究必须首先根据一定的研究目的,灵活选用观察、调查、实验等方法来获取研究素材、数据和有效资料,然后运用相应的分析技术对这些资料进行解析。在研究目的上,人们常常把研究分成探索性研究、描述性研究和验证性研究等。探索性研究通常指:有了初步的研究任务,但对研究的问题还没有明确的概念,对问题的具体成因也在摸索当中,于是对所研究的问题预先提出一些假说,然后运用观察、实验等方法进行验证。诸如"霍桑实验"的照明实验,实际上就是为了研究如何提高员工的生产效率这一问题,而预先作出了"照明问题可能影响员工的生产效率"这一假设的,然后通过实验证伪了这一假说。验证性研究通常是为了证实或证伪某个预先提出的假设,或者是某个先前的理论。而描述性研究通常要求把握问题的全貌和掌握有代表性的资料。

研究目的确定之后,就产生研究方法的选择问题。例如,一般认为在描述性研究中较少使用观察方法,而在探索性研究与验证性研究中则大量使用观察的方法①。

其次,注意研究的客观性。这种客观性主要表现在研究数据的客观性、研究过程的客观性以及研究结果的客观性。研究数据的客观性要求研究者从研究的一开始就要避免受自己的个性或主观偏见的影响,注意调查资料的真实、自然。研究过程的客观性主要是指在研究过程中,对影响研究结果的一切变量都应该做到有控性,尤其是在实验方法的运用过程中更是如此。因为在研究中,可能存在着有控因素与不可控因素两大类变量,如果我们把许多不可控的、偶然的因素都主观随意地纳入造成结果的必然性之中,就不可能产生客观的结果,换言之,我们不能以那些非人为的因素来影响研究的结果,也不能诉诸于所谓的"命运"或"运气",惟一可行的就是坚持有条件论,即控制研究过程的一切条件,包括边界条件与操作条件。所谓研究结果的客观性是指结果要经得起实践的检验。或者说,作为以理论形态而表现出来的研究结果,必须与实际具有同一性,并且研究结果应该有反复再现性。当然,我们强调客观性,并不意味着在研究过程中否认研究者的态度和

---

① 《社会学手册》,浙江人民出版社1983年,第402—403页。

价值观的作用。恰恰相反,任何研究都离不开一定的价值观的指导。研究的客观性"不在于排除这种个人的态度,而在于不要用感情的、道德的和其他价值标准来代替科学研究的标准,以便使个人研究问题的热情同严格的科学研究热情紧密结合起来,同对研究前提进行明确的逻辑分析,对这些前提进行彻底的批判检查,总之同构成科学思维方法的实质的所有因素联系起来"①。

同时,我们强调客观性也不意味着可以排斥研究者的主观能动性,特别是不能否定研究过程中研究者的"假设"作用。恩格斯曾经指出:"只要自然科学在思维着,它的发展形式就是**假说**。一个新的事实被观察到了,它使得过去用来说明和它同类的事实的方式不中用了。从这一瞬间起,就需要新的说明方式了——它最初仅仅以有限数量的事实和观察为基础。进一步的观察材料会使这些假说纯化,取消一些,修正一些,直到最后纯粹地构成定律。如果要等待构成定律的材料**纯粹化起来**,那么这就是在此以前要把运用思维的研究停下来,而定律也就永远不会出现。"②

2. 组织行为学的一些具体研究方法

组织行为学的具体研究方法主要有观察法、调查法、实验法等。

第一,观察法。是指研究者通过自己的感觉器官,直接观察人们的行为,并通过对这些外在行为的分析去推测人们内在的心理活动和心理状态的一种方法。观察的种类是十分丰富的。一般认为,观察可以依据程序化程度、观察者的状况、组织的条件和进行的次数等分类标准来分类。

按程序形式化的程度分可控观察与无控制观察两类。无控制观察不预先确定要观察(研究过程)对象的形成因素,也没有严格的计划,预先确定的只是加以直接观察的客体本身。这种观察可以查明客体存在问题的原因、客体的边界和客体的基本因素,可以确定哪些因素对于研究工作来说是最重要的。它通常运用于研究的初期和探索性研究之中。它的缺点是研究者容易犯主观主义的危险。可控观察可以预先确定在被研究的过程中,哪些因素对于研究工作最富决定意义,并且集中注意这些因素,在研究进程中有严格的计划。

根据研究者参加到被研究的情势中的程度,可分为参与观察和非参与

---

① 《社会学手册》,浙江人民出版社1983年,第398页。
② 《马克思恩格斯全集》第20卷,第583—584页。

观察。在非参与观察中,研究者处于被研究客体的外部,他们不干预客体变化的进程,不提出任何问题,只是从旁边观察和记录事件发生的进程。非参与观察的优点是比较客观,不足之处是只能观察并记录公开的表面的变化,对于这些变化的背后或潜在的原因,则很难准确地了解。在参与观察中,研究者在某种程度上直接参与被研究过程,与被观察对象发生联系,参与他们的活动,并获得相应的真切感受。

根据观察的地点和组织条件,可把观察分成实地观察和实验观察。实地观察的特点是在自然环境中,在现实生活中进行。这种观察与被研究客体直接发生联系。在实验观察中,周围环境的条件和被观察的情势可有研究者来规定。它的主要优点是能最大限度地阐明一切因素和条件,并确定它们之间的相互联系,不足之处是它的人为性能可能改变参与者的行为。

根据观察进展的规则性,可分成系统观察和随机观察两者。系统观察的特点是有规律地记录被观察对象在一定时期内的行动、情势和过程,它能查明过程的变化,能大大提高推论某过程及其发展趋势的可能性。对预先未计划到的现象、活动和情况的观察都属于随机观察。

实际上,这些不同类型的观察在实践中是被经常综合使用的。

第二,调查法。主要用以了解被调查者对某一事物(包括其之外的一切身外之物)的看法、感情和满意度。在组织行为学研究中,政府和政党组织可以运用调查法经常及时地了解民意、体察民心、集中民智,为制定和修改某些政策提供依据。企业经营者可以通过调查法了解市场情况和客户不断变化的需求,也可以及时掌握企业员工的积极性及满意度的变化情况。

调查法一般可细分为访谈调查、问卷调查、电话调查和网络调查等具体方法。

访谈调查是指研究者通过与被调查者直接交谈,以期了解对象的行为、动机以及有关实际事实的重要信息。访谈可以是两人之间进行的,也可以是多人座谈会方式进行的。访谈通常以个人的叙述为基础,但又要求研究者有较好的把握访谈进程的能力和技巧,既要注意发问的方式,又要注意对象的神态和肢体语言,以便获得更多有效的信息和研究资料。访谈具有信息收集比较丰富、确切、全面的优点,也有比较费时费力的不足。

问卷调查适用于了解大范围人群对于某些事物所持观点之用。它要求被调查者对经研究者严格设计的问题之若干选项进行选择回答,以期了解被调查者的需求、愿望、动机、态度、满意度等情况。它的优点是由于通过科学的抽样选择调查样本,从而使得调查结果有普遍性和代表性;由于调查覆盖面广,相对来说比较经济;由于调查过程的匿名性,使得调查者容易如实回答一些比较敏感的问题等等。它的不足之处是由于问题基本上属于限制性问题,选项设计再多也不属于开放性问题,从而使了解人们思想不够真切。问卷可分为发送问卷、报刊问卷和邮政问卷等。一般来说发送问卷回收率较高,而通过报刊和邮政方式发送的问卷回收率较低。

电话调查的特点是简短,往往只用几分钟。它的优点在于能较快地了解人们对问题的大致反应。但由于一般问题都比较简单直接,无法综合全面地了解被调查者的想法,所以主要使用于媒体效度调查当中。且由于只能够访问有电话的那些人,从而影响到研究的广泛代表性。随着我国拥有电话的人员越来越多,这种电话调查也在兴起,但由于电话调查通常有唐突造访的倾向,往往使得被调查者产生被干扰感觉而拒绝这类调查。

网络调查主要通过分析人们对某种网络信息的点击率来把握他们的社会倾向性。它的优点是快捷、地域覆盖广。不足之处是具有一定的虚拟性,况且点击本身并不意味着就是接受。由于我国户均电脑拥有率还不高,并且地域分布不均衡,因此网络调查无法在欠发达地区进行。

第三,实验法。是有目的地严格控制或创设一定条件来引发某种现象并加以研究的方法。它的特点是首先提出若干条件与被研究对象之间存在因果联系的假设,然后运用各种手段对这种假设进行验证。实验法一般有两种,即实验室实验法和自然实验法。组织行为学的研究基本采用自然实验法,通过控制组与对比组的比较研究,找出某些条件对于希望达成的管理效果之间的因果联系,然后对全体实施全面的条件赋予,以获得预期效果的重复再现性。

以上方法(除实验法)主要用于收集数据与资料,因此,在组织行为学研究中,还需要有对数据和资料进行统计分析的若干技术方法,如对调查数据进行处理的 SPSS 程序,在统计分析过程中应用的集中趋势分析、离中趋势分析、相关性分析、因素分析等方法。

以上方法都有自己的适用范围,也都有优点和不足。在实际研究中,必须根据研究目的和研究对象的区别,选择合适的方法,或者是将几种方法结合起来使用。

思考题

1. 组织行为学的研究对象与研究领域是什么?
2. 试联系实际说明跨文化管理的重要性。
3. 从管理学发展的历程看管理活动的变化发展有什么新特点?
4. 当前组织行为学面临哪些新的研究课题?

第一篇 个体行为

第一章 知觉与个体行为

> 知觉是人的心理活动的一个重要方面。知觉与人的行为有着密切的关系。讨论人的知觉,尤其是社会知觉对人的行为的影响,是组织行为学研究不可忽视的内容。这种社会知觉与人的行为的关系,不仅通过组织中员工的工作态度和工作行为表现出来,而且对于组织中的管理人员来说,他们的社会知觉还会影响到其管理行为和管理方式。通过本章的学习,可以了解知觉以及社会知觉的形成过程,深刻地把握个体的知觉类型和知觉规律,尽量避免管理者个体的知觉误差,并促使组织者对组织成员的行为方式作出合理的调节。

一、知 觉 概 述

(一)知觉的概念

由于人类的一切行为都建立在对外部客观事物的感知基础之上,因此,知觉是人类组织各种行为(个体的与群体的)过程的基本环节,也是组织行为学这门学科的重要理论基石。

所谓"知觉",就其哲学上的意义而言,是指"物质对象在人脑中整体性的直接反映"①。从总体上看,它主要有以下三个方面的特点:第一,知觉是人体的各种感觉器官(也就是"分析器")因外物刺激而产生的活动。知觉之所以能够对事物作出整体性的反映,是因为它综合了对该事物各种属性的感觉,面对不同的知觉对象,各种感觉器官相应接受着不同的刺激,并将不同类型的感觉信息传输到大脑,由大脑对各种刺激进行分析组合并最终形成结果。第二,知觉是在感觉的基础上产生的,但它却是比感觉更进一层的认识形式。知觉所反映的是物质对象各个方面的属性及其相互关系所构成的整体,而感觉只是对事物个别属性的反映。中国传统医学讲究"望闻问切",医生对病人的最初了解,就是建立在"望气色"(视觉)、"闻体味"(嗅觉)、"切脉象"(触觉)以及其他感觉(如听嗓音和呼吸)相互协同的活动基础上的,惟有如此,方能对病人形成知觉,并以知觉为基础进行诊断。第三,知觉的形成与实践有密切的关系。作为知觉基础的感觉,一方面必然要受到实践的制约,另一方面,知觉本身还要受到人们在实践中所形成的认识、经验、需要、兴趣、情绪、愿望、注意等各种因素的影响,也正是因为这一点,所以,不同的个体即便对同一个对象有着相同的感觉,但他们的知觉也可能是大相径庭的,而倘若人们对某一对象缺乏最低限度的知识准备或经验储备,即使有了关于这一对象个别属性的全部感觉,也无法形成确定的知觉。人们根据不同的划分标准,对知觉进行不同形式的划分,其中"空间知觉"、"时间知觉"和"运动知觉"被看作是人们认识世界最重要的三种知觉形式。

哲学为我们提供的是对事物本质属性的基本认识,而从组织行为学的学科立场出发,我们则会发现知觉还具有一些具体而特殊的规定性。

组织行为学之所以讨论知觉,是为了探明这样一个问题,即:当客观世界作用于机体时,知觉是如何产生以及如何对个体和个体的行为发挥作用的;个体是如何选择和组织他们所获得的感觉材料,并对这些材料进行解释的;个体的知觉与外界事物之间的对应关系,究竟达到了一种怎样的程度等。毫无疑问,知觉是人脑对客观事物或现象的整体属性的反映,但这一反映毕竟不同于原本的客观事物或现象。之所以会有不同,其原因就在于:人们所获得关于客观事物或现象的所有印象,都经过了个体"内意识"的"选择"、"组织"和"解释",而选择、组织和解释的过程,都是设定"意义"的

---

① 《中国大百科全书》(哲学卷),中国大百科全书出版社1992年,第1168页。

过程。这也就是说,当我们在感知客观事物或现象时,不自觉地在运用思维从已有的,包含了认识、经验、需要、兴趣、情绪、愿望、注意的信息库中,提取了相关的信息,使之与感知材料相结合,从而形成了具有个体性"意义"的知觉。由此可见,尽管以往的认识、经验、需要、兴趣、情绪、愿望和注意都是社会化过程的产物,尽管个体知觉在内容上是总体呈现为社会性的,但是,知觉的过程毕竟是一个获取意义的过程,这就决定了知觉不得不带有个体主观意识性的成分。

通过以上论述,我们可以将"知觉"概念表述为:所谓知觉,是指人脑对客观事物或现象的整体属性的反映,它是人们在所处社会物质生活条件及其客观情景因素的直接刺激下,对自身感觉材料进行认知、鉴别、解释和筛选,并为自身所处之环境设定意义的主观意识过程。

(二) 影响知觉的主客观因素

人的知觉的对象是十分丰富的。每个人在知觉时,常常在许多对象中优先地把某些对象区分出来予以反映,或者在一个对象的许多特性中优先地把某些特性区分出来予以反映,这就是人的知觉对知觉对象与知觉背景存在的选择性问题。所谓知觉的对象,就是当时在我们的有关分析器的大脑末端内引起最优越的兴奋过程的事物;所谓知觉对象的背景,就是当时和我们的有关分析器的大脑末端内处于低落状态的兴奋过程的其他一切事物。在同一环境中,不同的人员所产生的知觉会存在着较大的差异,甚至出现知觉对象与知觉背景相换位的情况。正如心理学在说明对象与背景两者关系时所使用的两个侧面像和一个白花瓶的"双关图像"一样。也就是说,在同一情景中有人可以把某些事物或现象作为知觉对象,而有人则把这种知觉对象作为知觉背景,而将他人的知觉背景作为自己的知觉对象。那么,人们在知觉过程中,为什么能从背景中把知觉对象分离出来,而有时又感到这种分离是一件十分困难的事,这就涉及影响知觉选择性的条件。要想把某种事物或现象从一般的背景中分离出来,使它成为我们知觉的对象,必须注意下述两方面的主要因素,即客观因素与主观因素。

1. 影响知觉的客观因素

第一,对象与背景之间的差别。两者之间的差别大小与人们把知觉对象从知觉背景中分离出来的状况有密切关系。差别越大,这种分离就愈容易,而差别越微弱,这种分离就愈困难。如我们用白粉笔在白板上写字,字迹就难辨认,而在黑板上写字,黑底白字就一清二楚。以视知觉为例,对象与背景的差别可以表现在颜色方面的差别、形态方面的差别、距离方面的差别等方面。以听知觉为例,对象与背景的差别可以表现在声音的强烈与微弱、规则性与混乱性等方面。

第二,对象各部分的组合特点。如空间距离、形状的相似性,以及意义的相同(或接近)等,容易使人们把它们看作是同一知觉对象,或者有助于人们分离对象与背景。例如,格式塔(Gestalt)心理学曾对视知觉进行了细致深入的研究,他们认为,单就点、线的组合对人的知觉所发生的刺激作用来说,视知觉的选择和组合是按照接近原则、相似原则、闭合原则以及连续原则等组织律来进行的[①]。尽管最初是起源于视觉研究,但它所总结的一系列规律性的原则却可运用于整个知觉领域,比如接近原则,它印证了行为者往往将空间上相互接近的诸多知觉对象当作一个知觉整体来加以感知;又如相似原则,它表明行为者容易将属性或性质相似的知觉对象感知为一个知觉的整体;再如闭合原则,它揭示了行为者通常会把同一个空间范围内的知觉对象看作是一个知觉的整体,比如,一个圆形即便存有若干缺口,人们也倾向于将它看作是一个完整的"○"。而所谓连续原则,则是指当几个对象在空间或时间上连续存在时,行为者会比较倾向于将它们感知为一个整体。知觉的组合原则在组织行为的实践中具有相当重要的意义,它表明:知觉的对象如果采取与上述四项原则相适应的组合方式,就能促使行为者形成正确的知觉。比方说,将所有具有相关职能的政府部门设置在同一范围的空间内,可以使前来办事的人形成这样一种看法,即他在不同部门所办理的每一道手续,都是一个程序整体中不可或缺的部分,而倘若将这些部门完全分散,或将其中的一两个部门设置在其他地方,则容易使人对一些手续的必要性产生怀疑,并在虚幻的"受到政府工作人员的冷落"的知觉中滋生出不满的情绪。

此外,还有刺激物的作用强度、运动性等,都会有助于人们分离知觉对象与背景。

---

① 〔德〕库尔特·考夫卡著:《格式塔心理学原理》(上册),浙江教育出版社1996年第一版,第194—219页。

2. 影响知觉的主观因素

第一，动机。个体行为之所以能够产生，并且能够以这样或那样的形式表现出来，主要源于内外两个方面的原因，即内在需求的驱动与外部目标的吸引。就其外在的原因而言，它是一定目标吸引和赏罚作用的结果；就其内在的原因而言，则来自于生理内驱力和个体需要的共同驱使。所谓生理"内驱力"，是人体维持和恢复生理平衡状况的自然趋向，当人体的生理平衡丧失时，自主神经系统会产生生理性的紧张，并由此产生一种驱使个体采取行动以恢复体内原有平衡的动力。这种生理内驱力在个体心理和意识中的反映，就是"需要"，或者更加准确地说，是生理需要①，它意味着人体的生理构成出现了某种匮乏或逾量，需要得到某种形式的满足。但是，内驱力和需要都不具有指导行为和规范行为的能力，因而单凭其自身，尚不足以促使个体产生必要的行为，它们惟有通过动机的作用，才能推动个体进行活动并达成一定的目标。所谓"动机"，是在内驱力和不同层次的需要的交互激励下，所产生的由主体作出相应行为的内隐性意向。动机由个体自身内在的内驱力和需要驱使，但它对于个体行为的指导和规范作用，则源于个体后天从社会中所习得的各种观念、规范和准则。动机对个体知觉的影响是深层而长远的，同样是一位领导者，当他决定对本部门的用人机制进行改革时，就比较容易感知到本部门的优秀年轻人，而当他决定对本部门的工作作风进行整顿时，则又会对经常迟到或早退的"老油条"特别敏感，之所以会有此不同，实乃不同的动机使然。

第二，人格。是个体特有的特质模式以及行为倾向的统一体，又可称作"个性"，词源上源于拉丁文"persona"，最初是指古希腊和古罗马时期表演戏剧的演员在舞台上戴的面具。面具有遮蔽之含义，该词义旨在表明：人既有某些表现在外的给人以印象的东西，又有某些外表未必显露的东西，正是这些稳定而又异于他人的特质模式，使人的行为带有一定的倾向。近代之后，人格转化成为一个科学概念，其基本含义，根据我国心理学家陈仲庚的看法，是指"个体内在的在行为上的倾向性，它表现一个人在不断变化中的全体和综合，是具有动力一致性和连续性的持久的自我，是人在社会化过

---

① 20世纪40年代，美国心理学家马斯洛（A. Maslow）提出"需要层次理论"，将人的需要分为生理需要、安全需要、社会交往需要、尊重需要以及自我实现需要等五个层次，层次的结构表现为由低级向高级发展的金字塔型。

程中形成的给人以特色的身心组织"①。人格主要由以下三个方面的内容构成：一是人格的动力倾向，包括内在驱动的需求系统和目标导向的价值系统；二是人格的外在特征，即气质、性格和能力，"能力"和"气质"表现的是一个人人格的个别差异，而"性格"则表现了个人对现实的态度以及在一定场合下采取行动的方式；三是人格的内在核心——即"自我"，人格的各个部分以及人格与环境之所以能够成为一个连续统一的整体，全赖自我从中起着协调和维系的作用。人格对个体知觉的影响，主要是通过其外在表现——性格和气质来进行的。所谓"性格"，指的是人对现实的态度及其行为方式中比较稳定的心理特征的总和。从不同的角度出发，可以划分出不同的性格类型，为大家所熟知的是瑞士精神病理学家荣格的划分方法，即：根据生命中"里比多"的活力倾向，将性格分为"内倾"和"外倾"两种典型类型，当然也有学者根据智力、情感以及意志所呈现的心理功能，将性格划分为智力型、情绪性和意志性等三种典型类型。所谓"气质"，指的是人的心理活动的动力特征，主要表现在心理过程的强度、进度、稳定性、灵活性以及指向性上。人们情绪体验的强弱、意志努力的大小、知觉或思维的快慢、注意集中时间的长短，以及心理活动是倾向于外部事物还是自身内部，均为气质的表现形式。直到今天，人们通常还是采用公元5世纪的古希腊哲学家希波克拉底的气质划分方法，即将其分为多血质、胆汁质、粘液质以及抑郁质四种典型类型，它们对个体知觉的影响，主要体现为在一定的时间段里，知觉的速度和知觉的数量存在着差异。

组织行为学的研究发现，一些人格因素是影响行为者知觉状态的有效指标。比如，从性格的角度看，具有典型的情绪型性格的人，情绪往往占据优势，他们内心的情绪体验深刻，外部的情绪表现明显，言行举止受到情绪的支配，而且情绪变化很不稳定。对于这样的人来说，那些与其当下情绪合拍的事物更容易引起他们的感知和认同，而一旦情绪发生了变化，昨日视之如瑰宝的东西，今日又可弃之如敝屣；此外，从气质的角度看，抑郁质气质的人，往往具有情绪缓慢而强烈的特征，其知觉速度快，但知觉数量不大，因而易于感知事物，且在相当长的一段时间内能够保持知觉的稳定性。

第三，学习。这里特指人的学习，即：掌握知识和技能的过程，它既包

---

① 陈仲庚、张雨新著：《人格心理学》，辽宁人民出版社1986年，第50页；对"人格"的这一综合界说已为《中国大百科全书》（心理学卷）所采纳和收录。

括通过正规的教育和训练获得知识技能,也包括在日常生活和实践中积累知识经验。在行为主义心理学家看来,学习具有以下四个方面的特征:① 学习的行为后果是出现"较为持久的变化",至于临时性的行为变化则不属于学习的范畴。② 学习的内容是"潜在的反应能力"。③ 学习的动因是受到了"强化"——即有条件刺激伴随或对所作的反应给以奖赏。行为主义心理学认为,如果没有强化,不仅不会出现"潜在反应能力"的较为持久的改变,而且还会使已经获得的反应能力消退。④ 学习的外在形式是"练习",要学习的行为必须实际出现,并且经过反复才会发生学习。正因为学习是在不断强化的练习下出现的潜在反应能力的持久改变,因此,它对行为者知觉的影响最为强大,也最为持久。行为者通过学习而积累的所有经验知识、价值观念以及目标诉求,都会以信息的形式储存于大脑之中,并在知觉的过程中释放出来,用以影响对外在信息的选择、组合和解释。此外,人们通过学习,还可以对自己的动机和人格作出反省,并进行相应的调整,一个有着良好学习经历的公共管理人员,能够比较好地克服自身不正确的动机和人格因素,从而形成对事物的正确知觉。

二、社会知觉

(一)社会知觉及其内涵

知觉是个体对作用于其感官的刺激物的整体反映,其间由于刺激物的不同,又可分为"对物的知觉"和"对人的知觉"两种类型,两者之间既有联系,又有区别,后者相对于前者而言,内容更加丰富,特色更加鲜明,意义也更为深广。由于组织行为学是以社会组织中的人作为研究对象,因此,我们特别将"对人的知觉"单列出来,并以"社会知觉"这一概念对其进行概括。除了在研究对象上存有特殊性之外,社会知觉在概念的起源上,也有其特殊的含义。它是美国心理学家 J·S·布鲁纳(Bruner)在知觉研究中首次提出的,该概念之产生,主要是为了表明知觉过程中群体的社会决定性,也就是说,知觉不仅仅只决定于客体本身,而且还受到知觉主体的目的、态度、价值观以及过去经验的制约。因此,"社会知觉"这一概念强调的是人对社会客体以及社会客体所具有的各种属性和特征的整体感知和认识,既包括了对人的外部特征的知觉,同时还包括了对人的个性特点以及人的行为的判断和理解。

社会知觉最初仅仅只是指人际知觉,即个人对他人的感知、理解和评价,也正是在此意义上,人际知觉又被称作"对人的知觉",它主要包括以下两个方面的内容:① 对他人表情的知觉。这里所说的表情,既包括面部表情,也包括言语表情和体态表情。人们内心的情绪、态度、欲望以及思想活动,常常有意无意地通过外在表情而流露出来,从而直接成为行为者的知觉对象,而行为者则将当下所获得的知觉材料与其原有的认识、经验、需要、兴趣、情绪、愿望和注意相结合,通过思维活动的加工处理,使相关的印象系统化和意义化。人们正是通过这一方式,通过对他人外在表情的感知,而自觉不自觉地推测其内在的动机、人格和心理活动。② 对他人行为方式的知觉。所谓行为方式,是个体在现实生活中通过学习和接受周围环境的影响而逐步形成的行为模式,它不是某一动作或某一姿势的简单相加,而是各种动作和姿势的有机组合,是反映一个人深层心理结构及其人格特征的重要依据。行为者在对他人的行为方式进行感知时,也是以对他人某一个具体行为的感知为基础,通过综合、比较、分析而后取得的,一般说来,根据人的行为方式进行了解和判断,远比根据一时一地的一举一动要准确得多。

值得注意的是,行为者在进行"客观"知觉的过程中,会不自觉地掺杂其自身主观的动机、人格和学习因素,因此,所获得的知觉往往既有一定的合理性,又不得不带有许多不切实际的主观成分。一般说来,相貌敦厚、讷言敏行的人往往容易获得中国人的好感,因而,几乎在所有的工作单位都存在着这样一种现象:新来的成员在最初半年里都是平日低眉顺眼,干活脚步如飞,见人未语先笑,清洁卫生全包,而一旦关系理顺了,地位稳固了,则仿佛"木乃伊归来",发生了乾坤大挪移,因此,作为公共管理部门的领导,尤其应当时刻反省自身知觉中的主观成分,不以物喜,不以己悲,如此方能做到物尽其用和人尽其才。

对他人表情的知觉以及对他人行为方式的知觉,是以个体作为知觉主体,以外在于主体的其他个体作为知觉客体的,这两种社会知觉形式构成了社会知觉最基本的形式。然而,社会知觉的内涵还不止于此,它既包括对他人的知觉,也包括对自己的知觉,还包括对自身所处或外在于自身的群体的知觉。前苏联的心理学家T·M·安德烈耶娃就认为,社会知觉的内涵应该更加广泛一些,从知觉的客体来看,它不仅仅指对个人的知觉,而且还包括对群体的知觉;从知觉的主体来看,个体和群体都可以成为知觉的主体,比如,以群体作为知觉主体,就包括了群体对其成员的知觉、群体对其他群体的知觉、群体对其他群体成员的知觉、群体对其自身的知觉等多方面的内容。此外,从知觉的内容上看,社会知觉也并不仅仅只有对表情和行为方式的知觉,同时,它还应当包括对人与人之间关系的知觉,对人们所表现出的各种社会角色的知觉,对一系列相关社会知觉及其因果关系的知觉等各个层面的内容。

(二)知觉误差

在对自我、他人以及群体进行感知并进而形成相关知觉的过程中,由于知觉主体自身诸多主观因素的介入,致使所形成的社会知觉往往会发生这样或那样的误差。社会心理学的研究表明,这些误差是人们在社会知觉的过程中,因受到某些特殊知觉规律的影响而形成的特殊反应,主要表现为首因效应、近因效应、光环效应和定型效应。

(1)首因效应。首因即首次的或最先的印象,首因效应则是指最先形成的印象对人们社会知觉的形成所产生的重要影响。在日常实践中,我们不难发现这样一种状况,当某人给其他人留下良好的第一印象时,这一良好印象将主导人们今后的知觉,即便日后出现了不尽如人意的事情,人们也常常倾向于从好处着眼为其辩护开脱,而假使当初形成的是恶劣的第一印象,此人便往往陷入"跳进黄河洗不清"的尴尬境地。之所以会有此表现,正是因为存在着首因效应,它表明人们在进行社会知觉的过程中,往往表现出这样一种倾向,即:当人们仅仅只获取了有关他人的少量信息时,就力图对此人的另外一些未知特征进行推理和判断,以便形成有关他人的统一印象。

(2)近因效应。近因即最后的印象,近因效应则是指最后的印象对于人们社会知觉的形成所具有的影响,它表明在形成社会知觉过程中,最后给人留下的印象通常最为深刻。既然既存在着首因效应,又存在着近因效应,我们就不得不面对这样一个问题,即:首因效应和近因效应各自在何种条件下发挥作用?在一般条件下,两种效应各自在何种条件下发挥主导作用,要取决于知觉主体的价值选择和价值评价;至于在一些具体条件下,比如:当有关同一知觉客体的两种信息连续被人感知时,首因效应将发挥主导作用,也就是说,人们往往倾向于相信前一个信息,并对其印象深刻,而当上述两种信息持续地被人感知时,发挥主导作用的则往往是近因效应。此外,当知觉主体与陌生人交往时,起作用的是首因效应,而当人们与熟悉的人交往时,起作用的则通常是近因效应。

(3) 光环效应。又称"晕轮效应",是指知觉主体往往倾向于依据某一方面的知觉印象,对知觉客体的全部特征作出评价。光环效应与首因效应有相似之处,都是将某一方面的突出印象主观地扩展至全部,从而遮蔽了对知觉客体其他方面特征的知觉。而两者所不同的,则在于光环效应并不仅仅只局限于第一印象。在组织内部,光环效应可谓是随处可见,比如,人们通常偏向于夸大自己所喜欢的人的优点,对自己所不喜欢的人的优点则倾向于视而不见;又如,人们通常将信息的可靠程度与发布信息的人的地位相联系,即所谓"人微言轻",而位高或权重者所作之主张,则往往被人视为真理。

(4) 定型效应。人们的社会知觉误差不仅发生在对个人的知觉过程中,而且还发生在对一类人或一群人的知觉过程中,其间发生的定型效应,就是指人们对某个社会群体形成的一种概括而固定的看法。一般说来,基于类似的生理特性,或生活在同一地域、同一社会文化背景下的人,通常会在人格特征以及行为方式方面表现出某种相似性,这些相似性直接或间接地反映在人们的知觉中,被固定化为一种定型的社会刻板印象。定型印象自然有其真实合理的地方,它毕竟是无数的知觉实践通过经验积淀所获得的产物,能够或多或少地反映知觉客体的若干实际状况;但是,我们也必须认识到,知觉一旦定型,便构成了一个封闭的知觉体系,它往往会歪曲、排斥甚至扼杀与其有所出入的新鲜知觉。比如,我们经常可以听到的一些反映了性别、年龄等方面定型印象的俗语,如"头发长见识短","嘴上无毛办事不牢"等,这些俗语在一定程度上主导着人们的知觉体验,一旦知觉主体认定存在着这些刻板印象,他们就总能在知觉对象身上找到它们,而不管这些印象实际上是否准确。

三、个体的知觉类型与行为方式

(一) 知觉分类

所谓"个体行为",是个体社会行为的简称,是指生活在特定物质生活条件下,具有独特文化背景和完整人格结构的个体,对各种简单或者复杂的社会刺激所作的反应。不论是源于外界的刺激,还是个体内部的相应反应,其实质均为信息,因而正是在此意义上,我们可以说个体的行为过程实际上也就是个体对各种信息进行加工处理的过程,依据信息处理方式之不同,又可将此过程具体划分为信息收集过程和信息评价过程两个部分。

瑞士精神病理学家荣格,在二十余年的精神病学实践以及对神经症的治疗中发现,人们往往偏向于用一种固定的方式收集信息,并以此方式对收集到的信息进行评价,至于"此"个体何以会选择这种方式,而"彼"个体何以会选择那种方式,则很大程度上是因为受到了知觉的影响。在《心理类型》一书中,荣格将与知觉密切相关的四项心理功能——感觉、直觉、思维和感情,看作是影响人们信息收集行为和信息评价行为的关键因素,并根据上述四项心理功能的不同组合,将人划分为外倾思维型、外倾情感型、外倾感觉型、外倾直觉型、内倾思维型、内倾情感型、内倾感觉型以及内倾直觉型等八种知觉类型。现代组织行为学吸收了荣格的上述心理学研究成果,并在此基础上做了进一步的整理,他们将四项心理功能中的每一项功能都看作是主导类型,同时将主导信息收集方式的两种主要心理功能(感觉和直觉),与主导信息评价方式的两种主要心理功能(思维和感情)相结合,从而得出了以下四种主导知觉类型和四种派生知觉类型:

感觉型。感觉型的知觉类型与信息的收集方式密切相关,并与直觉型的知觉类型形成相互对应的关系。这种类型的个体在其行为过程中,不耽于幻想,倾向于从已有的具体经验和业已掌握的事实材料出发,以极其现实的态度规划行为,稳步开展工作,直至最终达到目标,对于缺乏明确信息、后果难料的非常规性问题则缺乏灵感和想像力,往往显得不知所措甚至产生焦虑感。

直觉型。与感觉型的个体偏爱已知事实不同,直觉型的个体往往厌恶寻常的路径而倾向于"创造"未来,他们能够以开放的心态对待事物,通常依靠预感或想像力寻找解决问题的多样可能性,并且迅速放弃那些已被认为没有意义的念头。直觉型个体具有强烈的创新意识,但往往对过程缺乏耐心,也正因为这一特点,所以荣格将他们描述为等不及庄稼成熟就去开发新的处女地的人。

情感型。情感型的知觉类型与信息的评价方式密切相关,并与思维型的知觉类型形成相互对应的关系。这种类型的个体感情丰富,具有自发意识和本能意识,因尊重他人、对人友善而深受周围人的喜爱;在其行为过程中,他们通常是以道德价值为指导,以他人的感受作为自己行为的尺度,在彼此观点发生冲突而且调和无望的情况下,常常会转向较易于为人接受的立场,哪怕这样做违背自己的理智。

思维型。与情感型的知觉类型相比,思维型的个体更善于作出不掺杂个人情感的客观判断,他们自己不轻易动情,也不大关心他人的情感反应,在其行为过程中,往往以客观事实和普遍接受的价值观念为准绳,固执地寻求事实而不轻易地下结论。思维型的个体强调精确和客观,有时不免给人以死板、生硬的印象。

感觉思维型。感觉思维型个体的总体行为特征,就是力图建立秩序,实行控制,以确保恒定目标的最终达成。当然,也正是基于此种心理诉求,他们会在作出决定之前,尽其可能地了解相关事物的所有信息,并对这些信息进行客观的评估,尽管这样做有时不免因过于注重秩序和意义,而忽略了与人相关的信息以及新的创见。

直觉思维型。直觉思维型的个体具有非凡的洞察力,能够跨越部门或专业的界限去发现问题、分析问题,并提出有助于解决问题的诸多方案,由于他们能够在纷繁复杂的现象中迅速找出本质,因而往往乐于并善于从事创造性的工作,尽管有时不免因沉溺于原则和抽象的思考而忽略了细节。

感觉情感性。感觉情感型个体的总体行为特征,就是能够凭借其敏锐的观察力注意到常人难以察觉的细节问题,并且善于运用圆润的人际关系化解僵局,他们具有与人合作的天分,能够在不触动现行体制的情况下求得问题的妥善解决,当然,有时也不免因过于关注现象,过于关心细节,过于顾及他人的想法而看不到问题的本来面目。

直觉情感型。直觉情感型个体的总体行为特征,就是能够凭借其所具有的领袖魅力而对所在的群体构成激励,在其行为过程中,他们一方面喜欢创造性地解决问题,对传统的路径和标准化的运作程序感到厌烦,往往力求找到新颖的解决方式;另一方面,他们又善于等待时机,在复杂的情况下能够保持足够的忍耐以便伺机而动。与单纯情感型个体不同,直觉情感型的个体能够与周围人保持良好的个人关系,但不会以牺牲自己的主张为代价,当然,也正是因为这一点,这一类型的人常常不免陷于左右为难的尴尬境地。

（二）知觉类型对行为方式的影响

由于个体行为既是对包括他人行为在内的各种社会刺激的反应,又是能够引导他人作出行为反应的刺激来源;既是一种具有内隐性的内在体验过程,又是一种具有外显性的外在表现过程;既因其行为主体是作为群体成员的个体而具有个体性,又因其行为主体是由这些个体组成的群体而具有群体特征,因此,它所涉及的范围极其广大,种类相当庞杂,不可能在此一一予以论述。由于组织行为学着重考察的是个体行为中个体的决策方式,故而以此作为叙述视角,旨在阐明知觉类型对个体的行为方式的影响。

公共管理组织中的个体行为,在很大程度上是一种决策行为,也就是说,需要在两个乃至于多个问题及其备选方案中作出抉择。所面临的问题自然有的大,有的小;有的对内,有的对外;既可能小到对办公用品的购置作出选择,也可能大到对公共决策的方向进行裁断;既可能涉及对新进公务员考试中考生的取舍,也可能涉及对一份行政许可申请的鉴别,但是,无论个体作出怎样的决策,其结果都将对公共管理组织的内部秩序或外在声誉构成或显或隐的影响。一般说来,理想的个体选择行为主要是由判断决策需要、确定决策标准、设立备选方案、进行方案评估、选择最佳方案、具体实施方案等六个步骤组成,而在此所列的每一个步骤中,我们都不难发现知觉类型对行为者的行为方式以及行为后果可能造成的影响。

第一,判断决策需要。决策是对问题的反应,而问题之所以产生,则源于事件的当前状态与期望状态存在着差距,因此,行为者在面临事件时,首先要对是否存在上述差距作出回答。同样是遭到部门领导的忽视,有的人对此无动于衷,有的人则认为与自己的期望状态不相符合,前者自然无所谓选择,而后者则将面临选择。在上文所述的八种知觉类型中,直觉型和直觉思维型的个体更愿意经常性地作出决策,当然,客观上是否真正需要决策,后者的判断又要较前者准确一些;情感型和感觉情感型的个体在判断决策需要时,通常会被周围的意见所左右,因为在他们看来,维持圆润的人际关系比目标之达成更重要,相比之下,直觉情感型的个体所作的判断要更加稳健一些;感觉型、思维型以及感觉思维型的个体都有避免频繁作出决策的倾向,他们不愿意轻易触动常规化的既有的稳定关系。

第二,确定决策标准。在行为者认为有必要作出决策的情况下,接下来要做的便是确定决策所需考虑的标准,与此同时,还要对每一个标准项的权重进行衡量。1978 年,美国田纳西州的环保主义者发现,田纳西水利工程管理局即将竣工的一个耗资超过一亿美元的水坝,有可能毁掉一种河鲈类淡水小鱼的惟一栖息地,因而要求内政部长将这种小鱼指定为已遭危害的物种,并提请诉讼阻止水坝竣工和投入使用①。在此案例中,内政部长将面临许多需要加以考虑的决策标准,并在国家财产和生态环境等诸多的标准项中进行权衡,倘若他具有思维主导型的知觉特征,可能更倾向于支持水坝的修建,因为这种河鲈类淡水小鱼既非国家珍稀动物,也无任何生物学上的价值。而倘若他具有情感主导型的知觉特征,他可能更愿意从生命及其意义的角度出发来考虑问题。

第三,设立备选方案。这一步骤要求行为者尽其所能列出所有有助于解决问题的方案,而不需要对它们进行评估。应该说,直觉思维型的个体最善于从事这一环节的工作,而直觉情感型的个体更善于动员团体,群策群力以达成共识;相比之下,具有感觉主导型知觉特征的人,往往会在这一阶段表现得拘禁、乏味和缺乏想像力,他们会不自觉地将自己局限在传统模式和以往的经验中,根据既有的知识和事实寻找解决问题的方法、途径,他们所设立的备选方案肯定都是最为稳妥的,但也最缺乏挑战,最无创意。

第四,进行方案评估。备选方案一旦确立,就需要将它们与决策标准以及标准项的权重进行对比,从而发现每一个方案的优劣所在。总体而言,具有思维主导型知觉特征的个体能够比较好地完成这一阶段的工作,相比之下,情感型的个体就很容易受到自己情感以及周围人的影响,他们在进行方案评估时,更多地是从人的角度出发,努力使自己作出的决策得到所有人的赞同,假使客观上所需确立的方案有可能伤及他人,情感型的人会退缩不前,即便受外力迫使,勉强行之,事后也会毫无必要地愧疚良久。

第五,选择最佳方案。与其他几项步骤相比,这一步骤表现得最为客观,似乎只须挑选出优点最多而且缺点最少的方案即可。卡耐基曾建议人们,在面临选择时最好拿出一张白纸,将选择对象的所有利弊一一列举,然后进行对比,最后取分值最高者即可,这两种方法采取的是同样的机理,而且同样都是建立在"理性人"的假设基础上。值得注意的是,人的世界并不

---

① "田纳西流域管理局诉美国国会"案(1978),转引自〔美〕德沃金著:《法律帝国》,中国大百科全书出版社 1996 年,第 19—22 页。

仅仅只是一个"利益"的世界,在利益之外还有着对于"意义"的追求,我们可以说思维主导型的个体更可能不受个人因素的影响,而选择出最符合理性的方案,但这并不表明所选择的必定是最佳方案。《悲惨世界》中的侦探沙威最终选择了自杀,这是一个极端情感化的方案,也是一个最佳的方案——它使人具有了意义。

第六,具体实施方案。在前四项主导型知觉类型中,具有直觉型知觉特征的个体最不善于从事具体的事物性工作,他们厌恶细节,缺乏连贯,无视准确性,更倾心于思想上的暴风骤雨,而不能忍受行动上的一步一个脚印;与之相比,其他三种类型都具有行动的能力,只是各自所采取的方式不尽相同;感觉型的个体和思维型的个体往往是埋头苦干、身体力行,前者偏重事实,后者偏重事实之间的逻辑关系,都愿意将所有的注意力集中于"事"而非"人";情感型的个体则正好与之相反,更热衷于"人"而非"事",比较倾向于借助集体的力量完成任务。在后四项派生型知觉类型中,直觉情感型的个体更适宜于从事方案实施过程中的领导和组织工作,直觉思维型的个体更适宜于从事对实施效果的监督和审查工作,而感觉思维型和感觉情感型的个体,则分别擅长于从事物本身出发和从人际关系出发,解决实施过程中实际存在的具体问题。

需要加以说明的是,我们这里论及的个体行为构成,是排除了诸多偶然的不确定因素后理想状态下所获得的一种认识,它建立在一系列内在的假设基础上,比如,在目标取向上,它假定行为者拥有一个自己最希望达到的,而且是意义明确的单一目标,似乎不可能存在任何形式的目标冲突;在决策标准和备选方案的设立上,它假定行为者有能力知晓所有的相关标准和可行性方案,并有足够的能力对其进行客观的评估;在方案的评估上,它假定决策标准以及备选方案都是可以数量化的,而且具有不随时间地点变化的恒常性;在最佳方案的选择上,它假定人们完全不具有主观的价值偏好或情感偏好,可以十分理性地接受评分最高的方案。与此理想的行为构成相对应,本章所谓的知觉类型以及知觉类型对个体行为方式的影响,也都是实验状态下对恒常现象的总结,而之所以要设定一种理想状态,要对最为经常出现的偶然性进行总结,主要是为了使人们能够对事物的规律性有所认识。毫无疑问,只有暂时摆脱了事物在运动状态下的不确定性,暂时割裂了事物与事物相互之间应有的诸多联系,才有可能比较真切地看到事物的本来面目。但是,假如我们沉溺于这种静止的实验状态,迷信于硬性的类型划分,而不再去关注丰富鲜活的知觉世界,那么,所得到的就只能是一堆僵死的教条。无论如何,应该记住的是歌德的话:"理论是灰色的,生命之树常青"。

组织管理者的社会知觉,会直接影响到他们采用的管理方式。从已有的研究文献看,人们已认识到,下述不同的社会知觉与有关管理方式相联系:倾向于人际知觉的管理者,比较习惯于采用重视人际关系的管理方式,重视培养员工的归属感、荣誉感和整体感,不断动员广大员工参与民主管理;倾向于自我知觉的管理者习惯于采用自我管理的方式,重视开发员工的潜力,充分调动广大员工的积极性、主动性和创造性。而倾向于角色知觉的管理者,则比较习惯于采用责任制的管理方式,重视通过严格的制度管理,以取得显著的管理效益,等等。

思考题

1. 有关知觉问题的研究是否有助于形成恰当的个体行为和组织行为,请举例说明。
2. 你认为自己属于哪种知觉类型,这种知觉类型对你的行为方式造成了怎样的影响?
3. 为你所在地的地方政府设计一套切实可行的形象方案,并说明采取了相关措施后可以从哪些方面改变公众对该地方政府的现有知觉。

案例讨论

案例一　下面是莎士比亚戏剧《哈姆莱特》第三幕中的几句台词,请先将它们读一遍。

哈姆莱特:你看见那片像骆驼一样的云吗?
波洛涅斯:哎哟,它真的像一头骆驼。
哈姆莱特:我想它还是像一只鼬鼠。
波洛涅斯:它拱起了背,正像是一只鼬鼠。
哈姆莱特:还是像一条鲸鱼吧?
波洛涅斯:很像一条鲸鱼。

案例二　1962年6月,美国北卡罗莱纳纺织厂发生了一桩神秘的"六月虱"事件。最初,有十名女工声称她们被虱子咬了以后,得了一种奇怪的疾病,其症状是神经紧张、恶心、虚弱无力、麻木和刺痛。几天之内,这种病便蔓延到其他四十九个人。受害者抱怨说,这种病是由一种"虫子"引起的,据说这种虫子是由英国运来的一船纺织品里带来的。受害者只能呆在家里,严重的甚至住进了医院。许多医务人员和昆虫学家被召来调查这一事件的原因。他们分别对受害者和这家工厂作了详细的检查,并没有发现任何可能引起这些神秘症状的因素。十几天后,这些症状又像出现时那样突然地消失了,妇女们又回到了自己的工作地点。最后,医务界的权威认为,这种疾病是由于焦虑不安和神经紧张造成的。事件发生以后,有两位社会心理学家访问了这家工厂的工人,其中有受害者,也有非受害者。社会心理学家把这种疾病的突然蔓延归因为"歇斯底里传染症"。他们解释说:"这是一组在居民中扩散的症状,而这些症状在这些居民所处的环境中,没有明显的起因能给予解释。"研究人员发现这种"虱子"通过孤独者的少数几个朋友,很快就传给其小圈子里的朋友们,他们几乎同时都受到影响,其中有一个报告了症状,其他人也很快报告了症状的发生。

——案例二选自《灰箱:意识的结构与功能》[①]

讨论题

运用本章所学知识,试分析案例一和案例二各自揭示的知觉现象及其成因。

[①] 程伟礼著:《灰箱:意识的结构与功能》,人民出版社1987年,第77—78页。

第二章　个性心理与管理

> 人的个性包含着丰富的内容,它主要可分为个性倾向性与个性心理特征。个性又与个体的行为与行为方式有紧密的联系。在组织管理过程中,管理者必须从个性的丰富性与个别差异性中寻找管理的依据。

一、个　性　概　述

(一) 个性的结构及特点

在英语中,"个性"与"人格"是同一个单词"personality"。"personality"的意思很多,但基本上指涉两个方面的意思:一是人之为人的品质或条件,二是指个体独特的心理与行为品质。前者就是我们通常所说的"人格",强调的是人的行为及其内在动机的好与坏,是否符合恰当的标准;后者即"个性",强调的是个体心理上的特殊性和差异性。尽管对于前者研究得最多的是道德伦理学,我们也常常认为后者才是心理学的研究对象。然而,从人格(个性)心理学的角度来看,"'人格'与'个性'是两个具有相同含义的词语。"[①]也就是说,人格心理学不仅要研究个体的兴趣、需要、动机、态度、信仰等倾向性特征,而且还要研究个体的气质、能力与性格等心理特征。

---

① 杨清:《心理学概论》,吉林人民出版社1981年,第556页。也见于《中国大百科全书·心理学》"个性"词条。

第二章 个性心理与管理

心理学对于人的研究主要涉及两个方面：心理过程和心理特征。心理过程，即心理活动的过程，是人脑对于客观现实的动态反映。主要包括知（认知过程）、情（情感过程）、意（意志过程）三种相互区别又相互联系的过程。

尽管人的心理过程无外乎上述三种，但是，由于每一个具体的个人在先天的或后天的、内部主观的或外部客观的因素的诸多不同，所以在他（她）所进行的各种心理活动中会表现出明显的个人特色。这就是我们通常所讲的心理特征，它是指"一个人所具有的各种重要的和持久的心理特点"[①]。譬如人与人在兴趣、爱好、理想、信仰、价值观、能力、性格、气质等方面往往都会有所不同。正是这种个体间的差异性，使得我们每一个人都有其特殊的存在价值，并以此区别于他人。也正是有了这个前提，人才会有其"自我"意识；"我"这个词语才具有了意义。所有这些构成了我们所谓的"个性"。

如果说心理过程的研究主要是研究人的心理活动的一般规律的话，那么，个性心理学所要研究的则是这些普遍的心理活动在不同的个体身上所可能表现出来的特殊性。当这些特殊性以某种机能系统或结构的形式在个体身上固定下来时，就使各种特点带有经常稳定的性质。这种在个体身上经常地、稳定地表现出来的特点，我们称之为个性心理特征[②]。

概言之，所谓个性就是"个体特有的特质模式及行为倾向的统一体"。它是一个人稳定的心理活动特点和心理倾向性的总和，主要包括个体表现在能力、性格、气质、信仰、世界观、兴趣、需要、动机等方面的独特特征。

虽然，个性作为一个整体系统，是由多种心理要素、心理过程、心理倾向所组成的一个复合体。但是，一般认为个性的典型结构包括个性心理倾向和个性心理特征两个基本组成部分。另外，由于人的自我意识是其人格或个性的内核，所以讨论个性结构就不能不涉及有关自我意识的理论。

1. 个性心理倾向

个性心理倾向是个性结构中的能动因子，主要包括需要、动机、兴趣、理

[①] 杨清：《心理学概论》，吉林人民出版社1981年，第3页。
[②] 苏东水：《管理心理学》（第三版），复旦大学出版社1998年，第85页。

想、信念和世界观等方面。"个性倾向性是决定人的态度和积极性的选择性的诱因系统。"①

自古以来，人们一直在追寻个体积极性的源泉。有人认为欲望的满足是个体行为举止的基本动机。譬如，享乐主义认为人是为了"快乐"而生存活动，弗洛伊德认为人的基本动力机制是性冲动；当今比较时兴的公共选择理论则认为，人都是"理性经济人"，其活动都是为了个人利益的最大化。也有人认为道德的追求才是人的根本动机与生命源泉。譬如古希腊的亚里士多德认为人是为了追求"至善"的生活而活着；德国哲学家康德认为人的活动是为了履行他的道德与社会义务，义务是那种除非实施否则就无法规避的律令。还有人认为人们是由于对统治或权力的服从而行动等等。从心理学的角度来看，他们都是在探讨人的兴趣、需要、动机、信仰、世界观等个性动力结构。

2. 个性心理特征

个性心理特征是个体在实践活动中经常表现出来的、本质性的、比较稳定的心理过程与心理状态特征。它是个性心理结构中较为稳定的成分。它决定着个性心理的可能性和行为风格。主要包括三个部分：保证活动成功的能力系统，主要得自先天禀赋的气质结构，以及以自我意识与气质为内核与基础，涵盖知、情、意三方面内容的性格组合（详见后述）。

3. 自我意识

个体在出生后早期与周围环境浑然一体，随着交往和实践活动的不断发展，才逐渐把自我（自己）与非我（环境）区分开来，意识到并努力使自己成为自己身体和心理的主体。所谓自我意识，就是个体对自我的认识和评价。这种认识和评价会直接影响和构成一个人的个性心理特征和个性倾向性，譬如，自卑不仅其本身就是一种个性（性格）要素，而且它会直接影响到一个人的个性的其他部分，譬如动机、态度、世界观、能力的发展等。

围绕着自我意识的形成机制及其结构，人们进行了广泛的研究与讨论。一般认为，在结构形式上，自我意识表现为具有认知的、情绪的和意志的形式，它们又各有许多表现形式，人们通常把它们归类为自我认知、自我体验与自我控制三类。从内容上看，自我意识又可分为生理

---

① 〔苏〕Ｂ·Ｂ·波果斯洛夫斯基等：《普通心理学》，中译本，人民教育出版社1981年，第67页。

自我、心理自我与社会自我,也有人区分为物质自我、精神自我与社会自我。弗洛伊德将人的内心心理划分为三个区域:本我、自我和超我。其中,本我是无意识的,自我和超我是部分无意识的,因此也称前意识。本我,即本能需要的心理表达,它是与生俱来的。自我和超我是在本我的基础上发展起来的。盲目的本能是无法现实地满足它自己的,因为似乎难以区分幻想与现实,甚至难以区分环境与自我,表现为一种纯粹的想当然和盲目的冲动。只有当"一部分伊特(本我)经过特殊的发展"——这种发展的实质就是理性的介入——以后,"在本我与外部世界之间作为调解人"——依据现实条件对欲望进行选择——来活动时,才能上升为"自我"。自我具有寻求使本我部分欲望得以实现的现实条件与手段的潜能。而"超我"则是作为外部社会规范(早期为父权的化身)的反映,作为"外部世界内化"而成的标准,对本我与自我进行审查和选择,只允许那些符合标准的冲动和欲望能进入能动意识结构之中。所以,弗洛伊德等认为,人类的心理是一种冲突结构:自我与本我之间、本我与超我之间;当这种冲突到达一定程度时就会表现出明显的精神病症状[①]。

从上述有关个性的概述中,我们不难发现个性具有以下几个基本特点:

(1) 独特性。一方面,由于先天遗传素质的不同,另一方面,由于后天所处环境、个人的发展机会以及主观努力程度等等的不同,必然导致个体与个体之间在个性心理倾向与个性心理特征上的差异。正是这种差异表明了个体的独特性。可以说,独特性就是个性的本质规定。

(2) 稳定性。并非个体的任何心理活动上的独特性都可以称之为个性;只有那些在不同的情景和行为活动中经常表现出来的那些比较固定的心理特点,才能称为个性。譬如,某人性格一贯柔顺,但是,有一天,他情绪极坏,而公然对抗领导、待人粗暴。我们就不能将他在这一天的表现视为其个性。正是人的个性具有稳定性,我们才能对人的行为做出某种预测。当然,个性的稳定性只是相对的,并非永远一成不变。而且,个体个性的不同内容的稳定性也不完全相同。譬如,一个人的能力与性格往往较为容易改变,但是一个人的气质则不易改变。

---

① 〔英〕马克·柯克:《人格的层次》,浙江人民出版社1988年,第139—140页。

（3）整体性。尽管我们通常将人的个性分为心理倾向性与个性心理特征两个方面来讨论，但是，事实上，人的个性是一个整体。构成个性的各个心理特征要素相互作用、相互影响，共同构成一个有机的系统，而这个系统的核心是人的自我意识。一个人的个性表现，可以说就是其独特的自我在诸多方面的投射。自我驾驭着个体的心理行为表现；倘若自我意识失去了这种控制力，就往往会出现精神分裂或其他精神病。

（二）个性差异的根源

人为何有别？2 000多年以前，古希腊哲学家泰奥弗拉斯拖斯就提出了这样一个问题。他说："所有的希腊人都生活在同一个天空底下，所有的希腊人都接受相同的教育，却为何有形形色色的性格特征降临到我们身上？"[①]无外乎有两类根源：先天遗传的和后天获得的。只是人们对何种因素占支配地位，一直争论不休。更有极端的"先天决定论"者认为个性完全是由遗传素质决定的；所谓"龙生龙，凤生凤，老鼠生儿打地洞"是也。相反，"环境决定论"者认为人的个性完全是由他所处的社会环境决定的，是人们后天习得的。譬如行为主义心理学的创始人华生认为，一个人的成长完全可以通过外部环境（刺激）予以控制。不过，大多数人持一种折衷的观点——既非常重视后天生活与教育对一个人的影响，同时也不否定先天因素对人的后天心理发展的影响；既重视环境的影响，也绝不低估个人主观努力的意义。

人具有自然属性，但人更具备社会属性，人是一种有思维、有理性的社会动物，而且生活在社会之中，负载着伦理意识。因此，人的存在有三个层面：生物存在、心理存在和社会存在。人的个性也产生于这三个方面的互动作用。正是由于人与人之间这三个方面的要素本身的不同，以及三种要素的不同组合，使得人与人之间有着质的规定性的差别。

1. 生理素质

作为个性发展之生理基础的生理因素，首先通常被理解为个体的遗传素质。遗传素质是指个体的先天所获的解剖生理特征，主要包括体能以及

---

① 转引自〔美〕黑尔格里尔等著：《组织行为学》（上），中国社会科学出版社2001年，第52页。

神经性的特点。这些素质都是由生物遗传过程所决定的,是先天性的。遗传素质是个性形成和发展的物质前提;不可或缺,同时,也对个性有着这样那样的影响。据对双胞胎的个性研究表明,高达50%—55%的性格特征是可以遗传的,其中包括与职业选择有关的一些特征①。

其次,个体在后天成长过程中所发生的生理变故同样也影响人的个性心理结构。这一点已经被许多事实所证实。譬如,"拿破仑三世在1865年被石头击伤之后修改了他的政策。墨索里尼在1940年后备受梅毒的折磨。相反,小儿麻痹症对年轻的富兰克林·罗斯福的打击,却为这位世俗的、势利的而且有点冷漠的年轻政治家提供了旺盛的精力,正是这种精力后来把他推向国家的最高领导职位。"②

2. 社会环境

古希腊哲学家亚里士多德认为"人是天生的政治动物"。而马克思主义认为,人的本质在其现实性上是一切社会关系的总和。家庭、学校、社会、工作单位,乃至国际环境中的人与事,或是有意无意的示范,或是采取强化措施,或是通过文化性的熏陶,无不直接或间接地影响一个人的个性发展。

美国著名政治社会学学者李普塞特等人的大量调查统计研究发现,个体的职业、收入、生活地(城市或农村)、社会地位、受教育水平、对各种政治组织或民间组织的参与程度、家庭模式等,与其对于民主的信仰,其政治态度(宽容或偏激)之间都存在着强相关性。其结论是下层阶级个体更加倾向于极端态度(不宽容)和集权主义政治③。

3. 教育教化

对于大多数人来说,教育对他的个性倾向性、能力、性格和气质都有着极大的影响。这里所说的教育不仅包括正规的学校教育,同时也包括父母、亲戚朋友以及同事、单位领导的教育;既包括文化知识教育,也包括思想道德教育,甚至也包括宗教神学教育和政府的政治教化。

根据爱里克森的研究,对于不同年龄阶段的个体,不同的人物、人际关系和社会规范(教化)因素的影响力也不相同(见表2-1)。

---

① 参考〔美〕黑尔格里尔等著:《组织行为学》(上),第55页。
②③ 李普塞特:《政治人:政治的社会基础》,上海人民出版社1997年,第四章等处。

表 2-1 不同年龄段的个性发展影响因子

个性发展阶段	受影响的关系和人物	相关的社会规范因素	个性发展阶段	受影响的关系和人物	相关的社会规范因素
婴儿期 [0—1岁]	母亲或母亲的代理人	宇宙秩序	青春期	同辈伙伴及崇拜的偶像	理想观念
儿童早期 [2岁左右]	父亲与母亲	"法律和命令"	青春后期	同性和异性朋友	合作和竞争的模式
学前期 [3—5岁]	家庭成员	理想的原型	成年期	家人、同事	教育的和传统的倾向
学龄期 [6岁—青春期]	邻里、学校	技术因素	老年期	"人类"、"我等"	智慧

资料来源：E. H. Erikson(1959)：《认同与生命周期》，略有删改。

4. 主观内因

马克思主义哲学关于事物发展的内因与外因的辩证规律，是我们分析人的个性成长根源的基本指导思想。以上三个方面都是个性生成与发展的外因，个体主观的心理需要和主观意志才是其内因。综观世界，有随波逐流者，也有感叹"高处不胜寒"的人；有同流合污者，也有"出污泥而不染"者。为何？关键在于人本身。

二、能 力 与 管 理

（一）能力类型及个体差异

能力是个体顺利完成某种活动所必需的个性心理特征，或者说是个体"掌握和运用知识与技能的条件并决定活动的效率的个性心理特征"[①]。要

---

① 《中国大百科全书·心理学》，中国大百科全书出版社1991年，第225页。

准确把握能力的基本含义,我们须注意以下几点:

首先,能力是直接影响活动效果,包括活动的速度、水平和成果的质量等的心理条件。譬如一个人的观察力、记忆力、思考力、判断力、想像力、概括力都可以称之为能力。

其次,单一的能力是完成某种活动的必要但非充分条件。实际上,任何一项活动的完成,都需要多种能力因子的组合。这种组合,我们往往称之为才能。比方说,一个具有管理才能的人,往往必须具有敏锐的观察力、深刻的洞察力、果断的判断力、一定的语言表达能力、较强的组织能力,以及相当的专业知识与技能。才能的超常水平,我们称之为天才。天才是各种能力的最完备的组合。

第三,能力与素质、知识、技能既相互联系,又有区别。人的体能和神经系统的素质,是能力形成和发展的重要前提条件,但是,并非绝对的更非充分条件。知识日益成为一个人的能力发展的重要条件,但是,只有当知识能够被创造性地运用和发挥时,它才能转化为能力。技能则是运用知识去完成一定任务的活动方式,常指那些近乎机械化的动作系统,似乎缺乏创造性。所以,技能与能力也有所区别。

就能力的类型而言,可以从不同的角度进行划分,下面介绍几种常见的划分类型:

(1) 按照能力指向的对象不同,可以区分为认知能力与操作能力。认知能力包括一个人处理知识信息的能力,包括学习、研究、理解、概括、分析的能力;操作能力则主要是指人们的动手实践能力,包括操纵、制作和运动的能力。

(2) 按照能力的创造性的不同,可以分为再造性能力和创造性能力。能遵循现成的模式和程序去掌握和运用知识技能,善于模仿和复制的能力,我们称之为再造性能力;能独立开创新的活动模式和程序,善于发现新技能,发明新方法,创造新成就的能力,我们称之为创造性能力。

(3) 按照能力的适用范围不同,可以分为一般能力和特殊能力。一般能力是指那些为完成各种活动所必须的能力。所以又叫基本能力。特殊能力是指完成某种专业活动所必须的能力。显然,这里所谓的一般与特殊之分,具有一定的相对性。譬如,对于整个人群来讲,组织管理能力可能是一种特殊能力。但是,对于所有的行政管理人员来说,这又是一种基本能力,而从事各种政府职能的能力,相对而言,才是特殊能力。

(4) 按照能力在同一个体身上发展水平的不同,可以分为优势能力和非优势能力。每个人都可能具有多种能力,但各种能力在他身上的发展水平却并不一样。有些能力的发展水平较高,居于主导地位,为优势能力。反之,另一些能力则可能"一般",为非优势能力。譬如,有些人的语言表达能力非常好,善于公关,但可能不适合干实事;有些人脑子灵活,擅长创新,但很难严守成规。

虽然个体的能力可以从不同的角度来概括,但不同的个体之间的能力也有所差异,这种差异既表现在数量(水平)上,又表现在质量(类型)上。概述如下。

1. 量的差异

能力的量的差异主要表现在能力的综合发展水平。它既包括一般能力发展水平的差异,也包括特殊能力发展水平的差异。

(1)一般能力发展水平的差异,主要是通过智商的测定来予以量化。以此,可以将人的智能大致分为三种水平:超常、平常、低常。其总体分布往往是一种正态分布:"两头小、中间大"。按照我国心理学研究者对我国儿童智力状况的普查结果,超常儿童和低常儿童在全部儿童中所占的比例都为千分之三左右。这一结果与美国心理学家 D·韦克斯勒对于智力分布的调查研究结果是一致的(见表 2-2)。

表 2-2 韦克斯勒智力分布调查统计[1]

智　商	类　　别	占总数的百分比 理论常态曲线	实际样组
130 以上	极优秀	2.2	2.3
120—129	优　秀	6.7	7.4
110—119	中　上	16.1	16.5
90—109	中　常	50.0	49.4
80—89	中　下	16.1	16.2
70—79	低能边缘	6.7	6.0
69 以下	智力缺陷	2.2	2.2

---

[1] 转引自《中国大百科全书·心理学》,中国大百科全书出版社 1991 年,第 226 页。

除此以外,即使是同一个人,其不同的年龄阶段的各种能力的发展水平也不相同(见表2-3)。这也意味着不同年龄阶段的个体,其各种能力的发展水平是不一样的。

表2-3 能力发展水平与年龄①

	10至17岁	18至29岁	30至49岁	50至69岁	70至89岁
知　　　觉	100	95	93	76	46
记　　　忆	95	100	92	83	55
比较和判断	72	100	100	87	69
动作反应速度	88	100	97	92	71

(2)特殊能力发展水平的差异。就特殊能力的发展水平而言,一般来说,专业人士比非专业人士在本专业的能力方面自然要高得多。即使是同一专业的人员,业务尖子比其同行的专业能力也肯定要高得多。否则,就无所谓专业化分工,也无所谓行家里手可言了。

2. 质的差异

(1)一般能力的类型差异,即人们在知觉、表象、记忆、思维等一般能力上表现出来的类型差异。就知觉而言,有综合型(富有概括、归纳能力,但分析能力较差)、分析型(分析能力强,但综合能力有限)、分析综合型(兼具分析和综合能力)三类;表象上有视觉型(视觉表象占优势)、听觉型(听觉表象占优势)、动觉型(运动表象占优势)、混合型(几乎在同等程度上运用各种表象)。记忆能力方面的分类类似于表象的分类,也分为:视觉型、听觉型、运动型、混合型四类。在思维方面,人们的优势项目也各有区别:或善于实践的动作思维,或善于具体的形象思维,或善于抽象的逻辑思维;或擅长集聚式思维,或擅长发散式思维。

(2)特殊能力的类型差异,主要是指不同的人在完成同样一种专业活动时可能采取不同的能力组合结构。一般来说,人们都会想方设法利用个

---

① 贺云侠编著:《组织管理心理学》,江苏人民出版社1987年,第102页。

人的优势能力,并寻找一种恰当的能力组合去完成某项具体的活动。譬如根据巴伯的研究,都是为了有效地履行总统的职责,"有的总统最看重演讲,有的总统则看重非正式交往,还有的则将主要精力用于研究和谋划之中。"①也就是说,每个总统都会根据自己的能力结构,以其优势能力为主导形成一种多维能力结构而开展工作。

(二) 能力的管理学意义

管理就是使被管理者与管理者自己一起完成工作目标。而能力是直接决定工作效果的个性心理特征。因此,任何忽视能力问题的管理,其效果如何,是可想而知的。这里所谓的能力问题,即包括管理者本身的,也包括被管理者的。这就要求管理者首先必须具备顺利完成其职责的能力,其次,也要善于利用、注意培养下属的能力。

1. 管理者的能力要求

按照布莱克和穆顿的管理方格理论,一个管理者无外乎做好两个方面的事情:关心人和关心生产。因此,必须具备两个方面的才能:业务能力和人际关系能力。

美国管理学者凯茨认为,管理者必须具备三种基本能力:技术能力、人文能力、观念能力。所谓技术能力是指运用由教育、训练和个人经验所获得的专业知识、方法和技巧去完成任务的能力。人文能力,即与人共事的能力。主要是指管理者运用组织行为学、心理学的知识去激励和鼓舞人,调动人的积极性的能力。观念能力主要是指管理者从全局出发理解、思考问题,审时度势进行决策的能力。这种能力所涉及的知识主要是政治学、历史、哲学、经济学、社会学等方面的。此外,对于不同层次的管理者而言,三种能力的发展水平要求也不相同。另外,美国学者潘威廉认为,管理者必须具备四种基本能力:① 有预见力;② 善于沟通;③ 授权于人;④ 理解自我②。尽管每个学者关于管理者的能力要素的构成都会有不同的意见,但是,万变不离其宗,任何管理者都必须具备顺利开展其管理职能的能力——按照法约尔的观点,包括计划、组织、指挥、协调以及控制五个方面的能力。

---

① 〔美〕巴伯:《总统性格与总统预测》,参见《国外政治学》1988 年第 4 期。
② 潘威廉:《组织行为学》,中译本,江西人民出版社 1993 年。

2. 人事安排上的能力问题

首先,如前所述,人与人之间的能力,不仅在发展水平上存在差异,在类型上也存在着质的不同。因此,管理者在进行职位安排、任务分配,以及授权管理时,务必注意因才用人、用人所长,不能埋没人才,也不能误用人才。譬如,有些人能成为一名十分杰出的学者,但却可能是一位不称职的领导;一位推销业绩十分卓越的业务员未必适合当销售部经理。有些人也许"天生"只能当副手,而有些好的"一把手"未必能当好一个"二把手"。为什么?原因也许是多方面的,其中,能力的个体差异是一个不容忽视的原因。

人事安排的首要原则就是人尽其才、权能相称。权能相称也叫"能(力)级(别)一致",意即处于某职位上的人的能力与该职位的所要求的能力水平要一致。这个道理很简单,但在实践中却经常被违背:其一,"高能低职"[①]。譬如一些本科学历足以胜任的公职岗位,却招用了甚至规定只要硕士毕业生,乃至博士毕业生。试问,这种"高能低职"的现象是否是对人才的浪费?是否不利于人才的发展及其积极性的发挥?其二,政府部门中也存在"低能高职"的现象。撇开那些不正当用人所导致的"庸人"或"昏官"当政不谈,这里着重介绍一下闻名遐迩的"彼得原理","在实行等级制度的组织中,每个组织成员都会晋升到他所不能胜任的那一级别"。彼得原理假定,组织不断地追求并要求其成员取得更多的成就。并且,为了激励成员这么做,一旦某人能胜任其工作、表现出色,就可能得到提升。一旦他在新的工作岗位上又干得很好,又将得到提升直至他所从事的工作超出他的能力范围——因此也就没有了提升的机会。就这样,"最后,组织中的每一个职位都将被一个无力胜任该职位的人担任。"[②](事实上,彼得原理并不适用于一切组织,其适用是有条件的)其三,在部门或机关人员配备上,还必须注意整体能力结构的优化。要用系统的观念,从整体的角度来衡量和评价个体能力的价值效用。最后,教育培训是促进人的能力发展的一个重要途径。管理者不仅要知道如何发现、选拔和利用人才,还必须高度重视人力资源的再开发,注意通过教育培训等措施培育人才,锻炼人才,不断提高

---

① 其原因是多方面的,一是我国高等教育的逐步普及,尤其是研究生教育的迅速发展;二是有些政府部门的刻意要求等。
② 丁煌:《西方行政学说史》,武汉大学出版社1999年,第305页。

他们的能力。除了教育培训以外,我们还可以采取轮岗、扩大责任、扩大决策参与范围、授权、使工作富有挑战性等措施,促进员工能力水平的提高和全面发展。

三、性 格 与 管 理

(一) 性格的特征与类型

著名性格理论家萨而瓦托·马迪认为,"性格是一组稳定的特点与倾向,它们决定人们的心理行为(思想、情感与行动)的相同与差异之处,它们具有时间上的连续性,并且不能简单地理解为当时社会与生物学诸压力的惟一产物。"[1]我国心理学者普遍认为,性格就是人对现实的稳定态度和习惯了的行为方式的总和。性格的这一定义,包含以下三层意思:

首先,性格具有一定的稳定性。它是个体经过长时间的社会认知与实践,积淀而成的。当然,这并不是说性格是一成不变的。

其次,相对于一个人的能力和气质而言,性格直接表明了个体为人处事的态度,具有鲜明的个人(感情)色彩,因此一直成为道德评价的对象。

再次,性格不仅包括一个人的思维习惯、对待现实的观念和情感态度,还指一个人习惯化了的行为方式。即不仅是观念性的,也是实践性的。

国内学者多倾向于从以下四个方面讨论性格的特征。

1. 性格的态度特征

即个体对事、物、人、己等对象的态度方面的特征。这种特征带有两极性,如对人态度方面的热情、坦率或冷漠、隐蔽;对己方面的自律、自尊或任性、自卑;对事方面的精细、认真或粗放、马虎;对物方面的节俭、正直或奢侈、乖戾等。

2. 性格的理智特征

主要是指人们在感知、记忆、思维、想象等认知心理与行为模式与态度

---

[1] Maddi, S. R. (1989). Personality Theories: A Comparative Analysis, 5th ed. Homewood, I11.: Dorsey, p. 10.

特点。譬如,在对事物的感知方面,就有精确细致与粗糙草率之分,在记忆方面,有喜好形象记忆的,有善于抽象记忆的;在思维特征上,有些人喜欢独立思考,有些人则喜欢听取他人意见,有的人分析问题全面、客观、深刻,有的人看问题则较片面、肤浅;想像力方面也存在丰富与贫乏、现实与浪漫等等之别。

3. 性格的情绪特征

情绪方面的性格特征主要体现在四个维度:强度(强烈或平淡)、稳定性(易冲动、波动、忽高忽低或深沉、稳定、易控制)、持续性(延续时间长、印象深刻或延续时间短、能较快恢复如常)、主导心境(积极欢愉、乐观进取或抑郁低沉、焦虑不安)。

4. 性格的意志特征

意志方面的性格特征主要表现在如下方面:对行为目标的明确程度(目标明确、行动自觉或盲目蛮干),对行为的自觉控制水平(自制力的高或低),以及在平常和紧急情况下表现出来的意志特征(严谨或松懈,持之以恒或半途而废,机智果断或优柔寡断,沉着或慌乱)等等。

如同我们总爱给他人或自己的性格"画像"定性一样,自古至今,大量有学之士都对某个人、某类人乃至某地区某国家的人的性格进行了深入的研究,除了描述性的分析以外,就是类型学的探讨。

我国古代的孔子主要是从性格的角度,将人分为庸人、士人、君子、贤人、圣人五等。最早用"性格"一词概括人的特征的是泰奥弗拉斯拖斯。他从人们的日常行为方式中概括出诸如阿谀奉承的人、伪装和善的人、吝啬的人等性格特征。

近现代以降,主要的性格类型说除了以上这些以外,还有所谓的血型说、体型说,甚至还有人(如 A. Adler)研究了兄弟姊妹排行与性格之间的关系。下面介绍四种性格分类方法。

1. 倾向性说

这是现在用得最普遍的性格分类方法。它是按照个体心理活动的主导倾向性来划分性格类型的,最早由瑞士心理学家荣格提出,将人的性格分为内向型与外向型两类。现在人们还加上了第三种,即中间型。内向型的人,心理主导指向内倾,语言少,情感深沉,喜沉思;为人处事谨慎小心,不喜欢交际;具有自省的习惯……外向型的人,心理外倾,好奇心强,兴趣易变,性情活泼开朗,情感外露,喜形于色,喜欢交际……

还有一些西方学者根据所谓的"控制倾向",也将人的性格分为外倾和内倾两类①。只是各自的含义有明显的不同。所谓控制倾向,其含义包括三层:① 个体对于世界一般受什么支配这个问题的看法(机械的决定论可以说是外倾性的哲学体现,唯意志论);② 个体特有的自我控制观念(在何种程度上认为自己是自己生活的主人);③ 受挫时的自责或他责倾向。有西方学者认为,一般来说,内倾的人社会责任感较强,生活意义和目的的意识较为发达。他们往往较为随和、坦率,自我控制、自我认同和情绪稳定等方面都做得较好。外倾的人则相反,更多地具有猜疑、紧张、从众、教条主义、专横、无原则和挑衅性等特点。内倾的人往往能够为了达到长期的目的而推迟得到直接满足,在需要做出应激反应的情景以及面临群体的压力时往往表现出较强的意志力。所以,内倾常被认为是正面的、积极的。

2. 独立/顺从说

这种分类的依据是个体的独立性程度。它是奥地利心理学家阿德勒提出的优越型/自卑型之分的修正版。一般认为,独立型的人具有坚定的个人信念,善于发现问题、解决问题,不仅主张独立自主,而且常常喜欢将自己的意志和意见强加于人,遇事沉着、果敢。顺从型的人,缺乏独立性,缺少主见,易受暗示,办事盲从,屈从权势,逆来顺受,遇事易惊惶失措、逃避现实。

3. 机能类型说

最初由英国心理学家拜因和法国心理学家里波特提出。分类的根据是理智、情感和意志三种心理功能对人的行为模式与态度的影响力的相对大小——何者占主导、优势地位。在人的性格结构中,理智占主导地位的,理智行事者,为理智型;情绪占主导地位,易感情用事者,为情绪型;意志占优势的,行动自主自觉者,为意志型。

4. 特性分析说

值得提醒的是,前述种种类型,皆为韦伯所谓的"理想类型"。现实中的大多数人,多为复合型。其实,不同的人的不同性格都是多种性格特性的不同组合。这就是特性分析说。那么,人类的性格特性有哪些呢?卡特尔从171种"表象特性"中提炼出以下16种"基本特性",认为人的不同性格就是这些基本特性的不同组合。

① 乐群性;② 聪慧性;③ 稳定性;④ 特强性;⑤ 兴奋性;⑥ 有恒性;

---

① 科恩:《自我论》,中译本,三联书店1986年,第464—466页。

⑦ 敢为性;⑧ 敏感性;⑨ 怀疑性;⑩ 幻想性;⑪ 世俗性;⑫ 忧虑性;⑬ 探索性;⑭ 独立性;⑮ 自律性;⑯ 紧张性。

吉尔伏特等把人的性格分解为以下12种特性指标:
① 是否忧伤、容易悲伤;② 情绪是否容易变化,不稳定;③ 自卑感的大小程度;④ 是否容易担心某种事情或容易烦躁;⑤ 是否容易空想、过敏而不能入睡;⑥ 是否信任别人,与社会协调;⑦ 是否不倾听他人的意见而自行其是,爱发脾气,有攻击性;⑧ 是否开朗,动作敏捷;⑨ 慢性子还是急性子;⑩ 是否喜欢沉思、愿意反省;⑪ 是否能领导他人;⑫ 是否善于交际。

其中,①—④为性格稳定性指标;⑤—⑦为适应性指标;⑧—⑫为向性指标。一般的性格测量表也就是由这样一些特性指标问题所构成的。

相对而言,美国学者霍根的性格因素图示可能更加明快、简单一些(图2-1):

	适应	
(稳定、自信、有效)		(神经质、自我怀疑、忧郁)
	社交	
(合群、精力充沛、自我表现)		(腼腆、谦逊、孤僻)
	自觉	
(计划性强、干净利落、可靠)		(易冲动、粗心、不负责任)
	悦人	
(热情、老练、周到)		(独立、冷漠、粗鲁)
	思想开放	
(想像力丰富、好奇、有创造力)		(迟钝、想像力贫乏、刻板)

资料来源:R·T·霍根(1991),《性格与性格测试》。

图2-1 五大性格因素示意图

(二)性格的管理学意义

1. 管理者必须学会认识性格,掌握性格鉴定的基本方法

要认识一个人的性格,首先,管理者必须具备有关性格的一些基本知识和鉴定的一些基本方法。现在用得较多,而且具有一定准确性的办法是量表测定法。除此以外,还有观察法、谈话法、作品分析法、个案法等等。其次,要想真正了解一个人的性格本质,必须经常接触,这是一个长期的过程。此所谓"路遥知马力,日久见人心"。第三,了解一个人的生活经历、家庭环境、社交圈子等等,都有助于我们了解、理解一个人的性格。最后,必须注意克服"先入为主"、"以貌取人",应该以发展的眼光来看待一个人。

2. 认识性格的发展规律,以组织管理改革促进性格发展

长期从事组织学研究的哈佛大学教授阿吉里斯列举了个体性格发展的七个方面(见表2-4)。并且发现,组织的管理方式对其成员的性格(心理与行为模式、处世态度)有着重要的影响。譬如人们经常会发现一些工人工作不努力,对组织的事情也漠不关心。于是,一些管理者倾向于用"X眼光"来看待员工,对他们实行"X管理"。但是,阿吉里斯并不这样看。认为这种情况的产生至少不完全是员工个人性格决定的,因为,在许多情况下,这往往是某种管理方式的产物,是它们的逻辑结果。建立在"X理论"假设基础之上的组织管理模式就具有抑制人们成熟的"功能"。在这里,员工只是组织机器的一个"螺丝钉";他们对于环境几乎没有什么控制力;决策只是极少数人的事情,其他人都只是奉命行事;员工其实是被鼓励做一个被动的、依赖和附属于权力的人。如果其人性不被高度扭曲的话,也很难发展。

表2-4 性格的发展过程

不 成 熟	成 熟
1. 被动	主动
2. 依赖	独立
3. 少量的行为	能产生多种行为
4. 错误而浅薄的兴趣	较深与较强的兴趣
5. 时间知觉性短	时间知觉性长
6. 附属的地位	同等或优越的地位
7. 不明白自我	明白自我,控制自我

基于这种认识,阿吉里斯与麦格雷戈一样,提出管理者必须胸怀"Y 理论"的观念,通过扩大决策参与、授权、培养员工的自主性、尊重人格人权、加强沟通等措施,酿造一个有利于成员性格发展的良性环境。

3. 管理者自己必须不断改善自我的性格,扬长避短

首先,要对自己的性格有一个清醒的、客观的分析和认识。清醒和客观的自我认知是一个优秀的管理者的基本素质之一。管理者的自我认识,也叫自画像,其实也是他看待和评价其上司和下属的一面镜子,因为,我们往往会有意无意地"以自己之心度他人之腹"。更何况管理者身居组织中心职位,其言行举止具有强大的辐射力和影响力。组织成员都在有意无意地模仿着、用心"记录"着管理者的言行。管理者不啻是组织的一面镜子。所以,管理者必须不断地反省自我、修炼自我,把这面"镜子"擦得又光又亮,一尘不染。

四、气 质 与 管 理

(一) 气质的类型及特点

气质通常又可称之为性情,它是一个人在他的各种心理活动和外部动作的进行中所表现出来的某些关于速度、强度、稳定性、灵活性等方面的心理特征的总和。

个体间的气质差别也是十分明显的,譬如,有的人心理活动明快而强烈,有的人心理活动反应慢而微弱;有的人喜怒哀乐全写在脸上,有些人则什么事都淡淡的;有的人心理活动指向于外部世界,有的人则常常一个人玩味着心事。又譬如,孔子按照人的习惯行为活动的特点把人分为"狂"、"狷"、"中行"三类。认为,"不得中行而与之,必也狂狷乎!狂者进取,狷者有所不为也"。这里,"狂"指激进者,"狷"指拘谨者,"中行"指行为合乎中庸之道者。具体而言,对气质的类型进行阐述的学派主要有以下几种。

1. 神经、体液说

公元前 5 世纪,古希腊哲学家希波克拉底提出了著名的气质体液说。

他认为人体内有四种液体：血液、粘液、黄胆汁、黑胆汁。其中，① 血液占优势的人属于多血质，② 粘液占优势的属于粘液质，③ 黄胆汁占优势的属于胆汁质，④ 黑胆汁占优势的属于抑郁质。可以认为，希波克拉底对于人的气质的分类基本上是正确的，但他对于气质的见解，即将气质归结于几种体液的作用的认识是错误的。直到俄国生理学家巴甫洛夫的神经系统的学说产生之后，这种气质分类才有了科学依据。巴甫洛夫的实验研究证明，人的高级神经活动的兴奋过程和抑制过程在强度、均衡性、（更替的）灵活性等方面具有不同的特点，这些特点的不同组合便形成了四种基本的高级神经活动类型：① 灵活型（强型、均衡、灵活），② 安静型（强型、均衡、不灵活），③ 兴奋型（强型、不均衡），④ 抑制型（弱型）。而这四种类型又与希波克拉底的四种类型一一对应。其关系与内容可用下表略示。

表 2-5　希波克拉底—巴甫洛夫的气质类型及特征

神经系统					气 质	
特　性				类型	类型	主要心理特征
强度	平衡性		灵活性			
强	平衡		灵活	灵活型	多血质	活泼好动，容易适应新环境；注意力易于转移，接受新事物快，但印象不深刻；情绪情感易生易变，并直接表露于外
强	平衡		不灵活	安静型	粘液质	沉着冷静，安静平稳，反应缓慢；淡漠，善于克制自己，情绪不易外露；注意力稳定但难于转移
强	不平衡	偏兴奋	不灵活	兴奋型（不可遏止）	胆汁质	直率热情，精力旺盛；性情急躁，反应迅速；情绪外露且为时不长；动作急速而难于自制，工作兴趣具有明显的周期性
弱	不平衡	偏抑制		抑制型	抑郁质	行为孤僻，反应迟钝；体验深刻，情绪不易外露；性情柔弱，胆小，谚语动作细小无力；易于察觉他人难以察觉的细微之处

值得指出,以上所说仅仅是四种最典型的气质类型。事实上,人的气质类型在四种最典型基础上,加上心理活动的速度(快、慢、中)、强度(强、弱、中)、稳定性(也可分多种等级)与灵活性(可分多种等级)等不同情况,可以存在着相当多的组合类型。因此我们不能想当然地判断一个人的气质类型。

2. 其他学说

(1) 德国精神病学家 E·克雷奇默根据对精神病患者的临床观察,提出按体型划分气质类型的理论。他把人分为肥短型和瘦长型。肥短型的人,体态丰满、身躯矮胖。此种人情绪变化不定,时狂时郁,躁郁不定,所以又称躁郁性气质。瘦长型的人的身材细长,皮干肉少。此类人沉默寡言,胆小怕事,多思虑,多幻想,所以又称乖戾性气质。事实上多数人的气质都属于克雷奇默的极端类型之外的某种类型。

(2) 日本学者古川竹二认为人的血型与气质之间有着某种关联。据此,将人的气质区分为 A 型、B 型、AB 型、O 型四种。据统计,A 型气质的一般特点是温和、老实、稳妥、多疑、怕羞、顺从、依赖他人,感情易冲动;B 型气质的人一般感觉灵敏、镇静、不怕羞、喜社交、好管闲事;AB 型气质是 A 型和 B 型气质特点的中和;O 型气质的特点是志向远大、好胜心强、霸道、不听指挥、喜欢指挥别人、有胆识、凡事不愿吃亏。

(3) 还有学者认为个体的气质是由某种内分泌腺的活动决定的,提出将个体的气质划分为甲状腺型、脑下垂体、肾上腺型、副甲状腺型、性腺亢进型。也有研究者认为人的气质可以分为活动型、情绪型、社交型、冲动型四类。众说纷纭,不一而足。

(二) 气质的管理学意义

1. 管理者必须对气质有一个科学的认识

要理解气质的管理学意义,首先,管理者必须理论联系实际地认识到以下几点:

(1) 气质无好坏之分,任何气质都有其优点和缺点,有其值得称道的一些特征,也有其不尽如人意的地方。譬如,胆汁质的人做事有激情、积极、有活力,却又暴躁、任性、感情用事;多血质的人灵活、亲切、机敏,却又轻浮、情绪多变;粘液质的人沉着、冷静、坚毅,却又缺乏活力、性情冷淡;抑郁质的人情感深刻稳定,却又孤僻、羞怯。

（2）气质与人的社会成就之间并无必然联系。据研究,普希金有明显的胆汁质特征,赫尔岑有多血质的特征,而果戈理有抑郁质的特征。然而,他们都在文学上取得了很大的成功。所以,一个具有某类气质的人是否能够成功,关键在于他能否扬长避短、因势利导自己的气质特征。

（3）尽管气质本身具有较大的稳定性,但由于人的神经类型具有较大的可塑性,因此,气质也可以变化与发展;同时,又要注意人的神经类型的可塑性具有一定限度。

所以,管理者必须认真研究员工的气质特征。只有这样,才能深入理解、宽待、预期员工的心理与行为。

2. 人事与工作安排上尽量做到"气质适应"和"气质互补"

尽管气质在总体上表现为"中立"——无所谓好也无所谓坏,但是,就某工作环境和某工作对象而言,在其他条件一定的情况下,由不同气质的人去从事可能会有不同的客观结果,其主观心理感受可能也不一样。例如,那些要求应变能力强、涉外频繁的工作,安排那些胆汁质或多血质的人去干就较为适当些。相反,那些要求有耐心、持久、细致的活,则适宜安排抑郁质或粘液质的人去从事。让一个抑郁质的人去公关或推销,一般来说是有些强人所难,恰是用其所短了。总之,工作职务安排,不仅要求做到权能一致,还应是工作与其从事者"气味（质）相投"。同时,在组织人事安排中,要适当考虑到由不同气质类型的人员相互配合,以便充分发挥各种气质类型的长处,克服短处。

3. 在说服与激励工作中注意气质问题

众所周知,工作本身是激励员工积极性和创造性的一个重要因素,因此,安排组织成员从事与其气质、性格、能力相符的工作,不仅有利于工作的顺利完成,而且可以避免给员工造成不必要的心理不适与焦虑;不仅可以提高工作效率,而且可以融洽管理者与被管理者之间的关系。而所有这些都有助于增进组织成员对于组织管理目标的认同,有利于满足员工的成就感、自信心——觉得自己能完全胜任手头工作,并能从工作本身获得某种不可替代的"内在"愉悦感、成就感,自觉自发地对工作充满积极性和创造性。

另外,管理者在进行思想教育、批评教育时,对于不同脾性的人,也应当采取不同的方法。一般来说,胆汁质和多血质的人受得了较为严厉和直接的批评,而且似乎只有这样,才能引起他们的重视和注意。但是,对于抑郁质或粘液质的人来说,公开的、措辞严厉的批评,可能让他们受不了,甚至导致不良的后果。

思考题
1. 个性的含义与特点是什么?
2. 能力的个体差异对于组织管理有何启示?
3. 人的性格有哪些特征?
4. 能力、性格、气质三者之间有何关系?

案例讨论

温斯顿·丘吉尔的性格分析[①]

丘吉尔的性格是这样表现出来的。他冲动,雄辩,擅长文字游戏,交替运用恶意的讥讽和暴躁的脾气。他对于表露感情的渴望,他的令人惬意的发作,他的快活,构成了他的举止的一个侧面。但他也有忧郁的时候。他说,那时候,他有他的"沮丧"。这两种形式的心理障碍是躁郁症患者的特点。在某些患者那里,这种障碍发展为精神病,亦即精神错乱,成为严重的疾病。在丘吉尔身上尚不严重,但一直是看得出来的。

障碍来源有三。首先,这个走红的贵族之家的金色果实过早地失去父母的关切。丘吉尔是个早产儿,七个月大就生下来了。他的母亲詹妮麻痹大意,不顾妊娠,竟参加了一次围猎,不幸跌倒。她太热衷于社交生活,经常陪丈夫出远门,所以生下他之后也并未成为一位体贴的母亲。丘吉尔由一位奶娘养大,他一直到死都保存她的照片,常常颂扬此类"奶娘"。温情的缺乏助长了他的好斗性、过度的活跃和自我表现的需要。

他的抑郁的第二个原因是他的不可抑制的发音错误,总是把[ʒ]发成[z],把[ʃ]发成[s]。这个欠缺使他痛苦,贬低了他。他的儿子说:"在晚年,丘吉尔受得了抑制,而受不了发音的缺陷。"

第三个原因来自他从1917年军事失败中感到的自卑心理。至少,他在

[①] 摘自皮埃尔·阿考斯等著:《病夫治国:20 世纪领袖性格的精神病理分析》。

1940年执政时才将这次失败抹掉。

讨论题
温斯顿·丘吉尔的性格对他的事业和能力有何影响?

第三章　个性倾向性与行为

> 个性倾向性是个性结构中最活跃的因素,它包括需要、动机、兴趣、理想、信念和世界观等,它是人进行活动的基本动力,制约着人的所有心理活动。人与人之间个性的不同主要在于倾向性的区别。本章主要介绍人的需要、动机、态度、价值观等个性倾向性,以及个性差异与行为管理。

一、需要与动机概述

(一) 需要的分类与层次

所谓需要,就是有机体缺乏某种东西并渴求它们而产生的一种主观状态,它是有机体对客观事物需求的反映。简单地说,就是人对某种目标的渴求或欲望。人为了自身的生存,对客观世界中某些东西产生了需求,如衣、食、住、行、婚配、安全、工作、劳动和交往等。这种需求反映在个人的头脑中就形成了他的需要。需要能够推动人以一定的方式进行积极的活动。需要被人体会得越强烈,所引起的活动也就越有力、有效。

1. 需要的特点

(1) 指向性。需要总是指向于某种事物,是对一定对象的需要。离开了对具体事物、具体对象的需要,就无从研究和观察是否有某种需要。例如,人对食物的需要、对水的需要、对于运动的需要等等,都是指向于一定对象的。

（2）选择性。已经形成的人的需要，决定着他的行动及其对需要内容的选择。例如，刚出生的婴儿吃惯了母乳或牛奶，喂他羊奶，他就拒绝食用。如果开始就用羊奶喂养，以后换成牛奶或母乳，他们也会有强烈地拒绝食用的反应。

（3）再生性。有些需要并不因其获得满足而终止，他们可以重新产生甚至有周期性，例如饮食、睡眠、运动和性的需要等等。这些需要是与周围环境的变化具有周期性的特点相适应的。

（4）交替性。在人的一生中或在某个时期，某种环境中，人的需要不是单一的，任何时候都会呈现交织的需要矛盾网，各种需要依所处地位、性质、紧张程度，伴随人的行为表现出不断交替的性质。

（5）转移性。人的某种需要若因主客观条件不具备而未能解决，会转移到另一种需要的满足。

（6）发展性。人的需要因为满足方式的改变而变化，随着生活条件的发展而发展。

2. 需要的分类

（1）自然性需要和社会性需要。这是根据需要的起源来划分的。自然性需要又叫生理需要，是一个人生来具有的，它反映了人对延续和发展自己生命所必须的客观条件的需求。如对衣、食、住、行、延续后代的需要。人的生理需要也会受到社会生活条件的制约。

社会性需要，是在自然性需要的基础上，人们在后天的生活实践中逐渐形成的，主要是在社会生活、生产和交往中形成的，如对生产劳动、社交、文化、教育、生活、艺术创作与欣赏的需要等等。

（2）物质需要和精神需要。这是根据需要的对象来划分的。物质需要包括衣、食、住、行等有关物品、劳动工具、文化用品的需要，这是人们最基本、最重要的需要，是人的其他一切需要的基础。精神需要包括人们自由地施展自己的才能和对文化成果的享用，如对知识的需要、美的享受的需要等。精神需要相对于物质需要来说，是属于高层次的需要。

需要的上述分类是相对的，各类需要之间也是相互联系的，物质需要既包括生理需要，也包括社会性需要；精神需要的满足则以物质需要为基础。

根据美国学者马斯洛的研究，人的需要虽然多种多样，但归结起来不外五种基本类型，这就是：生理需要、安全需要、归属与爱的需要、尊重需要和自我实现需要。这五种需要不仅具有各自不同的特点,而且它们本身也是由低级到高级发展的结果。

生理需要。这是人的各种需要中最基本、最原始的一种,指的是对饮食、空气、配偶、休息、运动等需要,这些需要对人具有自我保存的意义,如果不能获得满足就会危及人的生命,所以是人最基本的需要,也是其他一切需要的基础。当生理需要得到相对满足,人们的注意力就会集中到高一层次的需要上去,即所谓"仓廪实而知礼节,衣食足而知荣辱"。

安全需要。当人的生理需要相对充分地满足之后,接着就会出现另外一些新的需要,这就是安全需要。安全需要包括自身的安全、职业的稳定,免受恐吓、焦躁和混乱的折磨;要求有稳定的体制、秩序、法律和政策;要求有实力的保护等等。安全需要的产生源于人们对自身的保护和安全的要求。当一个人的生理需要得到相对的满足能够在世界上生存之后,他就想竭力维持这种生活,以求长期保持下去,免遭外部的侵害。换句话说,任何人在这个时候都会产生安全的需要。

感情和归属需要。当生理需要和安全需要得到满足后,对感情和归属的需要也就出现了。人都希望朋友之间、同事之间的关系融洽或保持友谊和忠诚,希望得到爱情,人们都希望爱别人,也渴望接受别人的爱;人还有一种归属感,一种要求归属于一个集团或群体的感情,希望成为其中的一员并得到相互关心和照顾。这种感情和归属需要纯粹是人感情上的需要,如果得不到满足,就会导致精神上的不健康。

尊重需要。尊重需要可分为两类,即自尊和来自他人的尊重。自尊包括对于实力、成就、优势以及面对世界时的自信、独立和自由等欲望。来自他人的尊重包括对于地位、声望、荣誉、支配、注意、重要性赞赏等的欲望。尊重需要是一种社会需要,它的满足可以使人确立一种自信的感情,使人觉得自己在这个世界上有价值、有能力、有用处和必不可少。这些需要一旦受到挫折就会产生自卑、弱小以及无能的感觉。这些感觉又可能使人失去生活的信心,使人产生心理障碍。

自我实现需要。当一个人的生理、安全、归属和爱以及尊重需要都得到满足之后,自我实现的需要就出现了。自我实现的需要,就是要实现个人的理想和抱负,最大限度地发挥自身潜能并获得成就。自我实现需要是一种精神需要,它主要体现在精神的满足和发展上,表现为发展和运用人的所有能力,实现人的所有品质和能力的倾向,促使人趋向与他自身所具有的潜能相称的那种人。这种需要往往要通过对挑战性工作的胜任感和在创造性活动中得到的成就感来满足。

人的需要是依次由低级向高级发展的,只有低级需要得到基本满足之后,才会注意到高级的需要。例如,只有生理需要得到基本满足之后,才能产生安全的需要。当然,促使需要发展的满足只是相对的满足而不是绝对的满足,并不是一种需要百分之百地得到满足之后,另一种需要才会出现。实际上,只要前一种需要得到相对满足,后一种需要就可能出现,而且越是高级的需要其满足的百分比也越小。需要的满足之所以能导致需要的发展,是由于一种需要一旦满足,它就不再起积极的决定作用或支配作用。此时就必然要产生一种新的需要来取代原来的需要以支配人的生活。一个基本需要得到满足的人不再有生理、安全、爱和尊重的需要,就像一个吃饱的人不再有食欲,它们也不再成为这个人行为的促动因素,此时,只有自我实现的需要才会成为这个人的主要需要,才会成为他行为的促动因素。所以,需要的满足实际上也是促进需要发展的基础和动力。

此外,人的行为与动物的行为不同,动物的行为完全是在本能的支配下进行的,它缺乏一种自觉性;而人的行为则超越了本能的需要,它在很大程度上是完全自觉的,是在自我意识的支配下进行的。在意识支配下的人类行为都是有目的的,除非某种异常,不可能无缘无故地自发产生行为。任何行为,只要是作为整体的行为,都存在行为发生的动机,对人来说,惟有动机才是导致行为产生的原因,动机是心理学的概念,原意是引起动作,是行为的直接原因,也就是某种行为产生的心理动力。动机不是无缘无故地产生的,而是由需要所引起的。人总是先有了某种需要之后才产生满足这种需要的动机,然后再由这种动机促发相应的行为。例如,当人体出现饥饿时就会产生对食物的需要,由这种需要相应地产生进食动机,从而导致进食行为,以满足机体的食物需要,消除饥饿。如果我们把需要看成是个体行为产生的最终动力和源泉的话,那么动机就是这种动力和源泉的进一步展现。

（二）动机与行为

前面已经指出,动机是推动人进行行动的动因,是在需要的基础上产生的。但需要并不必然产生动机,需要转化为动机须具备两个条件:一是需要达到一定强度,产生满足需要的愿望;二是需要对象(特定目标)的确定。

在人的需要处于萌芽状态时,它只是不明显地反映在人的意识中,产生某种不安(或紧张),这时需要是以意向形式存在着的。当需要增加到一定强度,意识中的不安(或紧张)也逐渐变得强烈,于是便开始考虑应该通过什么手段来满足需要。这时意向就转化为愿望。但愿望只是反映了内心需要,是人活动的内在驱动力,由于还没有明确的对象(目标),所以这种驱动力还没有方向,还不是动机。在遇到能满足需要、解除心理紧张的具体对象(特定目标),并展现出达到目标的可能性时,这时驱动力就有了方向,以愿望形式出现的需要就转化为动机,推动人进行某种活动,向着目标前进。也就是说,动机是内在的愿望和外部具体对象建立心理联系时产生的。

另外,动机还可以由外部刺激引起。例如,饥饿导致个体去寻找食物,但并不饥饿的人看到色香味俱佳的食物也会引起食欲,即使吃过饭也会再次进食。不过刺激是通过内因起作用的,假如一个人已经病入膏肓,根本没有进食的欲望,再好的美味佳肴也不会引起其食欲。

1. 动机的特点

动机具有以下特点:

(1)动机的主观性。人的动机是人的行为的心理原因,是人的主观的心理状态。因此,了解一个人行为的动机是什么,正确与否,仅听其说是不行的,还要"观其行",通过行为才能检验其真实动机是什么。

(2)动机的内隐性。由于动机是人的一种主观状态,并且是受主体的意识制约的,使其具有了内隐性特点。特别是人的复杂的、机密的动机,内隐得更深,令人难以琢磨。古人云:"人心莫测",就是讲人的动机是内隐的,别人难以知道。

(3)动机的实践性。由于动机是推动和维持个体行为的原因或心理动力,总要付诸实践,因此,动机无论怎样内隐,人们总是可以根据其行为追溯到其真正目标的。

(4)动机的情绪性。就是说,动机总是伴随着一定的情绪色彩的,如热情或冷漠、积极或消极。个体动机的情绪色彩是由活动的直接目的与主体的价值观念、兴趣、爱好是否一致决定的。当主体活动的目的与主体的价值观念、兴趣、爱好一致时,则主体对这项活动就表现出极大的热情和积极性;反之,则会冷漠、消极。

(5)动机的更替性。动机的产生,与个体的主观需求、愿望等心理因素有关,并且要指向同一个目标,人的主观需求、愿望等是不断变化发展的,因而，个体的动机也是不断变化的。一个行为的目标达到了，还会产生出新的行为目标，还会有新的行为动机。正因为个体动机的不断更替，才会使个体不断作出各种行为。对于群体目标与该群体所属个体的行为动机的关系，也同样如此。

2. 动机的分类

诚然，人的行为动机非常复杂，一个人在生活、工作和社会活动中，常常会受到各种动机的支配。根据动机的内容、性质、作用和产生的原因可以进行不同的分类。

（1）生理动机与社会动机。这是按动机的性质进行划分的。生理动机以自然性需要为基础，如饥饿、口渴、睡眠等。

社会动机是由人的社会性需要引起的。如攻击动机、赞许动机、亲和动机和地位动机等。随着人类社会的发展，社会动机所产生出的力量，会大大超过人的生理动机。

（2）原发动机与习得动机。这是按个体动机的获得方式来划分的。原发动机是指由生理遗传方面而先天获得的需求所激发的、不需要后天学习就可获得的动机。原发动机一般与生理动机联系比较密切，由原发动机所推动的行为带有本能行为的特点，即它们是先天获得的。

习得动机是个体通过对周围环境的观察、学习而在后天逐渐获得的动机。人是生活在社会中的，每个人都与周围的环境不可分割。这种人与他人、与环境的相互作用，使得人的行为不是像动物那样的本能行为，人的各种行为能力是在生活环境、工作环境中逐渐发展起来的。一般说来，习得动机与人的社会动机联系密切，可以引发人的一系列社会行为[①]。

（3）优势动机和辅助动机。这是根据行为中动机的强度加以划分的。一个人往往同时存在着各种各样的动机，这些动机有强烈之分，而且之间还会有矛盾和斗争，以其一定的相互关系构成动机体系。其中最强烈而又稳定的动机称为优势动机，其他动机则是辅助动机。一般来说，人的行为是由优势动机决定的，辅助动机对人的行为有影响但不起支配作用。

此外，动机的划分还有多种，比如，根据动机的效能可以区分出长远动机与近期动机；根据动机的行为范围可以区分出广泛的动机和局部的动机等。

[①] 汪新建等主编《管理心理学原理》，中国科学技术出版社1990年，第97—98页。

3. 动机的作用

由于动机决定人的行为,使得人的行为具有主观色彩,所以分析动机的作用在组织行为学中就有重要意义。

(1) 动机的始动作用。即动机能唤起行为,驱动个体采取某种行动。

(2) 动机的指向作用。动机使人的行为朝特定的方向、预定的目标前进。这就是说,动机不仅能唤起行动,而且能使行动具有稳定和完整的内容,使人趋向一定的目标,使行为具有一定的指向。

(3) 动机的强化作用。动机具有保持和巩固行为的作用。一个人的行为结果,往往对他的动机发生巨大的影响,动机会因为良好的行为结果,使行为重复出现,使行为得到加强;反之,动机也会因为不好的行为结果,使行为受到削弱,以致使行为减少(消退)或不再出现。这两种情况在心理学中都称为强化作用。前者为正强化,后者叫副强化。正强化的作用,就是肯定行为,加强行为,鼓励行为。负强化的作用,则是削弱行为,否定行为,惩罚行为,以至使行为消退。运用强化原理是一种影响和引导员工行为的重要方法。如运用表扬和奖励肯定某种行为,使动机得到强化;运用批评和惩罚否定某种行为,使动机受到削弱和抑制。

(4) 动机的调整作用。人们在行动中,为了达到一定的目标,常常以某种稳定的方式支配着自己的行动。这种稳定的方式又被称为人的动机模式。人的动机模式能够对自己的行为起到调整作用。因为人的动机总是由一定的情境所激发,表现出对某种刺激物的积极态度,并力求在行动中达到目的。这种由情境所激发的动机,最初只是在较小的范围内起作用,后来,由于类似的情境经常出现,个体也就以类似的方式反复地反应。因而,这种行为动机就泛化到类似的情境中去,在人的头脑中系统化,形成一定的模式被固定下来,从而调整着人们的行为。组织管理者如果期望等到员工的某种相应的行为表现,则可以通过一定的情境训练,使之形成某种稳定的动机模式。

4. 动机与行为的关系

当然动机并非行为,动机可以推动行为,但是动机与行为两者之间并不一定是一对一的对应关系。人的任何行为都是个人因素与环境因素共同作用的结果,对同一个人,相同的动机,不同的环境会导致不同的行为;由于动机的内隐性,在个人因素中,人的外在表现与内在动机也可能不一致。因此动机与行为之间有着复杂的关系,这主要表现在:

(1) 同一种行为可以有多种动机推动。不同的人从事同一行为,可能出于不同的动机。大家都读一本书,但每个人读书的动机都可能有所不同。有的人为了学知识,有的为了对工作有帮助,有的为了拿到文凭找个好工作,有的为了通过考试拿到好的分数等。即使是同一个人从事同一种行为也可能有多种动机,如学习动机就有很多,如"为人类造福"、"有所成就"、"长知识"、"提高社会地位"等等。

(2) 同一种动机可以推动多种行为。同样是为了实现个人价值,有的人愿意进市内的科学院,有的人希望到边远地区,有的人愿意到基层单位。同一种动机也可以推动一连串不同的行为。如为了获得较高的收入,一个人可能先努力学习,取得大学文凭,再选择收入比较高的工作,然后在工作中争取晋升,得奖金。

(3) 动机的相加作用。所谓动机的相加作用是指一种动机不能发动行为,几种动机合在一起就能推动行为的现象。如某人正为是否给老人让座位感到犹豫,看到旁边的人盯着自己,可能会立即站起来。这就是动机相加作用的结果。动机相加作用的主要原因,在于受到几种动机的作用,所追求的目标有了几种不同的积极价值,这些价值的累加增加了目标的诱发力。同时,个体的激活水平也有所提高,产生了较大的动力。

(4) 与动机相加作用相反,还存在着动机的相减作用,这就是动机的冲突。一个人在决定从事某一行为时,可能有两种以上的方向相反的动机。如想帮助别人又怕耽误时间,想积极点又怕别人嘲讽等。在动机冲突时,两种(或两种以上)动机的强度可能因相互抵消而下降,这时的行为可能出现取消行动、降低目标等情况。在动机冲突时,具体采取哪种类型的反应,主要取决于彼此冲突动机的相对强度、目标的价值和个体自我调节的策略。如果某种动机有绝对的优势,能够有效地压倒对方,或者同一方向的几种动机的"和"能压倒对方,它(它们)就会支配行为。一个人觉得目标的积极价值远远大于消极价值,就会以实际行动达到它,如果觉得两者差不多,就可能放弃或降低它。在两种动机势均力敌时,如果个人认为"干总比不干好",或者为干寻找出其他理由,他就会开始实际行动。

(5) 特殊情况下,平时受到抑制的动机可以支配行为。人们的某些动机或企图,由于不为社会所容许,平时受到理智活动的抑制,不表现为行为。但当出现特殊情况,这些动机得到加强,就可能占据主导地位而支配行为。例如费斯廷格等人做试验,让被试者批评他们的父母,说出父母不对的行为,一组在正规的课堂上批评,另一组在一间昏暗的教室,每个人套上一件宽松的灰色布袋装,使别人无法辨认出个人来。结果发现,后一组的被试者对自己的父母做了较多带有敌意的批评。心理学上用"去个性化"来解释这一类现象。

由此可见,人的动机和行为之间的关系是十分复杂的,但如果仔细分析,仍可推导出需要、动机和行为之间的关系以及发展规律,即需要——心理紧张——动机——目标导向行为——需要满足——新的需要产生。遵循这一规律,使管理者能从宏观上把握被管理者的心理,制定相应的较为科学的管理措施,以实现组织目标。

二、态度与价值观

(一) 态度概述

态度通常指个体对某一对象所持的较持久、较稳定的综合性心理倾向。它是在某种心理过程基础上综合而成的,包括认知、情感和行为意向等各种心理过程,它既有认知与情感为主要内容的价值倾向,又有以动机与情绪为主要内容的动机倾向。

人们对事物的态度,绝大部分不是一朝一夕形成的,而是在长期社会化过程中形成的,态度一旦形成,就比较稳定,对事物或现象就有着稳定的看法、见解和评价。态度作为一种内在的心理结构,是由认知、情感与意向三种心理成分构成的。

其一,认知,指个体对态度对象的知识、信息、理解和看法等。认知成分是构成态度的基础,没有哪一种态度不包含认知成分。

其二,情感。在认知的基础上,个体对态度对象还会产生一定的情感体验。情感因素是个体对某一态度对象所持有的好恶的内心体验。这种体验表现具有两极性,如喜欢——厌恶、尊敬——鄙视、同情——冷漠、热爱——仇视等等。情感是构成态度的动力或核心。

其三,意向。又称行为倾向,指个体对态度对象可能做出的行为的准备状态。态度本身包括着人们的行动倾向和心理准备状态。意向并不是行为本身，而是作出行为之前的心理倾向。

一般来说，个体对态度对象有一定评价、观点和认知的同时也就产生了一定的情感体验，很自然地对态度对象表现出一定的行为倾向。也就是说，个体对态度对象将会做出怎样的行为反应。以上这三种成分是协调一致的，从而形成一个人从事某种活动的心理动力。比如，一个人对老年人的态度，如果他认为老年人是经验丰富的（这是态度的认知成分），他对老年人就会有好感（这是态度的情感成分），对老年人就会产生尊敬与请教的意向。然而态度的三种成分有时也会不协调甚至是矛盾的，例如对过去曾出现失误而积极改正的员工，主管人员的态度在认知成分上有所转变，可是思想感情上却转不过来，不愿将重要任务交由该员工去完成，显然情感成分的转变落后于认知成分的转变，态度中的意向也大大落后于认知成分。由此看来，态度的三种成分中情感因素更强烈地起着主要作用，在这里，情感体验的转变是态度转变的关键。平时常有人说，"这件事理智上我明白应该如何处理。但在感情上却转不过来。"这就是说道理上都知道，不等于态度上就能真正地转变。因为认识上的转变相对来讲是较容易的，情感上的转变就比较困难，比较缓慢。比如同事间因误会而引起口角，当问题澄清后，并不能保证双方感情上能马上融洽。态度的意向成分主要是根据认知与情感而产生的，只要认知清楚了，情感增强了，去行动的思想准备也就随之产生了。

1. 态度的特性

态度作为一种心理现象，主要有以下特性：

（1）态度的社会性。态度不是生来就有的，它是通过后天的学习获得的。不需学习、与生俱有的行为倾向不是态度而是本能。态度是在个体的长期生活中，通过与他人的相互作用，以及周围环境的不断影响而逐渐形成的。

（2）态度的针对性。任何一种态度都有其相对应的特定对象。没有针对性的态度是不存在的。态度对象可能是具体的，也可能是抽象的，即一种状态或观念。例如，张三赞成发展我国经济必须拉动"内需"，李四不喜欢降低利率，前者是抽象的，后者是具体的。由于态度是主体对客体的一种关系的反映，所以态度总是离不开一定的客体，总是与态度对象相联系，因此态度的存在不是孤立的、抽象的，它总是针对着某一事物的。

（3）态度的稳定性。态度是经过长期的认知和情感体验形成的，一旦形成，就比较稳定而持久，并在行为反应上会表现出一定的规律性，所以态度形成以后,具有抗变性,不轻易改变。

(4)态度的潜在性。态度是一种内在心理结构,对一定态度对象的心理估量并准备对它作出某种行为反应,这一切都是深藏于内心之中的,它体现出态度的潜在性。人不能直接观察到态度本身。然而,一个人的态度往往可以通过他的言论、表情和行为,间接地进行分析与推测[1]。

2. 态度的功能

研究和实践都证明,态度对于一个人的行为影响具有很重要的作用,它不仅会影响一个人的知觉与判断,还会影响一个人的工作和学习的速度与效率。同时,它还可以帮助人们决定是否加入某一群体、选择某一职业或者坚持某种生活信念等等。因此研究态度的功能,将对组织管理具有现实意义。态度的功能主要表现为:

(1)态度影响认知与判断。认知对态度的形成有作用,态度一旦形成也会对认知产生反作用,有正向作用,也有负向作用。以正确的价值观为基础的科学态度会对人的社会认知、判断产生积极的影响;而如果态度形成使人产生心理反应的惰性(如对人、对事物形成了僵化、刻板的态度),就会干扰、妨碍认知与判断的准确性,容易产生偏见、成见,导致判断失误。例如对犯错误的人产生厌恶的态度,即使其改好了也表示怀疑。

(2)态度影响忍耐力。忍耐力指人对挫折的耐受、适应能力,它和人对所从事活动的态度有密切联系。例如,追求真理、热爱科学的人,对试验的失败有较强的忍耐力;对团体有认同感,抱有忠诚态度的员工,当团体遭遇挫折时,能够休戚与共、风雨同舟,表现出较强的忍耐力。反之,出现挫折就会产生抱怨、牢骚甚至辞职而去。

(3)态度影响相容性。在社会交往活动中,一个人对自己、对他人、对集体的态度,往往影响他与群体的融合程度;同样,团体成员之间的相互态度,也影响团体的相容性和凝聚力。一般来说,如果人与人之间持有真诚、友好、热情、谦和、宽容、互助的态度,那么,社会成员之间会和睦相处,形成很高的相容性,组织内也会形成凝聚力。反之,虚伪、冷漠、敌视、傲慢、苛求、尖刻的态度则会导致人际关系紧张,凝聚力下降。

3. 态度的形成与改变

由于态度具有稳定性和持久性的特征,一般地说,态度的形成总是要经

---

[1] 贺云侠等编著:《组织管理心理学》,江苏人民出版社 1987 年,第 153—154 页。

过一段相当时间的孕育过程。心理学家凯尔曼通过研究,提出态度的形成过程主要经过三个阶段:即服从、同化和内化。我们可以结合一个真实案例分析态度的转化和形成的过程。

1974年,某国一个拥有万贯家产的富豪的女儿,19岁的女大学生P,被一个暴力组织SLA集团所绑架,这个组织把P作为"人质"关押起来,要她家人以数亿美元的赎金作为交换。后来,正当P将被释放的时候,她突然宣布自己决定参加SLA组织,并放弃自己过去所享受的豪华生活,还痛骂了自己的父母,两周后P参加了抢劫银行的行动,结果为政府所抓获。在监狱中P经过父母、亲友和辩护律师及精神病学家的劝导和说服,终于恢复了她本来的面貌。

根据这一事实,我们可以对P的态度转化与形成过程进行分析。

服从:服从又称为顺从,这是态度转化的第一个阶段,它是指个人的态度在社会因素刺激下,只从外显行为上表现与他人保持一致,它是一种为了避免遭受某种惩罚,或得到某种表扬(好处)而采取的口服心不服的举动。在这种情况下态度是表面的。从构成态度的三种成分来看,服从只是态度的行为成分在起作用。因此,服从还不是真正的态度。服从多是外制的,是受强化原则制约的。对一个人或团体,是否服从社会要求,往往意味着受到奖励或惩罚。如作息制度就带有强制性。遵守制度,出全勤,干满点,就可以得到出勤奖(正强化);相反,迟到、缺勤就没奖金,甚至受罚(负强化)。这种外制性行为,只是表面的,一旦外因消失,不奖不罚,服从也将会消失。态度形成的初期,以及态度转变的初期在服从阶段,没有多少认知成分和情感成分,谈不上理智认识,更多的取决于外部力量的压力,表现在行为的服从上。正如P在开始的时候,只是在威胁与利诱下屈服了SLA组织,服从他们的领导,并且表现出顺从的行为,但内心并不相信他们所讲的和所做的一切。后来他们通过奖励与惩罚,迫使她服从了他们的意旨。

同化:同化与服从不同,它不是被迫的,而是自愿地接受某人或某团体的观点、信念、态度与行为规范,使自己的态度与某人或某团体的态度相接近。接受的原因在于喜欢某人或某团体,从而把某人或某团体视为楷模,并向其认同。认同多属于态度的情感成分。P后来确实接受了SLA组织的思想,参与了他们的行动,与他们一致起来,并且用他们的观点来观察事物,也就是"相信"了他们的信念。正如P描写自己转变过程那样:"开始我不相信他们,也不喜欢他们,两周后,我开始同情他们,懂得他们,理解他们的事业,以后我们一起生活,一起吃东西……并且参加了他们的活动。"

内化:内化,就是一个人从内心深处相信和接受他人的观点而彻底地转变自己的态度。真正地相信和接受他人的观点、思想,意味着把这些观点与思想纳入自己的价值体系,使之成为自己态度体系中的一个有机组成部分。内化是基于理智的基础上所建立起来的态度,新的思想观点已纳为或融会为自己体系的有机组成部分,因而在情感上是愉快的。久而久之就变成了个体人格的一部分,而不再轻易改变[①]。

从 P 的态度转变过程来看,她只经历了服从和同化,没有达到内化。因为她被逮捕后不久,她又转变了态度,恢复了她原来的模样。这就说明她没有把 SLA 组织的思想和信念纳入自己的思想体系,也就是说,没有达到内化。

态度的三种水平,反映出态度成分中三种因素的不同优势作用,一般是不易分辨的。表现出来同样的态度,可能是出于服从,也可能是标明了认同,也可能是内化的结果。比如考试时对某一问题作出同样回答的人,有的是为了考个好分数,不得不按照老师讲述的观点来回答,这属于服从;有的可能是出于对老师的崇拜和信任,所以同意老师的意见并按老师的观点解答,这是认同;也有的是因为他认为这种观点是正确的、中肯的、合理的,自己心悦诚服,变成了自己的观点,这是内化。因此在一种态度面前,要深入分析研究这一态度是处于哪种水平上,只有准确地把握了态度形成和转变的水平,管理时才能作到对症下药,有的放矢。

态度形成后有相对稳定性,但也会随着内外条件的变化而变化,从而形成新的态度。态度是个体行为的基础,只要转变了一个人的错误态度,就可以消除一些偏见、歧视、隔阂,也才可能产生正确的行为。这种态度由坏变好,由消极向积极方面的改变,是有助于协调人与人之间的关系、组织与组织之间的关系,甚至国家之间的关系的。

态度改变的方式:一是一致性改变。从一般赞成到特别赞成,从一般反对到坚决反对,从一般喜爱到特别喜爱,这是一种量变式的态度改变,即在不改变态度方向的前提下,只改变态度的强度。这种态度的改变是一致性改变。二是不一致性改变。如由肯定变为否定,满意变为不满意等,既改变了态度的强度又改变了方向,以新态度取代原有的态度。这种从一个极端

---

① 参见贺云侠编著《组织管理心理学》,江苏人民出版社 1987 年,第 159—161 页。

到另一个极端,态度发生一百八十度的转变,是根本性质的改变。这种改变可能是自觉进行的,也可能是处于无奈和被迫的。

影响态度改变的重要因素包括原有态度的特性、个体人格特征以及个体所处情境等。

首先受原来态度特征的影响。自己多年形成的态度以及自小形成的态度,因经过多次反馈而得到强化,具有很强的稳定性,不经过强有力的措施矫正,很难改变。另外所持态度越极端,因受强烈情绪影响,使人不容易接受不同态度的信息,不能理智地分析不同的信息,因此不容易改变态度;而中性态度能够理智地分析不同信息,容易接受和考虑不同意见,改变起来相对较容易。

其次受个体人格特征的影响。如不同气质的人在态度改变的速度和幅度上有个别差异。例如粘液质的人,冷静、理智、反应速度较慢,其态度改变的速度慢、稳定性强。而多血质的人适应环境容易,而稳定性、持久性差,所以容易改变态度。再如自我防卫机制强的人特别注重保护自己已有的态度,以维护自尊,这种人难以改变态度。

再次受个体所处情境的影响。个体态度的改变与个体同所处群体的关系密切程度有关。当个体非常热爱自己的群体,并忠实于他的群体,有发自内心的认同感时,若要改变他与群体规范一致的态度就很困难。相反,与群体认同感较差的人,较容易受外部影响而改变原来与群体相一致的态度。另外,个体在群体中所处的地位越高,越容易接受群体规范。对自己是群体成员这一身份越是重视,越不容易改变与群体相一致的态度。

关于态度形成与改变的理论,还有费斯廷格的认知不协调理论、海德的平衡理论等。

（二）工作态度与工作绩效

工作态度是一个人对其所从事的工作所持有的评价与行为倾向。一个人要从事这种工作,而不从事那种工作,与对工作评价的高低有很大关系。

人们曾经认为,员工对自己工作的积极态度,必然会导致他工作绩效的提高。20 世纪 30 年代,人际关系学派通过霍桑实验也认为高度的工作满意感必然构成很高的工作绩效。由此美国心理学家赫茨伯格还把员工的

"满意——不满意"作为工作绩效的指标,提出"双因素理论"。但是,后来经过全面和深入的研究以后发现,工作态度与工作绩效之间,并不是一对一的简单关系,它们之间,由于受到许多中间变量的影响,存在着十分复杂的关系。根据布雷菲和克罗克特40年的研究结果,认为员工对工作所持的态度与工作绩效之间并无必然的联系,其主要原因有两点:第一,人的因素是很复杂的,对于一般员工来说,工作绩效并非个人的主要目标,它只是借以达到其他目标的一种手段。例如维持生活、受到尊重或自我实现等。有时,即使一个人对工作持消极态度,但是为了达到其他各种目标,他还是能够借助提高工作绩效作为手段。第二,人的需要是各种各样的,当个体生活上的需要获得满足以后,其目标便转移到社会性的需要。例如,希望获得朋友和同事的好感,希望自己和大家同属于某一群体而不让群体所抛弃,个人的工作绩效不能过高或过低,如果某人的绩效过高地超过同伴,可能被大家指责为"破坏进度"或"出风头"遭到排斥。反之,对目前工作感到不满意的员工,为了不拉大家的后腿,为了不让别人看不起自己,也会有加紧工作提高绩效的可能性。

另外,劳勒和波特尔也研究了满意的工作态度与工作绩效的关系。他们认为,满意的工作态度与工作绩效之间存在着第三个变量,即奖励因素的作用。他们通过实验表明,好绩效导致了奖励,而公平的奖励能够引起满意的工作态度。图3-1是他们提出的绩效与工作态度的关系模型,如图所示,发生的顺序是:更好的绩效一般会产生更高的经济上的、社会上的、心理上的回报。如果这种回报被认为是公平合理的,就会提高满意度,因为员工感到,他们得到的奖励与绩效成比例。相反,如果这种回报相对绩效水平来说过少,往往导致不满意。无论哪种情况,满意度水平总会增加或降低忠诚度,然后忠诚度会再影响员工的努力,最终,又影响到绩效。结果形成了一个持续运作的绩效—满意—努力回路。这对管理的提示就是,努力帮助员工提高绩效可能产生作为副产品的满意度[1]。

另一方面,如果绩效低下,会出现不同的情况。员工可能因得不到他们希望的东西而导致不满意的产生。在这种情况下,员工可能表现出一种或更多的消极行为,如员工离职、缺勤、迟到、偷窃行为、暴力行为或恶劣的组

---

[1] 〔美〕约翰·W·纽斯特罗姆基斯·戴维斯:《组织行为学》,经济科学出版社2000年,第232页。

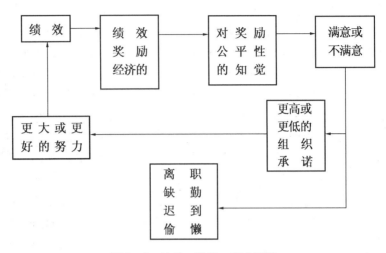

图 3-1 绩效—满意—努力回路

织成员关系。

由上述分析可以看出,态度与生产绩效之间的关系远比人们设想的复杂。工作绩效作为一高度综合的指标,它的提高或下降往往是多个因素互相作用的结果,比如能力、动机、决策以及奖励等都可影响工作绩效,而态度只是众多因素中的一种。

(三) 价值观与人的行为

价值观是指一个人对周围的客观事物及对自己的行为结果的意义、作用、效果和重要性的总评价和总看法。价值观是人们的一种观点和信念,也是指导人们行为的准则,它不仅决定着个体追求的目标,而且制约着个体的是非判断。人们对各种事物的评价,如对自由、幸福、自尊、诚实、服从、平等等,在心目中有轻重主次之分。这种主次的排列,构成了个人的"价值体系"。价值观和价值体系是决定人们期望、态度和行为的心理基础。在同一的客观条件下,具有不同价值观的人会产生不同的行为。比如在同一组织里,有人对地位看得很重,有人则看重金钱,还有人注重工作成就,这就是因为价值观不同所致。

从社会历史来看,人类文化中有些价值观历经千百年磨炼,被证明是合理而有用的,从而在文明中沉淀下来,代代相传。诸如和平、自由、民主、权益、尊严、诚实、正直、快乐等,都是文化中被肯定的价值观,它们相对稳定不变,即使变动,也极其缓慢。从个体来看,一个人的价值观是从出生开始,在家庭和社会的影响下,逐步形成的。价值观的形成是一个人社会化的重要方面,其程序与个体社会化的程序基本一致。首先是家庭的社会化教育。父母亲友的价值观,对子女的言传身教,直接影响子女的价值观的孕育,并制约或促进子女价值观的形成。儿童通过模仿,受到强化逐渐形成与家庭相一致的价值观。其次,是在学校的社会化。倘若学校与家庭的教育是一致的,原来已有的价值观就会得到进一步的强化,如果家教和学校教育交叉影响,又不一致,青少年则趋向与群体保持一致的价值观,潜在的规范与观念使青少年由他律到自律,趋向与大群体的价值观一致。但父母、家庭的影响仍很大。最后,是职业的社会化,完成学业的青年,步入社会生活,已有的价值观如能适应社会的需要就被进一步巩固下来,随着个体知识经验的增多,心理的成熟,对社会政治、经济、文化生活的参与,使其价值观体系形成。个体先后在家庭、学校、社会职业单位、党派、团体以及信息、舆论、角色的影响下,逐渐有了较深刻的体验,价值观从感性到理性,从不成熟、不稳定到成熟稳定,价值观体系同世界观一起形成起来并纳入个性结构,成为内在的心理结构,制约着个体的行为。

人的价值观一旦形成,就如同社会文化价值观一样,也是相对稳定的。但是价值观并非绝对一成不变,当人们处在某种特定的情境,人的行为必须符合新的情境要求时,原有的价值观可能不再适合,就不得不予以修正。

价值观对人的行为起着强烈的引导作用,有什么样的价值观,就会有什么样的行为。人们行为的动机受到价值观的支配和制约,只有那些经过价值判断认为是可取的需要,才能转化为行为的动机,其价值越大,动机则越强烈,并以此为目标引导人们的行为。比如有的人注重工作成就,有的人注重金钱报酬,而有的人则注重权力和地位。由于他们的价值判断不同,行为动机也就不同,进而行为指向也有所不同。价值观在其中起到了导向作用。

价值观可以反映出一个人的认知水平和需求状况。价值观是人们对客观世界及行为结果的评价和看法,因而它集中反映了人们的人生观和世界观,反映了人们的主观认知世界。另外,价值观还直接反映着人们的需求状况,应该承认,人们的价值观具有功利性,是为每个人的内在需求服务的。

越是需要的,越是不满足的,对于一个人来说可能是越有价值的。可见,由于人们的生活和经历互不相同,因此价值观也有多种多样。价值观是和社会、经济、文化的发展密切相联系的,不同的学者研究价值观的着眼点不同,因此对价值观的分类也不相同。

美国组织行为学家斯普朗格尔是最早对人的价值观进行归类的,他将价值观分为以下六类。

(1) 理论型:此类人的主要兴趣在于发现真理。通过观察、分析、推理,他们致力于探索事物的联系与区别。这些人喜欢钻研,求知欲强,能自制。他们活动和生活的主要目的是将自己的知识系统化、条理化。

(2) 经济型:此类人态度趋向于现实,是务实人士。他们认为一切工作都要从实际的需要出发,不然就应当抛弃。他们重视财力、物力、人力和效能。

(3) 艺术型:此类人重视形象美与心灵和谐,认为美的价值高于其他事物。以优美、对称、整齐、合宜等标准来衡量一切,对任何事物都从艺术的观点来加以评论。

(4) 社会型:此类人以爱护他人、关怀他人为职责。他们多投身于社会,善于人际交往,以提供服务为最大乐趣。他们大多随和、善良、不自私、宽宏大量,并愿意献身社会。

(5) 政治型:此类人对权力具有极大的兴趣,实权成为其基本的动机。他们大多有领导他人和支配他人的愿望和才能,特点是自我肯定、有活力、有信心。对人对己要求严格,讲原则,守秩序,但是也会自负,轻视他人,利己而专横。

(6) 宗教型:此类人重视命运和超自然力量,他们大多有坚定的信仰(宗教或其他类似的经验)而宁愿从现实生活中退却。他们自愿克服一切低级冲突,乐于自我否定而沉湎于自以为高尚的各种经验。

行为学家格雷夫斯对企业组织内各式人物作了大量调查,就他们的价值观和生活作风进行分析,最后概括出七个类型。

(1) 反应型:这种类型的人按着自己基本的生理需要作出反应,而不顾其他任何条件,在现实生活中这类人非常少,实际等于婴儿。

(2) 忠诚型:这类人喜欢按部就班地看问题,做工作,依赖成性,服从习惯与权势,喜欢有一个友好而专制的监督和家庭似的和睦的集体。

(3) 自我中心型:这类人性格粗犷,富有闯劲,为了取得自己所希望的奖酬,愿做任何工作,愿意尊敬严格要求的上级领导。

(4) 顺从型:这类人具有传统的忠诚努力和尽职的性格,勤勤恳恳,谨小慎微,喜欢任务明确的工作,重视安全和公平的监督方式。

(5) 权术型:这类人重视现实,好活动,有目标。喜欢成就和进展,喜欢玩弄权术,乐于奉承"有奔头"的上级。

(6) 社交中心型:这类人重视工作集体气氛的和谐,喜欢友谊和人与人之间的平等关系,把善于与人相处和被人所喜爱看得比自己的发展还重要。

(7) 现实主义型:这类人喜欢自由和创造性地工作,重视具有挑战性的工作和学习成长的机会,把金钱和晋升看成是次要的。

从上述介绍中可以看出,这些价值观类型之间都有一定的交叉,在现实生活中,没有哪个人是绝对属于某种类型的。一个人并不是只具有一种价值观,实际上,不同类型在不同的人身上有着不同的配置。

虽然人的行为是受需要支配的,但人的需要多种多样,并不都是生理和本能的东西,如果说动物的行为完全是由本能支配的话,那么人的行为则更多地要考虑社会影响和精神的需要,即使是属于本能的事情,其行为也受到社会因素和精神因素的制约。这其中一个最重要的因素就是价值观。人们都有一种对价值观的认同,因为价值观不仅反映着人对人生意义、生活条件、事业和成就等的根本看法,而且它也支配着人们对需要的追求以及对需要满足的体验。对于一种行为,人们是否去做,是否努力去做,在很大程度上取决于人们对这种行为的价值评判。

有些西方学者认为,对于一种行为,人们对它的评判涉及三种价值,这就是实用价值、审美价值和道德价值。实用价值反映的是行为对人的实际用处,它往往与人们的物质方面的需要联系在一起;审美价值反映了行为给人带来的美感享受;道德价值则反映了行为是否符合人的"正义"标准。人们评价一种行为是否值得去做,是否可以去做,总是用这三种价值去衡量。在这三种价值中,实用价值对人的行为的影响最明显也最强烈,人们也最容易按照实用价值去评判行为,大多数人的行为也正是在这种实用价值的吸引和促动下进行的。审美价值对人的行为的影响最不明显,只有那种有较强审美感受能力的人才能够明确感受到它的影响。更能够从主观上和精神上影响人的行为的是道德价值。人们对待一种行为,除了考虑它的实用价值和审美价值外,主要就是要考虑它的道德价值。行为是否符合社会道德,是否符合个人的道德标准,它是正当的还是不正当的,它是公正的还是不公正的,它对我和其他人是否都是公平的,等等。这些问题都是人们在行为时所要考虑的,而且对其考虑的不同结果会对行为产生巨大影响。一般情况下个人在组织中所感觉到的公平与否对其行为影响最大,以致美国学者亚当斯专门为此提出了一种公平理论来说明其对人们行为的影响。

亚当斯认为,每个人都有其自身的价值观,并且以这种价值观来对各种问题进行评价。在这种评价中,一个人不仅会注重到他的物质利益,而且还会注重他的社会价值、地位和尊严。如果一个人在他的判断中有了不公平的感觉,就会在他的内心造成不平衡,就会促使他设法降低不公平感。内心的不平衡感的程度是直接与不公平成正比的。在对公平的判断上,人们虽然也关心真实的客观现实,但更关心的则是主观上的感觉,也就是说,在这种情况下,一个人只会对主观上的认识作出反应,可能与客观现实并不一致,他认识到的公平是主观感觉的公平,而不是客观上的是否公平。在亚当斯看来,个人与组织之间的关系是一种交换关系,个人向组织投入的是他的工作行为、文化教育水平、技能、资历等;他从组织得到的则是工资、福利、地位等各种报酬。个人怎样来判断这种交换关系是不是公正呢?亚当斯认为,个人的判断不仅是根据自己的投入和所得到的报酬之间的比例,而且还根据这个比例与别人的投入与别人的报酬之间的比例的比较来作出。如果 A 工作时的投入量是 Q_a,A 获得的报酬量是 I_a,B 的工作投入量是 Q_b,报酬量是 I_b。那么当 $Q_a/I_a = Q_b/I_b$ 时,A 就会感到自己的交换是公平的。如果 $Q_a/I_a > Q_b/I_b$,A 就会感到自己的交换是不公平的,因为他会感到他的投入量比 B 大,可是得到的报酬却比 B 少。感到不公平就会产生不满,就会影响到工作和劳动的积极性。为了获得一种公平感,个人可能采取以下一些行动:① 减少投入,即不再努力工作;② 施加压力,希望能增加报酬;③ 离开原有工作岗位,寻找新工作;④ 说服个人重新评价自己的投入和报酬,使他感到这种交换不是不公平的;⑤ 个人与另外一个人进行比较。例如,甲感到他与乙相比工资偏低,就让他与丙进行比较,也许与丙比较的结果会使他感到自己的工资还是公平的。亚当斯认为,以上这些措施效果并不相同。改变组织传给个人的报酬数量,是解决问题的较好方法。如果采取减少投放的方法会造成人力资源的浪费。还应看到,人们一般不愿意对自己的投入和所得的报酬重新估计,因为这会损害他们的自尊心;同时除非人们感到很不公平又没有办法来减少这种不公平时,人们一般是不会采取离职的办法的。由此可见,要发挥人们的积极性,公平地对待每一个人是十分重要的①。

从组织行为学的角度来考察,价值观影响当前及将来员工的行为,所以在组织管理中,要致力于组织文化建设,根据组织的使命、任务,树立明确的组织价值观,努力使组织的员工接受并赞赏,提高组织的凝聚力。进行人事甄选时,要重视价值观的考察,尽量避免任用那些个人价值观与组织价值观相悖的人,以免造成未来的冲突。

三、个性差异与行为管理

(一)个性差异与人性假设

管理的实质,概括地说,就是为了有效地实现一定的目标而采取诸种手段来整合、协调各方面的力量和各种资源。管理的对象,可以划分为人、财、物、信息等。在管理对象的诸要素中,人是首要的,因为一切活动都是靠人来完成的,对物的支配是靠对人的支配来实现的。所以管理理论的中心问题应是关于人的问题。管理方式取决于对人的理解。管理者必须要对作为管理对象的人有正确的认识,掌握人的行为规律和各种心理特点。

不管人们是否自觉地意识到,一定的管理方式总是建立在一定的对人的理解的基础之上的,管理方式的对错,取决于人们对人的理解的正确或错误,取决于是否符合一定历史条件下的人性。自古以来,人们关于管理方式的主张,无不是以他们所持的人性观点为基础的。如中国古代儒家所提倡的"德治"、"仁政"等国家治理方式都是以性善论为基点的,而西方国家的宪政、法治治理模式则一般以人性的邪恶为预设。从管理理论的发展来看,人性学说是管理理论的哲学基础,对人性的不同假定,形成了不同的管理出发点、管理方式和手段。

1. 经济人

---

① 唐伟等著:《现代管理与人》,北京师范大学出版社1998年,第40—41页。

经济人又称实利人。这种人性观点起源于享乐主义的哲学和亚当·斯密关于劳动交换的经济理论,认为人的行为在于追求自身的最大利益,同时人还受组织机构的操纵和控制,因此又是被动的。麦克雷戈将这种人性的假设概括为 X 理论。这种假设的基本观点是:① 一般人的天性就是懒惰的,想尽量逃避工作;② 一般人没有什么雄心,宁可受别人指挥,而不希望承担责任;③ 一般人生来以自我为中心,对组织目标并不关心,所以往往要用强制、处罚等威胁,来迫使他们为实现组织目标而工作;④ 一般人缺乏理性,本质上不能自律,且容易受他人的或外界的影响,所以只有少数人才具有解决组织问题所需要的想像力和创造力,才能负起管理的责任。

由"经济人"假设出发,相应的管理措施为:① 组织将工作重点放在提高生产效率、获取利润上。② 以经济报酬(金钱)来收买员工的效力和服从,对消极怠工者则给予严厉的惩罚。③ 订立各种严格的管理制度和法规,运用领导的权威和严密的控制体系来保护组织本身,引导员工完成组织任务。

泰勒制是"经济人"假设的典型代表,它采用"胡萝卜加大棒"的办法,一方面靠金钱的收买和刺激,一方面靠严密的控制、监督和惩罚,迫使人为组织目标努力。管理工作只是少数人的事,反对工人参加管理。工人的主要任务是按管理者的指挥干活。组织目标能达到何种程度,有赖于管理者如何控制员工。在这种管理方式下工作的员工,其劳动态度是"拿多少钱,就干多少活"。

2. 社会人

20 世纪 30 年代的"霍桑实验"纠正了企业家们对员工"不过是一个经济动物"的偏见,提出了"社会人"的假设。这一假设认为,员工不仅要求在社会上寻求较好的收入以便改善经济条件,还需要得到友谊、安定和归属感,还需要得到尊重。如果组织能够满足员工的这种需求,使他们获得在组织工作方面的最大满足感,那么他们的情绪就会高涨,情绪越高,积极性也愈高,生产效率也就愈高。

根据上述思路,"社会人"假设提出了新的对人管理的方案,其要点为:

① 管理人员要有人际关系处理技能。他们必须掌握观察企业中人际关系变化的能力以及及时处理人际关系的社会技能,从而照顾员工的情绪,调动他们的积极性。② 采取提案制度,让职工共同参与企业生产经营和管理上的一些重大决策,增加职工对企业的认同感和归属感。③ 在决定或更

改作业目标、标准和方法时应上下沟通,向员工和下级作出说明、提供情况,并且动员大家自下而上提建议。④ 管理人员要学会倾听员工的心声,可利用生日、考核等机会同员工进行个别谈话,让他们自由公开地讲出他的不满和意见,平衡他们的心理和情绪,使之有家庭式的感受。

3."自我实现的人"

这是20世纪50年代由行为科学和人力资源学派的一些代表人物提出的观点。认为人从不成熟走向成熟的发展趋势,是人性的体现。人在生理、安全需要满足后,会追求社会的、精神的需要,直到自我实现。麦克雷戈将这种人性的假设概括为Y理论。其基本观点如下:① 人并非生来就是懒惰的,要求工作是人的本能。② 外来的控制和处罚,并不是使人工作的惟一方法。人们对于自己所参与的工作目标,能实行自我控制或自我指挥。③ 一般人在适当的条件下,不仅接受责任,而且更寻求责任。④ 一般人对目标的承诺程度,取决于达到目标时所获得的报酬。对企业目标的参与程度,同获得成就的报酬直接相关。自我实现需要的满足是最重要的报酬,对促进人们努力工作起着显著作用。⑤ 大部分人都有相当丰富的想像力、智能和创造力,可以用来解决组织中的问题,并非少数人才具有上述能力。

相应的管理措施:① 管理重点是创造一个有利于人发挥潜能的工作环境。他们的主要任务在于为发挥人的才智创造适宜的条件,减少和消除员工自我实现过程中所遇到的障碍。② 激励方式应从外在激励改变为内在激励为主。外在激励来自经济收入、人际关系等外部因素,内部激励来自工作本身,诸如工作的挑战性,在工作中获得知识,增长才干,发挥潜能,满足自尊、自我实现的需要。③ 管理制度应保证员工享有更多的自主权,能充分参与管理和决策。

4."复杂人"

复杂人是20世纪60年代末、70年代初被提出的假设。长期的研究证明,无论是"经济人"、"社会人",还是"自我实现人",虽然各有其合理的一面,但并不适用于一切人,因为人是很复杂的,不仅因人而异,而且一个人本身在不同的年龄、不同的时间和不同的地点会有不同的表现。人的需要和潜力,随着年龄的增长、地位的改变,以及人与人之间关系的变化而各不相同。由于人的需要不同,能力各异,对于不同管理方式会有不同的反应,因此,没有一套适合任何时代、任何组织和任何个人的普遍行之有效的管理方法。

相应的管理措施：由"复杂人"假设出发，相应的管理措施必然是，管理者不但要洞察员工的个别差异，更要适时地发挥其应变能力和弹性。对不同需要的人，应灵活地采用不同的管理措施或方法。"复杂人"假设并不是对前三种假设的简单否定，而是强调不能千篇一律地采用一个固定的模式管理。

5．"自由发展人"假设

进入20世纪80年代以来，西方管理理论的发展进入一个新阶段，即企业文化理论阶段。该理论对人性的假设是"自由发展人"。所谓"自由发展人"，也叫"全面发展的文化自由人"，或者叫"完整的人"。这种假设认为，在破除了"人身依附"观念的现代企业中，由"契约"关系所形成的雇佣观念还不足以充分调动人的积极性，实际需要的是一种真正的、全面的人与人之间的信任与平等关系，只有在这种工作环境中，人们才能自主、酌情地处理问题，达到一种全面自由发展自己的境界。

相应的管理措施：① 强调在管理中要关心人、尊重人、信任人，以摆脱企业与工作的对立局面，创造一种和谐的企业环境，消除企业的"文化性内耗"，但更重要的是以此激发人的内在潜力，为企业目标服务。这是对传统"纪律约束型管理"的一种纠正。② 强调激发员工的工作使命感，依靠精神动力调动员工热情，推动企业发展。③ 强调团体或企业与员工一体精神，这是对传统"目标调节管理"的一种纠正，以消除异体感，通过各种有效措施使员工对企业产生一体意识，让员工意识到自己是企业的主人，而非是企业临时请来的客人。④ 强调内部体制开放，通过创新行动和企业内部的竞争，以扫除企业界传统沉闷的经营管理风气，革新僵硬的行政协调。⑤ 强调运用价值观、英雄人物、习俗和礼仪，以及文化网络等手段增强企业文化活力，塑造良好的企业形象。

总之，人性假设理论的演变反映了人性认识深化发展的特点，不同的管理理论与管理措施，不仅反映了人性认识上的差异，也是与生产力发展水平、员工的生活水平及受教育程度相联系的。西方学者总结的人性假设理论虽然有不足之处，但在一定程度上揭示了人们行为的内在依据，揭示了组织结构、管理方式对人性发展的依赖与影响。借鉴这些理论，根据我国的实际情况，发展适合我国特点的组织行为理论是摆在我们面前的历史性任务。

（二）个性差异管理

个性差异，是指人与人之间在稳定的心理特征上的差异。组织中的成员由于个人的经历、智力、体力、成长环境、工作性质、价值观的不同，从而形成相互间的差异。这种差异不仅表现在经验和能力上，而且还表现在种种情绪因素上，例如态度、信念、气质、理想等。差异是一种客观存在，任何人想取消都是不可能的，也是不必要的。对组织来讲，个性差异，有利也有弊。一方面个人之间的差异，反映了各人的特长和优点，正是创新、解决问题和组织获得成就的动力，也是个人奖励的来源；另一方面这种差异又反映了个人的缺点和不足，是分歧、矛盾和冲突的起因，影响组织的成就，造成办事效率低、拖延和阻碍的重要原因之一，同时，使领导决策缺乏基础，折衷也很难令人满意。那么如何利用个性差异的长处，避免个性差异带来的危害呢？最有效的方法就是采取个性差异管理。个性差异管理主要体现为管理方法的个性化，这表现在以下三个方面：安排员工工作时，坚持使工作适合于人、使人适合于工作的原则，尊重个人的兴趣、能力、性格和选择；在使用人、提拔人时，坚持用人之所长、避人之所短的原则，以收人尽其才、才尽其用之效果；在管理、教育、培训员工时，坚持区别对待、因材施教的原则，不搞"一刀切"，以充分调动每一个员工的主动性。

1. 量才使用，能职相称

一个明智的管理者在为员工分配工作时，应尽可能地注意个性的需要与工作的要求、个性的特点与工作的类型相调适，想方设法为工作找到最合适的人，为人找到最合适的工作，使人与工作得到最理想的结合。为此首先要掌握员工的能力阈限，做到能职相称。每一种工作都有一个能力阈限，就是说，从事某一种工作只需要某种相应的智力发展水平，超过或不及都不会取得好的效果。前者会觉得乏味无兴趣，后者会感到力不从心，情绪紧张，因此大材小用，小材大用都是不适宜的。其次要对员工的能力发展水平、类型进行考察了解，安排与之能力、兴趣、性格相适应的工作，从而做到量才使用，充分发挥每个员工的才能，取得最好的效益。如中国古代楚汉之争时，无论从个人的武功还是从军队实力上，刘邦都比不过项羽，但最终刘邦还是取得了胜利。究其原因有很多，但其中有一条非常重要，就是刘邦知人善任，了解部下的不同个性特点、能力所长，发挥了人才的最佳效益。刘邦在总结他战胜项羽的原因时说：在出谋划策方面,我的能力不如张良;在统帅百万大军,战无不胜、攻无不克方面,我的能力不如韩信;在治理国家、管理百姓、筹措粮饷方面,我的能力不如萧何。这三个人都是某一方面杰出的人才,我能合理搭配,恰当地使用他们,这就是我能夺取天下的重要原因。由此我们可以看出,一个好的管理者,并不在于谋求把社会上智力最优秀的人都聚集在自己周围,而在于根据职业的性质和特点,正确地确定本职业所需要的能力阈限值,并在这个基础上聚集与该组织相适应的人才。这里的要求是:不是最好的,却是最合适的。管理者想要做到量才使用,必须做到以下三点:① 正确鉴别员工的能力、类型。② 按能力大小安排相应的职位。③ 发现能职不对应者,应果断调整,该升的升,该降的降。

2. 用人所长,避人所短

人各有所长,也各有所短,事事精通、样样能干的完人、全才是不存在的。达尔文对数学、化学一窍不通,然而他却创立了进化论;诸葛亮无力阵前交锋,却能运筹帷幄。清代诗人顾嗣协写有一首《杂兴》诗,诗曰:"骏马能历险,力田不如牛;坚车能载重,渡河不如舟;舍长以就短,智者难为谋;生长贵适用,慎勿多苛求。"①这首诗浅显易懂,清楚地说明了人才使用贵在用其长的道理。"金无足赤,人无完人",才干越高的人,其缺点往往也比较明显,用人决策不在于如何减少人的短处,而在于如何发挥人的长处。陈景润在中学教数学时,因其性格内向,拙于表达而被人瞧不起。但华罗庚先生慧眼识英才,发现他具有从事数论研究的能力,把他调到数学研究所,使陈景润的数学研究特长得以发挥和实现,成为蜚声中外的数学家。所以每一个管理者都应努力做到知人善任,成为当代的"伯乐",善于去发现人之所长,使每个人都有机会各尽所能。

用人之长、避人所短还包括要善用缺点、巧用其短。日本川口寅之辅在其《发明学》一书中指出,世界上一切人或物皆有不足,善用不足也一样能取得了不起的成就。比如自然现象中的台风,常给人类带来灾害,但把台风带来的雨水蓄积入水库,就可用来发电。这里的关键在于"善用"和"巧用",先决条件是首先认清有什么缺点,然后才有可能巧妙地利用它。换句话说,有缺点无足非议,重要的是能搞清缺点的本质进而驾驭它,这就是善用缺点的真谛。深谙此道的管理者可以因此而使管理科学化、系统化,使工

---

① 袁俊富编著:《人的管理科学》,中国经济出版社1996年,第135页。

作卓有成效。此外,善用和巧用还包括按照"互补原则"组织人才,配备使用,使组织结构优化组合。任何一个单位、一个管理系统,都不能只有一种个性,只有一种人才,清一色的人在一起,反而什么也干不成。一个健全的组织需要的是多样化个性的有序组合和合理的结构,其中包括才能互补、知识互补、性格互补、年龄互补、性别互补等等,这样才能取长补短,相得益彰,收到 $1+1>2$ 的整体效应。

3. 区别对待,因材施教

人的个性不同,对人的管理方法就不应雷同。世界上找不到没有差别完全相同的人或事,因而也找不到对一切人、一切事都适用的具体管理方法。个性差异管理理论的基本要求是:具体问题具体分析,一把钥匙开一把锁。用于对人的管理要求就是因人而异,区别对待,因材施教。

首先,对不同需要、不同动机的人采取不同的激励办法。需要与动机是人们行为的内在动力,人们的行为大都是由满足某种需要的动机引起的。在过去,我们片面强调只讲义务,不讲需要,这种"又要马儿跑,又要马儿不吃草"的做法忽视了人的基本需要,带来了许多消极后果。在组织管理中,了解每个人的需要、动机,掌握他们需要的变化情况,以对症下药,采取适当的激励方式,这是管理者必须掌握的基本功之一。马斯洛的需要层次论在这方面有一定的借鉴意义,比如对那些家庭生活困难、基本处于生存型需要阶段的员工,可采用金钱奖励的方法加以激励;对那些生理、安全等基本需要都已相对满足的员工,则要积极创造良好的人际关系氛围,提高他们对组织的忠诚度。

其次,对不同气质、性格的人采取不同的思想教育方式。如胆汁质、多血质、开朗、乐观性格者,心直口快,精力旺盛,脾气暴躁,对之进行批评教育时要特别注意摆事实讲道理,不要采取激将法。当他为某事发脾气时,要采取"冷处理法",即避其锋芒,设法使其冷静下来再进行教育;而对感情脆弱、自尊心极强的内向性格和抑郁气质者,批评时要注意委婉,不能直截了当,不能当众批评,也不能给以强刺激,否则会使其感到耻辱没面子或妄自菲薄而一蹶不振。一般说来,个性越强,自尊心越重,他们一旦丢了面子,很容易站到对立面的立场上去。古人说"扬善于公庭,规过于私室",这是一种批评的艺术。任何人都有"尊重要求",都喜欢表扬,不喜欢批评,所以批评的时候要特别注意方式和分寸,以取得既帮助员工接受批评、改进工作,又不使员工自尊心受到伤害的良好效果。

最后，对不同类别的员工采用不同的监督控制方法。如对脑力劳动者，包括研究人员、技术人员、设计师、记者、编辑、医生、教师等专业人员的管理就不同于生产线上的工人。这些人的共同特征是专业意识强，主体意识旺盛，不喜欢受约束，愿意自由自在地工作。他们大多自我要求较高，成就感较强，只要是自己愿意干并有能力干好的工作，不管报酬高低、待遇优劣、有没有人督促都能尽力为之。而且脑力劳动本身具有内隐性、复杂性、连续性、持久性等特点，没有上班下班的严格界限。许多人为了赶任务而废寝忘食，通宵达旦，每天工作十几小时也乐此不疲。所以对脑力工作者的管理应以重视其自律成分为多，依靠行政命令而使其服从的成分应少，以发挥其自尊心和自律性，取代详细严密的指示命令，巧妙地诱导其潜在的动力，使之结出丰硕之果。同时，管理者应该理解脑力工作者的需要，了解其工作特点，关心其生活和健康，努力为他们创造一个能够潜心工作的良好环境和"心理气候"，而这对脑力工作者来说是最好的激励方式①。

思考题

1. 试结合现实谈谈马斯洛的需要层次理论有什么借鉴意义。
2. 动机是如何产生的，它有哪些特点？
3. 态度的主要特性有哪些？
4. 如何评价管理理论中的人性假设？

---

① 唐伟等著：《现代管理与人》，北京师范大学出版社1998年，第84—85页。

第二篇 团体行为

第四章 群体的一般理论

> 组织管理的对象不仅仅是个体,更主要是群体。群体由若干个体所组成,而若干个体在群体中会发生心理与行为上的相互作用、相互影响,同时,群体之间也会在更大的时空条件下发生相互影响,从而形成一定的群体心理与群体行为。研究群体心理与群体行为之间的关系,尤其是不断提高群体行为绩效,是组织行为学研究的一个重要任务。本章主要论述群体的概念、特征、分类、发展阶段以及影响群体行为绩效的各种因素。

一、群 体 概 述

(一) 群体的概念

群体是人们为了达到特定的目标,满足共同的需要,以一定的方式联系在一起的人群结合体。群体是一个开放的系统,但群体的形成绝不是个体的简单相加,而是一个成员之间相互依赖、相互作用的集合体。要准确把握群体的内涵与外延,必须仔细理解群体的四个特征:

(1) 群体成员目标的一致性。群体的目标是群体得以建立和维系的基础。人们组建一个群体的动力就在于群体能够更加有效地满足人们的需要,正是为了一个共同的目标,才有了群体内部各成员之间的相互影响,相互作用。

（2）群体成员的群体意识。群体之所以能够对各个成员的行为产生巨大的影响力，是因为群体中各个成员认可自己的群体身份，群体内部各成员在心理上相互认知，并且彼此意识到对方存在，感觉到他们自己是一个群体。他们之所以感觉到他们是一个群体，是因为群体成员与非群体成员有着确实的差别。他们的群体身份不仅为自己确认，而且也为非群体成员认可。此外，他们作为群体的一个成员，无论单独还是集体一致，都与其他群体有着特殊的相互依存关系。群体内部各成员有"我们同属于一群"或"我们"的归属感、认同感和支持感。

（3）群体成员结合的有机性。群体不是个体的简单相加，而是一个有机的结合体。每个成员都在群体中扮演一定的角色，有自己的职责，并在成员之间的相互行为中主动配合，相互影响，使群体成为一个具有强大凝聚力的活动体。

（4）群体自身的相对独立性。群体一旦成型并正常运转，就会在群体行为规范、群体行动计划、群体价值取向等方面表现出自身的独立性，不会因为个别成员的去留而有所改变。

认识到群体的上述特征，我们就能很好地理解现实生活中的群体。事实上，从群体的个体而言，我们每一个人从一出生就生活在群体之中，在群体成员之间的交流过程中学习、工作、成长。一个人往往同时隶属于多个群体。例如：一个年轻人在正式组织中既是某大型国有企业的研究与发展中心的成员之一，同时又是该国有企业的工会委员之一，作为一名中共党员他又隶属于一个中国共产党的基层组织。在业余生活里，他可能既是某一生活小区的围棋爱好小组成员之一，又是社区篮球队队员；从群体的整体性来看，群体的规模一般不会太大，太大的群体成员之间很难相互影响、相互作用，成员之间也很难有心理上"同属一群"的认同感。例如：观看一场足球赛的数万名观众，他们人数如此之多，相互之间不会都认识，即使认识也不一定有什么交往，所以也就不存在上面提到的群体归属感。

美国社会心理学家霍曼斯在研究群体的过程中发现，群体的构成有下面四个要素：活动、相互作用、感情、群体规范。

（1）活动，即群体成员所从事的各项活动。如：工作、学习。群体必须以一定的社会活动来体现自己的存在，而且群体也只能在群体的各项活动中才得以维系。

(2) 相互作用,即在完成任务的过程中个人与个人之间发生的行为影响。例如:人与人之间语言或非语言的沟通与接触,以及分析他人在做什么以及对外界变化有什么反应,别人的行为与自己有什么关系。

(3) 感情,群体在相互作用的过程中,群体内成员之间以及成员与群体之间所产生的心理认同、心理倾向和体验。群体中的感情对于群体的活动和群体成员之间的关系有重大影响。

(4) 群体规范,即群体内部确立的具有约束力的行为准则。群体规范是在群体的活动中产生出来的,它协调着群体成员的个别行为,使得群体成员的行为指向一个共同的目标[①]。

此外,可以从不同的角度对群体进行分类。

(1) 以构成群体的原则和方式为分类标准,可以把群体分为正式群体和非正式群体。

正式群体是为了实现组织目标而产生的正式的官方组织结构。正式群体有完备的规章制度、固定的编制、明确的职能分工、确定的上下级关系。在正式群体中,组织目标规定了个人行为的方向并以某种严格的管理方式约束着个人的具体活动;群体的每个成员都有明确的分工,都要承担组织规定的职责和任务;群体必须严格遵守组织制定的规章制度和行为规范;群体成员对群体表现出明显的服从心理;正式群体能满足成员的归属感,加入正式群体要履行规定的手续,正式群体的结构相对比较稳定。公司的各个部门,大学的各个院系、班级、小组,工厂的车间、班组、科室都是正式群体。

非正式群体是一个与正式群体相对应的概念,指那些既无正式结构也无组织分工的群体。如:公司里的小集团、小派别、足球队。非正式群体不是人们有意计划的结果,它是在工作中,在人与人的自然交往中产生出来的。非正式群体的出现并非一种偶然现象,它是为了满足组织目标以外的某些需要而产生的。由于人的需要是多层次、多方面的,而正式群体是为了完成组织目标而建立的,因而它不能满足人们的多种需要。非正式群体成员之间的交往基础是地缘上的接近、共同的兴趣、爱好、世界观、价值观以及在活动中满足彼此的需要,而不是工作任务。非正式组织既可以帮助组织实现目标,也可以阻碍组织目标的实现。非正式群体又存在两种类型:不稳定群体和有策略的群体。不稳定的群体往往无组织、无明确的目标。有策

[①] 转引自俞文钊:《管理心理学》,甘肃人民出版社1989年,第369页。

略的群体不仅有纪律,而且组织得很好,往往有自己的灵魂人物。

在组织结构图上,我们往往只看到正式组织。但是,非正式组织常常是组织的信息交流、决策思路多样性与组织动员的重心之一,不少管理学家日益重视非正式群体,并将它看作是一种重要的管理资源,正是基于如上的考虑。

(2) 根据群体成员交往与接触特点为分类标准,可以把群体分成初级群体和次级群体。

初级群体是美国社会学家 C·H·库利提出来的。库利把那些具有面对面交往和合作特征的群体叫做初级群体,在这种群体中,成员时常直接接触,关系较亲密和多样。如:家庭、邻里、儿童游戏群体。由于初级群体是人类社会化过程中所面临的最初情境,对于个人人格的形成起着极其重要的作用。因而,库利把初级群体比作"人性的养育场"[①]。

次级群体是相对初级群体而言的另一概念,指人类经由社会契约建立的有目的、有组织的社会群体。次级群体一般有正式的结构,明确的规章,明确的社会分工。这种群体规模较大,成员接触少或者几乎没有。

(3) 按群体是否真实存在的分类标准,可以把群体分为假设群体和实际群体。

假设群体也叫"统计群体",指实际上并不存在,为了研究或统计需要而划分出来的群体。假设群体可以根据不同的特征来划分,有年龄群体、性别群体、职业群体、民族群体、文化群体。如果我们按年龄、岗位对群体进行分类,则可以分为:青年工人、中年工人、老年工人、白领工人、蓝领工人。事实上,假设群体只是具有某种共同特征而并不存在成员之间的共同活动,但这种分类对于人口学、社会学的统计研究有着重要的意义。

实际群体,指现实中客观存在的群体,群体成员在群体活动过程中有直接和间接的联系。例如:公司、工厂、生产班组。实际群体成员之间由于共同活动、相互接触之缘故,形成特殊的心理上、行为上的相关性。

(4) 按群体规模的大小,可以把群体分为大型群体和小型群体。

由于群体规模的大小是一个相对的概念,组织行为学把群体成员之间是否存在直接的、面对面的接触和联系作为具体的分类标准。大型群体即群体成员之间只能以间接方式进行接触和联系的群体。如:跨国公司、大型

[①] 转引自周晓虹:《现代社会心理学》,江苏人民出版社1991年,第299页。

国有企业。在大型群体中,群体行为更多地受社会因素、组织目标的影响。

小型群体指群体成员之间能经常面对面接触的群体,人数可以从5—6人至50—100人不等。如:班级、科室、车间就属于小群体。在小型群体中,群体成员的行为主要受感情和心理因素的影响。小型群体由于人数不多,群体各成员之间交流方便,个体之间活动频繁,接触机会多,群体意识强,群体规范对个人行为影响大,因而是组织行为学的重要研究对象。

(5)根据群体的基本目标,可以把群体分为友谊群体和工作群体。

友谊群体以满足群体成员的安全、尊敬、归属需要为目的。工作群体以实现组织的目标为目的。工作群体又可根据群体成员之间的相互关系分为对抗群体、协作群体和互动群体。在现实生活中,许多群体往往能同时满足群体成员的友谊和工作的双重目标。

(6)根据群体存在时间的长短,我们可以把群体分为固定性群体和临时性群体。

固定性群体是因为工作需要而长期存在的一种较为稳定的组织形式,这类群体的组织形态和群体结构比较稳定,一般多指正式群体。临时性群体是指为了完成某一临时任务而组成的群体,任务一旦完成,群体自行解散。临时性群体可能是正式群体,如正式组织中的项目小组;也可能是非正式群体,如自愿结合组成的旅游团。

(二)群体维度的发展阶段

群体为什么会形成?组织行为学家认为主要有下面几个方面的原因:① 人与人之间的吸引力。个人加入群体的一个主要原因是因为他被其他人的气质、性格、能力等所吸引。② 群体目标与个体目标接近或同一。③ 个人喜欢的活动需要在群体中完成。④ 个人内在需要一种对群体的归属感,在群体中确认自我。⑤ 个人需要借助群体的帮助以实现个人目标。⑥ 时空距离上接近导致感情上亲近。⑦ 群体协作对个人能力的放大。

群体的维度指影响群体活动并使其具有某种明显特征的原因。群体是一个多维的综合体,不同维度的不同结合,使不同的群体具有不同的特色。决定群体特色的维度主要有下列几种。

1. 年龄维度

年龄维度即群体的年龄构成成分。不同的年龄构成直接影响着群体的活动效率和群体的活动质量。例如:年轻人组成的群体活动效率较高,在活动中表现出开拓进取、勇往直前的精神。而老年人组成的群体在活动中则表现出稳健、保守的精神。在现实生活中,一个群体的年龄构成是复杂多样的。至于什么样的年龄搭配是合理的,则应依不同的工作和活动性质而定。

2. 知识维度

知识维度指群体的知识结构成分。群体成员的知识水平决定着群体的整体水平。因为群体成员的知识水平是不断变化的,所以群体的知识结构也处于不断的变动之中。现代社会中的各类组织都非常重视群体成员知识水平的提高,提供各种机会让组织员工在职或脱产学习。

3. 能力维度

能力维度是群体的能力构成成分。群体的能力维度具有相对稳定性,它直接决定着群体的活动质量。群体成员的总体能力强,群体的活动质量就高;反之,群体成员的总体能力弱,群体的活动质量就低。例如:有的公司的领导能力强,公司员工的总体能力水平高,公司的生产效率就高,公司的生存能力也就强。

4. 专业维度

专业维度是群体的专业构成成分。群体的专业结构合理,就能提高群体的活动效率,并能创造性地解决问题。如果群体的各个成员的专业结构过于单一,就会造成群体效率的低下,失去面对环境变化而不断创新的能力。

一个真正高效率的群体往往是上述几个群体的维度结合得比较好的群体。

5. 群体行为

群体行为是统一于群体目标的个体行为的组合,是联系个体行为与组织行为的纽带,群体行为效率的高低直接影响到组织目标的实现,群体行为以组织目标为依据,规定了个体行为的方向。

组织行为学研究表明,一个群体的行为不但受上述各种参数的性质和程度的影响,而且还受这些变量之间关系的影响。群体行为是一个多变量的函数,因此,在研究群体行为的时候,我们要有一个整体观念,综合、全面地分析影响群体行为的变量以及变量之间的关系。只有这样,我们才有可能把握群体行为的性质和特点。

并且,在现实生活中,群体总是处在不断的生成、发展、变化之中。1965年,组织行为学家 B·W·塔克曼提出了群体发展过程的五阶段说,塔克曼认为群体的发展要经过五个阶段:形成、磨合、正常化、运行和延续。在群体发展的每一个阶段以及在从一个阶段转向另一个阶段的转折点上,都面临着群体解体的危险。

1. 群体的形成阶段

在群体的形成阶段,群体成员主要是先熟悉群体的领导和其他成员。群体成员的个人兴趣由内而外不断拓展,开始了解身边的人际关系形式,在了解什么样的行为被接受和什么样的行为不能被接受的同时,努力调节自己的行为;主动与人为善,言行更加稳健,追求合时宜,并在此基础上相互了解、相互熟悉,开始设法获取与个人对团体投入相关的个人利益。

2. 群体的磨合阶段

群体的磨合阶段是一个冲突全面爆发的阶段,群体成员在有关工作目标、由谁负责各项事务等方面均会发生冲突,群体成员为着权力、地位的分配产生了分歧和敌意。围绕着领导角色的竞争和有关主要目标的冲突,群体开始形成自己的结构。一些自觉无法与该群体磨合的成员可能会选择离开,其余则会在冲突中磨合,融入群体结构之中。本阶段的关键是对于冲突的处理,企图压制或置之不理都会造成群体运行的困难。压制冲突会造成痛苦和加深敌意,置之不理则会使群体走向失败。

3. 群体的正常化阶段

在群体的正常化阶段,群体成员之间开始相互接纳,形成对群体的认同感。成员之间积极交换意见,交流信息,并努力达成相互妥协的一致决定。群体的运作逐步规则化。随着群体成员之间表达相互关心、相互同情机会的增多,群体凝聚力不断增强,合作和责任共担在群体成员之间普遍发生。

4. 群体的运行阶段

本阶段中,群体成员已理解和接受自己在群体中扮演的角色,主动致力于实现群体目标,群体得以继续发展。群体成员对于何时独立工作、何时互相帮助已经非常明白。一些群体总结经验,继续发展,逐渐变得越来越有活力,越来越有效率。而另一些群体则可能仅仅维持在生存的水平上运行。群体领导的无能和群体成员的自私自利可能导致群体运行的无规则化。

5. 群体的延续阶段

在群体的延续阶段,一些团体可能无限延续,而另一些群体的关系开始松散,群体目标取向行为终止,群体面临重构。

二、影响群体行为绩效的主要因素

影响群体行为绩效的因素是比较复杂的,如群体规模、群体构成、群体地位、群体规范、群体凝聚力等。在此我们主要讨论如下因素。

(一) 群体的规模和群体内的人际关系

群体规模即组成一个群体的人数的多少。群体规模学说主要研究群体的大小,即群体人数的多少对群体工作效率的影响。对群体规模的研究往往涉及群体人数的上限、下限和群体总数的奇偶问题。群体规模对群体的影响是组织行为学家比较感兴趣的问题。可以从以下几个方面对群体规模加以理解。

(1) 群体大小与领导行为的关系。艾门费尔的实验结果表明:群体较小时,领导行为不显著。当群体人数超过30人时,群体内部开始有了对领导的需求。而且群体越大,则越容易出现集权式的领导。

(2) 群体大小与成员之间的凝聚力及满意度。西修尔1954年在测量一个工厂中288个群体的凝聚力时,发现由4—24人组成的小群体的凝聚力比大群体的凝聚力要大得多。小群体(7人以下)成员之间联系方便,关系亲密,达成一致较为容易。曼恩等人的研究发现,小群体中的成员对自己的群体的满意度较高,而大群体中的成员则存在着较多的不满。

(3) 群体大小与生产量。杰伦对于工作群体的研究表明:如果在工作性质相同、成员素质接近的条件下,小群体的个人产量比大群体的个人产量要多。

(4) 群体大小与决策参与。史蒂芬与米歇尔的研究表明:在讨论问题时,群体越大,群体中成员的发言机会各不相同,发言往往集中在少数人,而大多数人则没有机会发言。这样一来,少数人在群体中的地位就会越来越重要,少数人的观念往往会影响甚至取代多数人的看法。以上的研究表明:在群体规模与群体工作效率的关系问题上,小群体是最理想的群体。但是,在小群体的规模该如何确定的问题上,存在着三种观点。一种观点认为,小型群体的规模是可以确定的。美国心理学家詹姆斯认为,小型群体的最佳人数是2—7人。但也有人认为,小型群体的下限至少应当确定为3人,两个人不能组成为一个群体。至于小群体的上限应为多少人数,大家看法更加不一致。多数人认为7人最好,但有人主张20人,也有人主张30人或者40人①。

群体的规模是与群体的结构相连的。群体结构是指群体成员的构成成分,包括成员的年龄结构、知识结构、能力结构、性格结构、专业结构、性别结构、籍贯结构、宗教信仰结构、党派结构等。群体结构是否合适,直接影响着群体的工作效率。如果群体成员的结构适宜,群体能有效地协调个人行为,提高工作效率;反之,群体结构不适宜,群体的工作效率就会下降。

国外社会心理学重点研究了群体结构中的同质结构和异质结构。因而得以清楚地揭示出群体结构与群体效率之间的关系。心理学家认为,如果某一群体中各个成员在知识、能力、性格、年龄等方面都比较接近,则可以把这一群体看成同质群体;如果在某一群体中各个成员在知识、能力、性格、年龄等方面大不相同,则可以把这一群体看成异质群体。研究结果表明:在不同的活动中,两种结构所起的作用不同。面对简单的工作任务,同质结构的群体比异质结构的群体更有效率;面对比较复杂的工作任务,异质结构的群体比同质结构的群体更有效率;从性别上来看,在一般情况下,异质结构群体比同质结构群体的效率要高。研究证明,同一性别的成员群体在工作过程中,会感到单调、乏味,影响工作效率。而异性成员比例搭配适当的群体,则容易造成轻松的氛围,不容易感觉疲劳。从群体的整体构成来看,群体成员的能力越强、知识水平越高,群体的活动能力也就越大。例如没有接受职业培训的群体与接受了职业培训的群体在工作效率上的差别是很大的。接受过正规大学教育的人员组成的群体比只有小学文化水平的人员组成的群体有着更好的适应和应变能力。

群体内存在着一定的人际关系,人际关系即人与人之间的心理关系或心理距离,人与人之间的心理关系反映了个人寻求社会交往的需要。心理

---

① 引自曾力生:《现代管理心理学》,湖南师范大学出版社1993年,第191页。

学家舒茨认为,由于每个人都希望得到别人的信赖、支持和帮助,因而人人都有人际关系需求。在人们的交往中,每个人对待别人的态度和方式都有所不同,由此形成了个人特有的人际关系的基本倾向,表现出各不相同的人际反映特质。舒茨把人们对人际关系的需求分为三类:

相容的需要。个人表现出与别人建立交往关系、保持相互认同的和谐关系的意愿。由于这种需要而产生的行为有参与、交流、沟通、融合、主动归属。相容需要缺失的个人则表现出与人际交往相反的行为,如:沉默、排斥、拒绝、疏远、退缩。

控制的需要。个人希望在控制、影响他人的基础上维持与他人的合作关系。由于这种需要而产生的行为有借助权威、权力去影响、支配、控制他人。控制需要不强的人则表现出服从、追随权威、习惯于受人支配。

感情的需要。个人希望在情感上同他人建立和维持相互关心、相互爱护的关系。由这种需要而产生的行为有同情他人、主动帮助他人。人际感情需要不强的人则往往对他人较为冷淡、疏远,甚至于厌恶、憎恨[1]。

影响人际关系的因素有以下五种。

(1) 距离的远近与交往的频率。人与人在地理位置上越接近,接触的机会也就越多,彼此交往的可能性也就越大。一般而言,人际交往的数量与人际空间距离成反比。1956年,怀特在一次调查研究中发现人与人的早期交往在很大程度上受到他们之间的空间距离的影响。在由于偶然因素而住在同一居住小区的人群中,彼此成为朋友的大多是住处接近的人。美国社会心理学家费斯廷格研究了同一宿舍楼里已婚妇女的交往情况。研究结果表明,住在同一宿舍楼里的住户,地理位置越接近,越容易建立友好关系。住在同一楼层的人比住在不同楼层的人更容易成为朋友。甚至住在同一楼层的住户,两家相距的远近程度也深刻地影响了两家的交往程度,交往频率随着居住距离的增大而降低。

交往频率对人际关系的发展影响也是非常明显的,通常,人与人之间交往的频率越高,相互之间也就越能理解对方的思想感情,也就越有可能建立起友好的人际关系。频繁交流是人们之间心理接近、相互认同的必由之路。中国有句老话所讲的"远亲不如近邻"也正是指这种情形。当然,在关注交往频率的同时,也必须重视交往内容的质量。

---

[1] 转引自王仁欣:《组织管理心理学新编》,厦门大学出版社1992年,第280页。

（2）相似性。同声相应，同气相求，人们总是愿意与那些跟自己有着相同价值观、信仰、兴趣、态度、爱好的人相处。观点相似、理想一致、感情相容、语言相通的人在一起容易产生思想共鸣，形成良好的人际关系。人与人的相似性是群体交往的基础。美国社会心理学家纽科姆的实验很好地证明了人与人之间这种吸引力的存在。实验者向17名被试提供为期四个月的免费住宿，纽科姆对被试的价值取向、人格特征以及他们对经济、政治的态度进行了解。然后，把心理特征上相似和不相似的被试混合地安排在几个宿舍，在他们一起生活的四个月中，定期让被试相互认定谁喜欢谁，谁不喜欢谁。实验结果表明，在相处初期，空间距离的远近决定性地影响了人与人之间的吸引力。随着时间的推移，情况发生了变化，人与人之间在价值观和生活态度上的相似决定性地影响了人与人之间的吸引力。

（3）互补性。能力上的互补、专业上的互补，甚至在性格上的互补都会促进人际关系的协调发展。在人与人的交往中，当个人的需要和期望正好与对方的特点构成互补关系时，双方就会产生较强的吸引力。罗伯特·温奇的研究很好地支持了这一观点。温奇对已婚和订婚的若干对伴侣的个性特征作了详尽研究之后发现，互补性吸引促使人们选择那些能够补充自己人格的人作为伴侣。例如：支配型的男性和服从型的女性能相处得很好；爱唠叨的女子与少言寡语的男子相处很安宁等。其实，这种互补关系在现实生活中也是随处可见的，技术专家、营销能手与金融奇才往往能够建立起比较稳定的合作关系。

（4）仪表。仪表在人际吸引中的作用是非常明显的，美好的仪态、风度往往在第一次交往时给人们留下深刻的印象。这就是我们常说的第一印象。第一印象对于双方是否继续交往的影响是至关重要的。但是，随着人际交往的不断深入，仪表的作用会有所减弱，个人素质的内在特征的作用会占据主导地位，人们将会越来越看中个人的道德品质和心理素质。尽管第一印象是可以改变的表面印象，然而改变第一印象是需要付出代价的。因此，注重第一印象是非常重要的。

（5）个性。在群体中，一个人的个性在很大程度上影响着他同周围人群的关系。谦和、虚心、活泼、热情、情感丰富、善于体验他人情感的人往往拥有和谐的人际关系。而妄自尊大、冷漠孤僻、迟钝刻板、敏感多疑、对他人情感麻木不仁的人则不可能拥有良好的人际关系。

良好的人际关系对于个人和群体的意义都是十分重大的。改善人际关系的方法多种多样。下面主要介绍三种方法：

性格锻炼法。个体人际关系的好坏与个人性格有着密切的关系。个人的不良性格是导致人际关系紧张的直接和重要的因素。心胸狭隘、性情孤僻的人很难与人交往，即便有交往，也往往流于表面化。性情暴躁的人总是容易在次要问题上与人发生不必要的冲突，导致人际关系紧张。因此，注重个人的性格锻炼，主动调节自己的心态，培养开阔的胸襟、开朗的性格，时时事事注意宽以待人、严于律己。久而久之，良好的性格也就在这种强化中定型。

感受性训练。在现实生活中，理性的个人往往不那么理智，他们经常能够知觉的是自己的心理活动，对于别人的心理需求却不甚了解，甚至是漠不关心。这就给我们的人际交往造成了巨大的困难。于是，心理学家提出了感受性训练这一方法。感受性训练是一种实验室训练法，通过人为的办法创造一种特殊的环境，让受训者在训练中提高自己对别人心理需求和情感反应的敏感性。感受性训练的具体做法是：在一个组织中调出 12 人，把他们集中于一个特定的心理实验室，训练期间（1—4 周），没有别的任务，受训者被允许自由交谈"此时此地"发生的事，不涉及工作和思想上的事情。整个训练过程采取非指导性的自由讨论，使受训者不知何去何从，逐渐陷入不安、焦躁、厌烦、不快等情绪之中。受训者开始分析自己的心理体验，大家很快发现寻求一致是困难的，每个人都无心听取别人说的话。接着，受训者发现周围的人跟自己一样陷入不安和痛苦之中，逐渐体会到别人的情感。他们开始洞察别人的情感、反应，开始设身处地地考虑别人，重新考虑对待别人的不安和痛苦。

角色扮演法。角色扮演法指个人通过角色的扮演，借以了解和体会社会行为中他人角色心理的一种方法。角色扮演法通过对工作现场的模拟，让被试处于与其工作相关的另一角色，并按照主试要求进行活动，处理有关事情。让被试了解和体会该角色的心理活动。最常见的是让被试扮演与自己工作角色相对应的另一角色，以体会与自己工作相关的其他角色的心理活动，促成自己的心理调节，改正过去工作中的不良行为。

（二）群体的士气与凝聚力

士气原意指士兵作战时整个群体的精神状态。组织行为学中的士气意指企业中工作群体的精神状态和战斗意志。心理学家史密斯认为，士气是人们对某一群体和组织感到满足,乐意成为该群体的一员,并协助达成群体目标的态度。群体在确认个人满足感来自群体的同时,自愿为实现群体目标而努力。群体士气反映了一个群体的战斗力,直接影响着群体的绩效。一旦群体有了高昂的士气,就可以迸发出巨大的力量。一旦士气低落,群体也就会丧失战斗力。

美国心理学家克雷奇对士气高昂的工作群体作了研究,结果发现具有高昂士气的群体往往表现出以下特征:群体成员之间的团结主要是因为群体的内聚力,而不是了来自外部的压力;群体内部没有分化出互相敌对的小团体的倾向;群体本身能适应外部变化并有能力处理内部冲突;群体成员对群体有着强烈的认同感和归属感;群体成员清楚地知道群体的目标;群体成员认同群体的目标,肯定并支持群体的领导;群体成员承认群体的存在价值,并努力维护群体的存在和发展。

群体的士气与群体的生产效率有着密切的关系。士气是提高生产效率的重要条件之一,士气高就能充分发挥群体成员的主动性,在其他条件不变的情况下提高生产率。影响群体士气的因素主要有:

群体成员对群体目标的拥护。群体士气是群体成员对群体满意,并愿意为达到群体目标而努力的态度。群体士气的提高,关键在于群体成员对于群体目标的明确认识和发自内心的赞同。当群体成员个人与群体的目标高度一致时,群体的士气才有可能高昂。如果群体的大部分成员并不从内心深处赞同群体目标时,群体的士气就会低落。

经济报酬的合理性。合理的经济报酬能够满足职工的基本需要,并能有效地鼓舞群体成员的士气。在管理过程中,公正公平的价值取向是调动所有成员积极性的前提条件,所以,在群体成员之间实行同工同酬、多劳多得的奖励分配制度是非常重要的。否则,将会降低群体士气。

工作本身带来的满足感。如果群体成员所从事的工作正好是他们的个人兴趣所在,那么,群体成员的满意度就会提高。因此,管理者就要在分配任务的时候充分考虑职工的个人兴趣,借助工作本身给员工带来的满意感来提高群体的士气。

群体领导的素质。优秀的领导往往能够采用民主的领导方式,他们善于倾听群体成员的呼声,体察群体成员的心情,乐于接受群体成员的意见。群体成员就有一种自己参与、自己决定的感觉,群体的士气就会大大提高。

群体成员之间的团结。和谐的群体内部人际关系给群体成员提供一个宽松的心理环境,群体成员在工作的时候就会感到心情舒畅,乐于为群体的各项工作尽力,从而提高群体的士气。

群体成员之间有良好的沟通渠道及其沟通。良好的内部沟通能有效地消除群体成员的不满和对抗情绪,调动群体成员的积极性。

良好的工作环境。良好的工作环境包括良好的物理环境和良好的心理环境。舒适的环境也是提高士气的基本条件。

群体凝聚力指群体对群体成员的吸引力以及群体成员之间的吸引力。群体之所以能够存在和发展,关键就在于群体对所有的成员和群体成员之间有着一种吸引力。群体凝聚力是维系群体存在、增强群体功能、实现群体目标的前提条件。费斯廷格认为,群体的凝聚力是"为使得群体成员留在群体内而施加影响的全部力量的总和"[1]。

凝聚力强的群体,其群体成员之间交往频繁,沟通自由,相互之间传递的积极信息多,内部人际关系融洽和谐,具有旺盛的生命力;凝聚力强的群体,其群体成员为自己在群体中工作而感到骄傲。凝聚力强的群体,其群体成员对群体的归属感较强,积极参加群体活动,而且他们不愿意离开自己的群体。凝聚力强的群体,其群体成员有较强的责任感和义务感,他们积极关心群体,努力维护群体的荣誉。凝聚力强的群体,其群体成员团结一致,同仇敌忾。

群体成员在价值观、工作态度、生活兴趣方面的一致性。群体的目标对群体凝聚力的大小有重要的影响。当群体成员普遍认同并接受群体的目标时,群体的凝聚力就会增强。而群体成员对群体目标各持己见时,群体的凝聚力就会降低。

群体领导与群体成员之间的关系。良好的领导与成员间的关系,会导致凝聚力的增强。领导者与群体成员关系紧张,则会削弱群体凝聚力。与专制的领导方式相比,民主的领导方式更能活跃群体的气氛,群体成员之间交往会更加频繁,凝聚力也就愈强。

群体的绩效。一个成功的群体更容易形成强大的内聚力。成功能够增进成员之间的好感,失败则会导致相互埋怨。群体事业的成败对群体的凝聚力的影响是非常直接的。当然群体的奖励方式也会影响群体的凝聚力。

群体外部的威胁。群体外部的压力会增强群体之间相互合作的需要,

---

[1] 转引自周晓虹:《现代社会心理学》,江苏人民出版社1991年,第317页。

从而提高群体的凝聚力。当群体之间相互竞争时,客观上就会促成群体成员同舟共济。

(三)群体的行为规范、压力与从众行为

群体规范是指为了保证群体活动的正常进行,由群体内各成员公认并遵守的行为准则。群体规范是群体内成员在活动和交往过程中逐步形成的,它有成文的或不成文的两种方式。群体规范往往涉及风俗、文化、信仰、舆论等方方面面。

群体规范的形成受两方面因素的影响。一方面,人们对外界事物的共同认知和判断上的内化,导致人们行为的模式化。另一方面,人们在认知和判断的过程中,会受到模仿、暗示、顺从等心理因素的影响,在群体成员的相互作用下,群体成员的认识不断接近、趋向同一。

群体规范的功能直接影响着群体的存在和发展,规范的功能具体表现在下面几个方面:① 行为评价。群体规范是群体成员评价自己和他人行为的依据,是群体成员内部奖惩的标准。群体规范是群体成员行为的参照标准,它反映了群体的共同认识意向。② 行为导向。群体规范规定了群体成员的工作和生活方式,限定了成员的活动范围。它告诉群体成员应该做什么,不应该做什么。群体规范对群体成员的行为起着定向的作用。③ 维系群体。群体规范是所有群体得以生存的基础,一个群体的规范越是标准化、个性化,群体成员之间的关系也就越紧密,群体成员的活动也就越有成效。群体规范为保持群体的一致性、整体性提供了基础。群体规范使得群体成员在感情上、认识上趋同,协调着群体成员的行为,并以此维系着群体的存在与发展。

群体压力指已成型的群体规范对群体成员的行为产生一种无形的心理压力,促使成员与群体保持一致。群体压力虽然不具有强制的性质,但它对于个人来说,却是一种难以违抗的力量。因为,当个人发现自己的意见、行为与群体内大多数人的意见、行为不一致时,他就会明显地感觉到群体压力的存在,产生紧张不安的情绪,害怕自己陷入孤立无援的境地。群体压力会促成个人顺应大多数人的意见。美国心理学家克特·巴克认为压力状态有两方面因素构成:一是威胁,也称"紧张刺激物";二是由个体生理上可测量的变化或个体行为组成的反应。群体压力一般具有下面几个特点:第一,群体压力来自群体并存在于群体内部，它是群体所特有的，不同的群体会形成不同性质和强度的压力。第二，群体压力与群体规范有关。第三，在群体压力的作用下，群体成员会产生从众心理。有时，压力太大，群体成员会违背自己的意愿作出相反的行为。

1951年，美国社会心理学家阿希做了一个有关从众行为的研究——三垂线实验。阿希让7—9名大学生组成一个实验小组，小组内只有一个人是真正的被试。实验人员向小组成员展示两张卡片，一张卡片上有一条线段X，实验人员称其为标准线段，另一张卡片上有三条线段A、B、C，其中有一条线段与标准线段一样长。实验人员要求被试找出第二张卡片上与X等长的线段。

在实验过程中，小组中除真被试之外的其他人员故意作出错误判断。结果，在3所大学123名真被试中，有32%的人迫于群体压力，跟着作出了错误判断。阿希的研究结果表明，即使在问题非常简单明了的情况下，个人仍然会因群体压力产生从众行为。

由于群体压力的普遍存在，我们在管理中，必须充分重视群体压力的作用。正确利用群体压力约束群体成员的行为，促使群体成员的行为与群体目标相一致。群体压力来自多数人一致的意见，对于个体的压力是十分巨大的。但是，在利用群体压力约束群体成员的同时，要注意保护群体成员的首创精神，决不能窒息群体成员的创新能力。

在影响群体行为绩效的因素中，还存在一个群体地位问题，它包含两个方面，一是该群体在整个组织体系中的位置感，即该群体究竟是处于优越的核心地位，还是不起眼的边缘地位，或者是处于中等程度的地位。这种在组织体系中的位置感，会直接或间接地影响该群体的士气，并且影响他们的行为绩效。二是该群体内部所属成员在该群体中的位置。这种位置通常会受到资历、职称、职位、能力、贡献等因素的综合影响。但其中有些起决定作用的因素会对群体行为绩效起促进或消解作用。即如果群体成员的地位主要受能力与贡献等因素所决定，这对刺激其他成员作出同样努力会起积极作用。但如果群体成员的地位完全由资历甚至裙带关系等因素所决定，它势必对群体绩效产生负面影响。

三、非正式群体

（一）非正式群体及其特征

非正式群体是以满足人们完成组织目标之外的各种需要为目的，以情感为纽带而自然形成的人群集合体。非正式群体虽然不是官方认定的组织，但它却是人群关系中的重要方面，它往往存在于正式组织之中，有着正式群体所没有的优势与特点。

人们可能因为相同的经历、比较接近的生活背景而组成非正式群体，如：同乡会、同学会、校友会。也可能由于某种利益的一致或观点上的一致而组成非正式群体，如：单位内的小团体；还可能是因为共同的价值观和共同的兴趣爱好而组成非正式群体。价值观念比较一致的人，对事物往往有共同的看法，有共同的追求和理想，有同样的生活目的。人们往往由于志同道合而结合成非正式群体。建立在价值观相同基础上的非正式群体一般比较稳定。有共同兴趣爱好的人，在共同活动的过程中很快就能找到共同语言，进而形成非正式群体。例如足球运动的爱好者，业余时间就会聚在一起踢球或者观看球赛，时间一长，就成了一个非正式群体。喜欢下象棋的人业余时间就会去找人下棋，时间一长，就有了一个较为稳定的交往圈子，成为一个非正式群体。

非正式群体主要有如下特点：非正式群体以满足群体成员个人的心理需要为目的，以私人之间的感情为纽带；非正式群体一般没有浓厚的政治色彩，但具有很强的凝聚力；非正式群体成员是以共同的心理需求和相似的心理特征为基础的，例如相似的性格、共同的生活习惯、共同的利益、共同的兴趣爱好是促成非正式群体形成的基本因素；非正式群体内部有着灵便的信息沟通渠道，群体成员之间能经常交流思想感情。群体意识在交流中不断加强，具有明显的自卫性和排他性；非正式群体内部有一套见效快、约束力强的群体行为常模，群体的压力和群体行为规范对群体成员的行为有着极强的影响，使群体成员的行为高度一致；非正式群体中有自己的领袖人物，领袖人物是在群体的形成过程中遴选出来的，有着极高的威信，对其他成员有着精神上的支配权力。领袖人物能够代表群体强制执行群体的奖惩措施,非正式群体有着很强的群体意识,非正式群体对正式群体的作用是双重的。当非正式群体的目标与正式群体的目标一致时,能够推动正式群体的发展,成为实现正式群体目标的积极力量。当非正式群体的目标与正式群体的目标不一致时,就会阻碍正式群体目标的实现。

(二) 非正式群体的功能

非正式群体的功能主要体现在对组织发展和对群体成员的个人发展两个方面。

1. 非正式群体对于组织发展的影响

当非正式群体的内部结构与正式群体的组织结构相一致时,即非正式群体的人员结构与正式群体的人员结构大致相同,非正式群体的权威人物正好是正式组织中的领导,并且非正式群体的价值取向与正式群体的奋斗目标一致时,它就能促进正式群体的发展,促成正式组织目标的实现。

但是,现实生活中非正式群体的内部结构与正式群体的组织结构经常是不一致的。当非正式群体的价值取向与正式群体的价值取向不一致时,非正式群体与正式群体就会发生冲突,如果此时非正式群体的力量又足够强大,它就会阻碍正式群体的正常运作,减低群体的工作能力,造成正式群体的功能紊乱。

2. 非正式群体对于所属群体成员的影响

非正式群体中的行为规范对于群体成员有巨大的约束力,不遵守群体规范的成员将被孤立,甚至被挤出群体。群体的行为规范对群体成员的行为起着控制作用。非正式群体的行为模式对群体成员起着潜移默化的改造作用,在不知不觉中塑造了群体成员的价值观念。非正式群体还可以发挥比正式群体更大的激励作用。例如,在一项具体工作中,群体成员对正式群体的号召没有反应,对非正式群体的号召立即做出反应。

3. 非正式群体的管理

首先,要正确认识非正式群体。非正式群体是一种普遍存在的人群结合方式,是人类社会关系总和中不可分割的一部分。非正式群体作为一种客观的社会存在是不以人的主观意志为转移的,我们必须首先承认和接受它,然后对它进行研究。作为正式组织的管理者应该对正式组织中非正式群体进行分析，明确正式组织中存在哪些非正式群体，这些非正式群体是怎样产生的？有多大的规模？有怎样的群体结构方式？核心人物是谁？非正式群体的目标是什么？他们是怎样开展活动的？只有了解了这些我们才能对非正式群体进行引导和利用。

其次，利用非正式群体的积极因素。正式组织要利用非正式群体的灵活、高效的沟通渠道，及时了解企业员工的意见和要求，获取正式组织作出决策的必要信息，从而提高决策质量；正式组织要利用非正式群体的规范给群体造成的压力以及群体行为模式化的倾向，做好群体行为的导向工作，提高正式组织的劳动效率，保障正式组织功能的实现；正式组织要利用非正式群体中核心人物的巨大影响，任用非正式群体中个人威信高、组织能力强的核心人物，把非正式群体的群体行为纳入实现正式组织目标的轨道；正式组织要利用非正式群体成员之间感情亲密、凝聚力强的特点，引导群体成员相互学习，不断提高个人的业务水平和工作能力；正式组织要利用非正式群体成员之间相互信任的特点，在非正式群体内部开展批评与自我批评，不断提高员工的思想水平，增强企业的内部团结，提升正式群体的战斗力。

再次，限制非正式群体的消极因素。正式组织要努力创造条件，尽可能地满足员工的多方面的合理需要。在正式组织的结构设计上充分考虑员工的兴趣、爱好、能力和志向等情况，让员工期望通过非正式群体来满足的需要在正式组织中一样可以得到满足，从而增强正式群体的影响力和凝聚力，扩大正式组织对非正式群体的辐射能力，达到抑制和削弱非正式群体消极影响的效果。正式组织对于消极性的非正式群体不能简单斥责，要慎重对待，积极引导。对于怀有不当目标的非正式群体要积极改造，用正式组织的价值观、文化理念去影响非正式群体的成员，使非正式群体的目标与正式组织的目标相符合。例如：对于那些以建立关系网、搞小圈子的情感型群体，要努力改造其有害目标，消除与正式组织对立的目标，使非正式群体的成员认识到，只有实现了正式组织的目标，才有可能满足他们的种种需要。这样才有可能协调好正式组织与非正式群体的目标体系；正式组织对于非正式群体维持其内部规范过程中不适当的强制胁迫手段要进行改造。非正式群体内部存在着不成文的行为规范和惯例，有些惯例是违反人道主义原则的，正式组织要主动干预，避免造成不必要的伤害；正式组织对于那些破坏性的非正式群体要采取果断行动，坚决予以取缔；为了限制非正式群体的消极作用，正式组织还必须做好其核心人物的转化工作。管理人员要从关心、爱护的角度出发,对核心人物进行单独的教育、引导和帮助,通过核心人物的转化来带动和影响其他成员;要限制非正式群体的消极作用,正式组织还必须对非正式群体进行感情沟通,主动满足非正式群体的合理要求。例如向非正式群体提供活动经费,为非正式群体提供展示其才华的舞台,等等。

思考题
1. 群体的构成要素有哪些?
2. 影响群体行为绩效的因素有哪些?
3. 非正式群体的主要特征是什么?
4. 在管理活动中,应如何加强对非正式群体的引导和利用?

第五章 团队建设

> 团队是现代组织中广泛采用的一种组织结构，它已成为组织提高其竞争力的一种基本手段。组织行为学研究团队建设问题，目的在于建设高效的团队及团队精神。

一、团队概述

（一）团队的涵义与特征

团队是指作为游戏或者竞赛一方的一群人，他们集合在一起是为了共同行动。团队与群体是有区别的，澄清群体与团队之间的不同之处，对于准确把握团体概念是十分有益的。美国的韦氏大词典把群体定义为两个或两个以上的人以某种方式结合在一起的集合体。群体是为了实现一定的目标而存在的，群体也往往能够满足群体成员的某些共同需要。群体与团队的共同之处在于：他们都是介于组织与个人之间的人群结合体，他们都是为了共同的目标才走到一起的；某个群体或某个团队一经形成就表现出自己的相对独立性，不会因为个别人员的流动而解体；无论是群体成员还是团队队员都能清楚地意识到自己是组织中的一员，成员之间在行为上相互作用，心理上相互影响，彼此间都意识到对方的存在；群体与团队都不是个体的简单相加，而是一个有机的整体。个人在其中扮演一定的角色，担当一定的职务，负有一定的责任。团队与群体虽然有如此之多的相同之处，但是却有着一些重要的不同之处。群体往往是自发地存在于正式组织之中,团队则是在正式组织的直接参与中组建起来的。就其目的性而言,团队的目的更为集中,更为明确。团队的组建往往是以工作任务为目的,它十分重视其成员的共同努力并产生积极协同作用,而群体则不一定如此,它表明是一种人群的"结合",群体中的成员不一定有机会参与到需要共同努力的集体工作中去。在这一点上,非正式群体表现得尤其突出,因为非正式群体的形成经常是为了满足群体成员工作以外的其他需要。两者最重要的差别还在于团队有着强烈的竞争意识和充分尊重游戏规则的精神,这使得团队的总体绩效远远超出个人绩效的简单相加。

在现实管理或者生活中,人们对于团队的认知和帮助团队运作等方面还存在不少局限,对于团队的复杂性和特性缺乏深入的认识和了解,许多企业不再寻求专业人士的建议和指导。主要原因是企业高层主管把团队看得太简单。其实了解团队的特征,对于更好地做好团队工作,发挥团队精神和潜力有着重要的作用。团队一般具有如下特征:

(1)可知晓性。团队的规模应控制在每个成员都能彼此熟悉、相互了解、达到能够影响团队作用的程度。

(2)高度的凝聚力。团队必须围绕其文化、共同的目标理想、兴趣爱好、与人相处、帮助他人或社会解决问题或困难的愿望等因素,把大家团结和凝聚在一起。

(3)明晰的组织和方法。团队中必须具备最低程度的正式或非正式组织。全体成员希望承担责任,明确实现团队目标的方法,并能积极参与团队的决策。

(4)健全的规章。团队必须在开始就建立一套完备的规章。这种规章在批准成员加入和审核中具有选择性,有能批准和审核成员加入的具体步骤,并且为每个成员所熟知。

(5)兼容性。团队能够接受并且乐意接受有关机构,并且与之建立良好的合作关系。使该团队既可以在机构内,也可以在机构外凝聚,作为机构的代表,更好地实现机构的目标。

这些特征是彼此相关、相互补充的。它们具有一定的弹性,也可以随着团队的发展不断修订和完善。

组织行为学家对于高绩效团队的实证性研究表明,不同的高绩效的团队有着一系列共同的特点:高绩效的团队一般比较小,团队队员一般具有不同类型的技能,如:技术技能、决策技能、人际关系技能;高绩效的团队能使团队队员积极扮演自己的角色,使他们能够献身于一个共同的目标;高绩效的团队能够时刻把握工作中的重点,为团队队员指明努力的方向;高绩效的团队有一套完善的评估系统和奖励机制,确保团队队员积极主动地开展工作。高绩效团队队员之间高度信任。

(二)团队结构与类型

团队结构的有关因素包括:

(1)团队目标。团队目标是团队存在的根据,它为团队队员指明了努力的方向。团队目标一般由机构目标、个人目标和团体目标三部分组成。机构目标也叫服务目标,就是在团队成立之前的机构和制度所构架的目标;个人目标是每一个团队成员个别的、公开的或者潜意识的期待、希望和目的;团体目标就是组成团队的成员共同希望达成的目的或期望。团队的主要目的就是要达成团体目标。因此,要使每一个个体对于团体目标有足够的重视和共识,积极倡导个体目标在大原则上服从团体目标,以便实现团队目标。

(2)团队契约。艾斯特与亨利提出了关于团队工作过程中五个契约的观点:个人契约——团队前期为团队成员本身设置的有个性特点的目标;互惠契约——发生于团队前期,成员与团队倡导者之间相互同意的会谈和约定;互助契约——团队成员间彼此同意,以及成员与倡导者达成的一致意见和约定;互赖契约——这是一种集体目标的表达、倡导者、成员以及机构把团队看作一个整体;独立契约——团队结束后,团队成员从团体经验中重新开始,自信掌握未来的表现。这是测量团体对个人实行有效协助的标准。

(3)团队规模。一般来讲,团队人数越多,沟通越困难,成员间的信息流通频率越低,彼此交流的机会越少;但是,此时团队的紧张程度低,团队魅力增大,团队资源更加丰富。那么,什么样规模的团队才是有效和适当的呢?不同的学者对此持不同的观点。詹姆斯通过对9 000例各种团体观察研究后发现,两人一组的占71%,三人一组的占21%,四人一组的占6%,而五人和五人以上一组的仅占2%。因此,他认为团队人数越少越好。

贝尔森和史丁诺认为,团体以五人最为适中,这样,每个人都可以直接发生人际关系;史拉特则认为六人的团队最为理想,这样可以鼓舞团队斗志,增强竞争力和不协调性。大团队心理自由多于小团队,而小团队的自由和伸缩空间普遍大于大团队。

团队大小是团队成员满足团队经验与否的决定性因素。辛德经过实证研究发现,四五人的团队经验满足高于八九人的团队。他还发现,由奇数组成的团队具有和谐与合作的特征,而由偶数组成的团队则倾向于竞争、敌视和敌对。

尽管不同的学者对于理想团队的人数所持的态度各不相同,事实上,他们对于大团队和小团队的优劣都十分清楚。另外,有学者认为,不同目标的团队其最佳人数也有不同。例如,四人团队最适于打球、打牌这样的休闲娱乐;八人的团队最有能力完成团体任务;五人的团队最适于讨论;儿童团队小一些为宜,这样可以集中注意力;如果团队成员害怕暴露自己,就用大团队好些;社会控制的团队为了避免面对面可能的冲突,也可以大一些。

一般而言,评判一个团队的规模是否合理,主要依据下面几个方面:① 当团队成员围坐在一起,是否可以看到对方面容,并听到彼此的声音?② 全体成员是否都可以得到激励、平均参与和认知?③ 是否能产生明显的工作效果,被团队领导者掌握?④ 团队必须扩大时,次结构的小团队是否可以参与,并且团队成员是否能够容忍以领导者为中心?

(4) 团队角色。为了有效地解决团队所面对的问题,实现团队目标,每一个团队成员都必须扮演不同的角色。20世纪70年代,贝尔滨发展出了一套分辨团队成员角色的方法。他把团队角色分为启发者、资源调查者、协调员、塑模者、监视评估员、团队工作者、实践者、完工收尾和专家九种。马格瑞森和买肯把团队分为创意者、开发推动者、发展评估员、组织推动者、结论者、检查监控者、维持拥护者、报告建议者、连接人。

我们根据一般团队发展的过程把团队中的角色分为团队倡导角色、团队构建与维护角色以及个人角色几种:① 团队倡导角色:倡导团队组建,激发团队动力,营造温馨自然的团队环境,促进团队成员间的讨论与互动。一般包括倡导发起人、信息搜集与发布人、征求意见者、协调者、引导推动者、评估者、激励者和记录员。② 团队构建与维护角色:实现团队主体的构建,维护并推动团队的健康发展。一般包括鼓动者、调和者、折衷妥协者、标准设定者、信息咨询者、团队观察与评估者、跟踪追随者。③ 个人角色:在团队中个人为了满足自己的需要,实现个别的目标而给自己设置的角色。掌握好这些角色便于引导和调配不同角色,实现团队目标。个人角色一般分为攻击者、阻挠者、自我表白者、寻求认同者、自由随意者、修补者、支配者、闲散过客、麻烦制造者、讥讽者、固执己见者、自我敏感者。

上述角色包括积极和消极角色,但是积极和消极角色可以在不同的团队环境下发挥各自的作用,并且可以相互转化。再组建团队时,要避免角色定位和角色分配的冲突,同时对不同的角色要积极引导,就可发挥不同角色的作用,实现团队目标。

在现实中我们又可以根据团队目标的不同把团队分为三大类:问题解决型团队、自我管理型团队和多功能型团队。

(1)问题解决型团队。20世纪80年代,团队开始引起管理学家的重视。最初的团队往往是由来自同一部门的工人组成,他们每周聚会一次,讨论如何提高产品质量、如何提高生产效率以及如何改善工作环境,团队成员在聚会时提出自己的建议并与他人进行交流,形成解决问题的方案。我们把这种团队称为问题解决型团队。问题解决型团队人数一般在8—10人。

(2)自我管理型团队。自我管理型团队是真正独立自主的团队,他们不仅提出解决问题的方案,而且执行解决问题的方案,并对工作结果承担全部责任。自我管理型团队一般由10—15人组成,他们承担了一部分原来由上司承担的责任。他们可以自己控制工作节奏、分配工作任务、安排工间休息、检查工作程序。独立的自我管理型团队甚至可以自己挑选队员,并自己组织绩效评估。今天,在美国大约有20%的公司采用了这种管理方式,其中比较著名的公司有:通用电气公司、惠普公司和百事可乐公司。

(3)多功能型团队。多功能型团队由来自同一等级、不同工作领域的员工组成,他们以完成某项具体任务为目的。其主要的特点就在于在组织内部跨越横向部门之间的界限。多功能型团队是在20世纪80年代末大公司为完成复杂项目而组建起来的。多功能型团队的优势在于,它能够实现不同领域员工之间的信息交换,激发员工产生解决问题的新观点。世界上有名的波音公司和IBM公司组建了这种任务攻坚团队。

(三)团队的目标、过程和作用

目标是团队存在的理由和奋斗的方向。无论团队领导人还是团队集体都可以制定目标,但是制定目标的关键在于目标的本质特征——目标能否鼓舞人心,激发众人的想象,并且释放无穷的潜力;目标是否明晰,是否可以把枯燥无味的数据演变成活生生的富有想象力的具体目标,并让人们带着美好的憧憬去为之奋斗?

在如何协助团队制定为人称道的、科学的目标问题上,众说纷纭,莫衷一是。在国际上,SMART目标特性一直受到团队管理者的推崇和青睐。SMART就是Stretching(延展性)、Measurable(可测量性)、Accepted(广泛认可性)、Recorded(记录)和Time limited(时间限定)的缩写。延展性是指善于调动和使用团队集体成员的潜力,鼓励大家超越眼前的极限和经验,激发大家的斗志。使用这种目标要防止流于空泛,并且要具备冒险精神,具体而言就是要面对挑战,激励众人,制造可以控制的危机,发掘众人创造性的内在资源。所谓可测量性是指目标必须明确、具体,应有明确的数据,制定可衡量的标准作为检查是否达到目标的依据。所谓广泛认可性是指一个好的管理者不仅仅要制定清晰的目标和规划,而且所制定的目标还要得到大多数人的认同,使得大家都感到这个目标是人心所向、众望所归。控制型的领导往往是自己制定目标,交给下属完成。但是只有那些经过科学论证,并且得到大家的完善和广泛认可的目标,才能激发团队全体成员为之奋斗。记录则要求详细记录目标的内容、目标实现的情况、影响目标实现的成功与失败因素,并根据记录进行有效分析。所谓时间限定是指目标的制定、推进和实现必须有清楚的时间界限,表现目标的迫切性,集中团队的精力,与非团队成员就目标进行沟通。时间限制使得成员可以提高工作效率,有效利用资源实现目标。

为了更好地实现团队目标,在实施过程中应当检查以下行动要点:① 制定出具有启发性、挑战性的目标,这是优秀的团队领导者应具备的素质;② 对于目标远景做出清楚、明晰的表达和说明;③ 以生动有趣的方式和清晰的条理描绘期望的目标;④ 征询团队成员对目标的意见,接受咨询;⑤ 公开目标,与团队外成员共同分享;⑥ 让众人了解你实现目标的步骤;⑦ 目标是否融入了激发团队工作热情的要素;⑧ 成员是否对团队目标具有信心;⑨ 运用SMART目标特征进行衡量;⑩ 确定实现目标的最后期限和实施监督人员。

团队过程就是指团队正在发生的一切以及团队成员之间或者团队与团队之间互动和沟通的模式。团队过程既是团队内行为和意义的推演,又是团队动力、情绪发展和感情表达的模式。它包括团队互动、团队角色、团队文化和团队决策等要素。

(1) 团队互动。我们在社会中必须学会用语言、表情等方式与人沟通,同时也得到他人的不同形式的回应。在互动过程中，人们使用物质或者精神的交换、相互合作、彼此竞争，甚至不遵循规则的冲突等形式进行，反映出一种潜在的社会关系。

在人际交往中，人们往往趋向于寻找有共同志趣、爱好的人交往，或者是寻找可取长补短的人交往。从而也产生了不同的人际关系类型：互助型、依赖—支配型、虐待与被虐待型、互补型等两人关系；和谐的、仲裁的、竞争的、联盟的、同盟的三人关系和多种四人关系和多人关系。在接受、传递和交换信息的沟通过程中，要建立广泛的沟通网络，创建多种互动的沟通方式，避免无效的、单向式的、封闭的沟通方式。

（2）团队领导者。衡量团队领导者是否合格有以下几个要素：工作能力、个性、与成员关系的融洽程度、沟通能力。大多数成员不喜欢只关注目标下达、管理员式的工具指令型领导者，而喜欢关注成员情感，关注成员工作时的内心幸福、和谐，与成员建立伙伴关系，又具有领导与智慧决策能力的情感管理型领导者。

（3）团队决策。团队决策是团队实现自身目标、维持正常运转的重要的方面。领导与服从贯穿于团队决策的始终，因而是团队决策的主要内容。团队决策一般分为发动——动员成员发现问题，分析事实；评议——对于成员发现的问题和意见进行评议；商讨共识——展开商讨，达成妥协和共识，最终取得一致意见；协调行动——消除商讨形成的异议，建立共识和和谐的关系，协调各方一致行动四个阶段。

在团队决策方式上，人们习惯于采取垄断独裁型的决策方式，即大家都希望依赖别人给出意见解决问题，通常是依赖团体领导者，其他人追随其后。但是比较理想的决策方法是共识型的决策方法，即由几个成员提出意见，随后由另外几个成员评估意见的可行性，让团体内的所有成员参与讨论，并达成共识，随即解决问题。

在特定的目标指导下，通过团队与成员、团队与团队之间的互动和沟通模式，团队可以起到增强个人、社会的功能，队员也可以借助团队发展自己，发掘个人潜力，学会独立与合作，享受团队成功的喜悦和回报。团队的主要功能如下：

（1）学习沟通与交往。团队的第一个作用就是让团队成员在个体、孤独的状态下学习如何与其他成员相处，彼此沟通和往来。

（2）提供归宿感和人性关爱。团队满足了人的基本需要——团体的归宿感。当团队成员间彼此认同、相互接纳，充分认识自己的价值和贡献时，队员就在相互关怀的团队中找到了群体归宿感。

（3）提供并分享经验。团队为成员提供社会和生活实践的真实环境和机会，通过实践和互动获取经验。

（4）锻炼合作精神。团队成员帮助他人和接受帮助，通过与成员和团队外成员的互动和真诚交往，扮演不同的角色，培养了合作精神和丰富了个人经验。

（5）提高能力。许多成员通过参与团队活动改变了个人的精神面貌、改善了个人心境，在群体的活动中经受锻炼、健康成长，提高了个人能力，增长了个人才干。

（6）治疗功能。团队活动的目的是增加成员之间的了解与合作，锻炼适应能力和合作精神，接受和赐予关爱，提高个体自我实现的能力。团队队员可以在类似小社会的环境中学习改善人际关系、改变扭曲的观念、调整心态、改变沟通方式，从而达到自我保健、诊疗和完善的目的。

（7）整合功能。团队具有整合稀缺资源、聚合组织优势的能力，可以把以前按顺序而又前后脱节的工作放在一起进行。团队可随时组建，工作完成后便可解散。无论是新产品研发，改进工艺流程，团队均可把多种技能和知识糅合在一起，完成用其他方法难以完成的工作。

（8）创造功能。团队可以有效发挥每个人的创造性。在一个健康的团队里，科学的组织形式、有效的领导与管理、令人振奋的团队目标，再加上凝聚人心、积极向上的团队文化可以使每个人的主观能动性得到有效发挥，形成推动事业发展的无穷力量。

随着团队建设的不断开展和深化，成员不仅仅可以体会到团队的以上功能，还会发现和开发出更多的团队功能，充分享受团队给成员和社会带来的好处。

二、团队的建设和管理

（一）团队的建设

团队的建设主要包括以下几个环节。

1. 团队的创立

在设想、构建一个团队之前首先要明确团队的目标和完成的任务是什么,随后用 SMART 目标原则进行衡量,再根据目标和任务模式特点招募或选择成员。如果条件允许,要事先充分考虑年龄、性别、教育程度、性格、工作经历、民族和健康状况等因素。一般来说,团队年龄跨度不宜过大,以便沟通和共鸣;成员性别混合、男女比例基本对等、教育程度相当为宜;成员性格互补较好,但是要倾向多吸收热情合作型、外向型的成员,以增强团队的激情、活力和推动力;工作经历、团队经验、成熟度与教育程度密切相关,是实现团队目标,完成团队任务的能力和素质保证;不同的民族一般对团队合作影响不大,但是要考虑民族,特别是宗教习俗在日常生活上的差异;健康状况相同的成员适宜在同一团队,有健康问题的成员适宜构建一个治疗型的团队。

在设定目标和选择好成员后,要根据团队的特点和任务模式明确团队的组织结构。这个组织结构可以因人因事而异,但是其基本构架应该是在团队负责人的领导和管理之下的彼此亲近、交流、互助、合作的组织。

为了明确团队目标,分清领导者和成员的角色,建立团队工作的基本秩序,必须用文字的方式对团队的有关重要内容和事项进行确定,这就是建立团队契约。该契约包括:团队目标、领导和组织架构、工作过程和经验、成员的行为准则、成员互动方式等。除了规定的领导、管理、工作关系和程序外,团队成员之间既可是小组的搭档,也可同时是彼此互动,任意排列组合的交流与合作的友好关系。

2. 团队的检查

团队创建后,为了及时发现和处理问题,保证其良好的绩效,必须对团队进行定期的检查。这个检查最好是拿出专门时间,采取召开团队会议、参加户外活动、聚餐等形式进行。就团队的主要问题、团队成员的任务、工作质量、彼此交往频率、团队决定的程序、成员个人的优点、主要不足、对于变革的支持、彼此冲突的解决办法、团队对于成员个人成长和发展支持等问题进行分类,设计问卷或表格进行检查和讨论,并逐一提出解决方案,直到全体或者大多数达成共识。

具体可以通过问卷调查、单独谈心、开放式的会谈等方法进行,同时要就以下方面检查成员对于团队以及其社会活动的满意程度,并收集意见和建议。① 是否对于每一位成员的工作和问题有清楚的了解? ② 团队是否对成员提供足够的社会支持？③ 团队是否对冲突的解决有建设性的、健康的办法？④ 团队是否有一种普遍感到温暖的积极的社会气氛？⑤ 团队是否对全体成员的技能发展、培训和个人发展提供足够的支持？⑥ 对于团队的主要意见和建议是什么（可以分类）？

3. 团队成员的培训

我们必须承认，在现代管理中，无论是政府的行政管理还是企业管理，我们均可借鉴西方国家的一些成功的经验。我们在终日抱怨人员素质欠佳、整体能力不足的时候，却忽视了对培训这个管理中必要环节的重视。对于培训意识的缺乏，观念的淡漠，组织和保障的无力使我们的管理绩效低下，发展层层掣肘，举步维艰。

团队建立后，除了我们利用其原有成员自身资质以外，还要不断地根据团队目标特点、团队出现的问题进行有效培训，使成员具备完成团队目标和任务的能力和素质，达到优秀团队的要求。无论是政府还是企事业单位，在自身的发展和日常管理中必须要对其所有机构中各级官员、各级管理人员和从业人员进行不同程度的教育和培训，熟悉组织、学习技能、锻炼合作、更新观念和知识、灌输团队的文化理念等。惟有这样的团队和组织才有真正的能力、素质与活力完成团队目标。培训一般要遵循以下几个步骤：

（1）培训的准备。首先是建立培训预算，制定培训计划。各单位根据自身情况和特点、团队目标的要求，建立固定的年度、季度培训预算，制定务实的培训计划，设定现实又具有挑战性的培训目标，并选择培训人数、培训者和培训方式。

（2）常规素质和团队精神的培训。在一开始建立团队时就设立团队成员的个人资质、素质标准（一般标准要高一些）以及团队整体标准，随即，对所有成员进行团队常规标准的培训，必须让每一位成员达到进入团队的资格，具备团队工作的基本素质和能力。同时对成员进行该团队精神、团队文化的入门熏陶和训练，整合心态，营造团结、凝聚、健康的团队文化。

（3）专题培训。根据团队要求的素质和标准，分阶段检查每一成员的进步和发展情况，并作详细的记录，随后根据团队存在的具有共性的问题和能力、专业缺陷进行具有针对性的培训。

（4）临时性目标的素质培训。在实现正常目标的时候，对于新出现的社会和环境因素引起的突发的、临时性目标和新任务的要求，进行专门技能和知识的培训。

(5) 培训的反馈和完善。我们时常在培训中发现绩效不明显的现象。这尽管与培训许多环节有关,但是最为关键的是没有做好培训的反馈和改善工作。要针对每次的培训做好记录和效果调查,注意搜集培训前、中、后各个环节出现的问题,并针对这些问题进行研究,提出修改和完善的意见,杜绝同类问题在下一次培训中出现。

对于培训的组织和实施,各单位可以根据自身团队缺陷的程度和自我培训能力的情况自行解决。借用外脑是培训过程中可以采用的一个好方法。与素质很高的专业公司和部门合作进行培训,可以吸收外来经验,走出自我的局限,使自己的团队获得飞跃性的进步和发展。

(二) 团队的领导和管理

一个团队、一个组织总体情况的好坏关键在于领导。这个观点在中国社会现实中更具有说服力。那么究竟什么是领导呢?领导实际上是一种人与人的关系。领导通过对人与人的关系的整合、组织、协调和调动,通过对社会大环境的研究和把握,不断激发团队每个成员的热情与活力,有效组织力量,使之发挥巨大的潜能,共同努力实现团队目标。但是团队领导者必须得到一定成员的拥护,同时具备在团队组织结构、实现目标的方法和手段上的决定权。

团队领导者一般有以下几项任务:① 制定团队章程,根据上级和成员本身的希望制定具体的规章制度、行为规范和奖惩制度。② 确定实现团队目标的方法和手段。③ 监督和督促各项活动和任务的实施。④ 收集和提供实现团队目标所需的信息和技术。⑤ 作为团队代表与外界联系、沟通。⑥ 协调成员关系,促进成员间互动,解决成员纠纷。⑦ 对成员进行信念、价值的教育和宣传。⑧ 成为团队成员的知心朋友、精神支柱和榜样。

科学的团队领导方法对于有效组织团队资源,实现团队目标,促进团队的健康发展有着十分密切的关系。尽管不同团队的领导方法因人而异,但其基本环节和规律是一样的。这表现在:

(1) 尊重团队组织和发展的规律。在团队实践中,注意把握团队事物的规律,注重事物的内在联系,用发展的眼光前瞻地看问题,做好对团队工作的科学指导。

（2）注重调查研究，总结实践经验。实践是检验团队工作成效的标准。要随时注意成员的反馈意见，定期进行调查研究，总结团队工作经验和教训，及时研究修正。

（3）具体问题要具体分析。领导要注意把普遍性问题与特殊性问题区分开，善于用传统的方法解决一般问题，还要不断研究新方法，解决新问题。

（4）密切联系群众。要与群众打成一片，在团队中以平等的一员参与团队活动，为群众着想，倾听其呼声，解决其问题和困难，为群众做好服务。

（5）发扬民主。敢于让群众发表意见，提出建议，进行无障碍的信息交流与沟通，注意发现问题，建立民主机制。

（6）善于分析归纳。能够用科学的方法研究分析群众提出的问题和意见，提炼归纳，再根据团队自身情况和规律提出明显的改进意见和办法。

（7）抓住重点。在工作上要把握重点，抓住工作的主线；在人员管理上要树立典型，带动中间，鞭策后进。

团队管理就是在团队组织系统、团队目标确定后，为实现团队目标所进行的计划、组织和控制、完善与发展的过程。有效的管理是实现团队目标的保证，而科学的手段、方法和措施则是实施管理的途径。一般的团队管理方法包括：

（1）行政管理方法。以领导者的权威和服从为前提，通过团队制订的规章、计划和决定，要求成员在组织上、思想上和行动上服从统一意志和行动。但是要防止官僚主义和瞎指挥，并从以下几个方面进行监督和检验：团队决定是否经过一定的科学论证，是否符合规律？行政决定的内容、方法是否正确，决定是否有连贯性？是否具备有效的组织系统、规章制度和纪律的保障？行政方法是否和经济手段和教育等手段结合？

（2）经济管理方法。运用福利、报酬、奖金、罚款等经济杠杆和经济手段来进行团队管理。这种方法把成员的切身利益与团队利益相结合，使团队成员能团结一致，努力实现团队整体目标。但是要注意成员个人利益与团队整体利益的一致性，防止个人利益和团队本位利益无限膨胀，形成团队的宏观视障。

（3）法规管理方法。以法规、法令、规章制度、纪律、规定等法规工具来协调和控制、管理人们的行为，保障团队有效实现目标。法规带有强制性，具有普遍的约束力，因此在制订法规过程中必须遵循事物的发展规律，贯彻团队指导思想,体现团队的整体目标和意图。在法规管理的运用中要注意教育和培养成员熟悉和使用法规的习惯,增强法规的普及性,善于运用法规保护自己和团队利益;团队领导者要以身作则,带头遵守法规;领导者要依法办事,防止在法规管理上的特权。

(4) 教育管理方法。通过宣传、交流、鼓动、学习、表扬、批评、关怀等方法来激发成员的工作热情和积极性,启发和增强成员对工作的责任感和自觉性,培养成员的成就感,增加团队归属感。团队的教育管理要与团队培训相结合,注意研究方法,针对不同团队使用不同教育方法;还要注意科学性、艺术性和群众性。在批评和表扬上要注意掌握好限度和准确度,做到公道服人。

(5) 激励管理法。通过研究和满足成员对于物质和精神的需求,来激发成员的积极性和主动性,发挥成员的潜力和创造性,实现团队目标。首先,在激励中要注意把物质鼓励和精神鼓励相结合,具体通过设置适当的绩效和价值较高的远景目标来激励成员奋进,把目标细化、量化、具体化。其次,采用多种形式的物质和精神奖励措施和福利政策,包括奖金、住房、奖品、奖状、奖章、先进名称、报告会等形式对于优秀成员和行为进行激励。此外,开展业务和工作竞赛评比活动,使用榜样示范的激励方法。最后,领导以身作则,发挥示范效应,激励成员奋进。

(6) 效率管理法。美国管理学家杜拉克认为,领导应该重视将来而不重视过去;着眼于机会而不着眼于困难;选择自己的方向而不是跟随别人;追求有突出的表现而不是安全易做。这应成为领导的性格、风格,也是领导具有成就应具备的素质。领导要进行有效管理,必须提高领导和工作效率。首先,明确工作次序,制订各个不同时期的工作目标、计划和工作进度,分清轻、重、缓、急。其次,选定最佳的完成和推进工作的方法和最合适的人员。其三,注重专一性:对工作的专一性是提高领导效率的秘诀。其四,下放部分目标权力:对于分支和部门管理的责任和权限可以下放,调动下属积极性。但是对于总体的规划、奖惩、指挥和协调权力以及监督权力不能下放。下放权力时要选准部门和对象,进行制度管理,放手使用,并注意提供关心和支持。其五,重视工作进程中的监督和提示。其六,不同团队成员组合成临时任务团队时要明确管理责任和领导流程,防止混乱和无人管理的现象。

三、团队的发展及其文化

(一) 团队的生命周期

团队和其他事物一样,有着从诞生、发展到终止的一个周期。它的发展道路也不仅仅是布满了鲜花和果实,还要经历艰难曲折的磨砺。团队的生命周期一般分为开始、探索、稳定、奋进、成功和终止等六个阶段。

初始阶段:团队初创时,要广招贤才,吸纳多元化人才加盟。团队领导者要帮助大家相互认识,告知对团队的期望、工作流程、团队特征,明确团队目标,激发大家的奉献精神,鼓舞士气,树立信心。

探索阶段:这是团队发展中艰难摸索的时期。大家在不断冲撞、磨合,彼此适应。这时不要回避矛盾,要引导大家公开发表意见和只对事不对人的争论,坚持正确的导向,向下一个目标迈进。这阶段中,安抚人心、调节关系是最重要的任务,同时要发挥榜样的力量。

稳定阶段:团队经过艰难的探索和磨合之后,大家对于自己在团队中所处的位置和扮演的角色有了比较明确的认识,熟悉和适应了团队基本的规则和规范。这时要注意分析和发现每一个团队角色,在基本框架下,创造性地表现自己,发挥各自的才能。

奋进阶段:这时的团队成员彼此建立比较稳定和良好的协作和信赖关系,相互凝聚、合作解决问题,团队开始展示其突出的表现。这时要稳定已完成的工作、集中团队的注意力、奖赏团队成员,进行轻松的团队聚会,鼓励大家担负更大的责任。

成功阶段:不是团队就一定可以成功。成功的团队可以在逆境中持续不断地创造出众的成果,发挥所有人的潜力。一个团队单纯能胜任工作还远远不够,最重要的要善于探索和克服困难,具备创造力,敢于冒险,能够虚心学习他人的长处。团队领导要善于关心成员,鼓励沟通,提供资源和奖励,促进个人发展,激发成员发挥更大的作用。

终止阶段:天下没有不散的宴席,我们应该用这种心态认识团队的终结。临时性团队的寿命一般是比较有限的,这是团队发展的必然。而一个组织性的团队虽然构架基本稳定,但是成员的变化也是不可避免的。因此要正确认识团队的结束。一个团队的结束也意味着另一个团队的开始。团队结束时要进行总结、分析和回忆,坦诚交流和分析,并且在规定时间内为团队划上圆满的句号。

(二)团队文化

团队文化是一个复杂的总体性概念,是指在团队发展过程中形成、为团队成员所共有,并制约与影响团队成员行为的思想作风、价值观、态度、行为准则总和。团队文化作为一种观念形态,是团队精神活动的产物,但是,团队文化在自身的发展过程中表现出很强的独立性和稳定性,它不仅仅在微观层面上规范着个体行为,而且在中观层面上反映了人类行为的特点。

高绩效的团队有着一系列共同的特点。高绩效的团队一般比较小,团队队员一般具有不同类型的技能,如:技术技能、决策技能、人际关系技能;高绩效的团队能使团队队员积极扮演自己的角色,使他们能够献身于一个共同的目标;高绩效的团队能够时刻把握工作中的重点,为团队队员指明努力的方向;高绩效的团队有一套完善的评估系统和奖励机制,确保团队队员积极主动地开展工作。高绩效团队队员之间高度信任。

团队文化的基本要素包括:

(1)规范。指团队中一般的工作程序、基本制度、工作岗位和角色规范。这些经过团队成员共同认定的管理行为和标准就成为了维持团队稳定的必不可少的准则和规范。简单地说就是团队用属于自己的沟通方式沟通,用自己的方法行事,以及团队制约、影响、控制成员的行为。

(2)价值。指团队成员对事物的认识和判断,看待问题和事物的观点和方法、假设与叙述目标的范畴。正确的价值趋向和观点是一个团队成员做事、待人的出发点和基本态度。

(3)信仰。指对于世界的看法和态度,以及团队操作的方式、规范和价值取向、精神追求和精神支撑。信仰是一个人精神的皈依和寄托,是完成团队任务,实现团队目标,建立良好团队文化的内动力之一。

(4)氛围。指团队的环境和气氛,或者说是人际关系、理念、精神主流和向上的程度、公正性等为满足人们精神和心理需要营造的环境条件。这既是团队文化本身的表象,又是团队文化的实质内容之一。成员除了在乎其工作的基本条件和报酬以外,更看重自己工作团队的环境和氛围,希望在一个团结、互动、公正、积极向上、充满温暖和友爱的集体中工作、学习和生活。

(5)媒介。指用来表达信念、价值、态度、基本身份和成员情绪意义的理念、符号和标志、手段和材料。这是团队文化的传播媒介,也是团队文化本身。一般包括团队的旗帜、歌曲、标语、口号、刊物、徽标、沟通方式、惯用的术语甚至聚会场所和方式等等。

了解、熟悉和掌握这些团队文化的基本要素,就可以抓住团队文化的本质和主要环节,积极构建、营造健康、向上的团队文化。

团队文化会对团队的凝聚力产生影响。美国社会心理学家 L·费斯廷格认为团队的凝聚力就是使团队成员停留在团队内的合力。其实凝聚力就是团队成员围绕团队宗旨和目标,为构成团队、开展互动和工作、实现团队目标的团结合作凝结的力量,也就是内聚力。如果团队成员个体感觉缺乏归宿感或吸引力,成员觉察到不能从团队中获得自己渴望的物质和精神需求,该团队就会产生负面影响。为了实现团队的凝聚力,必须保持团队目标的一贯性和成员对这些目标的认同。选择成员,构建团队首先就是对目标一致性的人员选择,只有认同团队目标的人员才能在团队被选之列,不能认同团队目标的人员就必须排除在外。因为只有那些认同团队目标的团队成员才会积极行动,努力实现团队目标。此外,团队成员必须明确自己在团队的位置、角色、责任和义务以及应该遵守的规范。明确了自己的位置和规范、角色、责任和义务,在遵守团队规范的前提下积极发挥个人的主观能动性,团结一致,实现团队目标。团队凝聚力对于团队是至关重要的,凝聚力大小可以影响团队沟通的质量和数量,反映成员维持忠诚与满意的程度,表现团队实现目标的能力和信心,可以使团队文化细化和精致化。

尽管团队的构建基于共同的理想和目标远景的认同,但是团队成员自身所表现出来的文化差异也屡见不鲜,而不同文化的团队更是比比皆是。一般情况下,一个团队应该实现一种文化趋同,用共同的文化构建和营造自己的团队。做到一个团队的文化是相同的或者基本相同的,更精确地说,就是用一种文化武装一个团队,同质型文化的团队效率高;但同时对于一个团队内自然或者客观产生的文化差异(但是要保证这个团队的文化主流无论如何必须是一致的),要采取灵活的方式看待、处理和解决。例如,为了同一个目标走到一起来的各个团队成员可能来自不同的国家、地区或者宗教,在开展团队工作和互动时就必须要考虑到诸多方面的因素,尊重不同成员的宗教信仰、文化习俗、饮食习惯、语言习惯和服饰习惯等等。

不同文化的团队表现出各不相同的行为特点。美国文化的团队喜欢突出个人,表现个人的英雄主义和个体的力量和智慧,突出并张扬个性,轻松幽默;德国和日本文化的团队强调制度、纪律和规范,要求步调一致,绝对服从;意大利和法国文化的团队则强调在一定规范下的随意性和情绪因素。东方文化特征明显的团队往往表现出很强的自尊心,他们爱面子,在表白自己的愿望和要求时比较含蓄,心理相对敏感,注重群体认同;西方文化特征明显的团队则表现出普遍的独立性,团队成员办事认真,能够以开放的心态接受不同的意见和建议,能够当众承认自己的错误并坦诚道歉。

团队文化是团队结构的重要支撑因素,准确理解不同的文化,把握东西方文化的内在区别,对于我们搞好团队建设工作是非常有意义的。西方社会是一个成熟的契约社会,西方社会的基本价值取向是功利主义和个人主义的。西方文化是一种罪感文化,强调人的原罪。东方社会强调的是整体主义和家国同构,东方文化是一种耻感文化,重视用礼来约束人的行为。

美国文化作为西方文化的重要代表之一,有着以下几个方面的主要特征:① 尊重个人,崇尚个人自由,追求个人事业发展和财富的积累。② 鼓励自由贸易、自由竞争,容易接受生活中的不确定性,不怕失败,勇往直前,开拓进取。③ 追求卓越,鼓励创新,永不满足。他们认为今天做的事情到了明天就会变得不合时宜。④ 合作文化,鼓励员工不断学习,让员工广泛参与决策。⑤ 在企业内部发展友好关系,倡导信任、牺牲和彼此忠诚。⑥ 崇尚平等,主张把等级减至最低程度,认为权力的行使应当受到制度的约束。

中国文化与日本文化是东方文化的重要代表。中国文化的主要精神体现在下面几个方面:① 刚健有力,自强不息。② 中庸,无过无不及。做人做事有分寸。③ 重视道德生活并借此提高生活质量。④ 天人合一,重视天人协调。⑤ 尊崇权力。⑥ 勤俭为本,以和为贵。⑦ 务实、保守,小富即安,不愿意主动面对生活中的不确定性。

日本自明治维新"置产兴业、文明开化、脱亚入欧"以来,在论语加算盘的推动下,日本文化表现出自己独具一格的特色:① 和魂洋才,和魂,即东方文化中对家族、人伦的高度重视;洋才,即积极学习西方的先进技术。② 人和至上,上下同欲。③ 终身雇佣与年功序列、缓慢晋升,在追求成就的同时强调生活安全。④ 倡导对国家、企业的忠诚。⑤ 在企业内部倡导团结、友爱、互助。

在东方文化与西方文化相互交流、相互影响的过程中,东方文化表现出很强的文化整合能力,例如,20世纪90年代的日本,在泡沫经济破灭之后,学习西方强调企业内部个人竞争,但是这并没有从根本上改变日本的组织文化和管理方式;与东方文化不同的是,西方文化则表现出强大的消化能力,美国在向日本学习管理经验时,积极引进东方"上下同欲、人和至上"的集体奋斗文化,结果,"团队精神"成了美国各大公司的核心价值观。

在这个东西方文化相互交融的时代,要想领导好这些不同文化的团队,就必须了解和熟悉这些团队不同的文化特征以及表现方式,在熟悉个性的基础上寻找共性,在尊重、理解的同时,采取不同的管理和领导方式,发挥不同文化的比较优势,从而实现团队效益的最大化。

(三) 走出团队的误区

团队的建设和活动也会出现一些误区,常见的团队缺陷有:

(1) 领导放弃权力,团队出现无政府状态:有时团队领导只考虑到团队作为一个整体的文化特性和协作、凝聚以及民主的氛围需要,过于侧重团队作为一个整体的特殊性,往往为了赢得或者讨好团队成员,单纯表现其开明、民主的一面,而放弃了对团队的必要领导,使团队失去了必要的组织动力和方向指引,迷失了前进的方向,结果导致团队的无政府状态。

(2) 团队缺少协同工作的习惯:团队是以一群分散的个人而不是一个紧密团体的组织安排工作,团队成员的精力和力量分散,无法有效集中,彼此推诿责任,单独行动,不能团结协作。召开的会议常常无效,成员心不在焉,迟到早退现象频繁,这时的团队凝聚力大大下降,团队效率降低。

(3) 在向团队目标的方向前进时,出现无政府状态,在这种迷茫的状态下,缺乏鼓舞、激励和指导的团队成员往往会表现出群体性的短视行为,纷纷急功近利,追逐自己的个人短期目标,而置团队的远景目标于不顾。这时的团队是一个低效率、各自为政的混乱的群体。

(4) 团队缺乏明确的责任指标。由于团队的无政府状态,团队成员急功近利,失去了核心组织和核心指导的团队无法建立明确的责任指标体系,无法进行有效的考核。

要使团队具有活力,就必须克服团队的这些缺陷,具体要注意的是:

(1) 加强对团队的必要领导和管理,避免优柔寡断:团队从本质上讲是一种为了实现一定的目标而产生的组织群体。特别要指出的是,这个组织群体是有组织领导、有明确分工和责任、有严密构架的,是在团队领导的带领、指导和监督之下的组织,绝对不是无政府的一群人的随意组合。因此,必须要在维持团队特性的前提下健全团队的领导和管理机制,大胆、果敢地进行领导和管理,监督成员在团结凝聚的氛围中协同作战,实现团队的共同目标。

(2) 完善管理指标,明确工作职责,提高团队效率:在明确了团队的领导和管理职责后,团队领导要带头制订、建立和完善各种管理指标,根据团队中每个成员的特点制订计划,明确责任。做到对短、中、长期目标和工作任务的具体化、细化和责任化分工,在既有职责分工又有团结协作的环境中提高团队效率,实现团队目标。

(3) 制定团队远景目标,帮助成员熟悉团队战略:为了管理和领导好一个团队,促进团队的健康发展,我们必须要给团队制订规划,确定方向,这就是团队为之努力奋斗的目标。这个目标可以分为短期目标、中期目标和长期目标。在团队的管理和辅导中,我们要积极引导团队成员了解自己团队的长期目标,即团队的远景规划,帮助成员熟悉团队的发展战略,培养团队成员的宏观思维能力和看待问题的开阔眼界,为团队的健康发展铺平道路。

(4) 防止团队的文化冲突,实现差异文化的相互尊重和认同:首先要建立不同文化即差异文化的彼此认知和沟通渠道。团队领导要带领团队成员正确认识团队中存在的文化差异及其问题的本质,尊重不同文化的内在独立性,同时要积极引导团队成员吸收不同文化的优点,取长补短,共同发展。要特别注意防止成员对于差异性文化的歧视,严防团队中的文化冲突。要积极倡导不同文化之间的相互尊重、相互认同,努力实现团队内部不同文化的相互补充、和谐共存。

思考题

1. 团队的构成因素有哪些?
2. 团队建设有哪几个主要环节?
3. 团队文化的基本要素有哪些?
4. 简述美国式团队文化的主要特征。

第六章 群体沟通

> 本章主要就群体沟通的概念、过程、作用和种类作了系统的阐释,探讨了沟通障碍产生的原因和克服方法,并进一步分析了沟通中的相互作用和交流格调的模型,目的是使行政管理者掌握科学的沟通方法,优化沟通渠道,减少群体内部因沟通不畅产生的不必要的误解和冲突,从而提高群体的凝聚力,使组织的目标得以顺利实现。

一、群体沟通概述

(一)群体沟通的含义

沟通(communication)一词含有告知、散布消息的意思,其词源为 commue,意为"共同化",故本质上沟通就是信息的交流和分享,是人们思想、观点、情感、态度等信息的相互交换和传递。不同的学科领域对沟通的研究视角是不同的。通讯技术科学主要从事对沟通工具的研究开发;工程心理学侧重于人与机器之间的信息交流;社会心理学更多地研究是个人的自我沟通以及人与人之间的人际沟通。而组织行为学是研究组织内的个人、群体以及作为整体的组织的心理及行为规律的学科。因此,组织行为学研究的沟通,是指在管理中发生的、组织内的两个或两个以上的个人或群体,通过一定的信息传递渠道,交换、分享各自的观点、意见、思想、情感等的过程。可见,这里的沟通已经超越了单个个体的范围,上升到多个人组成的群体层面了;因此,从沟通行为的主体多元性出发,我们完全可以认为沟通和群体沟通具有相同的意义。显然,从组织层面来看,群体沟通包括了组织内的个人与个人、个人与群体以及群体与群体间的沟通。

以上对沟通(群体沟通)的定义以及目前普遍存在的对沟通的定义都是从认知的观点或信息的内容角度作出的,它展示的是沟通的一个客观过程。在这类定义中,思想、观点、情感等是一个人或一群人拥有的信息,它通过语言或其他符号传递给别人。如果信息的发出和接收都准确无误,我们就说沟通已经成功完成了。然而这种定义显然无法解释和满足组织管理中对沟通的重视和迫切需要。我们知道组织是由个人和群体组成的,组织运行的有效和组织目标的实现前提是组织内信息沟通的正常展开,但这种沟通并非是为了传递信息而传递信息,而更多的是信息的发送者希望通过运用语言或其他符号向他人传递信息以有效地影响对方发生相应的行为。于是,沟通就有了另一种"发生作用"的定义:沟通是发讯者意图影响受讯者而运用语言或其他符号传递信息的行为。

沟通由一系列要素组成。图6-1说明了沟通的各要素及由其构成的沟通过程。首先,从以上的沟通定义中可发现沟通的实现至少需要有信息的发送者(发讯者)、信息的接收者(受讯者)和信息,我们称其为沟通的三大基本要素。其次,信息不是无中生有的,发讯者先要确定信息的内容并将它翻译成一定的词语、姿势或符号,称之为编码。这些经过编码的信息通过一定的传输渠道发送出去。渠道是信息赖以传递的媒介,在一个组织中通常会有正式和非正式两种信息传递的渠道。当该信息传送到接收者处时,

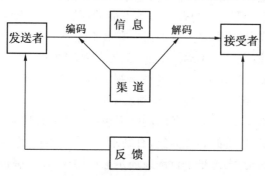

图6-1　沟通要素与沟通过程

接收者又要对此进行解码,使其成为可理解的内容。然而,沟通并未到此结束,由于沟通本身即一种交互行为,发讯者往往要求受讯者对传递的信息作出相应反应,以了解信息是否被接受和理解,这样就形成了反馈。反馈使得发讯者和受讯者的身份发生互换。通常,一个沟通过程中会出现发讯者和受讯者多次交换角色的情况。

此外,沟通总是存在于特定的环境中,因外界环境的作用使得我们无法实现纯粹的直接的信息交流,对这种外界的影响,我们称之为噪音或干扰。

就沟通的种类而言,根据不同的标准,群体沟通有不同的分类。通常群体沟通可按沟通的方向、方式、目的、组织层次、组织系统、是否经过中间环节等不同标准进行划分。

第一,按沟通流动的方向分类,沟通分为垂直沟通、平行沟通和斜向沟通。

垂直沟通又可再分为下行沟通和上行沟通两类。下行沟通通常是由上级向下级、领导者向被领导者进行的信息沟通,常起着控制、指导、激励等作用。西方组织行为学者将下行沟通的作用概括为:使员工明确组织的目标;下达具体工作指示;有助于员工对工作及其他任务之间关系的了解;为下属提供程序和业务资料;要求下属反馈工作绩效。但同时这种沟通也存在着压制下属主动性的发挥,损伤下属士气的负面可能。故为了有效地进行下行沟通,领导者必须亲临一线,了解被领导者的实际情况,以增强下属对领导者的信任。这样作出的命令、指示才不会招致下属的消极对抗。

上行沟通通常采用请示、汇报、申诉等形式进行。现代管理中,领导者鼓励下级员工提合理化建议也是信息上行沟通的表现。大多数组织中,上行沟通的运用不如下行沟通普遍。其可能的原因有:组织庞大,层级众多,上行沟通费时费力;领导对上行沟通抱有漫不经心的态度,挫伤下属沟通的积极性;下属应该说没有主动汇报的"天性",如果加之上级不重视,常常会报喜不报忧。现代管理中,管理者应重视和鼓励组织中的信息上流。如设立意见箱、定期的接待上访、召开座谈会等。因为上行沟通能提高管理者对基层信息掌握的主动性和全面性,同时下级员工通过反映自己的意见、要求等获得受人重视、尊重的心理需要,有助于缓解下属的工作压力和不满。

应该指出的是,无论是下行沟通还是上行沟通,在逐层传递的过程中会出现信息的增减,中间的层级越多,最终获得的信息就越可能"失真"。因此,就更应强调沟通的双向性,下行与上行并行才能构成一个完整的沟通循环系统。

平行沟通是指组织内处于同一层级的群体或个人间的沟通。它又可分为一群体内同一级别同事间的沟通和与其他群体同等职位的人的彼此沟通（又称跨越沟通）。平行沟通的重要形式有举行集体演讲、开各部门汇报会、举办培训班等。最早提倡平行沟通的是法国的法约尔。他称此为桥形沟通，是沟通的捷径，省时高效。由于平行沟通一般具有不同部门间的业务协调性质，故有助于"块与块"间的了解，减少各部门间的冲突，加强彼此间的合作。概括来说，平行沟通的优点有[1]：① 处理问题简便，省时省事，工作效率高；② 给予员工充分交互行为的机会，增进相互了解与合作；③ 由于相互了解，可培养相互利益与团队精神；④ 提高工作人员自动自发的精神，满足其社会地位，进而提高工作热情和兴趣。

斜向沟通类似于平行沟通中的第二类——与其他群体的人的沟通，不同的是斜向沟通指的是一群体内的人与其他群体中不同级别的人的沟通。

第二，按沟通的方式划分，沟通可分为语言沟通和非语言沟通。

语言沟通是指使用语言文字进行的信息交流。其又可再分为口头沟通和书面沟通两类。

口头沟通有多种形式，面谈、会议、电话等。其最大的优点是及时迅速，受讯者可及时接收到发讯者的信息，发讯者也能及时予以反馈。但这种沟通也因形式的灵活自由，往往缺少正规的书面记录，日后难以成为有效的凭证。此外，口头沟通的这种双向交流性也受到对话人数的限制，对于人数众多的群体，信息的传达和反馈就难以保证及时有效了。

书面沟通是行政部门内部广泛存在的信息交流方式，通常以文件、通知、公函、简报等形式进行。书面沟通清晰、准确，不易发生信息失真，一般来说比口头沟通正式，且行于文字的东西可长期保留；但在受讯者的反馈上远不如口头沟通及时迅速。

除语言以外，人类的动作姿态、表情等同样是传递信息的有效符号，我们所说的"肢体语言"就属此类。譬如，无需言语你就可从对方的表情断定他对这道从未尝过的菜的好恶；从他眉头的紧锁或舒展可以推出他对这项方案的态度和初步评价。在管理中，管理者应学会"察言观色"，捕捉体察下属的某些"难言之隐"，以便掌握更为准确的信息。

---

[1] 林钦荣著：《管理心理学》，台湾五南图书出版公司1984年，第432页。

第三,按沟通的目的划分,沟通可分为工具式沟通和情感式沟通。

工具式沟通多通过传达信息,如任务、经验、知识技能等传给受讯者,从而最终影响、改变受讯者的行为。与前面所做的"发生作用"的沟通定义相似。工具式沟通常发生于正式组织中的由组织规定确立的组织成员关系中。

情感沟通又称满足需要的沟通,其目的在于缓解、改善、建立良好和谐的人际关系,达到组织成员的感情共鸣,满足作为社会成员的个人交往上的精神需要。如组织在节假日举办的联谊会、郊游、竞赛等活动都是旨在缓解日常工作的单调刻板,营造宽松的人际交往氛围。

当然两者的截然划分是困难的,如一些组织机构的"休假式培训"就很难完全归属于工具式还是情感式沟通。

第四,按沟通的组织层次不同,沟通可分为个人与个人的沟通、个人与群体的沟通以及群体与群体的沟通。

个人与个人的沟通,即个人之间的信息交流,既有因工作原因固定的与某个人的交流,也有随自己意愿、喜好的私人交流。所谓个人与群体的沟通,如某组织专门设有对外联络的人员,由该人员负责具体与其他部门、群体的沟通联系。群体与群体的沟通,通常是组织内各群体间由于分工与协作而发生的必要工作沟通,如各科室间的沟通。实际上,这三种沟通从广义上涵盖了群体沟通的三种不同层次。

第五,按沟通的组织系统划分,沟通可分为正式沟通和非正式沟通。

正式沟通是根据组织明文规定的沟通渠道进行的信息交流与传递。如组织规定的周例会等的会议制度、季度工作汇报等的请示汇报制度,以及上级的指示、命令等都属于正式的信息沟通渠道。通常正式组织中都会建立一套正式的沟通制度,某些信息只有通过正式渠道的传递才被认为是有效的。如,某部门员工只接受直属上级的领导,只有直接上级的指令才是被认为可接受和被执行的。因此,正式沟通具有较强的约束力和效力;但有时也因为只此惟一"合法",使得信息的传递往往发生延误和滞留的情况。

组织内除了明文规定的正式沟通渠道以外,信息还可通过非正式渠道传播,最为典型的是员工对小道消息的私下传播。一般情况下,非正式渠道传递的信息更能反映人们的真实想法和态度,这对于管理者掌握员工的真实动机极为重要。非正式沟通方便迅速,不必按照组织程序进行,可以任意选择不同途径,效果立竿见影。有时不便正式沟通的信息可用此方式传递,如管理者在预备推行某一新方案时须考虑可能产生的群众影响,他就可"放风"出去,接下来观察、收集下面的反应,从而调整改进该方案。但另一方面我们也要看到,由于各人往往都会对接收到的信息"添油加醋",加入个人的主观评价,这类信息的真实性势必会随着知道的人数的增多而愈来愈打折扣。

第六,按沟通是否需要经过中间环节划分,沟通可分为直接沟通和间接沟通。

所谓直接沟通是指无需经过第三者,发讯者和受讯者直接、迅速地进行沟通,电话、面谈都属这一类;但它易受时间、地点等环境条件的限制。所谓间接沟通,是指必须通过第三者的传递,如有的组织做出的意见、汇报只能由直属上级层层上传,不可越级传递就是间接沟通。与直接沟通相比,间接沟通受时间、地点等条件的限制少,但显然费时费力,效率不高,且中间层级越多,涉及的人越多,信息也越易失真。

以上分别是从不同的角度对沟通(群体沟通)作的分类,现实中组织内的信息沟通往往会同时兼有不同分类中的多种特点,如上级领导对下属下达的文件指示,就既是下行沟通,又是书面的、正式的沟通,还是工具式沟通。

沟通的最基本、客观的作用、目的或功能即信息交流。同时,出于社会交往的需要,沟通的另一重要社会功能是情感表达。组织管理中,对于想通过信息沟通来影响他人或其他群体的管理者来说,沟通还具有多种管理功能。沟通的管理功能主要有:

控制。沟通可以控制行为,主要是以命令、指示、指令等形式通过组织中的正式渠道完成的。如上级向下属下达指令、下属向上级汇报工作等。此外,非正式的沟通有时也可控制行为,如群体中的成员用约定俗成的习惯来影响、约束新成员,迫使其遵守群体的规范。

指导。与控制不同,指导的强制力较弱,更多的是通过信息的交流给予对方建议,协助其完成任务。通常,沟通双方地位较平等或受讯方有更多的自主权。

激励。从沟通的"发生作用"定义来看,管理者通过信息的沟通影响着员工的思想、态度、情感直至行为。譬如,管理者通过对组织目标、任务的宣传,对工作进展的跟踪说明、披露以及最后的绩效评估的公开,鼓励、动员并激发员工为实现组织的目标积极的主动的努力工作。

决策参与。现代管理中,参与管理的重要标志是决策参与。具有运筹帷幄、远略才能的高层领导者与具有丰富经验的基层员工共同讨论解决某一特定问题的方案,以提高其现实中的准确性和可操作性。因此,开诚布公的交流成为决策参与具有实在意义的前提和基础。

整合。美国学者约瑟夫认为群体沟通还具有整合组织的功能。这种"整合性的沟通"通常可涵盖组织内各种职位的人,可以稳定组织内各职位的现状,调节各职位间彼此的关系;同时,还可将组织和环境有机结合起来。换句话说,组织内的沟通是组织运行必要的润滑剂,有通畅的准确的信息沟通,组织成员间才可能彼此了解、体谅,消除误会,团结一心,逐渐形成统一的组织文化。

(二) 群体沟通的网络

沟通的网络又称沟通结构。美国学者约瑟夫将沟通网络定义为组织内各职位间沟通通路的形态。国内有学者基于现实中沟通的多渠道、多形式特点,认为各种沟通方式组合起来就形成了各种沟通网络。这些定义都说明了一点,网络的形成需要多个信息传递节点,信息在其彼此间的流动才编织成一张信息网(或信息链),而不再是简单的甲、乙之间的双向交流。

沟通网络可能是由组织创设的,称为正式的沟通网络;也可能是组织成员在人际交往中自发形成的,称为非正式的沟通网络。由此可见,组织对沟通网络有着极为深远的影响;同样,沟通网络也成为了组织不可缺的组成部分。到目前为止,对这两种沟通网络研究最全面和权威的当属美国管理学家基思·戴维斯的沟通网络类型与组织绩效关系理论。

戴维斯的沟通网络实验是建立在五人成员组成的单一群体上的,着重研究这五个节点之间形成的信息流动形态。简化的群体规模降低了一个群体内因成员数目的不同而造成的复杂度。实际上这五种沟通网络类型(图6-2)是从群体成员受交流通道的限制程度角度设计出来的,即各网络间主要的差异在于集中程度的不同。其中,轮式结构受限制最大,集中程度也最高,因为所有的信息都必须只能通过"轮轴"传递出去;与此相对,受限制最小,最不集中的是全通道式结构,群体中每个成员都能自由的与其他任何成员进行交流。

为了研究各种不同的网络结构对群体信息沟通的影响,即各网络的自

第六章 群体沟通

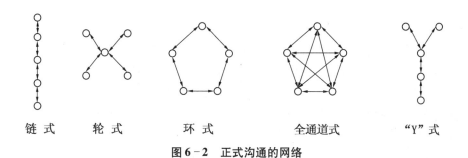

链式　　　轮式　　　环式　　　全通道式　　"Y"式

图6-2　正式沟通的网络

身特点,学者们设计了若干指标对这五种网络进行比较,包括集中化程度(已谈及)、传递信息的速度、成员的士气(满意感)、领导(核心人物)的明确性,以及根据任务的复杂程度而做的工作质量评估(见表6-1)。

表6-1　五种沟通网络的比较

沟通网络		链式	轮式	环式	全通道式	"Y"式
集中程度		中等	很高	低	很低	高
传递速度		中等	快	中等	快	中等
成员士气		中等	低	中等	高	低
领导明确性		中等	很高	低	很低	高
工作质量	复杂	中等	低	中等	高	低
	简单	中等	高	中等	中等	高

1. 链式

个人只与直接上下级或有直属关系的某些人进行沟通,起着承上启下的作用,但并不清楚信息的初始来源和最终接受者。由于一对一,传递的速度较快。从表中可看出链式传递的各项指标都居中等,相对其他类型,链式在科层制特点明显的政府组织部门中应用得最多。但往往因循"中庸之道",一劳永逸,导致放弃了应对不同情况追求更高绩效的其他方法的尝试。

2. 轮式

轮式沟通最大的特点是中心明确,领导是惟一的信息源,垄断了所有的信息,信息传递的通道直接、简单明了,传递速度快。但群体中其他成员只有与领导沟通这么一条信息通道,成员彼此间的沟通阻断,因此成员的平均满意感低。显然,轮式沟通对于完成成员间相互依赖少,合作要求低的简单工作任务尤为适宜。但有一点需指出的,轮式沟通的关键在"轴心",因此有效的前提必须是领导在该群体中具有很高的权威。

3. 环式

环式沟通与链式沟通近似,不同的是环式首尾相接,最终形成一个通路,因此信息通道比链式略多,但此通路中谁是领导也就更不明确。环式适合一群体中若干项目小组或任务小组间的沟通,彼此间地位平等,无明显上下级领导与被领导的关系,它也是委员会中的常用的沟通方式。环式沟通增加成员的参与,故成员的满意感高。

4. "Y"式

"Y"式可以说兼有链式和轮式的特点。它既可以看作是链式传递中多了一个直属上级,政府系统中的多头领导,向多方负责就属此类,如地方的监察部门,既要接受上级监察部门的领导,又要对本级政府负责,汇报工作。这种情况下,关键是多头领导间的协调。另外,"Y"式还可看成轮式结构中领导之上又多了一个直接上级领导。实践中,一个大的组织机构的负责人在接收直属上级的指示后,再向本机构内各个部门传达就属此种情况。

5. 全通道式

这种网络中各成员可与群体内其他任何成员沟通,几乎无领导,鼓励充分参与,群体成员满意感很高。对于完成成员间相互依赖程度高,需充分合作的复杂任务尤为适用。组织专家讨论,集思广益,多倾向此种方式。但对于简单的任务,充分的参与必然带来时间成本的增加,使得简单变得复杂。

这五种沟通网络模型虽然是在实验室条件下设计出来的,但在现实中对组织的信息沟通仍具指导意义。譬如,轮式沟通网相当于组织中一个领导直接管理若干下属的权威模式;链式沟通网在现实中则表示为在高层管理者与基层之间还有若干中间管理层;Y式沟通在组织中经常表现为"秘书专权"模式,各个部门向领导的汇报都要经过秘书,秘书成为事实上的信息沟通中心。

实际上,各种沟通网络中,没有放之四海而皆准的。作为组织的领导者,不仅要根据本组织的职位结构特点确定合适的沟通网络,还要因时因事根据信息的类型选择、变更不同的沟通结构。此外,沟通网络能否充分发挥作用,还取决于下列若干因素①:① 沟通网必须清楚划定;② 组织中每一分子必须要有自己明确的沟通网;③ 沟通线必须是直接或间接的;④ 正式的沟通要经常使用;⑤ 负责沟通的中心任务必须具备一定能力,能够胜任工作;⑥ 当组织开始活动时,沟通线不可中断;⑦ 所有的沟通资料必须真实,没有虚假成分。

戴维斯对信息的非正式渠道传播作了较为深入的研究,他发现在非正式沟通中人们谈论的多是新鲜事、对他们的工作有影响的事、所熟悉的人,而且工作地点距离近、在工作中互相接触的人很可能属于同一沟通渠道等。戴维斯的非正式沟通研究是从研究小道消息的传播入手的,他发现小道消息通常有四种传播方式,如图6-3所示。

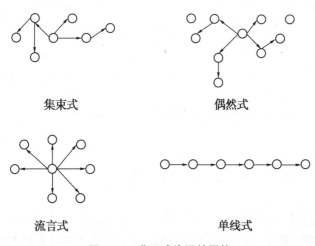

图6-3 非正式沟通的网络

单线式是消息通过一连串的人传到最终的受讯者。流言式是传播者积

---

① 林秉贤著:《现代管理心理学》,中国展望出版社1987年。

极主动地寻找并传播消息。偶然式是个不规则过程,传播者按照一定的机率把消息传播给别人,别人同样以这种方式"不经意"地告诉其他人,它不如流言式那般积极主动。集束式是知悉者将消息有选择的传递给其他人,在几种网络中传播速度最快。研究表明,大多数的非正式沟通都是以这种方式进行的。这说明,在组织中,小道消息的传播者往往只把消息告诉经过选择的对象,且通常这些消息对传播对象有相应影响。

小道消息的传播,意味着非正式沟通普遍存在于正式组织中,对此管理者应持怎样的态度,学者们莫衷一是。客观地说,非正式沟通运用得好,可以成为正式沟通的有益补充。因为非正式沟通一般来说传播速度快,成本低,容易形成小规模的共鸣。归纳起来,大多数学者认为非正式的沟通可以满足组织内成员的社会需求,而且有助于弥补正式沟通渠道的不灵活缺陷,其主要表现为[1]:① 它是建立在组织成员个人的社会关系上的,所以表现方式和个人一样具有多变性与动态性;② 是组织内成员发泄情感的一种结果;③ 非正式领袖的产生有助于组织内意见的交流;④ 消息的传播,可以使组织经常注意环境的变化,更能适应突变。但是,如果非正式沟通运用得不好,其负面影响也是众人皆知的,组织涣散,小群体间的明争暗斗,都将会严重影响组织绩效。所以,非正式沟通与组织的关系最主要地取决于组织内的领导者是否能在环境的限制条件下灵活运用。

二、群体沟通中的心理分析

(一)群体沟通中的相互作用分析[2]

沟通中的相互作用分析,是贝尔尼在《大众的游戏》一书中提出来的。他对参与沟通的双方作了不同自我状态的假设,研究具有不同自我状态的个人在沟通中表现出的行为,以提高人们的交际能力,改善信息沟通的方式和效果。

相互作用分析的理论基础是心理学上对人的"自我状态"假设。心理学

---

[1] 林秉贤著:《现代管理心理学》,中国展望出版社1987年,第471页。
[2] 孙彤主编:《组织行为学教程》,高等教育出版社1990年,第129—132页。

认为,每个人在心理上都存在着三种自我状态:父母自我状态、成人自我状态和儿童自我状态。"父母自我状态"(P),是指父母对待孩子而表现出的心情、态度和行为特征。如果一个人对待他人就好像是对待自己的孩子那样,这个人无疑是居于父母自我状态中的。"权威、统治、责骂、专制、说一不二"等词常与父母自我状态紧密相连。与"父母自我状态"相对的是"儿童自我状态"(C),好奇、撒娇、任性、冲动、不计后果、依赖性强等都是其显著特点。"成人自我状态"(A)则更多地表现出"理性、理智、稳重、合乎逻辑"等。

可以看出这三种自我状态正是一个人成长过程中各阶段的性格特征。人们在交流时会以某种状态自居,但并不是说每个人只具有一种自我状态,每个人都是这三种自我状态的综合体,只不过各种自我状态在不同人身上的比重不同。表6-2列举了具有不同比重的三种自我状态的管理人员的行为特征。

表6-2 不同自我状态结构管理人员的行为特征

C	P	A	行 为 特 征
高	高	低	喜怒无常,难以共事,个人支配欲强,有决断,喜欢被人颂扬
低	高	低	墨守成规,家长作风,养成下属的依赖性,常为创业早期的领导人
高	低	低	有稚气,对人有吸引力,喜欢寻求友谊,喜欢用幼稚的方式决策
低	低	高	客观,冷静,重事实,工作刻板,待人冷漠,只谈公事,不谈私事,没有亲和力
低	高	高	容易把"父母"的心理状态过渡到"成人"状态,若经过一定学习和经验积累,可成为成功的领导
高	低	高	最理想的管理人员,"成人"与"儿童"良好性格结合在一起,对人对事都能处理好

人们在进行信息交流的过程中往往处于某一种自我状态,而且常可由一种自我状态转变为另一种自我状态。因此相互作用理论运用于群体沟通中,就是要求管理人员根据下属在沟通中所处的状态采取适当的反应,并尽可能地引导下属自我状态的转变。按照不同的相互作用形态,信息沟通可

分为以下几种。

1. 平行交流沟通

又称"互应"交流沟通,即当甲以某种自我状态与乙沟通时,乙认识到甲的这种自我状态,并采取相应的甲所期待的自我状态与其回应。例如,如果甲以成人的自我状态与乙对话,乙就也应该以成人自居来回应甲(图6-4a)。如果甲像孩子一样,乙也相应地表现为甲所期望的父母状态。(图6-4b)由于这种交流是建立在了解和满足预期的基础上的,交流气氛和谐,因此是一种正常的人际交往形态。

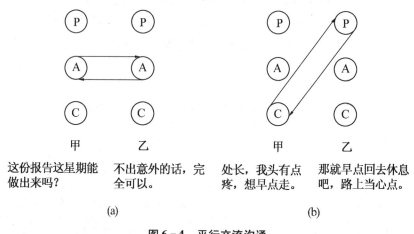

图6-4 平行交流沟通

2. 交叉交流沟通

与平行沟通相对,如果回应的不是对方期待的状态,交叉沟通就发生了。例如,甲以成人的姿态与乙交涉,而乙却以父母(图6-5a)或儿童自居(图6-5b),或者甲以父母式口吻厉声质问乙,偏偏乙不买账,以牙还牙(图6-5c)。这样,沟通势必会不欢而散,无法继续。

对沟通中的相互作用的研究,目的是使人们能在人际交往中准确认知对方及自己的心理状态,并作出适宜的反应,避免交叉沟通的发生,保持平行沟通的进行,使得沟通通畅;同时尽可能地引导沟通朝着良性状态转变。尽管三种自我状态是每个人都具有的,但我们在社会交往中仍需有所倾向。那是因为,社会中人与人的交往是平等主体间的平等交互行为,父母状态和儿童状态显然与这种平等要求相悖,而成人状态是一种普遍的中间状态,成人状态间的交流是一种理智成熟的平等交流,所以相互作用分析一个重要原则是尽可能的以成人状态自居,以成人的态度来对待别人,由此鼓励、引导对方也以成人的自我状态回应(图6-5d),使得信息沟通在一种平等、客观的氛围中顺利进行。

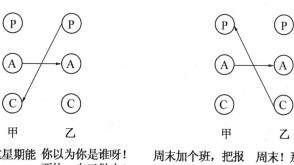

图6-5 交叉交流沟通

(二)个人间信息交流格调的模型①

图6-6个人间信息交流格调的模型是以横轴、纵轴两个变量为基础,

---

① 参见〔美〕唐·赫尔雷格尔、小约翰·瓦·斯洛克姆著:《组织行为学》,中国社会科学出版社1988年,第293—295页。

分别取高、中、低不同变量,结合生出了五种交流格调。

纵轴由低到高标志着对待别人及接受别人方面的开放性,它既包含着自己主动向别人展示、开放自己(自我暴露)的程度,同时也反映了自己对别人反馈意见(尤其是与自己有关的)的关心程度。横轴则由低到高代表了自己主动给予别人反馈意见的倾向。由此可见这种模型重视反馈对信息交流的作用。

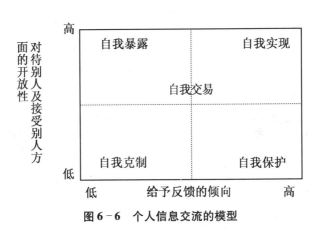

图6-6 个人信息交流的模型

图6-6中显示了五种个人间信息交流的模型:自我克制型、自我保护型、自我暴露型、自我交易型和自我实现型。

(1)自我克制型。这种人向别人展示自己、主动探究别人态度的程度很低,主动给予反馈意见的倾向性也很低,因此较封闭,多为一些性格内向的人。在信息交流中也常持"有则矣,无则罢"的态度。

(2)自我保护型。这种人喜欢就已有的事实发表意见评论别人,但不会主动引导别人关注自己,也不愿成为"中心人物"。这样的反馈多是出于保护自己不被别人评论以及防止自我暴露的动机。所以,这种人在给别人反馈意见上是相当积极主动的,但在对待别人和接受别人方面很低。

(3)自我暴露型。是自我保护型的另一极端。这类人喜欢向别人宣传推销自己,喜欢成为瞩目的中心,同时很关心自己在他人眼里的形象及别人对自己的评价,即通常所说的"以自我为中心",在对待别人及接受别人方面很高。但这种人不关心别人需要什么,对给予别人反馈的倾向极低。

(4)自我交易型。他们既愿意开放地对待别人,也愿意给别人以反馈,但前提是与他们打交道的别人也持同样态度,即所谓的"投之以桃,报之以李"。这种人把自己当作一个对等的交易点或协商点。

(5) 自我实现型。自我实现型的人,在给予反馈以及在对待别人和接受别人的开放性方面程度都很高。他们能主动地提供关于自己的情况信息,要求并注意别人的反馈,同时自己也能积极地给予别人建设性的反馈意见。自我实现型是个人信息交流中的理想型,但在现实生活中难以实现,那是因为现实中的环境因素使我们往往采取其他的方式。比方说,如果对方对任何的反馈意见都持抵触态度,别人也就不会再主动给予他反馈了。但不管怎样,自我实现以其对人对己高度的热情和开放性使得信息交流无论从量上还是质上都得以充分实现。

三、群体沟通的障碍及其对策

(一) 群体沟通的障碍

从对沟通的定义中我们可判断如果信息准确无误地由发讯者发出,受讯者接收,且传递的信息达到了发讯者预期的作用,那么这种沟通是畅通的、有效的,反之,沟通则产生了障碍。造成沟通障碍的原因很多,可从沟通过程的各环节及沟通的各要素(图6-1所示)来分析。

(1) 发讯者。如果信息从一开始即从发讯者这里就出现了问题,准确无误就无从谈起。一般来说,发讯者方面可能造成信息沟通障碍的是发讯者擅自对信息进行过滤。发讯者常常会基于自己对受讯者所接收信息的假定,事先对信息进行一定的裁减。如上级对下级只告知结论,而对产生结论的过程闭口不谈;下级报喜不报忧,只作有利于自己的汇报等。前者,下级会胡乱猜测其过程部分,曲解事实;后者,上级会完全基于"事实"做出偏颇的决策。一般而言,组织的层级越复杂,信息到达最后受讯者所经层次越多,过滤作用也越大,信息就越容易失真。

(2) 编码与解码。编码与解码虽是由发讯者和受讯者做出的,但这两个环节受客观条件限制较明显。如发讯者和受讯者常会因语言、职业背景不同,缺乏共同"经验",可能对同一符号传递的信息理解不同。行业用语、专业术语的扩大使用,也会使缺乏专业背景的受讯者无所适从。

(3)受讯者。受讯者的问题与发讯者相似,受主观影响较明显。受讯者往往会以既定的知觉偏好或选择性知觉、价值判断来筛选信息,只接收那些符合自己"胃口"的信息。

(4)渠道。前面我们介绍了群体沟通种类和各种形态的网络,不同的沟通方式和网络结构适合于不同的组织和信息类型。如果信息沟通的渠道选择不当,必然会影响沟通的有效性。如对于涉及个人责任的重要决策、指示,就应以"白纸黑字"的形式传达,否则,会因"口说无凭"而不予重视。

(5)反馈。信息沟通是否有效,最直接最基本的判断是受讯者反馈的信息是否与原信息吻合,所以反馈的基本功能之一就是核对。如果信息得不到反馈或反馈很少,发讯者就会一遍遍的以同一方式重复发送同一信息,而不会及时改变传递的渠道或信息本身,从而延误决策。同时,发讯者想通过沟通来影响受讯者的目的是否达到也无从知晓。

(6)干扰(噪音)。信息在传递途中外界对它的干扰始终存在着。时间压力、文化差异、沟通气氛和技术设备等都会对沟通造成影响。如时间过紧,会使信息量超载;时间过于充沛,信息又极易丢失。又如沟通气氛紧张,受讯者对发讯者不信任,抱有敌意,情绪抵触,势必会影响到反馈,甚至拒绝接受信息。

将上述沟通各过程中出现的问题概括起来,大致有这么几类:

一是语义的差异性,不同的人语言修养不同,表达能力也有高有低,即使对同一事物,同一思想观念,表达起来也不同,难免造成歧义。如有的吐词不清,意思表达模棱两可;有的喜欢使用对方不熟悉的方言、术语、行话,让对方听起来一头雾水。

二是知识水平、经验的限制,我们知道沟通的词源本意就是"共同化",目的是实现交流双方信息共享,所以只有对方能理解的信息才是有意义的。如果交流双方缺少"共同经验区",受讯者不能理解发讯者的信息含义,信息交流障碍也就随即产生了。

三是知觉的选择性障碍,前面已作过分析,每个人身上都存在着知觉偏好,即使是对同一件事,不同的人都会反映出各自不同的立场、观点、评价等;而且,出于某种原因,人们总是习惯于接受某些信息,拒绝某些信息。这种知觉的选择性,同时受到客观和主观因素的影响[①]。客观因素指组成信

---

① 参见《组织行为学概论》,广东高等教育出版社,第155—156页。

息的各部分强度不同,对受讯人的影响不同等,致使有些部分容易引起注意,为人们所接受;有的易为人们所忽视和摒弃。主观因素指的是个性特征、兴趣爱好、动机需要、态度价值观等,它们会影响人们在不知不觉中选择接受某些信息。

四是社会心理因素的障碍,信息的沟通过程中,有很多障碍是由社会心理因素引起的。个人的兴趣爱好、态度情绪、性格、价值观等的差异都可能引起沟通障碍。组织的领导在下属心目中的地位、形象等也会影响信息的接受;另外,不同社会地位、官职、阶层的人之间沟通时,会因不同的心理效应引起沟通障碍。

五是沟通方式选择不当,每种沟通方式都有自己的特点(前已论述),要根据实际需要选择合适的沟通方式,否则也会发生沟通障碍。

六是沟通气氛紧张,主要指组织是否建立起良好的鼓励沟通的民主氛围。一个组织如果员工们相互高度信任,团结一致,开诚布公,沟通就容易展开。而在一个处处互相猜忌、提防对方的组织中,沟通效果之差也显而易见。

七是信息量不适当,传递的信息量过大,超越了受讯者的接受理解能力,会使受讯者忙于应付而忽视重点,弱化主次,难领会发讯者的要诣。信息量太少,又使受讯者难以全面把握发讯者的意图,断章取义。

八是时空限制,选择传递信息的时机已成为信息沟通中相当重要的考虑。同一信息在不同时机发送,价值大不相同。不合时宜的信息无疑对受讯者的理解能力将是个极大的挑战。

九是外界环境的影响,即前面分析的干扰(噪音)因素,当干扰强度超过了信息沟通信号的强度时,沟通必然失效。

十是组织机构庞大,层次过多,组织层次过多会使沟通在逐层的传递中消耗过多,很多信息被过滤掉或失真,从而影响沟通的效果。

(二)群体沟通的改善

分析了群体沟通产生障碍的原因,就应对症下药,从各环节入手,防患于未然。

对于发讯者来说,首先要熟悉了解受讯者,用彼此都能接受的"共同语言"进行信息交流。正确使用语言文字,表达的意思明确精炼。其次,要选择合适的沟通方式和渠道,以增强沟通的效果。重视附加信息的沟通。在运用口头沟通时,可备以书面记录;在进行语言沟通时,辅之以表情、手势等形体语言,这些都有助于信息的准确传达。最后,发讯者要善于倾听反馈,及时转换角色,成为受讯者。从沟通的有效性来看,能够得到及时反馈的双向沟通才是真正意义上的沟通。因为只有通过反馈,发讯者才能有针对性地改进沟通方式;同时,受讯者通过主动发讯质疑,才能更全面和正确地把握发讯者的意图。因此,一个成功的领导善于倾听下属的意见反馈,营造良好的沟通气氛。

对于受讯者来说,最关键的是要尽量减少、消除知觉偏见,克服社会心理障碍,客观全面地捕捉传递的信息。知觉的选择性势必会影响受讯者对信息的接受和处理,受讯者会有意识地在信息上加载个人的主观期望,如个人需求、动机、社会地位、经验兴趣等,这些都会扭曲信息的客观性。克服心理障碍,应牢记忠言逆耳,不能只听顺心意的话。

对于建立组织中的良好沟通,国外的许多行为学家都提出了不少准则,其中较著名的是美国管理学会提出的"良好沟通的十戒":

(1)沟通前要澄清概念。
(2)认真考虑沟通的真正目的。
(3)考虑沟通时的一切环境,包括自然的、社会的。
(4)计划沟通内容时,尽可能地多听取别人的意见。
(5)沟通时,既要注意沟通的内容,也要注意沟通的语调。
(6)要善于利用机会传递对听者有益的信息。
(7)应有必要的反馈跟踪。
(8)沟通时不仅应着眼于现在,也应着眼于未来。
(9)要注意言行一致。
(10)做一个善于倾听的"好听众"。

思考题

1. 举一个组织日常沟通的例子,试分析其沟通的要素和过程。
2. 结合实践谈谈沟通对于组织管理的作用。
3. 试论述群体沟通的障碍及其克服措施。

案例讨论

市长专线电话

G市市长专线电话开通于1986年元旦。随着改革开放的深化,工作量的不断增大,在市政府领导的关心和支持下,于1988年8月成立了市长专线电话办公室,配备了专职干部,使专线电话工作一直坚持下来,而且越办越好。

8月,市长在市长专线电话办公室上半年工作小结上批示:"你们的工作好坏实际上反映了市政府工作的状态,一叶知秋,请你们在平凡的工作岗位上继续不厌其烦地为人民解决实际问题,并提高工作质量,做社会心理、人民喜怒的晴雨计、遥感器,使政府工作能及时完善、改进。"可见,市政府领导对专线电话这一联系群众、为群众排忧解难的渠道,寄予很大的期望。实践证明,市长专线电话这项工作既是广大群众关心的工作,也是市政府领导十分重视的工作。3年多来,市长专线电话办公室坚持全心全意为基层、为群众服务的宗旨,依靠各区政府和市各有关单位的大力支持,尽力为群众解决生活等方面的各种实际问题,得到了广大群众的称赞。1988年,被评为G市改革开放十大成就之一。

市长专线电话开办以来,累计接听群众来电33 327次。办结回复率逐年显著提高,从1986年的35%上升至1988年的98%,基本上做到件件有回音,事事有着落,群众高兴地说:专线电话既快又灵,是真正为人民办实事的部门。

1986年2月26日起,在《G市日报》开辟了"给市长打电话"专栏,逢星期三刊登,迄今已登载了192期共768条消息。由于有选择地公开办事的结果,提高办事透明度,便于群众监督,因此,受到群众的普遍欢迎。

为了使大量的群众意见及时解决在基层,在市长专线电话的带动下,1986年7月,各区、局、总公司及与群众生活关系密切的单位都先后公布了单位负责人公开投诉电话,这些公开电话与市长专线电话保持密切联系,初步形成了一个以市长专线电话为中心的,各级领导和办事部门与市民对话的电话网络。纳入专线网络的主要是8个区政府,与群众生活有密切联系的局、总公司及有关单位共76个,在册的联络员78人。在这3年多时间里,联络员队伍保持了相对稳定,许多同志不辞劳苦,埋头苦干,处处为群众着想，认真为群众办事，无论是电话交办，还是文字转办，都尽职尽责，办理速度快，质量高，为共同办好市长专线电话出了不少力。

市长专线电话设立以来，受理了大量的有关群众衣、食、住、行方面的问题，这对保障全市的社会安定起了很大的作用。

第一，承担了大量的、烦琐的、直接的群众工作。通过上下紧密配合，积极为群众排忧解难。特别是在社会发生比较大的事情的重要关头，专线电话总是首当其冲，直接面对群众。由于全市用电缺口达40%，设立市长专线电话以来，市民要求保证夜间照明用电和解决苦乐不均的电话，一直是投诉的热点，最多的一天接到反映停电的电话达150个，有不少来电都是充满火药味的，甚至说了一些不太好听的话，对此，接听电话的同志能用心听，并且做好解释工作，然后用简报形式积极向领导反映群众的意见和建议，促使有关部门制订了分区轮流停电计划，经过一段时间的实践，逐步完善为公用线路晚间循环拉电制度。市民对这一做法比较满意。

群众向专线电话反映的问题，多数是他们在生活中遭到的实际困难，有的事情乍看起来好像是小事，但对群众来说却是大事，解决好了，就可以使广大群众消除后顾之忧，生活安定，工作安心。1989年7月，群众来电反映某煤店将生产出来的蜂窝煤卖高价或外卖给××县，致使持煤票的居民跑了多次买不到煤。此事转市煤建公司办理后，引起了公司领导的重视，查明是4名民工所为，便迅速作出对当事人进行经济处罚和开除一人的处理，并以此为鉴，制定了严格的管理措施，解除了当地居民买煤难的苦衷。

市长专线电话办公室的同志在工作中体验到，大多数来电人往往是抱着能解决问题的希望拨来电话的。本着对人民高度负责的精神，急群众所急，想群众所想，千方百计为群众排忧解难，是政府工作人员义不容辞的责任。省公安厅干部肖××来电反映其亲戚退休回原籍××定居，县粮食局要收取1万元粮食差价款，才予以办理粮食关系迁入手续。按照市粮食局的意见，这是不符合规定的。但××县则坚持这一规定有其特殊原因。在此情况下，办公室将两种意见综合呈报主管副市长批示，再次转请市粮食局出面协商才纠正了这一不合理收费。最后，肖同志来电，对办公室认真负责的办事精神表示赞扬和感谢。

第二，发挥监督和协调作用。基层和群众来电投诉的问题，不少是由于某些职能部门办事拖拉、互相推诿、官僚主义作风或职责分工不明所造成的，群众对某些事情意见多，反响大，是改革开放过程中不可避免的。设立市长专线电话后,方便了群众投诉,市民群众的情绪、意见、呼声、要求,通过这一正常的民主渠道,很快就反映到市政府来,这对提高办事效率,克服官僚主义作风起到了促进作用。1988年11月14日,《G市日报》发表了"兽医检疫人员何故撤出两个贸易市场"的文章后,一些市民立即打电话来,认为市场检疫工作关系到千家万户的生命安全,有关部门互相扯皮,实在太不应该了。专线电话办公室根据市领导的批示,向防疫部门问清情况,然后由办公厅领导主持召集了工商、防疫等有关部门多次协商,使这两个市场的食品卫生检疫工作得以落实。

第三,接受群众对政府工作的监督,不断完善和改进工作,推进各级部门的廉政建设。开通专线电话以来,群众参政、议政的自觉性不断提高,对政府工作提出了许多批评或建议,在一定程度上推动了各政府机关、各条战线把工作做实做细,促使领导机关想问题办事情能从大多数人的利益出发。1988年8月底,市邮电局决定将国外寄来的平信按挂号信处理,要求收信人持证至所在地邮局领取。市民对此反映强烈,认为这样做不仅拖延了收信时间,而且增加了收信人的麻烦。通邮问题是牵涉到千家万户的大事,市长专线电话办公室迅速地将市民的看法、意见转告市邮政局,并报告了市领导,在市有关领导的过问下,邮局很快就取消了这一做法。又如,1988年8月份,不少学生家长对学校计划外招生收取高额赞助费问题反映强烈。市长专线电话将学生家长的意见通过简报反映出来后,引起了市委、市政府领导的重视,责成教育部门马上纠正了乱收费,并对今后收取赞助费问题作出了明确的规定。

第四,加强综合分析和信息反馈,主动及时地向市领导和有关部门领导送信息,为领导决策服务。市长专线电话的特点之一是广泛性,来自社会各个角落的市民来电,上至政府机关的大政方针,下至城市居民的衣食住行、喜怒哀乐,牵涉面极广,因此市长专线电话的一项重要任务就是从每天接听的大量的社会信息中,感受群众的要求,了解政府政策、措施执行和落实情况,进行信息的收集和加工工作,为领导决策科学化服务,以便政府工作更符合人民的要求,更好地为人民服务。市长专线电话建立初期,主要是通过《群众之声》刊物,不定期发表群众呼声和意见,遇着一些紧急的重大情况,则直接呈领导批阅。1988年,专线电话办公室对各单位和群众中反映上来的重大社情动态、信息、民情,进行综合处理,筛选出一些带有动态性、倾向性、普遍性的问题,出版了《市长专线电话简报》41期和一些重大问题呈阅件,提供市领导参阅。市领导批示了119件。

注意吸收群众对政府工作的建议,是专线电话办公室很重视的一项工作,对于来电中提出的一些合理化建议,办公室能认真对待。如市民提出的将原来规定当月粮食必须购完,改为延长2个月有效的建议就得到了粮食部门的采纳。又如,市民陈某来电反映,现在住宅私人架设天线安全系数低,建议公用住宅安装统一的收看国内电视天线,这一建议得到了多位市领导的肯定,主管副市长批示:"此意见是好的,请市建委协商并具体办理。"后来,市广播电视部门也专门发了文件,作出规定。

怎样办好市长专线电话呢?他们的体会是:

第一,各级领导重视,是搞好专线电话工作的关键。市长专线电话一直得到市政府领导的关怀和重视。前任市长接听了第一个市民来电,并经常对一些重大问题作出批示,多次指示"市长专线电话一定要坚持办好"。在现任市长的关心下,市长专线电话得到进一步的巩固和发展,市长十分重视来自专线电话的社会信息,亲自听取办公室同志汇报工作,大量批阅专电办公室呈报的来电记录和简报,使得一些问题得到解决落实,提高了市长专线电话的威信,在群众中产生较好的影响。各级专线电话都是代表单位领导在电话里接待群众,是密切联系群众的重要环节,因此高度重视和认真做好这项工作,是各级领导应尽的责任。实践表明,只要各级领导同志重视,经常过问,并能及时帮助专线电话解决具体问题,专线电话工作就能顺利开展,专线电话工作人员的工作积极性就高,发挥的作用就好,反馈也及时。

第二,建立一个自上而下的有效的工作网络,发挥职能部门的作用。要办好市长专线电话,光靠市长专线电话办公室几个人是不可能的,市长专线电话能否长期坚持下去,能否越办越好,还在于各区政府、各职能部门的配合和支持,以及所有联络员的辛勤工作。现在看来,各单位都很重视办理专线电话办件的时效和质量。××区信访办联络员是一位年纪比较大的老同志,他把办好区长专线电话和承办市长专线电话转办件,看成是上为市长分忧,下为群众解愁的一项重要工作来做。几年来,每接办一件群众来电,他都深入现场调查核实,然后才认认真真答复专线办。市自来水公司联络员×××有比较强的工作责任心,除了认真承办专线电话转办件和电话交办的事情外,还经常地、主动地提供有关的信息,协助市长专线电话共同做好工作。

第三,建立和健全工作制度。受理群众来电,是一项十分具体的工作,有记录、整理、调查、呈报、转办、催办、反馈等众多环节,而专线办人手又少,为克服这一矛盾,他们一是在建立岗位责任制的时候,既明确各人的工作职责,同时又从整体上考虑,划分两个接听电话小组,以抓好受话环节为基本点,提高服务质量;二是抓好传递和转办的质量,突出一个"快"字,对群众来电反映的问题,要求当天就办理,不拖延和积压;三是检查落实15天回报处理结果制度;四是抓好反馈环节,注意对来电进行综合分析,不定期出版市长专线电话简报和直接报送市长专线电话呈阅表。通过抓这四个环节,使专线电话工作逐步走向程序化、规范化和制度化。1989年初,他们下发了网络先进单位和优秀联络员评比条件,向各级专线电话提出了保证电话畅通,做好来电记录呈批办理,及时提供有关信息,网络不断线等制度建设方面的要求,作为衡量各级专线电话工作的考核标准。

讨论题

1. 试比较分析正式沟通的五种网络类型的特点。本案例中的沟通类型是否正确,有无更好的沟通渠道,理由是什么?
2. 试结合本案例说明沟通对于组织管理有何重要性。
3. 作为组织的管理者,在日常工作中应如何运用相互作用理论改善与下属的沟通?

第七章 群体冲突

> 冲突是人际互动过程中的一种排斥状态。组织行为学的传统观点认为组织中的冲突应该是一种应该消除的消极状态;人际关系学派强调的是冲突的二重性质;关于冲突的积极观点认为冲突是组织中存在的一种正常现象。在组织行为学的分析模式中,冲突可以分为自我冲突、人际冲突和群体冲突三个层次。冲突的过程可以概括为单方的感知、对方的反映和多方的介入等阶段。冲突可能会在一个组织中带来多种后果。我们可以从预防的策略、引起的策略和谈判的策略三个方面对组织中的冲突实施控制和管理。

一、冲突概述

(一) 冲突的含义

一定群体和组织中的人们总是处于一定的社会关系之中,而一定社会关系之中的个人或群体在互动过程中必然会在互助、合作与竞争的同时也存在着冲突。冲突在群体与组织中的存在是一个客观事实,但是冲突理论家对冲突的认识却并不完全一致。

在有关冲突的各种定义中,有不少冲突理论家都是从资源稀缺和目标排斥的角度来给冲突下定义的。如社会学冲突理论家乔森纳·特纳认为："冲突是两方之间公开与直接的互动,在冲突中每一方的行动都是意在禁止对方达到目标。"①特纳同时还提出,资源的稀缺是产生冲突的根本原因。组织行为学家潘威廉也认为："当人们或群体为同样的资源或位置而竞争时,就产生了冲突。"②中国学者孙彤也提出："冲突是指两个或两个以上的社会单元在目标上互不相容或互相排斥,从而产生出的心理上或行为上的矛盾。"③

另外一些冲突理论家的研究成果也有利于我们对冲突做更深入的了解。黑尔里格尔等人认为："冲突是这样一个过程,某人发觉另一人已经或将要从负面影响某件他或某个集团、某个组织所关注的事情。"④他们同时还提出,这个定义暗示着某种依赖和交往,而且这是与对不可调和事情的洞察相伴生的。罗宾斯也在这一思路下指出："冲突必须是双方都能感知的,是否存在冲突是一个知觉问题,如果没有意识到冲突,那冲突就不存在。"⑤这些理论家的研究无非是向我们表明,冲突的产生还存在着一个被感知的前提。如果潜在的冲突没有被任何一方感觉到,那么就不可能发展为事实上的冲突。

随着冲突研究的进一步深入,人们还提出了冲突的发生层次问题。中国学者王仁欣根据勒温的研究结果,明确提出了一个冲突的层次问题。即从个体来看,冲突是个人心理的冲突,包括相互对立的需要、动机、目标等的斗争;从群体来看,冲突可能表现为人际冲突、群体内冲突和群体间冲突等⑥。还有学者进一步指出,仅有紧张状态的存在对紧张状态的感知并不能算做是冲突,只有在一方感觉到紧张状态的存在,并采取相应行动使隐蔽的紧张状态公开化时,冲突才会正式产生⑦。

基于冲突定义的已有研究成果,我们可以把冲突定义为这样一种互动状态:当一方感觉到其需求、动机和价值观与对方存在差异并在目标上不

---

① 〔美〕乔森纳·特纳:《社会学理论的结构》,浙江人民出版社1987年,第212页。
② 〔美〕潘威廉:《组织行为学》,江西人民出版社1995年,第214页。
③ 孙彤:《组织行为学教程》,高等教育出版社1990年,第152页。
④ 〔美〕黑尔里格尔、斯洛克姆、伍得曼:《组织行为学》(上),中国社会科学出版社2001年,第564页。
⑤ 〔美〕史蒂芬·P·罗宾斯:《组织行为学精要》,机械工业出版社2000年,第250页。
⑥ 王仁欣:《组织管理心理学新编》,厦门大学出版社1992年,第267页。
⑦ 胡荣:《社会学导论—社会单位分析》,厦门大学出版社1993年,第101页。

可调和时,采取相应的行动(如剥夺、控制、伤害或消灭)来与对方的意志相对抗。个体内心的冲突可以具体表现为歇斯底里、癫狂、自残和自杀等自我破坏行为;而人际之间和群体之间的冲突则可以表现为争吵、肢体冲突、诉讼、陷害乃至于战争等大规模剧烈行动。值得注意的是,冲突并不同于竞争,因为竞争是双方为争夺同一个目标和对象而展开的互动行为。竞争的产生并不基于目标的差异,竞争的进行也并不一定要贬抑对方,而完全可以是自我改进和提高。当然,恶性的竞争,即通过打击对方来相对提高自身的行动则无疑会导致冲突。

正如冲突理论家罗宾斯所指出的那样,有关冲突性质和作用的研究"本身也是相互冲突的"①。冲突研究者们的冲突观念也并不完全一样,目前在组织行为学理论具有较大影响的主要有三种。

组织行为学中的传统观点往往对冲突持消极态度,认为所有的冲突都是不好的、消极的,往往是暴乱、破坏、非理性的同义词,这一观念主要盛行于20世纪30年代和40年代的行为学派之中。在传统的观念看来,冲突的产生会导致严重的负效应,会使各种资源的使用远离组织目标。与此同时,冲突还会消极地影响雇员的心理,"思想、观点、信仰上的严重冲突还会引起怨恨、紧张、焦灼的情绪。天长日久,这些冲突会阻碍人们建立互助互信的关系。"②总之,冲突是有害的,是管理者在工作中应该力求避免的。

传统观念支配下的冲突理论家进一步研究了冲突产生的原因,如著名的霍桑实验得出的结论就是沟通不良、人们之间缺乏坦诚和信任、管理者对员工的需要和抱负不敏感等导致了冲突的产生。从而,冲突管理的目标也就是要提高管理水平,尽量避免所有的冲突,纠正组织中的功能失调。但是,同期的大量研究证据也表明,冲突的减少并不一定会导致组织绩效的提高,冲突的存在也并不一定就会导致组织绩效的低下。新证据的出现激发了新的研究兴趣,人们在新的研究中也提出关于冲突观念的一些新观点。

20世纪40年代到70年代是人际关系学派的冲突观念占主导地位的时期③。人际关系学派的冲突观念认为,组织内部的利益冲突和观念差异决定了冲突本身是与生俱来的,在现实的组织当中是不可避免的。冲突的

---

① 〔美〕史蒂芬·P·罗宾斯:《组织行为学精要》,机械工业出版社2000年,第251页。
② 〔美〕黑尔里格尔 斯洛克姆 伍得曼:《组织行为学》(上),中国社会科学出版社2001年,第567页。
③ 〔美〕乔森纳·特纳:《社会学理论的结构》,浙江人民出版社1987年,第252—253页。

存在虽然有一定的破坏作用从而不利于组织目标的达成,但是某些冲突的存在又往往会有利于组织的发展,如冲突有时会创造性地找到某一问题的替代性解决方法,可能会提高群体的工作动力和内部约束能力等。既然冲突的存在是不可避免的,冲突的作用又具有两面性,那么对冲突的管理也就是既要减少某些冲突,又要为某些冲突的存在留下一些空间并加以适当的管理和引导。

新近的研究带来了有关冲突观念的更为积极的看法。积极的冲突观认为,创造和解决冲突常常能使人们建设性地解决问题[1]。首先是解决冲突的需要会促使人们试着改变做事的方式;寻找解决冲突的方式会导致组织的革新和变化;在冲突解决的过程中能使人们更容易接受一些新的变化。所以,冲突的解决过程常常会促使组织发生可喜的变化。从而,积极的冲突观大胆地提出:高明的领导和管理人员应该有目的地把冲突引入决策过程,在集体决策过程中鼓励人们提出不同的观点和意见,从而在集体思维的冲撞和对碰中形成新的看法,并在更高层次上达成新的一致;在实际管理活动中,应该鼓励人们敢于对不公正现象提出自己的看法,勇于同不公正的现象作斗争。

冲突观念的历史演变并不一定就代表人们在每一个时期的一致性看法,每一时期的主流看法都伴随着反对声音的存在。即使在今天,我们也并不能说传统的观念早已过时,冲突观念史上的三种观点其实是代表了同一时空之下人们对待冲突的三种态度类型。例如,黑尔里格尔等人在调查中就发现:"绝大多数妇女都把个人冲突视为消极的。"[2]她们往往会把冲突看作是花费巨额私人费用、产生负面结果、甚至导致绝望情绪的一个过程。因此,在具体的管理实践中,往往要根据具体的人群和特定的组织状况来提出相应的冲突管理模式。

(二)冲突的来源

传统的冲突理论在研究冲突的起源时一般都将冲突的起源归因于资源稀缺和欲望无限之间的矛盾,认为这才是冲突产生的最根本原因。但是正

---

[1] 〔美〕潘威廉:《组织行为学》,江西人民出版社1995年,第566页。
[2] 同上书,第567页。

如前文所指出的,资源的稀缺也有可能会在成员之间产生出竞争、合作与互助等交往状态,而并不必然会导致冲突的产生。并且,资源稀缺也并不一定就是冲突产生的惟一原因。所以,研究冲突起源的学者也提出了其他一些具体的因素,典型的就是罗宾斯的三分法,即将冲突的来源归纳为三个方面的因素:沟通因素、结构因素和个人性因素①。

1. 沟通因素

产生冲突的沟通因素主要是指来自于误解、语义理解上的困难以及沟通中的"噪音"。首先是个人和群体之间因为接受教育的差异、知觉的选择性不同以及信息的缺乏都会导致语义理解上的困难和误解的产生。同时,人们在传递信息的过程中也有一个不自觉的自行过滤,在沟通的正式渠道中产生了沟通的偏差,从而产生出冲突的潜在可能性。罗宾斯同时还提出,当沟通本身的增加在达到某一程度之前,可以直到功能性的作用,即有利于群体之间的交流,但是一旦沟通的程度超出了某一限度之后,则反而有可能会因过度沟通而导致冲突增加的可能性。总之,社会关系的联结和维持离不开沟通,但是在沟通的过程中又免不了误解和不完善的沟通。虽然因沟通引起的潜在冲突并不是一种本质上对立的冲突,但是在现实中又往往有着较大的影响力。

2. 结构因素

罗宾斯在"结构"的这一概念之下列举了规模、任务的专门化程度、管辖范围的清晰度、员工与目标之间的匹配性、领导风格、奖酬体系、群体间依赖的程度等具体因素。根据罗宾斯的论述并结合有关研究成果,我们可以将冲突产生的结构性因素概括为下面这几个基本方面:

组织规模与任务的专门化程度。有关组织规模和冲突之间的关系研究表明,规模越大、层次越多、任务越专门化的组织,产生冲突的可能性也就越大。因为庞大的组织一方面使得信息的传输链条拉长,信息失真的可能性也就越大;另一方面,纵横交错的大规模组织也带来了协调的困难和摩擦的增多,冲突的潜在可能性也就越大。现代社会发展的一个重要特点就是组织的规模越来越庞大,在由小规模组织扩展到大规模组织的过程中必然会带来冲突增多的潜在可能性。所以我们在现代社会中能够感知到的冲突比传统社会要多得多。

---

① 〔美〕史蒂芬·P·罗宾斯:《组织行为学精要》,机械工业出版社2000年,第255页。

矩阵组织的内在矛盾。矩阵组织一般都采用了直线机构与参谋机构的结合。在这种组织形态下,直线机构一般负责的是专门化的业务领域,如政府的各业务部门。而参谋机构则一般负责横向协调和对首脑机构的咨询辅助,如政府的办公厅、人事部门和财务部门等。由于这两大机构系统之间负责的具体职能和目标不同,其成员的背景、价值观和管理的方式也不同。直线机构往往关心的是专业化水平的提高和本部门业务的扩展,而参谋机构系统则往往要考虑横向协调和整体推进,往往会对某些具体的职能部门构成束缚,这就不可避免地导致两者之间有一种潜存的内在冲突存在。既然现代社会的大部分组织都采用了矩阵组织的这样一种组织形式,那么组织的建立本身便已经蕴含了潜在冲突的可能性。

上下级关系的两难。一般认为,在管理实践中片面强调自上而下的管理往往会导致员工的压抑情绪,并引发下级的不满,从而使组织内部关系处于紧张之中。解除这一紧张状态的出路就在于:满足员工的尊重和友爱的需要,邀请下级积极参与管理,从而使整个组织的人际关系比较融洽。但是实际的研究证据却表明:下级参与的程度越高,冲突的水平和程度也越高。这是因为,参与的程度越高,无形中就鼓励了个体差异性在管理中充分显现,而管理本身又要求有一致的行动;同时,下级的参与越充分,其对某一问题所提出的不同方案也就越多,但是最终采纳的又往往只有一个,从而使得某些人的想法就无法在实践中实现。其结果反而是另一种冲突的可能性增大。也有学者提出,"由于扩大参与所引起的冲突其实并非都是有害的,如果这种冲突可以增加群体的绩效,则应该鼓励其存在。"[①]问题在于,在参与所带来的冲突之中,并不都是能够引起绩效改进的冲突。如何去改善那些因参与扩大而带来的消极冲突,便成为领导和管理人员们不得不经常面对的一个问题。

权力与资源分配的排他性。任何一个组织,不管其属性如何,其权力与资源分配制度的建立都必然会造成这样一种结果,即一方多得必然会使另一方少得,有人甚至还得不到。由于任何一个组织在特定时期拿出来分配的权力与资源都是有限的,不管是对这些既定的权力与资源做平均还是不平均的分配,都会使一方得到就意味着另一方的失去,从而都会有人会透过这一分配形式而产生出相对剥夺感。而相对剥夺感的产生则意味着对自己

[①] 孙彤:《组织行为学教程》,高等教育出版社1990年,第155页。

没有受到公正待遇的感知,并产生出改变现状的努力,但是权力与资源的既定受益者即相对获利者则会想方设法维持现有的分配格局。两种意志的冲突无疑为冲突的产生提供了最大的可能。

冲突来源的结构性因素表明,只要有结成了一定社会关系的群体和组织存在,这样一些因素的存在都不可避免,不管人们在管理实践中做任何努力,这些潜在的冲突诱因都不能完全去除。人们所能做的,只能是在正视这些冲突的同时,去缓解这些因素带来消极的冲突的可能性,并在可能的情况下,将这些因素向有利于组织绩效的方向引导。

3. 个人因素

在罗宾斯看来:"最重要的个人因素包括个人的价值系统和个性特征。"[1]在现实的冲突研究中,最重要和最容易被忽略的因素就是价值观的不同。也就是说,对于一些最重要和最基本的价值观念,如自由、平等、正义、幸福、自尊、诚实、纪律和勤奋等,往往有着不同看法,而现实之中的个人和群体又是根据他们自己的价值系统来行动的。在管理实践中,当管理者把自己所遵奉的某种价值观强行施加于自己的下级时,其实就已经埋下了冲突的潜在可能。

现实研究还发现,那些经常带来冲突的人也往往是有着某种个性特质的人,如有较强的权威感、武断专横、爱扩大事态以攻击别人等。而那些自尊心强或有自卑感的人则往往易于感受到别人的威胁而先发制人。显然,无论是独断专行还是有自卑感的人,都会感到需要"自我防卫"而主动与他人发动冲突[2]。这两种人比较集中的地方,也就往往是冲突的易发地带。

黑尔里格尔等人在研究个人内心冲突的来源时还指出,对于个体来说,其内心冲突的产生有时也并不仅仅是来自于外在选择的多样性给人带来的两难。个人自身的认识上的分歧和神经质也是其内心冲突的重要原因。即当人们认识到他自己的思想和行为不协调时,也有可能会产生认识上的分歧从而使自己感到不快,而这种不快达到一定程度时,也会引起内心的冲突。同时,对于某些具有不合理的个人特性的人来说,神经质也会无意识地使个人陷入内心冲突不能自拔,这不但有可能使自己坠入痛苦的内心感受,

---

[1] 〔美〕史蒂芬·P·罗宾斯:《组织行为学精要》,机械工业出版社2000年,第256页。
[2] 〔美〕乔森纳·特纳:《社会学理论的结构》,浙江人民出版社1987年,第156页。

而且还有可能会以一种变态的眼光来看待别人。所以,神经质的个人往往会对别人持不信任态度,非常容易将过错归罪于他们并偏好用严厉的制裁和控制措施来施加于他人,从而引发出冲突①。也就是说,对于有神经质的人来说,不但是个人自身经常处于自我冲突之中,而且经常还是人际冲突产生的重要根源。

除了上述的一些客观存在的易于引发冲突的因素之外,我们还可以看到,行政主客体之间的内在矛盾也是冲突产生的一个持久性因素。例如,对于任何一个组织来说,其有效的运转都来自于权责界定的清楚明白,即对每一个人的工作权限、工作职责和应享受的工作待遇都应有一个清楚的界定,这就要求有一个相对稳定的环境来为清楚的界定提供外在条件。但是,行政的对象总是在变动之中,而组织的存在和维持又要求有一定的稳定性,这种对象的变动性和组织运转本身的惰性使得两者之间很难在每一时期都能达到和谐状态。其结果是,权力分配和职责分工的混乱是任何一个组织在任何时候都可能会面对的一种经常现象。而一旦组织内部和组织之间出现了这种权责的混乱或真空之后,就往往会出现争相插手有利事务而相互推诿麻烦事情的局面。在权利争夺和责任推卸的过程中也就必然会导致内外冲突的产生。所以,在环境剧烈变化、社会急剧转型和组织变迁的重大转折关头,也就往往是冲突多发的时候。

二、冲突的层次与过程

(一)冲突的层次

从组织行为学的角度出发,黑尔里格尔等人把冲突爆发的层次分为四个,即个人内心的冲突、人际冲突、集团内冲突和集团间冲突②。但是他们所划分出的人际冲突与集团内冲突有一定的交叉和重复,所以我们在这里

---

① 〔美〕黑尔里格尔、斯洛克姆、伍得曼:《组织行为学》(上),中国社会科学出版社2001年,第570页。
② 〔美〕乔森纳·特纳:《社会学理论的结构》,浙江人民出版社1987年,第569—578页。

将冲突的层次分为三个：个人内心冲突、人际冲突和群体间冲突。

1. 个人内心冲突

个人内心的冲突是指个人内心的认识、情感和目标冲突。即当个人考虑到其行为会带来相互矛盾的后果时，就经常会在个人的内心产生出紧张、挫折和不安的感觉。20世纪30年代的德国心理学家勒温以个人心理冲突的接近和回避两种倾向的结合为标准，提出了个人心理冲突的四种模式：① 双趋式冲突，又称"正正冲突"，即个体内心共存有两个目标，而且它们同样有吸引力，但因受实际条件限制而只能两者择一。解决这一困境的出路在于，根据具体条件果断取舍。② 双避式冲突，又称"负负冲突"，即个人同时面临两个具有危害性的事情，它们又可能引起相差不大的不良后果，而个体又只能摆脱其中之一。解决这种冲突的办法是所谓的"两害相权取其轻"。③ 趋避式冲突，又称"正负冲突"，即个人为了实现某个极有意义的目标，但是又必须要付出巨大的代价，有时甚至还有生命危险，而且其结果还有可能是胜负参半。解决这一冲突的方法是从长远着想，通过"舍利取义"来摆脱心理困境。④ 双重趋避式冲突，又称"双重正负冲突"，即个人面临着两个目标或情境，它们同时既有利又有弊，很难作出选择，因而造成矛盾心理。陷入这种困境往往与个人的思想方法有关，如果能进行理智性思维，克服某些偏见和杂念的干扰，则往往会在长远的眼光之下从这一困境中解脱出来[①]。

黑尔里格尔等人将个人内心冲突分为三种类型：① 接近——接近型冲突，即个人必须在两个或两个以上的事物中作出选择，其中的每一个都有好的结果，例如在两个同样是有吸引力的工作中进行选择；② 避免——避免型冲突，即个人必须在两个或两个以上的事物中作出选择，其中每一个都有负面效果，例如低薪和经常出差；③ 接近——避免型冲突，即个人必须决定做或不做某件既有正面效果又有负面效果的事情，例如接受一份工作地点很糟糕的好工作。他们还认为，在以下几种条件下，个人内心的冲突会得到强化：① 有好几种可以解决冲突的现实行动方案；② 几种行动方案的正面效果和负面效果差不多；③ 冲突的原因对个人来说至关重要[②]。

---

① 王仁欣：《组织管理心理学新编》，厦门大学出版社1992年，第268—270页。
② 〔美〕黑尔里格尔、斯洛克姆、伍得曼：《组织行为学》（上），中国社会科学出版社2001年，第570页。

2. 人际冲突

人际冲突指两个或两个以上的人因态度、行为或目标的对立而引发的冲突。其典型的表现形态就是角色冲突。

这里所指的角色,就是其他人期望某人在工作中担当的各种角色的总和。从表7-1中我们可以看出一个包括指派角色的人和中心人物在内的角色事件模型。即角色事件始于角色中心人物对中心人物所发出的角色信息。此时,角色指派人物不但对中心人物的行为抱有期望,而且还能观察和评价他的行为。反过来说,中心人物的行为受到了角色指派人的影响。从而,中心人物察觉到来自角色指派人的压力时,就会发生角色冲突。

表7-1 角色冲突模型

角色指派人		中 心 人 物	
对人物的期望 对中心人物行为的觉察评价	角色信息 角色的压力	对信息压力的觉察 角色冲突 角色模糊	反 应 完成角色的努力 服 从

资料来源:R·L·卡恩:《组织的压力:对角色冲突和角色模糊的研究》,纽约:约翰·威利父子公司,1964年,第26页。转引自〔美〕黑尔里格尔、斯洛克姆、伍德曼著:《组织行为学》(上),中国社会科学出版社2001年,第573页。

从上表中还可引出一个角色组的概念。角色组是指对中心人物产生直接影响的一群角色指派人。角色组可能包括部门的主管、其他小组成员、朋友圈子或重要的服务对象等。从而,我们可以从来自于角色组的压力及其与中心人物的关系中,提炼出角色冲突的四种基本类型:① 角色指派人内心冲突,即某一角色指派人接受了不可调和的信息和压力时,在其内心产生冲突;② 角色指派人之间的冲突,即一个角色指派人反对另一角色指派人的信息和压力时,在角色指派人之间发生人际冲突;③ 角色间冲突,即当来自一个集团成员的角色压力与其他集团成员压力发生不可调和的矛盾时,会在角色中心人物间产生冲突;④ 个人与角色的冲突,即当角色需要与中心人物自身的价值观或处理态度处于不可调和的矛盾时,人和期望的角色之间发生的冲突。有时,角色本身的不明确也会引起一定的角色关系紧张而引发冲突。

3. 群体间冲突

群体间冲突指一个群体与其他群体之间的敌对和冲突。参照黑尔里格尔等人的划分,我们可以把群体间的冲突又细分为四种具体模式:① 纵向冲突,即组织内不同级别的群体的职员间所发生的冲突。这种冲突经常发生在上级管得过死而下级不服管的情况下,即在上级管得过死的情况下,下级认为上级对他们的控制严重妨碍了他们开展工作的自由而起来反抗。同时,当信息交流不充分、信息和价值观不一致或目标严重排斥时,也有可能会发生这种冲突。② 横向冲突,即组织内部同一级别的职员群体间的冲突。这种情况经常发生在同一级别的部门之间在部门利益和部门价值观的支配下,因各自为政、不顾大局而发生目标排斥时而产生出不可调和的矛盾和冲突。③ 一线人员与职能部门的冲突,即一线经理一般负责组织的专门化业务,而职能部门则掌握着一线人员所使用的部分资源,并指定一线人员的工作方式。一线人员经常会感觉到职能部门的控制和牵扯,而职能部门则经常会感觉到一线人员的放纵和不守规范。④ 多样性冲突,任何一个组织内部,都会有来自不同种族、性别、民族和宗教的群体,多样性的背景必然会带来多样化的价值观与多样化的认识。多元化的背景决定了任何一个组织当中多样性冲突的存在。

当然,组织与组织之间也会因利益、价值观的差异和沟通不良等而产生出组织间的冲突,但是这种组织间的冲突的性质与形式并不外乎群体间冲突,可以同理推知,所以在这里并不单列为一种类型。

(二)冲突的过程

冲突理论家罗宾斯在分析冲突的过程时曾经把冲突的发生分为四个阶段:潜在的对立、认知和个性化、行为及结果[1]。基于在前文中对冲突的定义及来源分析,我们认为应该把冲突的发生过程概括为下面四个阶段:即对冲突的感知、单方的行动、双方的介入和多方的卷入。

---

[1] 〔美〕史蒂芬·P·罗宾斯:《组织行为学精要》,机械工业出版社2000年,第254—261页。

1. 对冲突的感知：冲突产生的前提

对冲突的感知即社会关系中的某一方感觉到需求、动机和价值观等与对方存在差异因而在目标上与另一方不可调和。我们在定义中已经指出，仅有某种紧张状态的存在并不一定会导致冲突的产生。只有当一方感觉到在需求、动机与价值观上与另一方处于紧张状态并在目标上不可调和之后，冲突才会产生。当然，有时只有对不可调和的目标的感知也并不必然会导致其采取行动，而只有在某一方感知到这种不可调和的目标给他带来了情绪上某种焦虑、紧张、受挫和敌对时，才有可能会引发他的下一步行动。所以在这一阶段上也是个性特征体现得比较明显的时候，即虽然同是一种紧张状态，但是不同的个人或群体在判断这到底是不是一种不可调和的紧张状态时所持的标准并不一样，如果某一性格类型的个人或群体并不认为当前的状态会带给进一步的不利后果，或者环境的变化使人们的看法有所改变时，那么他们就并不一定会采取下一步的行动。当然，感知到紧张状态存在并欲采取行动的有时也并不止一方，而有可能是几方的同时感知。

2. 单方的行动：冲突的公开化

当某一方基于对冲突的感知而采取某种行动去阻止另一方（或几方）达到目标、改变对方的意志或损害对方的利益时，冲突即进入公开化阶段。正如不少组织理论家们所指出的那样，冲突的公开过程既包括微妙、间接、节制为特点的低度冲突和小打小闹，也包括直接、粗暴和不可控制的斗争等剧烈的大动干戈。这种行动的最低位置可以是学生对课堂上老师所讲内容的不满而提出的问题，其最高的位置则可以发展到罢课、罢工、骚乱和战争。但是，一方基于对冲突的感知而采取行动也并不一定会引来另一方的相应行动，因为这也取决于另一方对形势的感知和判断，如果单方的行动并没有带来另一方对紧张状态感知并采取行动，则冲突一定会进一步发展。

3. 对方的反映：冲突的处理（I）

冲突的公开化一般会引起对方的反映，从而促使双方去寻求解决冲突的措施。由于引起冲突的原因、模式和性质不同，解决冲突的方法也不完全相同。目前在这方面研究中最为有名的是托马斯关于冲突解决的二维空间模式（见图7-1），图中横坐标表示"合作"的程度。这里的"合作"是指"满足他人的利益"。纵坐标表示"坚持"的程度，这里的坚持是指"满足自己的利益"。下述二维坐标图也就组合出了五种解决冲突的方式。并且每种方式都只适用于特定的情境。托马斯在调查中发现，每种方式及其情境的匹

配关系如下:

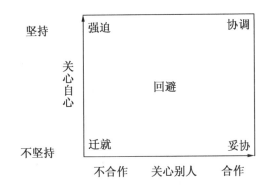

资料来源:K·W·托马斯:"冲突和冲突管理",引自《产业和组织哲学手册》,芝加哥:兰德·迈克纳利,1976年,第900页。转引自黑尔里格尔、斯洛克姆、伍得曼著:《组织行为学》(上),第580页。

图 7-1 冲突解决方式

一是强迫的方式。即高度坚持自己的利益而对他人采取不合作的态度,采用这种方式的人总是力图达到自己的目标而不顾他人。解决冲突时有强迫倾向的人会认为,冲突只会包括输和赢两个方面而不会有第三条出路。这种方式的使用有时能帮助一方达到自己的目标,但也有可能会给别人造成不好的印象。所以强迫方式是不能滥用的,领导人如果过于依赖于强迫方式,可能会忽略下级的利益而降低其工作动力。但是在某些特定的情境下,采取强迫的方式又非常有必要。例如:① 情况紧急,要求马上采取行动;② 为了组织的生存和长期发展,必须采取不受欢迎的行动;③ 为了保护自己不被他人利用而有必要采取行动;④ 涉及重要的纪律问题。

二是回避的方式。即既不坚持自己的利益,也不与他人合作。人们用这种方式时是在逃避冲突、忽略不同意见或保持中立。这种方式要么反映了人们对冲突自行瓦解的希望,要么反映了人们对紧张和挫折的厌恶。当未解决的冲突影响到组织目标的实现时,加强方式会对组织产生负面影响,并且一贯采用加强方式也会给别人留下不好的印象。但是在遇到如下情境时采取回避方式也非常必要:① 无关紧要的事情或当时正面临着更重要的事情;② 当时没有解决冲突的足够信息;③ 力量对比悬殊,无力改变现状;④ 其他人能更有效地解决冲突;⑤ 解决冲突所付出的代价远远大于得来的报酬。

三是协调的方式。对于自己和他人的利益都给予高度关注,希望通过共同的努力来缔造出最好的结果。采取这种方式的人一般会认为冲突有可能会带来良好的结果,并且如果通过开诚布公的合作会找到令双方都满意的解决方案。这种方式的采用也易于获得别人的好评。但是协调的方式也有一定的适用范围:① 相互之间能够充分信任,值得将时间和精力花在协调工作上;② 力量均等,且有自在的交往关系存在;③ 有互利和双赢的潜力;④ 需要依赖他人或出于情感的需要;⑤ 有既定的制度支持。

四是迁就的方式。即牺牲自己的利益去满足他人的利益或愿意服从他人的愿望。采用这一方式的人会给人留下好的印象,但是经常采用也可能被人认为是软弱和过于谦恭。所以这种方式往往会在短期内有好的效果。其适用的情境也非常特别:① 对方处于感情冲突爆发边缘,需要用比较圆滑的方法来化解;② 保持和谐和避免分裂的要求在短期内特别重要;③ 冲突主要由人们的个性引起,在短期内轻易化解不了;④ 发现自己对冲突的产生负有重要责任或有重大错误;⑤ 需要借此来树立良好的声望。

五是妥协的方式。即在两个方面都取中间程度,在冲突的解决过程中以利益取舍为基础,通过一系列的让步来作为冲突解决的一种手段。妥协的方式在现实之中往往被广泛采用,能够采用妥协方式解决冲突的人也比较容易获得他人的好评。但是采用这种方式来解决冲突却并不能使各方的愿望都得到充分的满足,所以也只能适用于某些特定的情境:① 妥协的采用能使每一方都得到不同程度的好处,或者至少不会比没有妥协更糟糕;② 根本不可能实现完全的双赢;③ 目标的达成本身很重要,不值得和对方闹翻;④ 解决冲突的时间有限,需要一定的权宜之计;⑤ 合作与强迫都未能成功。

4. 多方的介入:冲突的处理(Ⅱ)

单方的挑战行为除了有可能引起被挑战方的反映并卷入冲突处理过程之外,还有可能会因为利益或价值信仰的联带关系而引发多方参与到冲突的处理过程中来,从而在连锁反应的作用机制下,造成冲突本身向着复杂化和大规模化的方向发展。此时卷入冲突的各方往往会因自己的利益、实力和价值观而决定涉入冲突的程度。但是多方卷入的深入发展则有可能导致各方都在冲突过程中不断调整自己的立场,使复杂的冲突模型上升和简化为一个新的大规模二元模型,从而在集团层面再次使用上述的五种解决方式来处理和解决冲突。

第三方的介入也并不一定意味着就会直接参与其中的一方而与另一方对抗,有时也会直接以第三方的身份来促成冲突的解决。在这种情况下,冲突的处理就有了三种另外的解决方式:① 调停,即第三方以平等的身份邀请冲突的双方暂时停止冲突而展开谈判,促成双方通过妥协或和解方式来终止冲突;② 仲裁,即第三方在本身具有一定权威的情况下,受双方的邀请或主动以仲裁者身份来明确划定双方的权利义务关系,从而结束双方的争议和冲突,但是双方是否遵守仲裁结果则取决于第三方的权威性程度;③ 裁决,即在第三方本身就是冲突双方的上级的情况下,以上级领导的身份,按照"下级服从上级"原则强迫双方接受并执行其处理意见,这种方式能够快速结束冲突,但是由于其并没有消除引起冲突的原因,其结果的有效性也依赖于既定权威的持续存在。

新近的研究,特别是对政治冲突的研究还表明,在冲突双方介入的同时还有可能产生出一个本来与冲突各方无关的旁观者群体的加入,并且在旁观者的规模或实力超过冲突双方的情况下,因为旁观者对冲突各方的同情的差异而产生出旁观者之间的新冲突,并使得旁观者之间所发生的新冲突变得与原来的冲突毫无关系[①]。在这种情况下,就有可能出现新冲突取代旧冲突,与旧冲突相脱离,并在一个更高层面上由旁观者而不是由原有的冲突各方来决定冲突结局的情况。

当然并不是所有的冲突都一定会有某种确切的后果,在现实的管理和人们的日常生活之中,有时前一个阶段的冲突并不一定会带来后一步的出现;冲突有时也会以一种若隐若现的方式存在,并不一会引起有关各方去继续将冲突的发展引向深入;在很多情况下,实际存在的冲突也并不一定会促使有关各方去致力于冲突的解决。所以我们在下面所讲的冲突的解决,也只能是一个完备的冲突发展模型。在实际生活中并不一定会出现这种完备的冲突结局。

从客观方面来看,当冲突的各方采用上述特定的处理冲突的方式使得冲突在一定时期平息以后,往往会出现如下几种可能的后果:① 维持现

---

① 参见〔美〕谢茨施耐德著:《半主权的人民——一个现实主义者眼中的美国民主》,天津人民出版社2000年,第1—8页。

状,当冲突双方的力量对比过于悬殊或第三方介入的影响下,引发冲突的一方没有足够的能量通过自己的行为来改变对方的意志或实现自己的目标时,力量强大的一方往往能够凭借自己的实力而使权力、资源和实力对比的现有格局得以维持,既定的组织仍然按照原有的模式发展。② 妥协,妥协既是一种处理冲突的方式,也有可能是一种冲突的结果,即有关各方在冲突中势均力敌或不分胜负时,为避免长久的冲突而造成两败俱伤的情况下,双方都分别接受了对方的部分条件,暂时停止冲突。但是由于双方的意志都未能在这一结局之下充分实现,新的冲突也有可能随时爆发。③ 和解,即在冲突的双方胜负未决的同时,双方因有了新的认识或力量对比关系发生新的变化时,也有可能会重新建立起友好关系,实现充分和解。④ 形成新格局,即发起冲突的力量如果过于强大,就有可能会改变对方的意志或目标,使权力、资源和权利义务都实现了重新分配,从而使组织出现大的重组。⑤ 两败俱伤,即卷入冲突的各方都耗尽了自己的资源或采用某剧烈手段使双方都受到毁灭性的打击时,有可能使冲突的各方都不能实现自己的目标,或者双方在冲突中毁灭了自身。

　　组织理论家往往比较倾向于从价值的角度来评价冲突给组织发展所带来的正负功能。一般认为,功能正常的冲突,特别是当它们发生在较低或中等水平上时,会成为组织发展的有机动力：① 冲突有可能会消除组织内部的分裂因素,在组织内部重新形成团结一致的气氛;② 冲突有可能会激发变革与创新热情,调动成员的积极性,培养出自我评估的环境,并修正不合适的目标,因而可能会在总体上有利于决策的改进;③ 冲突之后可能会产生出新的领导,引起人们对某些以前没有注意到的管理措施予以改进,并可能会增强完成任务的干劲,从而提高组织的领导和管理水平;④ 在冲突过程中所形成的不同意见和观点的交流,以及对现状的不满,可能会使组织更加关注环境的变化和组织自身的适应性,这对组织的变革很有好处;⑤ 对某些人来说,冲突也有可能会满足他们性格中所固有的挑衅心理,缓解他们的心理压力而不至于引起更大的冲突。

　　但是,功能失调的冲突给群体和组织绩效所带来的破坏性后果也是显而易见的：① 冲突给置身其中的人们不可避免地带来高度的心理和情绪压力,极不利于组织成员的心理健康,长期处于冲突之中的成员很可能会有心理疾病;② 冲突的产生会造成沟通的进一步阻塞,信息和资源在组织运作中都不能良性运转,从而很可能导致资源和信息的错误分配和巨大浪费,使组织的管理处于混乱之中;③ 冲突中的各个群体往往都会在冲突中将自己的目标置于组织目标之上,有时还会曲解组织目标,而使组织目标难以实现或偏离方向;④ 频繁的冲突也有可能会降低组织的凝聚力。

三、冲突管理的基本策略

从前文的有关论述中我们可以看出,冲突在组织中的存在是很难避免的,冲突本身又具有双重属性,所以一味地排斥或鼓励冲突都不是对待冲突的正确态度,关键在于如何去通过冲突管理的基本策略来发扬冲突的正功能,避免冲突的负功能,并力争在冲突处理的过程中争取主动地位。这就要求管理者一方面要在组织内部预防不利的冲突,鼓励有利的冲突,同时还要在新的时代背景下学会处理组织外部冲突的谈判策略。

(一)预防和引发冲突的基本策略

对于可能会带来不利后果的冲突,组织的管理者就应该提前识别冲突的可能性,并采取切实的措施去预防这些冲突的发生。在这方面,组织理论家们为管理者开出的药方有如下几种:

(1)设置超级目标。在预感到下级之间可能会在某些目标上有潜在冲突的可能时,可以考虑提出一个能够满足各个群体需要的新目标。超级目标的设置可能会带来利益分享的新机会,可以使潜在对立的各方去将时间和精力花在新目标的达成上,从而缓解双方的对立情绪,放弃原有的冲突计划,减少双方发生冲突的可能。

(2)找出共同的"敌人"。在潜在对立的各方之外找出一个与双方都可能有潜在对立关系的共同竞争对象。一旦能够找出这样的"敌人",就可能使潜在对立的双方将目光向外,将时间、精力和对立的情绪转向这个共同的对象,组织内部的潜在冲突会得到缓解。

(3)加强沟通和交流。通过信息渠道的疏通和接触机会的增多来促进潜在对立的双方加强了解,消除各自的歧见和对另一方的误解,并培养双方的共同情感。

（4）组织重构。在其他方法都失效的情况下,可以考虑改变组织结构、合并对立部门、调出其中一方的人员或进行资源的重新分配等方式来消除潜在的对立因素。

（5）求助于外在力量。当冲突的生发因素通过组织自身的力量难以消除时,可以考虑聘请专家顾问、报请上级领导来直接处理或诉诸司法途径。

并且,在某些特定的情况下,只有通过冲突的产生,才会带来组织运转效率的提高。如果在发现自己的组织长期处于人员流动率低下,缺乏创新思想和竞争意识,或者改革措施的推进遇到组织内部的阻力时,就应设法引起冲突,以为停滞不前的局面找到新的出路。具体做法如:

（1）委任开明的管理者。组织的死气沉沉有可能是某位专制的管理者压制了下级反对意见的上达,因此在需要新意见时可以通过选派开明的管理者来吸纳组织内部的开放气氛,从而在意见冲突之中找出新的思路。

（2）重新编组。美国学者卡兹在研究组织寿命时发现,在一起工作的科研人员,其信息沟通的最佳时期是一年半到五年的这一段。如果超过了五年,这一工作群体就有可能会因成员间失去新鲜感而走向衰退[1]。因此在工作群体自身存在时间过长而失去活力时,应进行相应的人事变动,调出某些原有的成员,而让新加入成员的新思维方式和新价值观来冲击原有的工作群体,使其焕发出新的活力。

（3）适当地鼓励竞争。要打破原有僵化性行为模式,也可以考虑给组织内部的某一群体或特定人员加薪或破格提升,引发出其他群体和个人的竞争和效仿,从而导出具有积极意义的竞争。但是在实施这一方式时要考虑到幅度不能过大,否则有可能会出现恶性竞争或不良的冲突。

（4）提出惊人的消息。在组织本身长期停滞而没有动力时,可以提出一些能对其形成强大刺激的惊人消息来迫使其产生积极的冲突。例如,有的组织在特定的时期会提出一些如在多长时间内不完成某项任务,组织就会走向倒闭、员工就会下岗或受到上级的严惩之类的惊人消息,以此来改变员工对组织绩效漠不关心的状况[2]。

---

[1] 陆国泰主编:《人力资源管理》,高等教育出版社2000年,第287页。
[2] 〔美〕潘威廉著:《组织行为学》,江西人民出版社1995年,第216页。

（二）谈判的基本策略

当一个组织的管理者面对着外部冲突时,他就往往只能以一个平等的身份与其冲突对手打交道,此时他就不再是一个组织的管理者而只能是一个平等的谈判者。即使对组织内部而言,不管组织的领导人在各个层次的冲突过程中采用什么样的策略,谈判都是其必不可少的处理、解决冲突的方式之一。所以,无论是处理组织外部还是内部的冲突,谈判都是在当代社会中用得最多的冲突解决手段。所谓谈判,就是两个或两个以上既有共识又有冲突的人或集团,就可能达成的协议而提出建议并进行讨价还价的过程。由于谈判本身既包含了妥协和协调的因素在内,在关键时刻又不排除某些强制性因素,所以在冲突解决的过程中具有极大的优势。正如罗宾斯所言,当代的谈判已经"几乎渗透到了组织和群体中每一个人之间的相互作用之中"[①]。正是因为谈判在当代社会中的地位越来越重要,谈判策略研究也就成了组织行为研究中的一个新热点。组织行为学的谈判策略研究为我们提供的基本策略可以从下面几个方面来进行概括。

1. 识别谈判的基本类型

有效的谈判首先来自于对谈判自身类别的有效识别。只有在对谈判的类别有清楚的认识之后,才能在谈判的过程中有效确立起自己的立场和报价与让步的数额。按照黑尔里格尔等人分类,谈判可以分为四种基本类型:分配性谈判、整合性谈判、结构性态度的谈判和组织内谈判[②]。

分配性谈判是指那种一方所得即为另一方所失的谈判,如在劳资双方的谈判中劳方所得即为资方所失。因此分配性谈判的本质是在一个固定的利益中划分所得比例的谈判,主要发生在经济领域之中。在这种谈判中双方交流的方式往往是警惕性的交流、有限度的信任和言不由衷等。罗宾斯认为,在这种谈判中的基本策略就是试图使对方同意你的具体目标点或尽可能地接近它。其具体的策略有:劝告对方达到他的目标根本不可能,而接受你的目标是有利的;申明你的目标是公正的而对方则相反;试图激发对

---

① 〔美〕史蒂芬·P·罗宾斯著:《组织行为学精要》,机械工业出版社2000年,第261—262页。
② 〔美〕黑尔里格尔、斯洛克姆、伍得曼著:《组织行为学》(上),中国社会科学出版社2001年,第587页。

方感情用事,使他觉得应对你慷慨,从而达成接近你的目标点的协议。

整合性谈判是双方通过共同解决问题来使双方共同受益的谈判。在谈判过程中,双方找出共同的问题,寻找和评价各种解决问题的办法,在各抒己见之后达成一个双方都接受的解决方案,在这种谈判中,由于各方都有解决问题的强烈愿望,因而在谈判中会再现出灵活性和对对方的信任,整个谈判过程主要是通过妥协和协调的方式来完成的。整合性谈判的进行首先要求要寻找到与自己具有共同的价值观或共同利益诉求的谈判对手。在谈判过程中应注意的问题有:信息的公开和相互间的坦诚;一方对另一方的需求有敏感性;相互信任并能够维持一定的灵活性。由于这种谈判类型在实践中并不能轻易获得,所以也有一些组织为建立起与对方的信任关系而不惜代价的事例。

结构性态度的谈判是指谈判的各方是在某一态度组合结构的影响或支配下而进行的谈判。在谈判工作中,任何谈判的参与方都会表现出某种人际关系的倾向,如友好或敌对、竞争与合作等,这样一些态度往往影响着谈判的进行并决定着谈判的性质。在结构性态度的谈判中,由于某一方的利益或价值观已经设定了他的既有态度,因而往往要判定对方是与自己处于哪种态度结构的类型之下来提出自己的谈判策略。如在双方价值观一致的情况下,双方的谈判就会是一种友好对友好的谈判,从而在谈判过程也就会采取一些整合性谈判的策略。而如果是在利益冲突的前提下展开谈判,双方的谈判就必然是一种敌对对敌对的谈判,从而在谈判中也就是设法如何击倒对方而使自己立于不败之地。

组织内谈判是指在组织与组织谈判之前组织内部为达成一致而展开的谈判。这种谈判往往也是基于利益或价值观一致而存在某些差别的情况下,以协调和妥协为主要色彩的谈判。因此这种谈判所要解决的主要问题也就是以求同存异的原则来找出大家的一致之处,谈判的基本立场也就是不要过分拘泥于自身的某些特殊利益和偏激想法,从整体出发来提炼出大家的共同之处。

2. 掌握充分的谈判信息

谈判过程中的主动地位来自于谈判之前对相关信息的全面准确掌握。一般来说,在谈判之前应该做的两个基本工作是:

(1) 研究你的对手。在谈判之前要先尽可能地了解对手的兴趣和目标。即什么是对方想要的?对方谈判的基本策略是什么?当你提出某一建议后对方的可能反应是什么等。

（2）注意谈判的背景。在进行跨文化的谈判时，还要进一步从文化的角度来深入了解对方的某些行为倾向和特定的禁忌。根据有关学者的研究，日本人在谈判时就比较重感情，但是并不外露，往往会狡猾地运用力量并主张调解；在谈判时往往是群体决策；在社交时是面子最重要，常常会为挽回面子而作决策；其基本信念是自我控制、有耐心和不争执等。美国人和加拿大人则不太重感情，常常公事公办，爱玩力量游戏，更主张起诉而不是调解；表面上的面子并不是很重要；爱争执，对事不对人。拉美人则感情细腻，更看重力量；谈判中是负责人做主；保住面子是关键和争执时感情冲动等①。

3. 提高谈判的技巧

罗宾斯提出，不管你要进行什么样的谈判，在具体谈判时都要注意采取下面一些措施以提高谈判的效率：① 以积极主动的态度开始谈判。谈判研究的证据表明，让步会得到回报并最终达成协议。因此，以积极主动的态度开始谈判虽然可能是一个小小的让步，但是它会得到对方同样让步的回报。② 对事不对人。即在谈判过程难以进行时要避免攻击对手，而要将谈判涉及的独立事件从各方的人际关系中剥离出来，并且各个击破。③ 不要太在意最初的报价。在谈判中可以把最初的报价只看作是自己最初的观点，它们可能很极端、很理想化，但毕竟只是一个最初的观点。④ 强调双赢的解决方式。如果条件许可的话，最好能够达到寻求整合的解决办法。在考虑对手的利益建构选择的同时，寻求能够使你和对手均成功的解决办法。⑤ 建构开放和信任的气氛。研究也表明，有经验的谈判者往往是个好听众，他们更多地询问问题、更直接地关注对方的提议，更少防卫性，并避免使用会激怒对手的词汇。总之，他们善于建构必要的开放和信任的气氛，以达到最终解决问题的目的②。此外，还有一些谈判理论家还提出：⑥ 不关心地位，要关注利益。在谈判中有不少人会特别在意谈判者在谈判中的地位，其实如果只关心地位反而有可能会把真实的需要掩盖起来。有效的策略和技巧是不关注每个谈判者在谈判中的地位，而是要关注各方接受这些地位背后所隐藏的需要和利益。⑦ 坚持客观标准。在谈判时提出来作为双方讨论的基本标准不应只反映自己的立场，而要以市场价值、专家意见、习惯

---

① 〔美〕黑尔里格尔、斯洛克姆、伍得曼著：《组织行为学》（上），第593页。
② 〔美〕史蒂芬·P·罗宾斯著：《组织行为学精要》，机械工业出版社2000年，第271—272页。

或法律等较为客观的标准作为讨论的条件,从而就可能会避开到底要谁让步的问题,促使双方达成公平的解决方案。

思考题

1. 冲突观念是如何演变的?
2. 试述冲突预防和引起冲突的策略。
3. 冲突的发展有几个阶段?

案例讨论

"杨八郎是'白区',谁也管不了"

一百多年前,山东登州有杨氏八兄弟"闯关东",辗转落户到一块没有人烟的荒野,形成了一千余人的村落,这就是现在的吉林省德惠市和平乡杨八郎屯(含两个村民小组)。

从全国解放后到1993年的40多年里,他们辛勤劳动,安居乐业。1993年以后,因为干群关系严重对立,他们将上面派来的干部拒之于屯门之外,当地干部称那里为"白区"。

杨八郎屯里的一棵大树上挂着一口大钟,只要有干部来,大钟就会响起来,妇女、儿童率先冲击,将来屯里工作的干部和车辆团团围住,接着是青壮年男子靠近干部进行责问:"你们除了要钱抓人,还能干点别的不能"?

一位曾经在和平乡当过党委书记的干部说,有一年春天他到杨八郎,被群众围在中间,两个喝了点酒的农民轮流往他身上撞,一边撞一边骂他。他想讲一讲党的政策,迎接他的是一口接一口的唾沫。他想离开,但车已被村民围住,只得一个人走出杨八郎屯,后面是村民快意的笑声、起哄声。从此,他不仅没有再到杨八郎屯,也黯然离开了他在和平乡的领导岗位。

杨八郎村民为什么要这样对待他们的"父母官儿"?据村民介绍,1993年,杨八郎一部分村民对村里砖厂占用村民耕地并把所占耕地的农业税分摊给村民表示不满,要求村里向村民公开账目,说清村里一些收入的去向,要求乡政府说明修砂石路集资款使用情况。当村民要求没有被答应时,他们便使出了他们认为惟一有效的手段,拒绝交售定购粮,拒绝上缴统筹提留款和农业税,拒绝出义务工。于是,村里一纸诉状将村民告上法庭。之后,执法干警到杨八郎强行收粮收物,遭到村民抵制。

回忆当年情景,村民杨彬田说,他家最后还是被强行收走了三麻袋大米和三麻袋大豆。1993年3月27日,法庭将阻止收粮且言辞激烈的杨彬田拘留。杨彬田家属将欠缴的438元税费交给法庭后,杨彬田被释放。万万没有想到的是,没过多久,村里再一次起诉他,法庭也再次将他拘留,理由仍然是拖欠村里税费。原来,法庭没有把杨彬田家属交上的钱给村里。此后8年,杨彬田多次到北京及省市上访。

杨八郎村民也多次集体上访,要求公开村务,要求解决杨彬田"公案",但每一次都是一层一层往下推,久而久之,杨八郎村民不再上访,干部也不再到杨八郎来。

去年冬天,记者到杨八郎采访,村民既不知道村支书是谁,也不知道这几年税费怎么收,更不知道欠了村里多少钱。杨八郎村民说,8年来,他们已经忘记了谁是党员,也没有一个村民入党。他们说,杨八郎已经成了被遗忘的角落了。

对于一任一任的乡村干部来说,杨八郎时时让他们心痛,但他们每一次"深入"到杨八郎,回答他们的都是令人心寒的钟声。第二天,杨八郎村民都要起个大早,到100多里地的之外的省城上访。很快,省里、市里就来了电话,批评他们不注意工作方法,影响社会稳定。和平乡一名领导说:"我们是豆饼干部,上挤下压。"

为此,和平乡一些干部要求调离,新来的干部则向市委要求:"除了杨八郎,和平乡管不好是我的责任,杨八郎管什么样算什么样。"渐渐地,杨八郎被划到各级干部管理范围之外了。他们说:"杨八郎是'白区',谁也管不了。"

直到2001年初,德惠市各级党委在开展"三个代表"的教育中,才通过长期进住工作队的方式,"收复"了杨八郎。(根据《南方周末》2001年11月22日第一版《"收复"杨八郎纪实》整理)

讨论题

1. 杨八郎屯干群关系产生冲突的主要原因是什么?
2. 在解决该冲突时起主要作用的因素是什么?

第三篇 组织行为

第八章 领 导

> 领导是一种特别重要的组织行为,领导主体、领导客体、组织结构、权力与影响力、领导目标、领导环境等要素构成了领导活动的结构性基础,这些要素的状况及相互间的关系决定了领导效能的发挥。本章主要探讨领导的本质、基础、方式、功能、效率和领导理论,旨在不断增强领导者(管理者)在管理实践中的领导意识,不断提高领导的有效性。

一、领 导 概 述

(一)领导的本质

领导是任何社会组织中一种特别重要的活动。然而,"什么是领导?""领导的本质是什么?"这些问题却一直困扰着人们。传统的管理理论认为领导是一个人或集体利用组织赋予的职位和权力,动员和率领部属实现组织目标的活动。行为科学认为领导是利用特定的行为和影响力引导和激励人们实现组织目标的行动过程;这种行为和影响力一方面来源于职权的运用,另一方面可能同时来源于领导者富于魅力的个性特征和领导艺术。随着管理学、心理学等学科的发展,领导的含义不断地得到深化。西方学者斯道戈迪尔和巴纳德在其编辑的领导学手册中,综合各种学派的观点,提出了如下十一种界定。

领导意味着：① 群体过程的中心；② 人格及其影响；③ 劝导服从的艺术；④ 影响力的运用；⑤ 一种行动或行为；⑥ 一种说服的形式；⑦ 一种权力关系；⑧ 一种互动中逐渐形成的效果；⑨ 一种分化出来的角色；⑩ 结构的创始；⑪ 一种实现目标的手段。

以上各种界定都是侧重于领导活动的某一侧面，如领导主体、领导的基础和手段、领导主体与客体之间的关系、领导目标和领导特征等。甚至还有学者提出领导就是一种获得追随者的过程。综合观之，这些都是构成领导活动的要素，完整的领导活动应该是这些要素的内在统一。因此，领导本质上就是在一定的群体之中，具有一定权力和影响力的个人或集体，利用说服、示范、激励、协商、命令等途径，动员群体实现组织目标的活动过程。

第一，群体是领导活动存在的前提。群体生存和发展，需要维持一定的秩序，以及动员和利用群体的资源以实现各种具体或长远的目标，因而需要组织和领导。

第二，领导的基本特征是权力和影响力。领导者在群体中相比群体成员不同的地方就是他有一定的权力，这种权力可以是组织由上而下安排的结果，它体现为一定的职权；也可能是群体基于领导者的威望和能力，根据群体需要委托、授权的结果。领导者的权力就是领导者动用群体资源实现组织目标的权利，一般的群体成员不具备这种权利。领导的本质就是权力的运用。领导者获得权力并不必然以个人的影响力为必要条件，但个人影响力作为领导的一种要素发挥作用必须以领导者成为一种领导为前提，即获得权力为前提。然而，无论基于哪种权力安排的领导，要有效发挥领导的效能，就必须善于运用个人的影响力，使权力的效应和个人影响力的作用在领导活动过程中不断地互相强化，更好地为群体目标与群体最大多数人服务。

第三，领导主体和客体之间是一种互动的关系。领导客体就是指领导的对象，包括被领导者和要达成组织目标的群体行动。领导者和被领导者相互依赖而存在。没有领导者对被领导者的了解，没有被领导者的服从和配合，领导活动就无从实施；领导活动要发挥最大的效能，离不开领导者对被领导者的尊重、理解和爱护，并使组织目标和群体成员的个人利益取得平衡，也有赖于从被领导者那里吸取智慧和力量，充分调动被领导者的积极性和创造性。领导者和实现组织目标的行动之间也是一对矛盾。领导者是群体行动的发起者、决策者、组织者、指挥者和控制者,领导活动使群体行动一步步实现组织目标,而群体行动把领导活动逐渐引向深入,并使领导活动不断得到调整和完善,使领导者的智慧和能力不断得到提高。

第四,领导活动是在一定的组织结构中进行的,这种组织结构为领导活动提供了一定的体制和规则。领导者只是组织结构中的一个特殊角色,因此受制于结构,不可以任意用权;有时,领导者经常更替,而组织结构保持了一定的稳定性,甚至成为领导者的替代品。

第五,领导活动必须指向一定的目标。目标是规定领导活动方向和归宿的载体,没有目标的领导活动是不存在的,目标不很明确的领导活动是低效的。领导活动的目标不是任意确定的,它应该是组织长远利益和近期利益的有机统一,是组织利益和个人利益的平衡。目标分为不同的层次,从时间上看,有长期目标、中期目标、近期目标;从范围看,有整体目标、局部目标。

领导活动的本质决定了它具有许多不同于其他社会活动的特征:权威性、综合性、超脱性与全局性、超前性与战略性、服务性和间接性。

（二）领导的基础与功能

领导的基础分为结构性基础和效能性基础。领导的结构性基础就是指领导活动构成的基础,构成领导活动本质的内在要素都是领导的结构性基础。领导的效能性基础是指领导活动有效发挥作用的基础,它是建立在领导结构性基础之上的,影响领导效能发挥的领导结构中的要素的状况及要素间相互关系的状况。因而,它是决定领导的优劣、区分有效领导与低效领导的基础。

领导的结构性基础不仅包括领导主体、客体、组织结构、领导目标和权力与影响力五个方面,还包括领导活动环境。领导环境就是领导活动与外部因素客观联系的总和,它包括:宏观上的历史环境,中观上的社会环境,微观上特定的组织环境。领导活动在这些环境中进行,受时代背景、社会条件、组织状况的制约。另一方面,领导活动又在积极地改善环境,以利于社会的进步和领导效能的发挥。因此,从领导生态学的角度指出,领导者的主观指导与客观环境之间的矛盾是领导活动中的一对基本矛盾。

在领导活动的结构性基础中,权力是更为基础的因素,是使领导者有别于群体成员并展开领导活动的前提。黑尔里格尔等人认为领导权力主要有以下几种:

(1) 合法权力。群体成员行动可能因为领导有权要求他们这么做,他们有服从的义务。合法权力来源于组织中领导者的职位。

(2) 奖赏权力。群体成员行动可能是为了得到领导人控制的奖赏(如提升、加薪和获得美差等)。奖赏权力来源于领导人对奖赏资源的控制。

(3) 强制权力。群体成员行动可能是为避免由领导者掌握的处罚,如降职、训斥、停薪、解雇等。强制权力来源于领导者利用职权对他人进行制裁和惩罚以施加影响的能力。

(4) 榜样权力。这种权力来源于领导人个人的才能和魅力。它有赖于良好的人际关系和他人的情感支持。

(5) 专家权力。这种权力来源于知识和智慧的权威,它建立在领导人得到其他专家认可的专业水平基础之上。

以上权力的根源可以分为个人和组织两类。合法权力、奖赏权力、强制权力是组织赋予的,领导者运用这部分权力去激励群体成员实现组织目标。而榜样权力、专家权力属于个人权力,它往往能激起组织成员更强的凝聚力和创造性。领导者一般依具体情况综合运用五种权力。

领导的效能性基础包括领导主体、客体、环境、目标、方法等要素的状况以及它们之间协调的状况,这些状况决定了领导的效能。一般情况下,领导主体是其中更为积极、能动的因素,因此,人们主要关注领导效能的主体性基础,它主要包括领导者的素质、领导集体的结构、领导作风和领导艺术。

领导者的个人品质和素质是决定领导效果的重要因素。传统的领导特性理论认为领导者的品质是天生的,后天无法培养和训练。而现代特性论认为领导者的品质和特质是在后天实践中培养和锻炼出来的。一种有效的领导要求领导者具备较高的素质。斯托格第认为应从五种身体特征(如精力、外貌、身高)、四种智能特征、十六种个性特征(如适应性、进取性、决断力等)、六种与工作有关的特征(职业成就、创造性等)、九种社会特征(如合作性、人际关系等)等方面来考察领导者的素质。吉沙利测算出了每项品质因素的重要性,如表 8-1 所示。

表 8-1 吉沙利的品质理论

品　　质	重　要　性	品　　质	重　要　性
监督能力	100	人际关系	47
职业成就	76	创造性	34
智　力	64	不慕财富	20
自　立	63	对权力的追求	10
自　信	62	成　熟	5
决断力	61	男性或女性化	0
冒　险	54		

另有学者提出了领导特质的"六 C"标准和"七 C"标准。"六 C"标准是：可信（conviction）、品质（character）、关心人（care）、勇气（courage）、沉着（composer）、能力（competence）。"七 C"标准为：沟通（communication）、信心（confidence）、品质（character）、综合（comprehensive）、可信（conviction）、勇气（courage）与能力（competence）。还有学者认为一个优秀的领导者应必备八种要素：前瞻性、信任、参与意识、求知欲、多样性、创造性、笃实精神和集体意识。可以看出，西方学者对领导素质的研究十分具体，有的还进行了大量的科学实验和量化处理；另外，这些要素既有个性心理特征，又包括后天获得的能力和素质，它们之间的分类不很明显。

我国学者对领导者素质的实验研究较少，定性研究较多。他们借鉴西方学者的研究成果，结合中国的实际进行了大量有价值的研究。有的学者从德、识、才、学、体等方面对领导者的素质进行定性规定，认为社会主义企业的领导者应该有过硬的政治素质，具备管理现代企业的业务素质和技能，身体强健。还有学者认为企业的领导者应具备技术、人文和观念方面的三种技能。技术技能是指领导者必须积累一定的工作经验，掌握一些新的科学知识、方法和技术以及丰富的管理知识、方法和工具。人文技能是指领导者善于与人共事并对部属实行有效的领导、激励和动员的能力，它需要领导有以人为本的信念，懂得人性化管理和感情投放方面的知识和方法，因此，它比一般的聪明才智、决策能力和管理能力更为重要。观念技能指领导者对组织以及自己在组织中的地位和作用,对部门之间、部门与组织之间、组织与环境之间、近期与长远之间的关系有深刻的把握和敏锐的洞察,它是建立在领导者强烈的事业心、哲学式的思维品质、宽厚的知识面和丰富的实践经验基础之上的,是一种宏观的战略能力、创新能力和变革能力。显然,不同层次的领导对三种技能的要求不同。

不可否认的是低层领导由于在管理的一线,接触实际的生产和技术问题较多,直接领导员工并与他们一起解决问题的机会多,因而需要扎实的技术技能和良好的人际技能。中层领导主要在企业中是联系高层与低层、员工的纽带,要为高层决策提供服务,并对企业的具体运营状况进行管理监督,所以,必须具备一定的战略眼光、观念技能,以及优秀的人文技能和较好的技术技能。而高层领导要深孚众望、高瞻远瞩、全局在胸,就对人文技能和观念技能要求更高。一个人从低层领导成长到高层领导,必然伴随着观念技能和人文技能相应的提高,否则很难胜任高层工作的需要。

从宏观上看,领导是走在组织前面的引导力量,它具有以下地位和作用:

(1) 领导是化解矛盾、维持组织秩序的力量。领导通过组织与协调从而维持组织秩序是组织顺利发展的前提。任何一个组织都存在冲突与摩擦,而领导应通过利益平衡与其他的方法来化解矛盾、消除冲突以保障一个和谐的组织内环境。同时,领导还在协调组织与外界之间的关系上有不可推卸的职责:一是防止外界对组织的破坏;二是在外界需要组织调整时,作出适当的调整;三是防止组织产生对外界的不利影响;四是处理组织与外界的其他矛盾。所以,领导不仅是组织秩序的维护者,也是社会秩序的维护者。

(2) 领导是引导组织变革和迎接环境挑战的力量。领导不是一种程序化的管理工作,而是始终面对新情况需要智慧来应对的挑战性活动。领导者承担着在复杂多变的环境中领导组织向前发展的责任。因此,它需要领导者善于发现机会,不断实验以驱动变革。领导是面对未来的,它不仅要引导组织实现已定的目标,而且还要对组织的变革以及组织的长远利益和发展负责任。

(3) 领导是实现组织各种资源尤其是人力资源有机组合的力量。领导具有整合作用,有效的领导能使组织的整体效果大于部分之和,使组织的资源得到高效利用,使人力资源的组合产生一种放大效应。

(4) 领导活动是富有挑战性、提供希望并展示崇高道德的行动。领导活动不是消极地墨守成规的活动,而是积极地以开创性的力量推动组织的发展,它将人们心中模糊的远景变成希望和行动的现实,变为人们一种自觉追求的目标。领导不仅为人们指出物质生活的希望所在,还给人们展示一种道德风范和更高品质的生活,从而引领人们追求一种精神价值。

从领导活动的具体内容来看,领导有决策、指挥、协调和激励等功能。决策是领导活动的前提,是领导的首要功能,决策质量的高低直接决定组织的存亡兴衰。领导必须为组织确定发展的方向和目标,并制定实现目标的行动计划。领导过程就是领导不断地决策并带领部属执行决策的过程。决策的重要性使得大型决策的许多工作有赖于参谋咨询机构、智囊团发挥作用。指挥功能主要是指领导围绕决策的落实,给部属明确工作方向和任务,带领部属实现组织目标,它侧重于领导对组织资源的控制、调度和分配。领导的协调功能表现在领导对局部利益的平衡,使局部之间、局部与整体之间的矛盾不致破坏组织的团结和损害组织目标的实现,努力使组织发挥系统效应。领导的所有活动必须具有激励功能,即调动部属实现组织目标的积极性和创造性,无论是目标的制定、资源的分配,还是利益关系的协调,都必须具有激励的作用,使部属看到希望,感受到组织的合理性和温暖,认识到组织目标的实现与个人价值实现是内在统一的。

从领导的类型来看,正式领导者的功能与非正式领导者的功能有所不同。正式领导者拥有组织结构中的正式职位、权力与地位,其主要功能是领导下属达成组织目标。如制订和执行组织的计划、政策与方针;提供情报知识与技巧;授权下级分担任务;对职工实行奖惩;代表组织对外交涉;控制组织内部关系,沟通组织内上下的意见。非正式领导者没有组织赋予的职位和权力,但凭借个人的条件在成员中具有实际的影响力,甚至被成员赋予一定的权力,从而成为实际的领导者。其主要功能是满足成员不愿或无法通过组织来满足的需要,如组织成员对组织提建议或意见、解决成员的私人问题、协调成员间的关系等。领导者要发挥自身最大的效能,就应同时具有正式领导者与非正式领导者的功能,将职权运用与个人影响力有机地结合起来,成为成员的工作领袖和精神领袖。

(三)领导集体

在集体领导中,领导集体的素质状况就像单个领导者的素质一样,是决定领导活动质量的关键性因素。一般应按照系统原则、互补原则、晶核原则、优势定位原则和动态原则组建和优化领导集体,使之有很强的凝聚力、生命力和战斗力,有严格的组织纪律和规范,从而能适应领导活动的需要。具体而言,一个理想的领导集体应有如下的素质结构。

1. 精干的组织结构

组织结构是指一个系统、一个单位的编制体制、人事关系的构成。组织结构有三种基本形式,即层级制的组织结构、环形和网状形的组织结构、矩阵形的组织结构。一个领导集体就是一个组织,其形式应根据工作性质、任务、规模和传统确定。组织结构决定了领导集体内的权力、职能和责任的关系,并决定了组织管理过程中规划、组织、指挥、执行、协调、控制、监督等各个环节之间的关系及领导集体内外信息传递与感情沟通的渠道和方式。所以,组织结构合理、精干是整个领导活动取得最优效果的基础和保证。

2. 配套的专业和知识结构

领导集体的专业结构是指不同层次、不同专业类型的成员的比例及其相互关系。配套的专业结构要求领导集体依据单位的性质和任务合理确定领导成员专业和知识的构成,使之成为按照职责和岗位的需要,由不同知识类型、不同知识水平的专业人才组合而成的具有一种立体知识结构和互补专业结构的知识化组织。现代知识社会,尤其要求领导成员各有所长,成为专家型的领导者。同时,要求领导成员知识面广,对多个专业的知识有所了解,从而适应当前知识分化和综合日益加快的形势。这样,领导者之间才能进行有效的分工与合作,整个领导集体才具有巨大的知识吸收能力、转化能力和创新能力,以适应知识型社会领导工作的需要。

3. 梯次的年龄结构

年龄结构是指领导集体中不同年龄成员的比例构成和组合状况。梯次的年龄结构就是老、中、青各种年龄段的领导合理搭配,它不仅是有效领导的重要条件,而且可以使领导集体保持生机活力,防止领导集体的老化和更替时出现混乱和后继无人的状况。领导集体中应该既有足智多谋、"老马识途"的长者,又有经验丰富、起着"中流砥柱"作用的中间层,还有奋发有为、勇于开拓的年轻人。现代生理学和心理学的研究表明:人的年龄与能力之间有一定的关系,如表 8-2 所示。

表 8-2　不同年龄区段的智能比较

智力＼年龄	10—17	18—29	30—49	50—69	70—89
知　　觉	100	95	93	76	46
记　　忆	95	100	92	83	55
比较判断	72	90	100	87	67
动作和反应程度	88	100	97	92	71

从表中的统计数字可以看到,青年在知识接收和积累方面占有优势,中年人在抽象思维能力和判断力方面比青年人和老年人强,老年人的宝贵之处在于有丰富的阅历、智慧和较为超脱的品性与眼光。因此,年龄搭配时,中年领导者应占较大的比例,年轻人应有一定的比例,老年领导者应有适当的比例,这样,各种年龄的成员组合在一起,就能在能力上形成互补,产生"1+1＞2"的综合效应。

4. 互补的智能结构

智能是一个人接受、消化和运用知识的能力。智能以知识为基础,但智能的大小与知识的多少并不成正比。有的人知识多,能力不一定强。构成人的智能因素有 120 种以上,其中主要由六种能力组成,即观察能力、记忆能力、思维能力、想像能力、实践能力和组织能力。不同的领导者有不同的智能特点和优势,作为领导集体,需要各种不同智能特点和优势的成员配合互补,才能形成一个整体优化的智能结构。一方面,智能类型要互相匹配,领导成员中既要有再现型的人才,又要有发现型的人才,还要有创造型的人才。在完成一项重大任务时,往往需要"领导者的管理,科学家的头脑,工程师的设计,大工匠的技艺,经济师的理财",在领导集体中,同样也需要各种智能类型的人才互补互动,发挥群体的优势。另一方面,不同层次的职位对智能水平的要求应有所区别。职位高的,智能水平要求高些,主要领导人的水平应高于一般成员的水平,从而做到才职相称,才尽其能,职尽其用。

5. 相容的心理结构

领导集体的心理结构是指由具有不同兴趣、爱好、情感、气质、性格等个性心理特征的成员组合起来的具有特定功能的有机整体。群体成员性格气质多样,才能避免"同质相克"造成的冲突和内耗,才能形成异型相配、多质共处、互相包容、各扬其长、各避其短的心理结构;群体成员性格气质与工作特点一致,才能让领导成员更好地发挥作用。

无论是单个的领导还是领导集体要发挥自身最大的作用,仅有良好的内在素质还不够,还必须在实践中将其转化为良好的领导作风和领导艺术。领导艺术内涵十分丰富,从不同的角度看,有不同的要求。总的来看,新提拔到领导岗位的管理者,至少应注意以下几点。

1. 分清工作的轻重缓急

领导的工作包括决策、用人、指挥、协调和激励。这些是领导应该做的大事,但不必都由最高领导来做,而应分清轻重缓急、主次先后,分别授权给下属各级领导去做,让每级领导去管本级应管之事,最高领导应该管重中之重、急中之急,并严格遵守"例外原则",只管那些没有对下属授权的事。相反,事必躬亲,不仅会浪费宝贵的时间和精力,还会因小失大,抓不住宏观和战略性的大事,并且会挫伤下属的积极性。

2. 善于同下属沟通

有效的领导依赖于上下级之间的信息沟通。信息交流和沟通可以通过正式的文件、报告、书信、会议、电话和非正式的面对面会谈。善于同下属个别交谈是一门领导艺术。运用得当可以取得良好的效果,否则,会破坏上下级之间的正常关系和沟通。一般而言,同下级交谈时,要注意以下要点:悉心倾听,善加分析;捕捉言外之意;耐心平等,不随意打断;善于引导;注意分寸,真诚回应;控制情绪,冷静应对。

3. 发挥凝聚力和人格影响力

领导要发挥凝聚力和人格的影响力,就应善于争取众人的友谊与合作,而不是摆架子,高高在上,也不是只知道埋头苦干,忽视与同事和下属之间的沟通。相反,应该把自己融入到群众中去,平易近人,信任和关心他人,讲组织原则,搞好团结,不分亲疏远近,做到一视同仁。

4. 精于运筹时间

领导的时间特别宝贵,若运筹不当,会把大量的时间浪费在一些本应由下属处理的琐事上。领导者要做时间的主人,首先要科学地组织管理工作,合理地分层授权,把大量的工作分给副手、助手、下属去做,以摆脱繁琐事务的纠缠,腾出时间来做真正应该由自己做的事。在此基础上,领导要养成记录自己时间消耗的习惯,要学会合理地使用时间,提高办事和开会的效率。

具体来讲,领导艺术主要有动员的艺术、协调的艺术、用人与用权的艺术、权变的艺术以及体现在灵活多样的领导方法中的艺术。中国传统用人之术有以下几点:贤主劳于求贤,而逸于治事;治平尚德行,有事尚功能;智者取其谋,愚者取其力,勇者取其威,怯者取其慎。而西方的用人艺术主要是运用激励理论,其哲学基础是对人是什么和人需要什么的认识。而用权的艺术主要有规范化用权、谨慎性用权、实效性用权和体制外用权几种。用权艺术的一个重要内容是行使用人权的艺术,即授权的艺术。主要授权类型有刚性授权、柔性授权、惰性授权和模糊授权,在授权时要遵循因事授权,视能授权;明确权责,适度授权;授权留责,监督控制;防止反向授权等原则。领导艺术要靠具体的领导方法实现,主要的领导方法有软硬领导法、会议领导法、危机领导法、运筹领导法和目标领导法。领导艺术还体现为对领导方式的灵活运用,西方学者研究了三种典型的领导方式的特征,如表8-3所示。

表8-3 三种典型领导方式的比较

	独裁式领导	民主式领导	放任式领导
团体方针的决定	一切由领导一人决定	所有方针由团体讨论决定,领导者给予激励	完全由团体或个人决定,领导不参与
团体活动的了解与透视	分段指示工作的内容与方法,因此无法了解团体活动的最终目标	职工一开始就了解工作程序与最终目标,领导者提供两种以上的工作方法供职工选择	领导者提供工作上需要的各种材料,当职工前来质询时,即给予回答,但不做具体指示
工作的分工与同伴的选择	由领导者决定后,通知职工	分工由团体决定,工作的同伴由职工自己选择	领导者完全不干预
工作参与及工作评价的态度	除示范外,领导者完全不参与团体作业。领导者采用职工个人喜欢的方式评价职工的工作成果	领导者与成员一起工作,但避免干涉指挥。领导者依据客观事实评价职工的工作成果	除成员要求,否则领导不主动提供工作上的意见,对职工的工作成果也不做任何评价

美国学者坦南鲍姆和施米特又提出了"领导方式的连续统一体理论",他们认为领导方式从专权型到放任型之间存在着多种多样的过渡形式,如图8-2所示。

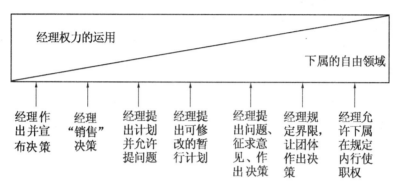

图8-2　领导方式的连续统一体理论

图中列出了七种典型的领导方式。偏向于专权一端的领导者对工作较重视,运用权力影响部属的比重较大;而偏向于民主一端的领导者重视群体,较注重与群体之间的关系,并给部属较大的工作自由。所有这些方式孰优孰劣没有绝对的标准,在一定的情景下,应当具体选择。

(四) 领导效率

效率是指单位时间内完成工作量的大小,它可用如下的数学公式表示:工作效率＝工作量÷工作时间。但在我们的日常语境中,效率里面经常暗含有对工作质量的要求,因此,它与效益、效能、效果有部分重叠的涵义。当然,效益的概念更为宽泛,它不仅是对组织目标完成情况的衡量,而且还对领导活动的外部效果进行评价。如领导效益就包括直接的组织效果和间接的社会经济、政治、文化效益。领导效率则主要侧重于评价领导活动对组织目标的贡献,它是指完成一定数量和质量的领导任务、实现某种领导目标的速度。

有学者认为,西方关于领导效能的理论主要有三种:封建制理论、层峰制理论和权变理论。封建制领导理论强调领导者与被领导者之间的个人关系,认为有效的领导与领导者的交往能力、人情味和对部属的关心度有关。与封建制领导相联系的早期领导理论注重对领导者的特质和魅力进行研究,但过于突出被领导者对领导者的崇拜和追随,因此带有很强的宗教色彩。后来,行为理论否定了领导特质理论的有效性,认为领导效率与领导者和被领导者之间的关系以及领导者的行为有关。俄亥俄州州立大学研究小组将领导行为分为以工作为重的行为和以人际关系为重的行为,从而拓宽了对领导效率的分析。在此基础上,美国学者雷丁提出了"三度空间领导效率模型"的理论,他认为应从三个角度去衡量领导行为,即:工作行为、关系行为、效率。工作行为是一种以任务为取向的"结构型行为",它包括建立组织,明确职责,规定信息交流渠道以及完成任务的时间、地点和方法。关系行为是"关怀型行为",它包括建立情谊,互相信赖,意见交流,授权,让部属发挥智慧和潜力并给予感情上的支持。而领导效率与领导者的关系行为和工作行为似乎是正相关的关系,如图8-3所示:

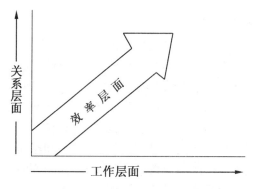

图8-3 三度空间领导效率模型

但是,卡曼的领导生命周期理论认为它们之间关系相当复杂,有效的领导还与被领导者的成熟度有关,部属在任何情况下都是重要的,他们不仅可以接受或拒绝领导者,而且他们的状况和成熟度实际上决定了领导者所拥有的权力的大小和领导活动的效果。部属的成熟度主要是指部属追求成功的动机,责任感与能力,人际关系,知识与经验等。如果被领导者从不成熟走向成熟,领导行为必然从 D(高工作低关系)→C(高工作高关系)→A(高关系低工作)→B(低工作低关系),同时,领导者与被领导者的关系经历了由松散到紧密再到松散的变化,领导效率相应也经历了从低到高再到低的过程,这意味着一个有效领导周期的完成,如图8-4所示。

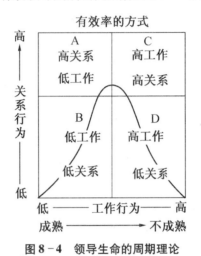

图8-4 领导生命的周期理论

与过于强调领导行为的效率理论有所不同的是,利克特运用系统理论研究了包括领导活动在内的整个组织系统与领导效率的关系,认为领导效率是组织系统的一种输出,因而是一种由组织各种要素综合决定的组织效率。为此,他提出了研究组织效率的三个变数:因果变数、干涉变数和产出变数。因果变数包括领导方式、管理策略、组织结构、组织目标及技术,它是影响组织发展和成就的领导因素和体制因素。干涉因素是指组织内部的人力资源状况、组织传统与文化,它包括组织成员的期望、角色观念以及组织内的习惯、激励因素等。产出变数指个人或组织工作的结果,它不仅有生产量、成本、销售额、盈余等经济成就,还包括组织的变化。显然,产出变数是因果变数影响干涉变数的结果,它们之间的关系可用图8-5表示。

图8-5 因果变数、干涉变数及产出变数的关系

利克特的系统理论对传统行为理论有了很大的发展，它考虑到了组织的结构、传统对领导效率的影响，但没有分析外部环境对系统的作用。层峰式领导理论进一步突出了组织结构的作用，从而走向否认领导特质、领导与被领导的关系以及环境对领导效率的影响的极端；它认为组织是一个理性化的网络，无论是领导者还是下属只是网络中的一部分，都由组织及其目标确定角色和责任，工作高度制度化，晋升靠功绩。因此，领导和下属的个人作用是有限的，是可以替代的，对领导活动的效率进行考察意义不大，达成组织目标的效率是由组织结构决定的。这一理论对层峰式组织有一定的解释力，如古罗马军团和兵团、高度组织化的现代科层制官僚机构。

权变理论不仅重视领导者的行为，同时还注意到环境和条件对领导活动的影响。它认为领导活动总是在特定的组织环境中发挥作用的，组织环境应该包括组织内环境，其中有层峰式理论过分强调的组织体制以及利克特所涉及的人力资源状况、组织文化、领导者与被领导者之间的关系，还包括组织外环境，即组织所处的历史、社会环境；不同的组织环境要求不同的领导方式，领导活动只有和环境相互协调才能产生最佳的绩效。豪斯1971年提出的路径—目标理论认为领导者应该设法使下属的发展符合组织和下属双方的需要，其行为应该适合工作和任务的特点，适应组织的人力资源状况，对挑战性工作和经验不足的部属宜多加指导，对结构性工作和自尊较差的部属应多予支持。另有许多研究表明，领导者智能在一定的条件下才与群体绩效有较为明显的关系，如在人力资源状况较好、内聚力较强的组织中领导者智能与群体的绩效的相关度较大，而在人力资源状况较差的组织中，两者的相关度不如前者突出。布莱兹和菲德勒认为，只有在指导型领导活动中，领导者的智能才能反映群体的绩效。后来，菲德勒提出的"多屏"模型进一步研究了领导者智能对工作绩效发生作用的条件，即存在着一系列类似半渗透屏障的难关和障碍需要领导者凭自己的智慧突破，如克服自身的低动机、与上级保持良好的关系、获得群体成员的支持等等。

三种领导效率理论各有侧重点，封建理论对领导行为和人际关系的过分强调必然导致层峰理论对组织体制结构的极端重视，而权变理论则努力将它们合理的因素融为一体，并对领导效率与各种因素之间的关系研究得更为深入、具体。综合观之，领导效率无非是领导者、被领导者、组织环境等因素交互作用的结果，这可用如下函数表示：

$$领导效率 = f(领导者、被领导者、组织环境等)$$

在实际生活中,人们往往要对领导效率和效能进行考评。根据不同的领导效能理论,应该有不同的考评方案、标准和指标;但现实中,从宏观来看,以下考评指标、考评原则和考评方法从某种意义上说是通用的,也是我们经常使用的。

(1)考评指标。根据领导活动的主要内容和特征,领导效能考评的指标主要有用人效能、决策办事效能、时间效能和对组织的整体贡献效能。用人效能是衡量领导效能的重要指标之一,它是指领导选拔、运用人员的能力和效果。领导主要通过用人来实现组织目标,用人不仅关系到被任用者的发展,还关系到整个组织的人心、士气和组织目标的实现。决策办事效能是领导活动的另一项重要效能。领导最重要的职能就是决策办事,这是事关组织发展战略和发展方向、组织重大工作成败的关键性因素。时间效能是评价领导时间安排和运用是否合理的重要指标。领导的任何活动都需要时间保障,但领导的时间不能由自己随意支配,应该根据组织的需要将时间用于组织中最重要的事情。现实中,有些领导工作头绪很乱,时间运用极不科学,所以对领导的时间运用进行考评有助于提高领导效率。对组织的整体贡献效能是领导活动和领导效能的归宿,因而对其考评是最重要的考评,是统领其他考评的内在尺度。

(2)考评原则。主要有统一规范原则、贡献为主的原则、客观公正的原则和民主公开原则。统一规范原则要求在考评领导效能时要有客观、明确、便于操作的考核标准和指标体系,严格健全的考核制度和规程,科学合理的考核方法,从而尽量减小考评时的误差,并排除对考核的人为扭曲。贡献为主的原则是指考评时应主要考核领导者对组织的实际贡献。这既是考评客观性的需要,也是考评的目的所在。因此,在考核时,要注意分清领导者贡献的性质:是局部性的,还是全局性的;是近期的,还是长远的;是个人的,还是集体的;是真实的,还是虚假的。客观公正原则就是考核主体要实事求是,不抱偏见,坚持原则,不徇私情,不主观臆断,以事实为依据,对领导效能作出真实、全面和正确的评价。民主公开的原则是上述原则的重要保障,也是我国民主生活的要求。领导生活和工作于群众之中,其工作效能如何,群众最有发言权;领导效能考评是否合理,群众心中也有一把尺子。因此,考评时,要广开言路和渠道,让群众参与和监督,并对考评结果发表意见。

(3)考评方法。常见的考评方法有目标考评法、员工评议法、定量分析法和比较考评法。目标考评法就是对领导活动中预定目标的完成情况进行检查,从而评价领导效能。领导活动是实现一个个子目标、小目标,最后实现总目标的过程。因此,目标的完成情况是领导效能的客观反映,对目标进度的考评是考评领导效能的重要方法。由于目标有层次性、时间性,所以,具体操作时,目标考评可以分项目、分层次进行,也可以按进度、分段实施。员工评议法就是指通过员工测评、民意测验等方式对领导的工作效能进行评价。这种方法同时能反映领导与员工之间的关系。定量分析法是对定性分析法的丰富和完善,使定性分析有更可靠的依据。但是,量的设置如果不合理,反而会损害定性分析的准确性。所以,定量分析法的运用一定要科学和谨慎。比较考评法就是将领导者的活动与一参照系进行比较,从而评价领导效能的方法。参照系可以在纵向和横向上选择,指标可以从多个角度来确定,关键是要有可比性和说服力,从而能达到比较的效果。所以,比较方法的运用也是一门艺术。

二、领导与决策

(一)决策思维

前面说过,领导有决策、指挥、协调和激励等功能,其中,决策是领导活动的前提,是领导的首要功能。领导过程就是领导不断地决策并带领部属执行决策的过程。决策既然是由决策者(往往是领导)所作出的,因此在决策过程中,决策的质量常常受到决策者的主观心理因素的影响。主要表现为:

(1)决策中的心理压力。当今社会,决策者要处理许多错综复杂的难题,需要面对许多难以预料的情况。这些困难及其社会变量的不确定性,无疑会对决策者构成一定的心理压力。在决策过程中容易构成人们的心理压力的主要因素有:实现决策目标的难易程度;所要解决问题的复杂程度;决策后果对决策者个人的利害关系;决策风险的大小;决策时间的压力大小;

决策目标的多少,及其相互的冲突程度;决策环境的变化程度;决策者对处理同类问题的经验多少,以及群体决策中责任的分散程度。

心理压力常常表现为心理冲突,心理冲突是指心理的矛盾状态,即决策者在两个或两个以上动机需要同时存在的情况下的一种两难选择困境。其表现形式主要有:① 趋避冲突。趋避冲突是指既想达到某个目标又不想付出某种代价,而两者又不能同时实现,因而内心产生矛盾的情况。决策者往往希望付出最小甚至不付出任何代价就能取得最佳的决策效果。② 双趋冲突。双趋冲突是指两个好处都想要,因不可同时兼得而产生的矛盾心理。理性的决策者往往希望决策方案能够一举两得或一举多得,但客观条件又常常使之难以实现,毕竟决策活动所面临的资源条件往往是有限的。③ 双避冲突。双避冲突是指因对两种同样不利的结果必须进行选择时所产生的矛盾心理。决策者对于决策可能导致的不利结果总是不愿意接受,当决策者面临无论采取何种措施都会产生某些不利的结果时,总是要力图避免不利结果的出现,因而就会产生这种心理冲突。

(2) 决策思维。它包括经验思维与逻辑思维,以及系统思维与创新思维。在决策活动中,经验思维是最易碰到和最常使用是一种方式。经验思维的特点在于经验的联想和经验的迁移,经验的联想适用于处理重复性的工作。就是说,当前所要处理的问题过去曾经处理过的。因而通过联想,运用经验,就可以做到胸有成竹。经验迁移与经验联想有所不同,经验迁移是通过类比,发现两类事物之间的共同性或相似性,从而将解决这一问题的方法迁移到另一类问题上去。比如飞机的发明者就是根据蜻蜓飞行的原理,将之迁移到飞机的飞行中去。经验迁移超出了重复性的界限,发掘了两类不同事物之间的共性,从某种意义上而言,带有创造性思维的特点。然而,这种思维的迁移,所依据的仍是经验的类比,因而仍然属于经验思维的范畴。

经验思维方式简单实用,但适用范围有限,局限于重复的和可类比的事物。无论是经验联想还是经验迁移,都容易忽略一些新的变动因素。这些因素有可能会对事物产生重大影响,而在经验范围内却难以察觉这种影响,一旦出现这种情况,运用经验思维方式就难免带来一定的失误。与经验思维相比,逻辑思维方式更偏重于理性的思考。逻辑思维是抽象的思维,是一种概念思维,实质上是一种辩证的思维。

系统思维是指人们在决策中根据客观事物所具有的系统特征,从事物的整体出发,以大局为着眼点,去认识、分析和处理局部性问题的一种思维方式。系统思维的产生是随着人们对自然界和人类社会认识能力的提高而不断深化的。早在古代,人们就运用了系统思维的方式解决了大量的问题。如我国北宋真宗年间,皇城失火。皇宫全部被烧毁。真宗命令大臣丁渭主持修复工作。当时既要清理废墟,又需要挖土烧砖,还需要从外地运送大批建筑材料。摆在面前的难题很多,丁渭提出了这样一个方案:首先把皇宫前面的大街挖成一条大沟,利用挖出来的土就地烧砖,然后把京城附近的汴水引入大沟,通过汴水从外地运进建筑材料,等皇宫修复之后,再把碎砖烂瓦填入沟中,最后修复原来的大街。丁渭的修复方案蕴涵了丰富的系统思维的重要内容,其建筑方案可谓一举三得。一举就是挖沟,省去从远方运土烧砖,是谓一得;引水入沟把陆路运输改为水陆运输,省工省时,提高了运输效率,节省了运输费用,是谓二得;同时还解决了瓦砾的处理问题,是谓三得。这种系统的决策思维对于解决实际的决策问题具有重大的现实意义。再比如中国长城的修筑,如果没有系统的决策思维,是无法完成这样一项前无古人、后无来者的宏伟工程的。

创新思维就是充分发挥人的想像力和创造力,创新思维最重要的特点就是它的非常规性,没有创新就没有人类的进步与发展。

(3)决策作风。决策作风是决策过程中,决策者一贯表现的态度与行为。根据前苏联学者库柳特金的研究,认为决策过程有两个主要阶段,即提出假设与检验假设。因此,处理两者的相互关系就成为决策者的主要问题,他们的心理特征也以两者的相互关系为枢纽而展开,从而存在着稳健型决策、冲动型决策、消极型决策、冒险型决策、谨慎型决策等。

稳健型决策是人们常采用的决策。它的主要特征是决策者既注意假设的提出,也十分注意验证这种假设。在冲动型决策中,人们比较容易产生思想。提出假设,而对假设的检验则不加重视,甚至忽视以至马上贯彻没有经过论证的方案。消极型决策是进行缺乏信心的、小心谨慎探索的结果,人们对假设的说明进展得非常缓慢,评价也进行得小心认真,以至整个决策过程冗长拖沓。冒险型决策与冲动型决策相似,但冒险型决策不似冲动型决策忽视假设论证,而是在发现不合理的行为后才进行论证,以至在一定程度还能求得两个阶段关系的某种平衡。谨慎型决策的特征是提出假设比较谨慎,而对假设的论证则更是特别仔细。如果把多种决策排列在一条直线上,那么一端是冲动型决策,另一端则是谨慎型决策。

（二）群体决策

群体决策包括领导群体决策和群体参与决策两种形式。所谓领导群体决策不是指领导个人拍板决策,而是指一个领导集体共同进行决策,决策代表了领导集体的共同意志。群体参与决策则是指较低层次的群体成员参与较高层次决策的情况。集中表现在群体成员参与领导决策的过程,并对决策的形式、内容和执行施加影响。组织中不同层次的领导参与较高层次的领导决策也体现了群体参与决策的特点。群体决策在实践中既有优点,又有缺点,就其优点而言主要表现为:

(1) 群体决策能够集思广益,收集广泛的信息,集中群体的智慧。因此,对于复杂的决策问题,群体决策可以提供较全面的处理意见和可供选择的备选方案。

(2) 群体成员在决策中,伴随着满意程度的增加,会表现出对决策的支持,从而使之易于执行。

(3) 群体决策是组织中很重要的沟通形式,通过群体决策可以加强组织中不同层面人员之间的沟通,促进人际关系的和谐,增强组织的凝聚力。

就群体决策的缺点而言,主要有:

(1) 群体决策的效率较低,工作程序较慢,需要比领导个人决策更长的时间。群体决策时会出现利益的不同、观点的冲突、个人的成见和情绪化行为等情况,造成不必要的内耗和资源的浪费,从而导致决策低效,甚至人为的决策障碍。

(2) 可能会产生"多数人暴政",而少数人的利益和意见无法体现。因为在群体沟通障碍时,个人意见往往会受到某种因素的影响,使个人的创新思想和建设性意见不能够很好地表达出来。特别是在一些不善于进行群体决策的组织里更是如此。

(3) 决策中的责任不明确。群体决策的结果是由集体负责,所以决策群体易出现极端行为,表现为冒险和保守两个极端。再者,决策一旦失误,责任由集体承担的同时,也就表明责任的承担者不明确,往往会带来更大的损失。

(4) 决策水平的高低往往是由组织的素质所决定的。如若组织不具备决策的条件,譬如组织成员的素质较低,缺少必要的决策技能,缺乏健全的决策机制与完善的决策程序等,一旦采取群体决策形式,往往会带来非常不利的结果。因此,当决策目标和问题不明确时,不要采取群体决策,否则,会使不确定的问题复杂化,等等。

综上所述,显然不难发现群体决策同样既有优点,又有缺点。群体决策与个人决策恰恰两者利弊互补。属于群体决策的有利因素,可能就是个人决策中的不足;而群体决策的弊端,正是个人决策的优势所在。在解决具体的问题中,到底哪一种决策形式最好,则要视情况而定。

随着现代组织理念的发展变化,由群体成员参与决策,已经成为表征民主管理的一种途径。普遍认为,群体一般成员参与决策往往是通过一定的组织系统来影响决策的过程、形式和内容,是一种与独裁式的管理体制相对应的民主决策形式。参与决策适应了社会发展的趋势,是民主政治发展的必然要求,这是与该决策形式的优势所决定的,具体而言主要有:

第一,参与决策可以削弱集权式领导的作用,从组织领导机制的角度而言,它是一种有效的制衡机制,参与决策有利于推动民主的进程。

第二,由于参与决策的群体往往就是决策的执行群体或目标群体,所以,通过参与的形式作出的决策被群体认同和接受的程度较高。因而决策易于贯彻执行,决策的满意度也较高。

第三,参与决策有利于提高决策的有效性和促进决策的合法性。毕竟参与决策是由群体共同作出的,因而它和那些没有或很少考虑群体的意见的决策相比,执行时较为顺利。即使是同样的决策,运用领导个人决策形式与选择参与决策形式会产生截然不同的效果。有时后者也会表现出较高的效率,因为这种决策的满意度高。它与领导个人决策相比,会使目标群体有更强烈的合作意愿和更广泛的支持效应。

参与决策代表了现代公共管理以人为中心的决策观念,它不仅可以群体成员对组织的认同感,而且可以提高每一成员的自我价值判断和群体合作意识,从而提高有助于增强领导对群体的指导与控制。然而,任何问题都要一分为二,参与决策也并非总是比领导者个人决策有效。如被领导者的成熟度与文化素质普遍较低的情况下,让他们参与重大问题的决策,非但不能提高决策的质量,而且还会使决策更为糟糕。显然,参与决策也只是在一定的条件下,才能产生积极的效果。

群体决策或其他方面的公共选择,通常都是为了得到一个有效的结果,即能够作出最终的选择。它的确定对最终选择有着非常大的影响,不同的择案方法能够导致完全不同的选择结果。

(1) 少数服从多数的方法。少数服从多数的方法即多数原则,以多数票通过中选方案的择案方法。毕竟在很多情况下难以达成全体一致,那么只能退而求其次,采用多数票制以最大限度地照顾多数的利益。多数票制最普通的形式就是"简单多数方法"。简单多数是指在多项方案中哪一项方案得到的赞成票最多,哪一项方案就获得了通过。如果得票最多的方案获得的票数没有超过总票数的半数,则称之为"相对多数",如果超出一半,则称之为"绝对多数"。

(2) 一票否决的方法。一票否决,即强调全体一致,指决策群体所有成员必须意见完全一致才可最终择定某个备选方案。如联合国安全理事会在形成决议时,必须以常任理事国的一致同意为前提条件。这一决策方法具有如下特征:一是决策者平等分享决策权;二是决策中没有人因最终的方案选择而利益受损,即决策者都能由此获得一定的收益。尽管全体一致原则从公平角度而言具有很多诱人之处,但它绝非应用广泛的择案规则。这主要是因为其中存在着"讨价还价"的难题。

(3) 孔多塞标准。孔多塞标准是由法国数学家孔多塞首先提出的,它也是一种多数决策的方法,指对所有的备选方案都进行成对的比较,依次表决直至得出最终结果。因此,它又常常被称为"两两对比法"或"成对表决法"。例如:有A、B、C三个备选方案,由甲、乙、丙、丁等人组成的决策群体对此进行表决。如果甲、乙、丙认为A优于B,B就会被放弃,剩下A与C进行比较,如果甲、乙、丁认为A优于C,则A就是最佳决策方案。

(4) 淘汰投票制。淘汰投票制是由在择案实践中逐渐总结出来的一种行之有效的择案方法。这种决策方法也被称为"否定表决法"。由群体成员对所有他认为可以舍弃的方案投反对票,得票最多的方案被淘汰,否定表决依次进行,直至剩下最后一个决策方案。

(5) 正负表决法。正负表决法可以对某一备选方案或者投赞成票或者投反对票,但两者只能择其一,每一个备选方案的正负之和就是净余票,净余正票最多者获得通过。

此外,在群体决策中还有赞成投票制、偏好次序表决法等。总之,群体决策究竟采用何种决策方式,要根据具体的决策对象、决策问题和决策环境而定。

三、领导理论

领导理论的核心问题是领导效能,它试图通过实证研究和逻辑推理来探讨什么是有效的领导,有效领导是怎样产生的或决定领导效能的因素有哪些等问题。黑尔里格尔等认为西方领导理论有三种模型:传统的领导模型、偶然性领导模型和正在出现的领导行为模型。

(一)传统的领导模型

1. 领导特质理论

领导特质理论认为有效领导的基础是领导者的个性品质和素质,成功的领导者在个性品质和能力方面与那些不成功的领导者有很大的区别,如人们认为成功的领导者在进取心、领导意愿、自信、诚实、智慧、知识等方面与不成功的领导者有很大的不同。领导者是领导活动的主体和主要角色,在传统社会,领导的地位和作用更加突出。因此,人们在认识领导活动时首先将目光聚集于领导者是合情合理的。但是,认为有效领导的主要原因是领导者具有不同于常人的个性品质这一看法必然导致领导天生论,并给领导活动罩上一层神秘的面纱,从而不便于对领导活动进行科学的研究,在实际生活中,则局限了选拔领导的范围。将领导成功的原因归结于领导者后天培养起来的素质和能力,虽然突破了领导天生论,拓宽了领导研究和领导培养的视野,但如上面所言,它忽视了组织结构和情景,因此,不能很好地解释领导活动。将先天个性与后天素质混杂在一起,这更降低了特质论的有效性。

西方学者认为,领导特质理论至少在三个方面缺乏说服力。第一,特质理论无法形成一致的特质模式,众多分离领导特质以建立一个完整的指标体系的努力均告失败。人们界定了100多个成功领导者的个性特征,并且还可以无限地罗列下去,但很难将它们归于一个模式,它们之中有一些是互相矛盾的。如有人认为成功的市场部门领导具有乐观、热情、有支配欲等特征,但研究表明有许多不具备这些特征的市场部门领导却更为出色。当然,这并不否认成功的领导者可能具有一些共同的特征,如中层和高层领导者比一般团体领导者和一线管理人员更具有四个共同的特质:智慧;成熟、见多识广;干劲大,向往成功;以职员为中心。第二,特质理论将成功的领导行为与领导者的身体特征,如身高、体重、外表、体格、精力和健康状况等联系在一起,但是研究表明,它们之间并不必然相关,有些职位对身体特征有较高的要求,而大多数领导行为除了对健康因素有要求外,对其他身体特征没有较高的要求。如在教育和事业单位中,对身高、体重和力量并没有什么特殊要求。第三,特质理论容易简单化个性与领导行为之间的关系;但是,领导行为本身十分复杂,个性和兴趣之间的关系与组织情景有关,个性很难解释不同领导行为发生的原因。

2. 领导行为理论

特质理论由于不能有效地解释成功领导的秘诀,也无法对领导者是否成功进行准确的预测;因此,在 20 世纪 30 年代维持 10 年之后很快就被行为理论取代。行为理论研究者把研究的重点转向领导行为,即研究领导者做了什么,是怎么做的,领导者是谁,他与职员之间处于什么样的关系。总体上,行为理论认为成功的领导者通过两种途径带领组织成员实现目标:① 确立以工作为重心的职员关系,将注意力集中在所要完成的工作数量和质量上。② 考虑并支持职员满足个人目标(如工作满意度、提升、认同),消除分歧,使人快乐,鼓励并积极引导职员。

俄亥俄州州立大学的领导研究课题组于 20 世纪 40 年代后期试图界定促使团体和群体达到目标的领导行为。他们在分析 1 000 多个要素的基础上指出领导行为具有两个关键性的维度:深思熟虑和初始结构,即关怀维度和结构维度。

关怀维度指领导者重视与下属建立良好的工作关系,尊重和关心下属的见解、感受和需要。高关怀型的领导者不仅注意解决下属的个人问题,而且在工作中注重发挥下属的创造性,给下属较大的自由度。

结构维度是指领导者对自己和职员角色界定和结构化的程度。这类领导者主要是通过正规的工作程序,如计划、信息交流、日程安排、工作分配、确定期限、给予指导等方式为组织确定行动的方向和标准,下属对此必须严格服从和执行。在这种组织中,领导者和下属职责分明,角色清晰,组织要素按一定规则形成一种较为固定的结构。

进一步的研究发现了两种领导要有效发挥作用还必须具备一些条件。

关怀型领导在下列情形中对组织成员的生产力和工作满意度将产生明显的积极作用：工作常规化，职员难从工作中获得满足感；职员倾向于关怀型领导；职员有学习新东西的必要；职员期望参与决策，认为这有利于调动工作积极性；领导和下级之间地位差异几乎不存在。而结构型领导对领导活动发挥积极效应的条件是：领导之外的某人给工作成果施加了高压；职员乐意工作；职员完成工作有赖于领导提供信息；职员在工作开展上存在依赖心理；能对领导者汇报的人较少，不超过12个。

与此同时，密执安大学的研究者也得出类似的结论，认为领导行为有员工导向和生产导向两个维度。员工导向的领导者注重职员的满意度、组织的和谐与凝聚力，以及员工之间的不同。而生产导向的领导者往往强调生产力和组织任务的完成，把职员看作是实现组织目标的手段，因而对职工的关心不及前者。但是，一个高度关心生产而忽视员工的领导者往往难以成为一个有效的领导者。布莱克和莫顿在俄亥俄州州立大学领导行为四分图及其他研究成果的基础上提出了管理方格理论，在管理方格图（图8-6）中，每个方格表示一种领导行为方式，其中有五种典型的领导行为方式。

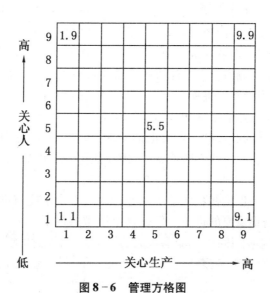

图8-6 管理方格图

(a) "1.1型方式"。这是一种对生产任务和职工关心都很差的管理，是管理者和整个企业的失败。一般情况下，这种管理很少出现。

(b)"9.1型方式"。这是一种偏重任务的完成、而不注重人的因素的专权式管理,下属奉命行事,按部就班,而不愿创造性地去解决各种问题。

(c)"1.9型方式"。这种方式同偏重任务的专权型管理相对,它特别关心职工,认为职工的精神状况是影响生产好坏的首要因素,只要职工情绪好,生产就一定能搞上去。这种管理受人际关系变化的波动很大,如果和谐的人际关系一旦发生大的震荡,并造成管理失控时,企业生产成绩会随之下降。

(d)"5.5型方式"。这种管理既不过分偏重人的因素,也不过分偏重任务,只是在两者之间努力保持平衡,以免顾此失彼,遇到问题时总是妥协,而不彻底解决,习惯按传统办事;因此,在一个变革的环境中,很容易导致企业落后。

(e)"9.9型方式"。这种管理对生产和职工的关心都达到了最高点。这使得整个企业人际关系和谐,集体精神强,职工自觉性高,都能最大限度地运用自己的智慧和创造力进行工作,并出色地完成任务。结果,组织目标的实现和职工个人需要的满足得到高度的统一。

另有研究者对领导行为的二维理论提出质疑,认为它们是在世界发展比较稳定且可预测的背景下建立的,而没有考虑到动态环境中领导行为的发展维度。他们发现俄亥俄州州立大学的原始数据中包括有发展因素,如"做事总愿意采用新方法"、"鼓励下属采取新活动"等。但是,当时的研究者没有对这些因素予以重视。所以,这些新的研究者认为领导行为具有三个维度,即在深思熟虑维度和结构维度外还存在一个独立的发展维度,它同样也关系到领导的有效性。事实也证明,那些具有发展导向的领导者更能有效发挥作用,引导企业不断地变革,因而能更令下属满意,获得下属更高的评价。

总体上,行为理论初步揭示了领导行为的三个维度与群体工作绩效之间的关系,这是很重要的进步。但是这个模型忽视了环境因素对人际关系和领导风格的影响,因而,它具有很大的局限性。偶然性领导理论正是试图在行为理论的基础上考察环境这个偶然性变量对领导绩效的影响。

(二)偶然性领导模型

偶然性领导模型又称领导权变理论。这一理论的研究者试图发现某一特定情景中决定领导行为和风格的直接变量。影响领导行为的变量较多，主要有：领导者的个性特征，职员的个性特征，群体的特征，组织的结构和特征。这四个变量互相影响，共同制约领导的行为风格，偶然性领导模型主要有：菲德勒模型，领导者—成员交换理论，赫西和布兰查德的情景领导模型，豪斯的路径—目标模型，弗罗姆—杰戈模型。每个模型至少部分解释了一些偶然性变量是如何影响领导行为的。

1. 菲德勒模型

菲德勒模型是第一个偶然性模型，它认为领导激励下属和对情景进行控制与影响的程度是偶然性的，群体绩效取决于它们之间的搭配，其中偶然性变量主要有集团气氛、工作结构和领导的职位权力。

集团气氛指团体对领导的信任、依赖和尊重程度，即团体对领导的接受程度。工作结构主要指工作任务程序化和常规化程度。常规程度高的工作有清晰、具体的目标和工作程序，它只需要职员按部就班地解决问题即可；而非常规的工作，没有明确的目标和步骤，需要领导和部属自己去创造性地展开。职位权力指领导拥有各种权力的程度。在比较正式的组织中，领导往往被赋予聘用、解雇、训导、晋升、加薪、惩戒等各种合法权力，而在一些自愿性组织中，领导的职位权力一般较少，且强制性较低。这三个变量的组合构成了领导活动的情景。一般而言，领导与成员的关系越好，工作结构化程度越高，领导职位权力越强，则领导的情景越有利，领导拥有的控制力和影响力越大；相反，领导活动就处于一个不利的情景，领导的控制和影响力则较小。

但是，在这个模型中，影响群体绩效的还有另一个因果变量，即领导风格。菲德勒运用一种名为"最不喜欢与之共同工作的人"量表来测量领导风格。在测量时，职员首先在所有共同工作的人中选择一个最不喜欢与之共同工作的人，然后评出这个最不喜欢与之共同工作的人在18个项目中每个项目中的得分，最后，算出18个项目的总得分(LPC)。下面是从18个项目中选择的5个：

愉悦的	8	7	6	5	4	3	2	1	不愉悦
友好的	8	7	6	5	4	3	2	1	不友好的
接受的	8	7	6	5	4	3	2	1	排斥的
轻松的	8	7	6	5	4	3	2	1	紧张的
亲密的	8	7	6	5	4	3	2	1	疏远的

可以看出，领导的 LPC 得分低，意味着团体对他是持否定性的，并不为团体喜欢，他的基本动机是工作，在工作顺利完成的情况下才会努力改善同下属的关系。而 LPC 得分高的领导与团体关系十分和谐，对别人的评价也特别敏感，其基本动机是建立和维持良好的人际关系，在此基础上才关注工作的完成。菲德勒认为，无论 LPC 得分高低，在有利情景下，领导行为总是积极有效的，因此，情景是有效领导的基础。但这并不排除不同领导风格的领导在相同情景中或同一领导在不同情景中存在着领导效果的差别。如图 8-7 表示了八种情景。在最有利情景(1、2、3)和最不利情景(8)中，LPC 得分较低的、以工作为取向的领导比 LPC 得分较高的、以关心人为取向的领导工作更有成效。在最有利的情景(1)中，以工作为取向的领导也会将注意力转移到改善与群体成员的关系上，并常常会对成员"放任自流"，让成员满意并乐于工作。在一般情景(4、5、6、7)中，LPC 得分高的领导者比 LPC 得分低的领导者更能发挥作用。情景 4 和 5 分别表示：群体喜欢领导人，但工作结构化低，领导职位权力弱；群体成员不喜欢领导者，但工作结构化高，领导职位权力强。在前者中的领导必须注意开发成员的自觉性和创造性以完成任务，而后者中的领导必须注意对成员进行感情投放。

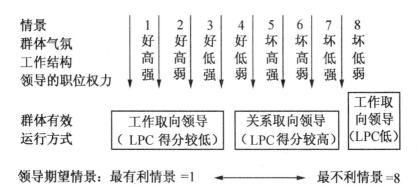

图 8-7 三个基本领导变量的组合

菲德勒模型存在着一些问题，如有人认为 LPC 是个单维概念，它预设了领导工作动机和关系动机的对立，它应随时间而变化，所以，应该有测量领导行为的替代方式；另外，领导风格能够影响职员的工作状况，因此，工作结构不能作为一个偶然性变量。尽管如此，菲德勒模型还是有很重要的意义,它表明:无论何种风格的领导,情景确实是制约领导行为的重要因素。而领导行为的成功不仅依赖于情景,也依赖于动机,优化情景和刺激动机可以影响领导行为;在不利情景中,领导者可以使自己适应情景,或改变情景使之适合自己,从而发挥领导效能。

  1987年,菲德勒等人在先前模型的基础上提出了认知资源理论,试图解释人格和情景相互作用能产生不同的群体绩效的原因。他们发现长期受到忽视的领导者的智能、技能和经验等变量具有相当重要的作用,是领导行为中的一种认知资源。他们假定:高认知资源的领导者在制定计划、决策和行动战略上比低认知资源的领导者更有效;领导者主要通过指导型行为传送计划、决策和行动战略。在此基础上,他们得出了压力和认知资源影响领导有效性的以下命题:在应激状态下,尤其在人际压力下,领导者的智能和技能量度与工作绩效是不相关的,他的智能将从工作分散到其他事物上去,或者不利于群体绩效。但是,领导者与工作有关的经验与工作绩效有关;指导型领导的智能与群体绩效的相关性大于非智能型领导者与群体绩效的相关性;领导者的才能和工作绩效的相关性受群体气氛的制约,领导者的指导得到群体服从与支持的程度越高,相关性越大;非指导型领导得到群体成员的支持时,群体成员的智能与工作绩效相关;领导智能越能满足工作的需要,它对群体绩效的贡献越大;领导以工作为主,还是以关系为主以及对环境的控制力将影响到领导是否采取指导型行为。

2. 领导者—成员交换理论

  在菲德勒模型中,分析领导与群体之间的关系对工作绩效的影响时,首先假定了领导与群体所有成员的关系是一致的,但事实上,领导者对待下属的方式是有区别的。领导—成员交换理论认为,这种区别对群体绩效将产生影响。很显然,领导者由于时间压力等原因与部分下属建立了特殊关系,这些人被称为圈内人士,其他下属被称为圈外人士。圈内人士与领导之间有更多的感情联系,更受领导信任和关照,能优先获得一些机遇和信息,他们在服从领导时更为积极、主动,并能发挥最大的才智完成工作任务。而圈外人士与领导之间的关系是在权力系统基础上形成的,是一种纯粹的工作关系,他们与领导接触和沟通少,一般不额外占用领导的时间,也很少能得到领导额外提供的奖励和机遇(如图8-8所示)。

3. 赫西和布兰查德的情景模型

  赫西和布兰查德的情景模型研究了领导者的关系行为(支持性的)和

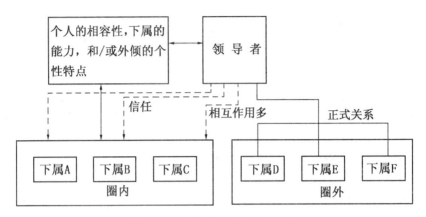

图 8-8　领导者—成员交换理论

工作行为(导向性的)的数量基础,即下属的准备状态,以及两者之间的关系。工作行为是领导者指示下属做什么、在哪里做和怎么做的程度。领导者通过工作行为组织、控制和监督下属行为。关系行为是领导者倾听、支持、鼓励下属参与决策过程的程度。下属的接受状态是指下属开展有关工作的能力和意愿,下属的准备状态是下属接受状态和自信心的程度。如图 8-9 所示,从不成熟到成熟之间,下属有四种典型的准备状态(分别以 R 表示):R_1 表示下属不能够也不愿意开展工作;R_2 表示下属不能够但愿意或自信地开展工作;R_3 表示下属能够但不愿意或缺乏自信心去完成工作;R_4 表示下属愿意、自信且有能力完成工作。针对下属的成熟度,领导者应选择适当的领导风格,使下属具有完成工作的积极性、自信心和能力。

领导者的工作行为、关系行为对应下属的准备状态形成了四种不同的领导风格:吩咐、推销、参与和委派,如图 8-9 中的抛物线所示。吩咐性风格又称指导性风格:领导者针对下属不愿、不能工作的情况,给下属提供具体、清晰的指令,让其知道做什么和在哪里做。推销风格:当下属愿意但没有能力开展工作时,领导鼓励双向交流,以此提高下属工作能力和信心,这时领导行为既是工作性的又是关系性的。参与性风格:当下属有工作能力却缺乏自信时,领导者应注意与下属多进行双向交流,并激发下属的自信心。委派性风格又称委托性风格:当下属愿意、自信且有能力完成工作时,领导者最好是放权让下属决定怎么做,什么时候做,而自己对具体的问题少作干涉。

赫西和布兰查德模型告诉人们可以根据职员的准备状态灵活选择领导风格,或者设法改变职员的准备状态以适应自己的领导风格。但是,它没有明确说明领导者在不同的职员准备状态下选择最佳领导风格的方法,也没有考虑时间、工作和其他压力对领导行为选择的影响。另外,这一模型的有效性还无法得到一致的证实。

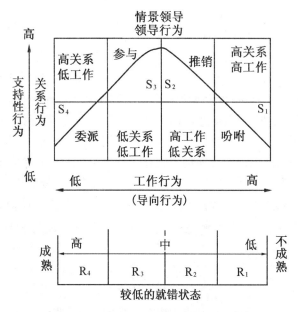

图8-9　赫西和布兰查德的情景领导模型

4. 豪斯的路径—目标模型

该模型是罗伯特·J·豪斯等人在动机期望理论的基础上发展起来的,它认为有效的领导行为是建立在增加职员的工作满意度和工作水平上的,为此领导必须为下属指明实现目标的途径,并通过区分工作性质、减少使工作成功的阻碍、增加职员的成就感等方式为职员提供实现目标的良好环境。在这样的环境中,职员会对工作更加满意,工作热情更高。豪斯在模型中提出了四种领导风格:支持性领导行为包括领导者考虑职员的需要和福利,创造友好的群体气氛;导向性领导行为类似于前面的结构性行为,主要是指领导给职员以明确的工作安排;参与性风格的领导行为指领导者与下属就某些问题共同进行磋商,干预下属的决策或在自己决策时考虑下属的建议;成功取向性风格的领导行为是指领导者为职员确立挑战性目标,并采取措施使职员努力实现目标。

在模型中还有两个偶然性变量:职员的需要和工作性质。归属需要强烈的职员对支持性领导比较满意,自尊、自立需要强烈的职员比较喜欢参与性或成功取向性风格的领导。工作性质有常规和非常规两类。常规工作所要求的技能较少,是整个工作的一部分而不是全部,不需要就日程安排和工作方法作出决策,关于工作做得怎样的信息本身显示较少。而非常规工作的特征与此相反。

领导者必须根据工作的性质和职员的需要选择适当的领导风格,并排除相应情景下职员实现目标过程中面临的障碍。在高度结构化和常规化工作中,职员的自尊和自立很难得到满足,因而导向性的领导会显得没有必要,而支持性的领导能够增强职员的自尊感,减少职员对工作的厌烦情绪;在非常规和复杂的工作中,职员可能更需要导向性的领导为其提供帮助才能完成任务,从而对工作产生满意感(如表8-4所示)。在非结构化工作中,参与性领导风格可使职员更加努力,对工作更加满意,因为职员参与了决策过程,他们不仅获得了自尊感,而且对工作能够更加了解,感觉有更多机会顺利完成工作;成功取向性的领导风格则能对职员产生更大的激励效应。相反,在高度结构化工作中,这两种领导风格都很难对职员的工作情况和满意度产生影响。

表8-4 豪斯的路径—目标模型的应用

领导风格	偶然性因素	领导所需排除的障碍	结　果
导向性风格	·新形成的工作 ·下属自尊和自立的需要很高	·减少对如何工作的模糊认识,明确所需努力的方向	·更加努力 ·运行良好 ·工作满意度增加
支持性风格	·常规工作 ·下属归属的需要很高 ·降低由于工作缺少挑战带来的下属对工作的厌烦情绪	·降低由于工作缺少挑战带来的下属对工作的厌烦情绪	·工作满意度高 ·三心二意和人员流动少 ·发牢骚少

豪斯模型的最大特点是它考察了不同性质的工作中人的需要满足的状况,并以此作为领导者选择领导风格,从而对职员进行适当激励的基础。因此,领导行为在此主要是一种激励行为,这说明被领导者这一最初被忽视的要素在领导理论研究中日益变得重要。

5. 弗罗姆—杰戈的领导模型

它又称领导者—参与模型,是1973年维克多·弗罗姆和阿瑟·杰戈提出来的,它认为在不同的情景中,领导在决策时所扮演的角色是不同的;从极度独断到高度参与存在着五种决策风格,如表8-5所示。

表8-5 领导一个群体时的决策风格

领导一个群体

A1:在自己可获得的信息基础上,自己解决问题或作出决定。

A2:从职员处获得必要的信息,然后自己选择解决问题的方案。决策时,职员只是提供你所需要的特定信息,而不是提出或评判解决问题的方案。

C1:单独与团体成员讨论,听取他们的个人意见和建议,然后作出决定,此时,可以考虑,也可以不考虑他们的想法。

C2:与职员集体讨论,听取他们的意见和建议,然后自己作出决定,可以考虑,也可以不考虑他们的想法。

G2:与职员集体讨论,作为主持人,组织群体就重要议题形成共识和决定,可以放弃自己的方案。

说明:表中字母A表示独断的程度,C表示与个人或群体协商,G表示与群体共同决策。

弗罗姆和杰戈认为,决策的有效性取决于决策的质量、可接受性和时间性。决策的质量是指决策是从实际出发,是大家希望得到的。决策的可接受性是指职员为实现它而努力的程度,如果决策与职员的利益和价值偏好一致,就很容易得到职员接受。决策的时间性是指决策要讲时间效益,必须适时而定,且有时限的规定。显然,决策的质量和职员的接受度越高,由于违背时间限定而遭受的处罚越小,则决策的有效性越高,下述公式可以说明这点:

$$\text{决策的有效性} = \text{决策质量} + \text{决策的可接受性} - \text{决策的时间性惩罚}$$

然而,决策的有效性标准只适用于领导的决策时间充足,决策对团体成员的发展影响不大时。如果,决策时间不充足,且对团体成员的发展影响很大,那么,就必须用整体有效性标准来评价决策。因为,时间是有价值的,决策时间意味着一种机会成本的耗费,但在必要时,这是需要的,因为让成员参与决策可以使他们对工作更加清晰和负责,并形成更强的集体感和忠诚意识;同时,决策还带来了成员发展的价值。所以,决策的整体有效性可以用下述等式表示:

$$\text{整体有效性} = \text{决策有效性} - \text{耗费} + \text{发展}$$

弗罗姆和杰戈认为,领导决策时,应考虑到四个因素:决策质量、职员的忠诚、时间和职员的发展。这四个要素的具体内容形成八个情景变量,这些情景变量在一种决策树上的每一项组合,可以导致上面四种领导风格中一种。这进一步说明领导应在正确分析情景的基础上选择领导风格,应考虑到上面四个标准对决策的影响。但是,这里面也包含着领导不得不面对的一些矛盾:一是领导独自决策与下属要求参与决策之间的矛盾,下属如果参与的要求得不到满足,就很难接受领导的决策。二是决策模型的运用与领导者的特征之间可能存在矛盾。如在冲突情况下,只有具备化解冲突的领导者才能用模型建议的参与性决策;否则,采用模型没有建议的独断性风格可能效果更好。三是模型只局限于决策的一个周期,而现实中,要经历几次决策周期循环才能形成最后的决策。

(三)最新的领导行为模型

最新的或正在出现的领导理论主要是研究权变理论还没有涉及的一些问题。如领导者对职员的看法对领导风格的选择有何影响?领导的魅力是如何发挥作用的?对这些问题的探讨使一些新的领导理论相继出现,它们中主要有归因模型、感召模型、交易型领导与变革型领导理论,缓冲器、替代品与放大器理论,自我领导与超级领导理论。

1. 归因模型

归因模型认为领导者对职员行为原因的看法会影响他对职员的判断，而这种判断是领导采取行动的重要依据。领导通过对职员行为三方面信息的处理，即对职员行为特殊性（该行为只发生于这项工作吗？）、一致性（其他职员的工作表现也常是这个水平吗？）、一贯性（这个职员的工作一贯如此吗？）的判断和处理来确定是个人还是情景因素导致了职员的行为。不同的判断将导致领导和职员不同的人际关系，进而导致领导采取不同的领导行为。如果，领导将职员工作失败归因于职员个人的内部原因，领导将试图改变职员的行为，相反，若归因于外部环境的原因，领导将通过各种方式为职员改善工作环境。

同样，职员也倾向于对领导行为进行归因处理，并将自己工作的状况与领导行为联系在一起考虑。职员个人成功时，倾向于认为领导是有效的；相反，如果不成功，就会认为领导无能，并主动同他疏远，同时将团体工作中的问题也归因于领导。

归因模型告诉人们，领导和职员之间的双向评价将极大地影响到领导和职员的行为。领导者只有公正、认真和系统地分析职员的行为，才能对职员工作有正确的评价，对环境原因与个人原因有清晰的区分，从而选择适当的领导行为。

2. 感召模型

感召模型是指领导者用自己的魅力激励下属的领导方式。这种魅力来自于领导者的高度自信、支配力、对信仰的坚定信念、远见和理想的目标、高度投入、勇于创新和变革等素质。也有研究者认为感召型领导具有三方面的行为：塑造前景、划定框架和印象管理。塑造前景的能力有赖于领导的展望能力；正是这种对前景的展望吸引着追随者为之奋斗。划定框架就是领导者要为追随者提供具体的行动目标、方案和途径。领导者为了保持和增加自己的魅力，必须用各种方法强化在追随者心目中的良好印象。感召型领导在组织处于危机时，或在结构化不高的组织和工作中能较好地发挥作用，因为它主要是一种激情型而非理性的领导方式，这一点也常使它对和谐的秩序造成破坏。

3. 交易型领导与变革型领导

交易型领导是指领导者通过明确角色和任务安排来指导或激励下属去实现组织目标，它具有很强的理性色彩，它在交换中实现各种因素的平衡。

传统的行为理论和权变理论中的领导模型主要是一种交易型领导。变革型领导是指领导者为下属和组织规划出一种前景,并帮助职员超越个人的利益,为实现组织目标奋斗;它为组织提供的是希望、动力和实现目标的激情,它不拘泥于交易型领导提供的结构化安排,而是努力造就学习型组织和人才,以适应各种挑战。所以,变革型领导虽然在交易型领导基础上形成的,但它们之间有很大区别,如表8-6所示:

表8-6 变革型领导者与交易型领导者的特点

交易型领导者
权变奖励:努力与奖励相互交换原则,良好绩效是奖励的前提,承认成就。
通过例外管理(主动):发现不符合规范与标准的行为,并将其改正。
通过例外管理(被动):只有在没有达到标准时才进行干预。
自由放任:放弃责任,回避决策。
变革型领导者
领袖魅力:提供远见和使命感,逐步灌输荣誉感,赢得尊重与信任。
感召力:传达高期望,使用各种方式增强努力,简单明了地表达重要意图。
智力刺激:鼓励智力、理性活动和周到细致的问题解决活动。
个别化关怀:关注每一个人,针对每个人的不同情况给予培训、指导和建议。

4. 作为缓冲器、替代品与放大器的领导

这是史蒂文·克尔等人提出的一种全新的领导理论。它认为那种以工作或以关心人为中心的传统领导模式都可能阻碍下属的成长和自立,使下属产生对领导者不健康的依赖;同时,在下属、任务和组织中存在着干扰或减弱领导者影响员工努力的特性和因素,这种特性和因素就叫做缓冲器,它包括物理距离、刚性的报酬系统、下属或主管回避领导者的行为。当领导者和情景不能改变以使两者协调时,就有可能出现利用其他资源代替领导的因素,这种因素就是领导替代品,它是任务、组织和员工中的一些权变因素,如组织的结构和制度,员工的经验和自觉性,员工的自尊和自立,工作群体的团结协作等。所以无论是任务导向型的领导还是关系导向型的领导都存在替代品。领导者也可以通过增强自己的特征与能力来适应情景的需要,从而放大对员工的影响。这些用来增强的因素就是领导的放大器。如,通过加强领导者的地位和权力,或强化处理经常性危机的领导风格,都可以增强领导的指挥导向。鼓励员工参与决策和组织团队工作,可以强化参与型领导风格。可见,在领导者不能适应情景需要却不能更换的情况下,充分利用领导替代品的功能或强化领导者的能力有可能解决问题。

5. 自我领导和超级领导

自我领导是查理·曼茨和亨利·西姆提出的,它是一种更有效、更自觉的领导替代品。它是指员工应用自我观察的行为技巧、自我设定目标、暗示管理、自我回报、自我批评等自我激励、自我导向的方式来使自己实现工作目标。自我领导是在超级领导的支持下成长起来的,超级领导能积极释放下属的能力,将自我领导视为组织文化的基本部分,并用一系列正面观点来看待员工,给员工以表率和示范,经常与员工沟通,鼓励员工的自我期望,回报员工自我领导的进步。

从以上领导理论的演进过程来看,领导理论要解决的共同问题是:有效领导的基础是什么,或者说影响和决定领导效能的因素有哪些?它们是如何影响和作用的?对这个问题的回答使我们能更深刻地认识领导的本质。传统的特质理论将领导活动看作是领导者素质的发挥,认为领导的个性品质和素质决定了领导的效能,但这一理论很难形成一个统一的素质模型,这恰好说明统一的特质模型是与丰富的领导活动相违背的,各种素质的有效性正好需要从领导行为本身和领导活动的情景来作出解释。

行为理论正是强调了领导活动过程的本身及领导行为在其中的重要地位,它认为领导行为具有结构、关系和发展三个维度,是它们的组合状况,而不是领导者的特质决定了领导的效率。显然,这一理论的缺陷是将研究的目光仍然聚集于领导的主体即领导者,忽视了情景对领导行为选择和效能的影响。但它是权变理论的基础。

权变理论极力弥补行为理论的不足,充分考虑领导者、被领导者、工作任务等要素中各种偶然性变量对领导行为和效能的影响。菲德勒模型认为集团气氛、工作结构和领导者的职位权力这三个偶然性变量的排列、组合决定了哪一种情景适合低 LPC 领导,即以工作为取向的领导,哪一种情景适合高 LPC 领导,即以关系为取向的领导;它强调有效领导的标准是成员的工作表现。领导—成员交换理论认为领导与下属中不同成员的亲疏程度是影响领导绩效的重要变量。在赫西和布兰查德那里,工作行为和关系行为组合为四种领导风格:导向性、支持性、参与性和委托性,影响领导风格选择和绩效的偶然性变量是职员的准备状态。豪斯模型认为应根据工作结构和职员特征这两个偶然性变量从支持性、参与性、导向性和成功取向性的领导风格中选择,无论哪一种风格,都要求领导者为下属排除工作中的障碍,改善员工的工作满意度和工作表现。而工作障碍和职员工作表现又是与工作结构相关的。和赫西—布兰查德模型一样,它以职员的工作满意度和工作表现作为领导行为效率的标准。弗罗姆—杰戈的模型中,领导风格从极端独断到高度协商之间有多种可供选择的方式,但应根据决策质量、职员忠诚度、时间和职员发展具体情况组合的八种变量来进行选择。决策的有效性和整体效益是领导效率评估的标准。

总体上,权变理论虽然比较详细地考察了领导活动中各种要素对领导风格和效能的影响,但还没有穷尽对所有重要要素的研究,尤其是仍然没有在新的理论框架内细致分析领导者素质这一要素。另外,它所探讨的领导模式主要是过分理性化的、寻求平衡的交易型模式,而魅力型领导以及人们更深层心理特征对领导方式的影响则还没有进行深入考虑。这正是最新的领导理论所力求突破的地方,如对领导和职员归因心理、职员的依赖心理、自立心理、领导魅力和变革型领导的研究已取得一定的成果。

围绕领导效能的理论研究,使我们进一步认识到任何领导方式的本质就是影响和激励下属以实现组织目标。要发挥有效的影响和激励作用,就必须协调领导主体与客体、工作特征以及外部环境等因素之间的关系,领导效能是由这些要素系统作用的产物。只有对每个要素有更深入的认识,才能对要素之间的关系有更深入的认识,最后,才能对领导的效能和内在丰富的本质有更深入的认识。

思考题

1. 什么是领导,构成领导的要素有哪些?
2. 关于领导方式和领导效率的理论有哪些?
3. 领导理论的演进有什么特点?

第九章 激 励

> 激励是组织行为学中的一个重要概念。在组织中,通过激励,激发人们的动机,从而调动人们的积极性和创造性,最大限度地发挥人们的潜能,达到实现组织目标的目的。作为管理者,更需要激励员工,发挥员工的创造性。本章将主要介绍激励的一般概念,不同时期的激励理论、激励方式以及激励理论的具体应用。

一、激 励 概 述

(一) 激励的含义、原则及一般模式

在组织行为中经常可以看到,受到激励的人比没有受到激励的人表现出更大的努力。尽管一个人的能力,天赋很高,如果没有适当的激励,给与他将能力和天赋实现的机会,这种能力和天赋对于组织来说是没有任何价值的。

激励员工,具体说来,是激励员工的动机,并为实现组织目标而积极行动。动机就是人内在的一股动力,促使人们朝着某一目标方向前进的带有特定行为倾向的东西。这种动机的产生,既能够由外界刺激而产生,又能够内在地由个人的心理和思想过程产生。所以,在同样的外界刺激条件下,不同的人会表现出不同的行为倾向。这也是理解激励理论在实践中应用时表

现出差异的重要原因。当然,两者是相互联系的,由外在的刺激而引发人内心思想的变化,从而激发人的主动性和创造性,这也是激励的一种过程。

在员工动机的背后,有着更深层次的原因。激励行为来源于员工的动机,而动机则来源于内在的需要。需要是一种缺乏或期待某种结果而产生的心理状态,即是一种未被满足的心理状态。这也源于人内在的欲望,一旦欲望即需要得到满足,人为的紧张、不安和期待感立即消失,激励也就失去了作用。

从上述意义来说,激励员工动机就是要使他们看到个人需要和组织目标之间的关系,使他们处于一种紧张状态,他们在这种压力下所付出的努力不仅满足个人需要,同时也通过完成一定工作绩效而实现组织目标。

值得注意的是,需求是因人而异的。不同的人在不同的时期需要不同的激励理论,也即激励理论是不断发展变化的,同样的激励用于两个不同的人和不同的时代可能会引起截然不同的反应。而且,激励理论一定要与工作绩效相结合,只有这样,激励理论才有意义。至于激励的定义,则是众说纷纭,以下择其最要简要归纳之。

阿特金森认为:激励就是"此时此刻对行动的方向、强度与持续性的直接影响"。琼斯对激励的解释涉及"行为是怎样发端,怎样赋予活力而激发,怎样延续,怎样导向,怎样终止,以及在所有一切进行过程中,该有机体是呈现何种主观反应的"。坎普尔和普里特查德认为激励"必须研究一组自变量与因变量间的关系,这种关系在人的智力、技能和对任务的理解以及环境中的各种制约条件都保持恒定不变的条件下,能说明一个人行为的方向、幅度与持续性"。弗鲁姆的解释是"激励是一个过程,这个过程主宰着人们在多种自愿活动的备选形式中所作出的抉择"。斯提芬·P·罗宾斯把激励定义为"通过高水平的努力实现组织目标的意愿,而这种努力以能够满足个体的某些需要为条件"。约翰·瓦格纳等在1992年编写的《组织行为管理》一书中说"激励是探讨关于人的行为的触发、指向和维持的因素"[①]。

综上所述,关于激励的定义,至少包括三个方面的因素:① 刺激变量,即人们的行为是由什么激发并赋予活力的。② 机体变量,即是什么因素把人们正被激活的行为引导到一定的方向去的。③ 反应变量,即这些行为如

---

① 转引自关培兰编著:《组织行为学》,武汉大学出版社2000年第1版,第212—214页。

何才能被矫正、保持和延续,以及这种行为正在进行时,行为主体和客体的主观反应。

由此我们认为激励是组织行为管理过程中,行为主体(管理者)依据人的心理活动规律、应用刺激变量激发行为客体在机体变量的作用下产生一种内在的动力,朝着预定的目标前进的心理过程。人的工作绩效取决于他们的能力和激励水平即积极性的高低。管理工作者的重要任务之一,就是要想办法激发动机、强化动机、运用动机的机能来影响职工的行为。把组织目标变成每个职工自己的需要,把组织的利益与满足职工个人的需要相结合,使人们积极地、自觉自愿地努力。

至于激励的原则指的是为达到组织目标,必须对员工的行为提出一定要求,规定一些行为准则,尽量使职工的目标与组织的目标维持一致,一般来说,应遵循以下原则:

(1)目标结合原则。在激励机制中,设置目标是一个关键环节。目标设置必须体现组织目标的要求,否则激励将偏离实现组织目标的方向。目标设置必须满足员工的需求,只有将组织目标与个人目标相结合,才会收到良好的激励效果。

(2)物质激励与精神激励相结合的原则。职工存在着物质需要和精神需要,物质激励是基础,精神激励是根本。在两者相结合的基础上,逐步过渡到以精神激励为主。

(3)正激励与负激励相结合的原则。这也与强化理论有关,因为强化分为正强化和负强化。在组织管理中,应将两者结合,坚持以正激励为主、负激励为辅的原则。

(4)公正原则。公正是激励的一个基本原则。如果不公正,不仅收不到预期效果,反而会造成很多消极后果。公正就是奖罚分明,并且奖罚适度。

在组织管理中比较常见的激励模式主要有以下两种:一是外在的激励模式。包括福利、晋升、授衔、表扬、嘉奖、认可等。二是内在的激励方式。包括学习新知识,增加责任感、胜任感、成就感。外在激励模式虽然能明显提高效果,但不易持久,处理不好会降低工作积极性;而内在激励模式一般为精神激励,虽然激励过程需要较长,但一经激励,不仅可以提高效果,而且更能持久。除此之外,还有两种激励模式:波特—劳勒模式和综合激励模式。

1. 波特—劳勒模式

波特—劳勒模式是以波特和劳勒的期望理论为基础导出的更为完备的激励模式。传统激励理论对员工的满足与其工作绩效间相连的看法是,员工满足后才会有良好的工作绩效。与此相反,他们主张良好的工作绩效才是员工满足的成因,这是该理论的最大特色。波特—劳勒理论比佛罗姆的期望理论更具客观性,将各项主要的情景变数都纳入了激励过程的考量。当然,也有专家认为真正影响员工满足的关键因素并非绩效本身,而是绩效所导致的奖酬制度。

这种激励模式综合考察了努力、绩效、能力、环境、认识、奖酬和满意度等因素以及它们间的关系。努力是指个人受到激励后所发挥出来的能力。总的说来,个人的努力程度与个人对某项奖酬的主观看法以及对这一奖酬实现之可能性的主观测度。奖酬的价值将因人而异,取决于个人的期望值。个人每次行为的满足度也会对奖酬的再次评估产生反馈式影响,除此之外,个人的主观测度也与个人的生活阅历有关。既往的工作绩效也会对成功的可能性产生反馈式影响,由此可见,绩效并不仅仅与努力必然相关,可能还受到诸多因素的影响。绩效是指工作表现和实际成效,绩效不仅与努力程度紧密相关,还取决于个人的先天禀赋和后天的能力及其对所担任工作的理解程度。奖酬是指对工作实际成效的奖励和报酬。前文已经论及奖酬类型可分为内在奖酬和外在奖酬。一般来说,内在奖酬能够带来真正的满足,并能提高工作绩效;此外,公平也会影响到个人对工作绩效的自我评价。满意度是个人对预期目标的实现所意会到的满意程度。满意度是一种内在的体认状况;它是内在诸种因素的综合,因此它对激励的能否达成有其至关重要之意义。至于满意度和工作绩效之间的关系,波特和劳勒明确指出奖酬、绩效和满意度既是独立,又是相互影响的因素。满意度取决于绩效的获致,绩效则是奖酬的函数,奖酬也因有绩效才能获得。在激励过程中,奖酬固然是重要的,但奖酬的高低则必须与当事人的期望值相称,这一点是毋庸置疑的。

2. 豪斯—迪尔的综合激励模式①

综合激励模式是由罗伯特·豪斯和迪尔提出来的,他们试图通过一个模式把上述几种激励理论综合起来,把内外激励因素都归纳进去。其代表

---

① 这一模式参见孙彤编著的《组织行为学》,中国物资出版社 1986 年,第 171—174 页。

性的公式是：

$$M = V_{it} + E_{ia}(V_{ia} + \sum_{j=1}^{n} E_{ej}V_{ej})$$

公式中：

M——代表某项工作任务的激励水平高低，即动力的大小。

V_{it}——代表以该项活动本身所提供的内酬效价，它所引起的内激励不计任务完成与否及其结果如何，故不包括期望值大小的因素，也可以说期望值最大是1，所以可不表示。

E_{ia}——代表对进行该项活动能达到完成任务的期望值，也就是主观上对完成任务可能性的估计。进行这种活动时，人们要考虑自己完成任务的能力，以及客观上存在的困难等。

V_{ia}——代表对完成任务的效价。

$\sum_{j=1}^{n} E_{ej}V_{ej}$——代表任务完成能否导致获得某项外酬的期望值；第二个V_{ej}代表对该项外酬的效价。在估计E_{ej}时，人们考虑完成任务后，有多大把握得到相应的外酬，如加薪、提级和表扬。

公式中下标的意思是：

i——内在的；e——外在的；t——任务本身的；a——完成。

如果我们把公式中的括号去除，将V_{ia}乘入，则公式右端变为如下三项：

(1) V_{it}代表工作任务本身的效价，即这工作对工作者本人有用性大小。只要本人做那种工作感到有很大乐趣，很有意义，那么完成工作任务的期望值就为1，即完成任务的主观概率是百分之百，所以不必再乘E_{ia}了。因此这一项也代表做这件工作本身的内激励。

(2) $E_{ia} \times V_{ia}$代表任务的完成所起的激励作用。

(3) $E_{ia} \sum_{j=1}^{n} E_{ej}V_{ej}$代表各种外酬所起的激励效果之和，其中引入两项期望值是因为前者是对完成任务可能性的估计，后者是对完成任务与获得奖酬相联系的可靠性的估计。

总之，(1)和(2)两项属于内在激励，(3)项属于外在激励。三者之和代表了内、外激励的综合效果。上述综合模式是假定内、外激励之间彼此是独立的,互不影响的,但实际上并非如此。若两者呈正相关关系,互相促进,则给予外酬时便能增进对工作本身的兴趣;反之,两者若呈负相关关系,彼此抵消,则外酬便能削弱对工作的兴趣。所以搞清楚上述两种关系具有非常重要的理论意义和实践意义。

(二)激励理论

长期以来,人们一直关注着人的行为发生的原因问题,并且试图找出适当的解释。这可以说是激励理论的渊源,如古希腊人认为人会趋利避害,近代有人认为人的行为多数出于本能(詹姆斯),这些本性如哭喊、同情、爱、妒忌等,它们是非习得的。从20世纪20年代起,早期行为学家提倡用科学方式来观察行为,否定那种基本上无法观察、有一定神秘性的本能学说,认为用本能去解释人类复杂的动机激发过程是十分困难的,从而在早期研究中提出了内驱力理论,如认为:努力(E) = 内驱力(D) × 习惯(H)(霍尔),后来有人又提出动机激发循环模式,即需要→内驱力→目标→反馈→需要。可以认为,从20世纪20年代起到50、60年代的理论可称为早期理论或称之为行为主义激励理论。这种理论的基本模式是刺激—反应模式,将这一模式应用到组织行为管理中,激励的手段就是刺激,这一时期主要依赖金钱来刺激人的行为。也就是主要表现为物质刺激,诸如计件工资制和差别工资制等激励手段,以刺激工人相应的反应和研究其刻板定式的活动。当然,这种朴素的研究有着难以避免的缺陷,如带有明显的奴役性质,使工人丧失主体性等。后行为主义产生以后,其激励理论的基本模式是刺激—中介变量—反应,这一中介变量主要是指人们的主观需要。故而,关于激励手段的分析就很复杂了,主要分析向度有:① 社会心理分析,主要分析主观需要的种类。② 情景分析,重点分析环境对人的影响。③ 目标平衡分析,从目标上解决组织冲突和矛盾。后来后行为主义流派中社会心理学派突显出来,这一理论流派主要有两大类型:内容(需要)型激励理论和过程型激励理论。在此之后发展起来的行为改造型激励理论,则研究如何引导人们矫正错误或消极的行为以及如何强化正确行为。

1. 内容(需要)型激励理论

有关个体的需要理论是有关激励的最早思想之一,它最早由亚伯拉罕·H·马斯洛提出来的,马斯洛从理论上提出了至少有五种需要组成的等级系列:"生理上的需要"、"安全上的需要"、"感情的需要"、"尊重的需要"以及"自我实现的需要"。这些基本需要相互联系并按其优先程度组成一个等级系列。这个理论在当时产生了巨大影响。

X 理论和 Y 理论是麦格雷戈总结的两种相对立的理论。麦格雷戈认为,一个管理者关于人性的观点是建立在一系列特定的假设基础之上的。根据 X 理论,管理者持有以下四种假设:① 员工天生厌恶工作并尽可能逃避工作;② 由于员工厌恶工作,必须对其进行管制、控制或惩罚,迫使其达到目标;③ 员工逃避责任,并且尽可能地寻求正式的指导;④ 大多数员工认为,安全感在工作的相关因素中最为重要,并且不具备进取心。根据 Y 理论,管理者持有四个相反的假设:① 员工会把工作看成同休息娱乐一样自然的事情;② 员工如果对工作做出承诺,他能自我引导和自我控制;③ 一般的人都能学会接受甚至主动承担责任;④ 人们普遍具有创造性决策能力,而不只是管理层的核心人物具有这种能力。

X 理论假设低级需求主导个体行为,Y 理论假设高级需求主导个体行为。麦戈雷格本人认为 Y 理论比 X 理论更有效,所以他提出了一些激励员工的方法,如参与决策、提供由责任感的富有挑战性的工作,建立融洽的群体关系等。当然,没有证据证明他的观点。也许以后能有新证据证明 X 理论和 Y 理论能适合于特定的情景。

需要型激励理论主要针对人的不同需要而划分的。其中以马斯洛的需要层次理论为代表,在此基础上的修正都是围绕着激励的主要内容,即对象而展开的。具体而言,其他的需要型激励理论还包括奥德弗的 ERG 理论,赫茨伯格的双因素理论以及麦克利兰的成就需要理论。这些理论都从需要的层面对激励进行了探讨。

(1) 奥德弗的 ERG 理论。美国心理学家奥德弗也提出了类似马斯洛的需要层级,但是在两个重要的方面存在不同。第一,他把基本需要层次的分类减少为 3 类:生存、相互关系和成长;第二,他引进了挫败——后退的概念。奥德弗的三种需要层次理论,与马斯洛的极为相似。大致说来,马斯洛的前两种需要:生理需要和安全需要(即奥德弗的生存需要);交往需要和自我尊重需要属相互关系需要,自我实现需要相当于奥德弗的成长需要。当然,与马斯洛一样,三种需要层次理论也是相互关联的。

尽管奥德弗的需要项目既不比马斯洛的需要项目更完整,在概念上也不一定比马斯洛的项目更明确,但 ERG 理论确实有所改进。首先,ERG 理论不那么强调层次的顺序。此外,一种需要可以在一个时间发挥作用,而且一种需要得到满足后,即可能进展到下一种更高的需要,也可能没有。第二,ERG 理论认为较高级需要受到挫折可能导致倒退,使人更加关心低级的需要,而不是像马斯洛所预言的那样,继续努力去满足受挫折后的需要。假如关系需要受到挫折,假如个人没有感到他们能从工作中建立起所需要的人际之间的紧密合作关系,他们可能不是去争取得到这些因素,而是变得更关心去满足生存需要。因此,他们可能表现出更关心工资、工作条件、休假以及其他福利。这是社会需要受挫的结果。第三,ERG 理论认为某些需要,尤其是关系需要和成长需要,如果为个人提供了满足这种需要的较好条件,其强度可能会增长。即一种需要的满足与其重要性有正相关。当然,奥德弗的 ERG 理论也有其自身的局限性。

（2）赫茨伯格的双因素理论。双因素理论是由美国心理学家赫茨伯格提出来的,其全称为激励因素—保健因素理论,简称双因素理论。赫茨伯格注意到员工的工作态度会影响其工作绩效,而且,他发现,使员工感到不满意的因素和使员工感到满意的因素是不同的。前者往往是由外界的工作环境引起,后者通常由工作本身产生。经过调查研究,赫茨伯格发现,引起人行为动机的两种因素:一种为保健因素,如工作条件、人事关系、工资待遇等;另一种为激励因素。如工作责任的大小、个人成就的高低,工作成绩的认可等等。

赫茨伯格认为,满意的对立面不是不满意,不像人们通常认为的那样,消除工作中的不满意因素就一定能带来满意。具备以上激励因素可以令人满意,但不具备这些因素,也不致令人不满。保健因素解决不当会导致不满,但即使解决好了,至多也只是没有不满意而已。赫茨伯格在研究过程中发现,如果把某些激励因素(如表扬和某些物质的奖励)变成保健因素,或任意扩大保健因素,都会降低一个人在工作中所得到的内在满足,引起内部动机的萎缩,从而导致一个人工作积极性的降低。因而,让人满意和防止人不满意是两回事,需要从两方面入手。提供保健因素,只能防止发牢骚,消除不满,却不一定能激励员工。要想激励员工,就必须强调成就感、认同感、工作本身的价值、责任感以及个人成长。

赫茨伯格的双因素理论的贡献是显而易见的。它在两个相关的重要领域对工作起了重要的促进作用。第一,该理论启示人们去设计出更具吸引力的工作。如工作丰富化的早期研究就利用了"双因素理论"作为理论的出发点。第二,该理论开始引起人们对所谓内在动机的兴趣。那些关心内在动机的人们意识到,工作本身的特点能提供一种环境,个体在其中能从工作中得到满意感,而无须接受任何外部的强化,如金钱、赞扬或认可。

对于赫茨伯格的理论,批评意见主要有以下几个方面:赫茨伯格的研究方法受到质疑。他只考虑各种情景,没有考虑人的归因方式,人在工作顺利时往往作个人归因,而在不顺利视作环境归因。这个理论在一定范围内有效,但它不是一个真正的激励理论。赫茨伯格认为工作满意度和生产率之间有一定关系,但它并没有考察生产率。而实际上,满意并不等于生产率的提高,两者之间并没有必然的联系。测量满足感的尺度不够严谨,有时,一个人可能对工作的一部分满意,一部分不满意,或者比较满意。但整个工作还是可以接受的。赫茨伯格将保健因素和激励因素截然分开是不妥的。实际上保健因素和激励因素、外部因素和内部因素都不是绝对的,它们相互联系并可以相互转化。保健因素可以产生满意,激励因素也能够产生不满意,例如奖金可以成为保健因素,也可以成为激励因素,工作成绩得不到承认也可以使人闹情绪,一直消极怠工。

尽管有很多批评意见,赫茨伯格的理论仍然广泛流传。20世纪60年代中期,有关工作丰富化的管理措施十分普及,强调员工更多的工作参与和自我监督,也是得益于此理论的应用。

(3) 麦克利兰的成就需要理论。1950年左右,美国心理学家戴维·麦克利兰对人的成就动机,通过心理投射的方法进行了大量的研究,他认为在一个组织中,人们最重要的需要是成就需要,其次是权力需要与亲和需要。

成就需要。成就需要即追求卓越、实现目标、争取成功的内在动力。不同的人成就需要不同,其行为处世的方式就会不同。研究表明,成就需要的高低与工作绩效之间有很高的相关。成就需要较强的人有一些突出的特点,其中之一就是:选择适度的风险。他们喜欢设立自己的目标,不愿一事无成。他们追求的并不是无限的高目标,而是现实的成就;他们既不甘于去做那些过于轻松、简单而无大价值的事情,也不愿冒太大风险去做不太可能做到的事情,因为那样就可能体验不到成就感。因此,当把那种既不是简单的唾手可得、又没有难得无法企及的工作,安排给这种成就感较高的人,往往会使他们发挥出较好的水平。成就需要高的人的另一个特点是,有较强的责任感。他们并不仅仅把工作看成是为组织作贡献,而且希望从工作中实现和体现出个人价值,因此他们对工作有较高的投入。成就需要高的人喜欢能够及时得到反馈,看到自己工作的绩效和评价,因为这是产生成就感的重要方式。因此对这样的人安排绩效比较明显、具有公开的影响力的工作尤为适合。当然,成就需要高的人不一定就是一个优秀的管理者,因为他们所感兴趣的是个人的事情,而不是如何影响他人做好。大型组织中出色的总经理并不一定是高成就需要的人。

权力需要。权力需要是影响和控制其他人的欲望。具有高权力需要的人喜欢承担责任,努力影响他人,喜欢处于竞争和受重视的环境。与有效的绩效相比,他更关心威望和获得对其他人的影响力。研究表明,杰出的经理们往往都有较高的权力欲望。一个人的地位越高,其权力需要也越强。高权力动机是管理有效性的一个条件,甚至是必要条件。

友谊需要。第三种需要是建立友好和亲密的人际关系的欲望。具有亲和需要的人希望被其他人喜欢和接受,他们努力寻求友爱,喜欢合作性的而非竞争的环境,渴望有高度相互理解的关系。这样的人在组织中易形成良好的人际关系,容易对其施加影响,因而,往往在组织中充当被管理者的角色。

麦克利兰的理论对管理具有一定的意义。友谊需要和权力需要,对管理人员都有用,因为两者都重视人际关系。此外,管理者还可以训练员工激发自己的成就需要。但是,麦克利兰的理论也有一定的局限性,因为他没有考虑到比较低层次水平的要求,他建立的模式,不适用于所有的劳动者,只适用于高成就者。而且,他较少对人的管理或领导潜力产生影响。

2. 过程型激励理论

需要型激励理论帮助管理人员理解工作如何影响激励过程。但很少解释为什么人们选择特殊的行为实现他们的目标。基于此,过程型激励理论可以回答这个问题,揭示这个问题的三种过程型激励理论是:期望理论、目标理论、公平理论。

(1)期望理论。期望理论是研究需要和目标之间规律的一种理论。它是由美国心理学家弗鲁姆在1964年出版的《工作与激发》一书中首先提出来的。期望理论认为,一种行为倾向的强度取决于个体对于这种行为可能带来的结果的期望度,以及这种结果对行为者具有的吸引力。这种理论着眼于三种关系:① 吸引力。个体在工作中能够取得的潜在成果或回报对满足个体需求的重要程度。② 绩效——奖酬关系。个体相信一定水平的绩效会带来所希望得奖酬的程度。③ 努力——绩效关系。个体认为通过一定程度的努力会带来一定绩效的可能性。用一个简单公式来表示,即激发力量＝效价×期望值。其中激发力量是指调动一个人的积极性,激发人内部潜力的强度。效价是指一个人对他所从事的工作或所要达到的目标的效用价值。期望值是一个人根据过去的经验判断自己达到某种结果的可能性的大小。如果期望概率很低,会削弱人们的动机强度,甚至会使人完全放弃原来的目标而改变行为。

弗鲁姆的期望理论告诉管理者要重视回报和奖酬,强调对员工行为的期望,重视个人的预期。仅仅是高奖励并不能激励员工,只有在员工重视奖励,知道达标的可能性以及知道怎样做才能达到目的并愿意付出努力的时候,才能成立。

期望理论也存在很多问题。由于不同的人有不同的追求,影响表现的个体决定比期望理论所阐明的要复杂的多。其次,期望理论也有自身的文化局限性。不同的国家有不同的文化,在具体运用期望理论时应当作修正。

(2) 目标理论。20世纪60年代末期,爱德温·洛克提出了著名的"目标设置理论",他指出:目标是人们知道他们要完成什么工作,以及必须付出多大的努力才能完成。研究表明,目标设置与工作绩效有着密切的关系。这种目标的明确性能提高绩效。目标的具体性本身是一种内部激励因素,在一定条件下,实现目标的难度越大,绩效水平越高。当然,如果员工参与设置自己的目标,他们可能会更努力工作。在某些情况下,参与式的目标设置能带来更高的绩效;在其他情况下,参与式的目标更容易达到。目标设置理论已经证明具有特殊性和挑战性的目标是一种激发力量。所以,在管理实践中,管理者应该做到如下几点:一是设置清晰而又特殊的目标;二是难度适中,具有一定的挑战性;三是认为确有必要时,让员工参与设置工作目标;四是将工作目标的完成与奖酬联系起来。不管怎样,目标设置有助于达到较高的绩效水平。当然,并不是任何工作都适合于让员工参与设置,另外,还没有研究证明目标明确化可提高员工的工作满足感。

(3) 公平理论。在组织中,对员工赋予的责任、职权、待遇、晋升、提拔的速度等因素所造成的公平性,对激励员工的工作起着重要的作用。公平的评判有多种因素和角度,一类是纵向比较,包括:一是组织内自我比较。在同一组织内把自己当前与过去的工作和待遇进行比较,如果现在付出更多努力而没有更多回报,你会觉得不公平。二是组织外自我比较。把自己在不同组织中的工作和待遇进行比较,若现在付出更多,而且没有更大回报,也会觉得不公平,这两种比较都是针对自己不同时期进行的。另一类是横向比较,同样包括:一是组织内他比,在同一组织内把自己和他人的工作和待遇进行比较,若自己付出更多而无相应回报,你就会觉得不公平;二是组织外他比,与其他组织的人相比较,若与不同组织中他人的成绩相当,而自己得到较少,也会产生不公平感。所有这些都会挫伤一个人的积极性,当员工感到不公平时,会采取以下几种选择:其一,歪曲自己或他人的投入产出;其二,采取方法使他人改变投入与产出;其三,采取方法使自己改变投入与产出;其四,选择不同的参照物;其五,辞去工作。

当人们感到不公平时,会产生紧张感。这种紧张感会迫使人们追求公平与公正。针对不公平的薪酬,公平理论提出四种假设:第一,若按时计酬,报酬过高的员工的生产率高于报酬公平的员工,他们提高产量和质量,使自己多付出一些。第二,若按件计酬,报酬过高的员工会比报酬公平的员工产量低,但质量高。实行计件工资的员工通过提高数量和质量缩小差距,但产量的增加只会拉大差距,故而只能选择提高质量。第三,若按时计酬,报酬过低的员工会降低产量或质量。第四,若按件计酬,报酬过低的员工会提高产量,但同时降低产量。

许多研究都证实了以上四种假设,反映出它是一种普遍现象。公平理论强调了奖励和个体决定的重要性,提醒雇主意识到不平等的存在,了解公平对雇员的重要性。但是,公平理论也有局限性:其一,研究集中于短期的对比,但是人们对评价投入产生的重要性是随时间推移而改变的;其二,长期不平等的结果并不确定,人们可能拒绝、接受和发展,不可能偏向于稳定;其三,公平理论只是帮助我们理解不平等结果,是描述性的,没有提供直接的答案;其四,不同的人对公平的看法不同,敏感型、承受型的人并不一样。

3. 行为改造型激励理论

与需要型、过程型激励理论不同,行为改造型激励理论更注意个体的行为强化,前者是一种内部认知活动,它并没有对员工的行为提供直接的答案,而后者则属行为主义的观点,更多强调实践,因而从某种程度上说,行为改造型激励理论对人的激励起着更直接的作用,主要包括两种理论:强化理论和挫折理论。

(1)强化理论。与目标设置理论相对的一个理论是强化理论。强化理论把行为看成是由环境引起的,认为人们做出某种行为后,要看到所希望的结果,这种结果就会成为控制行为的强化物,并增强已有的行为。强化包括正强化和负强化。大量研究表明,与未受强化的任务相比,员工将投入更多的精力在接受强化的任务上。强化对工作行为产生重大影响,人们在工作中的行为和分配到不同任务的努力程度,受到他们的行为所带来的结果的影响。但严格地说,强化理论并不是地道的动机激励理论,因为它长期忽视人的内在心态,只注意行为及其结果,个人在行为的不同阶段会有不同的心态,加之外界因素的干扰,这些都会削弱行为的强化作用,影响目标的达成。因而不存在动机概念,因而也就谈不上激励,它只是提供了一种分析工具而已。

另外,尽管强化作用对行为颇具影响力,但却不是行为的惟一控制因素。在有些情况下,行为结果丧失行为强化力。比如,你虽然工作出色,但与同事关系不融洽,经常受排挤,这时你反而会降低努力水平。在这种情况下,用内在心态、公平感、人际期望等因素比用行为结果的强化作用更能做出合理的解释。

(2) 挫折理论。挫折在心理学上被解释为当个人从事有目的的活动时,在环境中遇到障碍或干扰,其动机不能获得满足时的情绪状态。个人对挫折的适应能力成为挫折容忍力。产生挫折的主要原因是动机的冲突和需要的不满足。在达到目标的过程中,由于受到社会、政治、经济的制约,达不到目标,个人的动机受阻,感到沮丧和失意。在遇到挫折后,员工可能会产生对抗行为。理智的对抗行为可能会导致目标的变化或减低需要强度。非理智的对抗行为可能导致破坏性行为。不同的人对待挫折的感受度不一样。产生挫折的因素一般有外在的环境因素、内在的个人生理和动机冲突的主观因素。

一般来说,员工受到挫折,有各种防卫方式,包括"文饰"作用、逃避作用、压抑作用、代替作用、投射作用、反面作用等。当然,员工对环境也会有不良适应,主要有攻击、退化、固执、冷漠等反应。不良适应会导致生产率降低、事故增多、纪律混乱、士气降低等,这些都会造成组织的损失。只有当组织充分满足个人的动机时,不良适应才会消失。挫折理论对人的行为过程给予研究,预防挫折,能够调动员工的积极性,因而是一种激励,正确看待员工的挫折心态,了解员工需求,就能够对行为进行改造。

二、激励理论的应用

作为一名管理人员,能够叙述出激励理论的原则是一回事,如何利用它又是另外一回事。因此,在管理工作中,重点是如何应用激励理论,也就是理论联系实际的问题。具体说来,即如何在组织中激励员工的动机以提高绩效,提高生产率。在这一节中,将介绍几种在现代激励理论中普遍流行的技术、方法。

(一)目标管理

目标管理是目标设置理论的具体应用。在管理中,要使目标设置具有可操作性,必须利用目标管理。目标管理是美国著名管理学家德鲁克提出的一种管理制度。它被广泛应用在企业、医院、学校和政府机构中。特别是应用在对管理人员进行的管理活动中。所谓目标管理,乃是一种程序和过程,它使组织中的上级和下级一起商定组织的共同目标,并由此决定上下级的责任和分目标,并把这些目标作为经营、评估和奖励每个单位和个人贡献的标准。

目标管理在指导思想上是以 Y 理论为基础的。即认为在目标明确的条件下,人们能够对自己负责。在具体方法是泰勒科学管理方法的进一步发展。它的实质是重视人的因素,建立目标锁链与目标体系。目标管理强调的重点在于把组织中的整体目标分解为个组织单元的或个人的具体目标。通过设计一套程序,目标管理使目标具有可操作性,并沿着组织结构把目标分解开来。对于员工个人来说,目标管理提供了个人具体的可执行的目标,这样,每个员工对于单位目标的完成都有一个具体而又可确认的贡献。如果每一个员工都达到了个人的目标,单位的目标也就达到了,从而整个组织的目标也就得到了实现。

通过结果评价,可以确认目标实现的程度,目标管理虽没有明确指出,但却暗示目标必须是可行的,当目标设置足够困难,要求员工付出一定的努力才能实现时,目标管理将是最有效的。当然,目标管理和目标设置理论惟一不同的地方是,目标管理极力主张参与,而目标设置理论表明给下属指定目标可有利于产生更高绩效。当然,运用参与的主要好处是使目标更具有可操作性。

目标管理的过程主要由目标设定、过程管理和结果评价三个阶段所构成。① 目标设定阶段。在这个阶段,下级的目标应有下级自己制定,上级只是起指导、协调的作用。不是强制性地分配。在目标设定过程中,应注意协调各种横向、纵向和交叉的目标,以保证上下左右之间的目标的一致性和系统性。② 过程管理阶段。目标设定完成以后,组织的各个层次就开始按计划落实措施,为实现各自的目标而工作。在这个阶段,必须注意上级要放权,坚持目标和权限一致的原则。上级给下级一定的自主权,上级保留随时检查工作进度的权利。在上级放权后,下级可以自我控制、独立工作、自我检查、以发现偏差、纠正偏差。在目标实施过程中,除了下级的自我控制之外,组织的检查和控制也是必须的。它可以了解目标实施的进展情况,给予下级及时的指导启发,更重要的是可以协调各层次之间、相同层次不同单位之间的工作进展,对需要调整的目标进行调整。③ 结果评价阶段。结果评价阶段,是目标管理的最终阶段。通过结果评价,可以确认目标实现的程度,考核各单位和个人的业绩,结果评价一般实行自我评价和上级评价相结合,共同协商确认成果。评价的结果一般与奖惩挂钩。同时可以及时反馈,促进以后的工作。

目标管理中的一个重要内容是参与决策。它是指个体参与做出与其工作有关的决策。参与决策有多种形式,如共同设定目标、集体解决问题、直接参与工作决策、参与咨询委员会、参与政策制定小组等。参与决策可以是员工了解组织所要达成的目标,而且,通过参与,可以解决部门之间的矛盾,从而形成一种良好的互动关系。减少目标达成的阻力,有效的利用组织内的资源。更为重要的是,参与决策还可以让员工有认同感,有利于决策的执行。

参与的内容涉及多方面,如工作任务、工作条件、政府政策等。参与决策的效果依赖于它对个体造成的心理影响。这些影响包括三个方面:价值观、认知和动机。通过这些方面的改变,提高职工的积极性,发挥他们的创造性。参与决策也不是万能的,它的实施也有一定的条件,前提是参与者必须具有相关方面的知识,同时要做出的决策又是无需迅速做出的。

需要指出的是,任何方法都有特定的适用范围,并且有可能存在不足,目标管理法也同样如此。一般来说,目标管理法可能存在的不足主要有:在有些情况下很难设置具体目标;固定的目标可能给整个组织带来某种僵化,如组织的事业目的与存续目的发生冲突时,这种固定目标容易使员工产生错误的忠诚心;目标设置有一定繁琐性,有些项目太多,要求又过细,缺乏模糊论观点;容易造成只重视可加以具体化与明确化的项目,忽视不可定量性的项目;目标管理需要多级领导统一认识,否则就难以奏效,等等。

(二) 工作设计和职业生涯设计

工作设计是指为有效达到组织目标,提高工作绩效,在工作内容、工作职能和工作关系等方面进行的变革和设计,它是通过满足员工的与工作有关的需要来提高绩效的一种管理方法。工作设计主要包括五个方面的内容:工作内容、工作职能、工作关系、工作者的反应、工作结果的反馈。工作设计可以改良人际关系,使工作环境变得更适应工作者特性。工作者的主动性和积极性将得到极大提高。

一般来说,管理人员如果想重新设计工作人员的工作结构,有以下三种方案:工作丰富化、工作扩大化、工作轮换。

(1) 工作丰富化。指的是工作内容水平拓展,它增强了员工对自己工作的计划、执行、评估的控制程度。工作丰富化最初是根据赫兹伯格的"双因素理论"提出的,它扩大了对任职者能力和技能的要求,提高了任职者的自主性和责任。因此,个体能够评估并修正他或她自身的工作绩效。管理者可以通过以下方法使员工工作丰富化:① 组合工作。管理者可以将零散的工作组合起来形成一个较复杂的工作,这种措施能增加技能多样性和任务同一性。② 建构自然工作单位。即把员工正在完成的任务组合成一个统一而又充满意义的整体,这种措施有利于提高员工的主人翁意识和工作整体感,增强员工视自己的工作为有意义的和重要的可能性,而不是把工作视为无关紧要的和枯燥乏味的。③ 建立客户关系。客户是员工生产产品的使用者和服务者,无论可能性如何,管理者应该试图在工人和客户之间建立直接关系,使员工提高责任感、自主性与满意感。④ 纵向拓展工作。纵向拓展是赋予员工责任感和以前由管理人员持有的控制权,试图在"执行"与"控制"之间弥补差距,并增强员工的自主性。⑤ 反馈不仅仅让员工知道他们正在完成工作的绩效如何,而且让员工了解他们的绩效水平是否增加、降低或保持在同一水准。理想的情况是,绩效反馈应该由员工从正在完成的工作中直接接收,而不是不定期地从管理人员处得知。工作丰富化应从激励因素出发,增加工作本身的挑战性、自觉性、责任和成就感,因而比常规的单一性的工作设计方法更能提供激励和满意,从而提高了员工的生产效率和产品质量,减少了离职和缺勤率。

无论在理论上,还是在实践中,工作丰富化都存在一定的问题,如无法判明员工个性特点与工作丰富化的关系,工作丰富化达到多大程度才能满足激励的需要,以及要实施工作丰富化的要求,必须增加对员工的培训费用,增加工资等一系列开支。

(2) 工作轮换。工作轮换是指工作时让员工增加工作的任务数目(如从一个岗位换到另一个岗位)而不增加责任和复杂的程度。如果员工工作过于常规化,可采用工作轮换方案。一项工作对员工而言,不再具有挑战性时,员工应该轮换到同一个层次、具有相类似技能要求的别的工作岗位上去。

工作轮换通过员工在不同的工作岗位上进行轮换操作,给员工一个较全面的观察和参与整个生产过程的机会,有助于降低员工的不满情绪。当然,由于员工的技能的宽幅度,使得管理人员在工作时间的安排、变化调整以及填补空缺方面,具有更多的灵活性,这些都能间接促进组织发展。而另一方面,工作轮换也不是完美无缺的,培训费用的增加,把一个在以前岗位高效工作的、正在为组织创造经济利益的员工,调到新岗位而带来生产率的降低,这些都是工作轮换的缺陷。并且,工作轮换同样制造分裂,工作群体的成员必须适应去接受新员工,上级主管也要花更多的时间去回答问题,监督刚刚轮换的员工工作。工作轮换还会使那些试图在自己专业领域内深入探索的员工,降低才智和追求。

(3) 工作扩大化。工作扩大化是指在横向上扩大员工的工作范围,使其从事的工作种类更为多样化。通常每个人除了担负原来自己所做的工作之外,还扩大到担负部分其上、下道工序所作的工作,以增加对工作的兴趣。

工作扩大化弥补了工作多样性的不足、过度专业化等问题,但它在使员工活动富有挑战性和富有意义方面的作用,却微乎其微。一项工作可以通过以下几种办法成功的扩大:第一,增加工种。当工种数目增加时,工作就变得更富有挑战性,需要更多的能力和训练。当人们能够发挥他们的才能时,更会受到激励去取得更好的结果。第二,操作反馈。假如工作太小而无关紧要,工人能得到的反馈少,就没有贡献或成就感。第三,劳动者进度控制。机械化生产要求劳动者按机器要求去工作,剥夺了他们的控制感。所以,允许劳动者对进度有些控制能够提高士气和生产率。

职业生涯是指一个人一生所连续担负的工作职责和职务的经历总和。职业生涯设计则是指组织成员安排自己生涯的整体过程,从了解自身的特质、取得有关工作机会的资讯开始,进而订立工作生涯设计的目标,拟定执行达到目标的行动方案。组织有责任协助其成员做好职业生涯设计,一方面使成员的职业生涯发展符合自身的期望,一方面可以增进组织之人力资源管理成效。

之所以要规划职业生涯,主要考虑到两个方面:一方面,可以创造和找到比现任职务和职位更好的机会,人们在一生的不同阶段中,可以在各种组织单位中工作,并担负各种职位。另一方面,职业生涯开始之前做出正确的选择,可以避免以后走弯路。个人主要有下列两种职业生涯的选择:第一,职业的选择。影响职业选择的因素主要有个性、自我、个人所处的社会背景。第二,对所在组织(单位)的选择。选择特定的组织的主要考虑因素是为个人及时提供各种机会。可行性机会的信息会影响着个人对所在组织的决策,会增加组织的多样性,也会增加个人与组织之间的配合。

在进行职业生涯设计之前,必须先了解职业生涯发展的不同阶段。每个阶段都有不同的需求,所以规划的内容也不同。按照一个人自青年期至老年期,职业生涯可分为以下四个阶段:① 识别阶段。在此阶段,一个人开始了解和判断自己喜欢什么工作,应具备何种条件才可以从事所喜欢的工作。此外,他也会不断学习,补充自己的知识和能量。此阶段的涵盖期,大约为十五至二十五岁。② 成长与建立阶段。在此阶段,一个人已选定了一份工作,并从工作以及与同事的互动中汲取经验,逐渐强化自己的工作能力与专长,并为其服务的组织做出一定程度的贡献。此阶段的涵盖期大约为二十五岁至四十岁。③ 维持与调整阶段。在此阶段,一个人已培养出相当丰富的工作经验与社会阅历,他主要关心如何维持所获得的职业生涯发展成果,让自己的职业生涯定位更加巩固。但是,在这个阶段的初期,也可能出现调整自己的职业生涯的意图和行动,通常不是由于进一步摸索,而是由于事业的发展遇到了阻碍和困难,以自己多年来积累的经验和能力,可以谋求另外的发展空间。它的涵盖期一般认为在四十岁至六十岁。④ 隐退阶段。到了这个阶段,一个人的职业生涯发展已接近尾声,开始准备退休后的生活。他生活的重心不再是工作,而是工作之外的活动,诸如公益事业。因此,他在这个阶段,主要关心自己是否有足够的储蓄去生活。此外,他也必须规划自己退休后的生活。

正确的职业生涯规划可以获得合乎理想的成果。职业生涯设计的重点有以下几个方面:① 进行自我分析,对自己的兴趣、偏好、优缺点作详尽的了解,以便在规划中正确对自己定位。② 尽量认清客观环境中的不利因素与机会,避免不利因素的干扰并充分掌握机会。③ 订立长期与短期的事业目标,并按部就班地完成。④ 设计达成职业生涯目标的策略和行动方案。⑤ 准备多种方案,以适应多变的环境可能发生的重大变化。⑥ 随时评估执行成果,并根据客观情况作及时的修正。

组织成员自己做职业生涯的设计,通常没有长远的目光,所以,组织有责任帮助成员提升生涯设计的品质。一般而言,组织可通过"生涯咨询"、"生涯路径设计"等两种方式,协助成员作合理可行的生涯设计。

生涯咨询。可以分为正式与非正式两种。前者是有组织委托专业机构的成员提供有关各种生涯方面的咨询,后者则是由组织内人力资源人员或各部门主管直接为员工进行生涯设计提供辅导和建议。

生涯路径安排。组织成员在组织内从新进到退休或离职的期间,将随着资历的增加与工作能力的成长转换负责的工作与职位,整个转换的历程就称为"生涯路径"。生涯路径安排则在于组织成员安排一个妥善的工作与职位转换的历程,令其尽量发挥工作潜力,与其他工作者有效配合,且强化对组织的贡献意愿。

现代的生涯路径设计应是多方面的,所以,应建立"网路生涯设计",扬弃传统的"垂直式向上攀升"单一性的路径安排,加入"水平式流动"的路径安排,使生涯设计的选择更加多样化,不仅仅局限于沿着组织结构的金字塔往上爬,而且还可顺着水平取向转换职务,将积累的经验与能力作横切面的扩展。在事业发展过程中,会遇到发展停滞的问题。导致发展出现瓶颈的原因通常有以下几个方面:组织成员工作知识与技能不敷所需;组织成员追求竞争的欲望低落;组织结构限制其成员的发展。不同的人对此有不同的反应。有些人会离开现在服务的组织,到别的组织去另谋发展。也有一些组织成员采取较为消极的态度,听天由命,毫无进取心,得过且过。成员的职业生涯发展出现停滞,对自己和组织都会造成负面影响。因此,组织应重视这个问题,谋求有效的解决。

除了在组织结构的层面上解决生涯发展的因素外,最根本的解决之道是实施"人力资源发展计划"。它主要包括三大要点:即训练、教育与发展。训练计划在于增进组织成员现有的工作效率;教育计划主要是拓展组织成员新的工作知识与技术,并培养切合时宜的工作价值观与态度;发展计划则旨在引导组织成员调整本身的生涯发展步伐、提高学习的动机、扩张学习的领域,以及强化与同事合作关系,以配合组织的发展与变迁。

(三) 有效的奖惩体系

奖酬管理是强化理论的具体应用。由于强化分为正强化和负强化,其在实际中的应用则表现为对员工实行奖励和惩罚。这两种都是激励的方法,分别与正激励和负激励相对应。在组织管理中,可以利用奖励鼓励与增加符合组织规范的行为,利用惩罚消除不符合组织规范的行为。

组织的奖酬类型越来越多。有直接奖励,也有间接奖励和非经济报酬,每一种奖励都是以个体、群体或组织范围为基础进行分配。因此又有内在报酬和外在报酬之分。内在报酬,这是个体从工作本身获得的,它们在很大程度上是员工工作满意化的结果,主要表现为更多责任感、个人成长机会、较大的工作自由度和自主性,活动的变化性,更富趣味性的工作。外在报酬包括直接报酬、间接报酬和非经济报酬,主要有薪水、奖金、分红、股权、服务津贴、有影响力的头衔等。惩罚则主要包括减薪、停职或者开除等。

在实际工作中,一般把员工的行为绩效作为奖惩的前提。但是,现实中绩效仅仅被组织视为决定奖惩基础的众多标准之一。

(1) 绩效。绩效是对结果的衡量。组织为奖惩人们,要求采用一些达成共识的标准去评价人们的绩效。无论这些标准在目前绩效工作中是否使用,只要奖酬的额度被恰当地分配到与成功完成这些工作直接相关的因素上,就可以将绩效当作决定因素使用。对许多工作而言,生产率作为惟一标准被采用。

(2) 努力程度。在绩效水平普遍低的组织里,努力所获奖酬可能是与其他奖酬相区别的惟一标准。在现实生活中,努力程度能够比实际绩效更加受到关注。

(3) 资历。尽管工作绩效与努力程度占据主导地位,任职期限仍然不可忽视,任职时间的长短仍然是决定奖酬分配的重要因素。资历的最大优点是与别的标准相比,它更容易确定。因此,资历标准是一种更容易量化绩效的替代办法。

(4) 技能掌握。在组织中,依据员工技能进行分配是很平常的。具有高水平技能或更富有才干的员工将得到更多的报酬,组织必须拓宽必备技能范围。

(5) 工作难度。工作的复杂程度可以作为奖酬的一项标准。例如,高度重复的和能快速掌握的工作可能被认为应得奖酬低于更复杂和更综合的工作,当工作难度大时,或有不愉快的工作条件,必须赋予较高的报酬。

虽然惩罚是最后一种激励手段,但有时别无选择,运用时要特别注意,因为从长期来看,惩罚并没有太大的作用。因此,运用惩罚必须遵循几条原则:

(1) 口头谴责通常是最经常的方式。应当坚持"在公众中表扬,在私下里批评"。

(2) 惩罚应当及时,与非追求的行为直接联系,建议可供选择的行为,惩罚不能有助于员工增加所追求的行为。

(3) 平衡与协调运用奖励与惩罚。重要的是两者的比率。如果积极强化的手段从未使用的话,消极强化的手段可能是有害的;如果积极强化的手段非常普遍,那么消极强化的手段可能有效,应该以积极强化手段为主。事实上,惩罚也可以以积极方式进行。

思考题

1. 马斯洛需要层次理论与奥德弗的理论有何异同?
2. 如何看待和应用弗鲁姆的期望理论?
3. 目标理论与目标管理有何关系?
4. 公平理论有哪些优缺点?

案例讨论

鄂尔多斯的"飞羊"
——鄂尔多斯市某盟羊绒产业腾飞的奥秘

改革开放之前,鄂尔多斯市经济发展缓慢,是内蒙古最贫穷落后的地区之一,某盟是全市 8 个盟(区)中的贫困盟(区)之一。某盟的羊绒产业是鄂尔多斯市的支柱产业。但改革开放尤其是 1994 年以来,某盟紧紧抓住了国家能源战略西移的绝好机遇。现在某盟已成为内蒙古自治区经济发展速度最快、效益最好的盟(旗区)之一。

鄂尔多斯市某盟经济腾飞的原因是多方面的。国家能源工业向中西北的战略转移,对某盟经济腾飞不可低估但这并不能完全解释某盟经济腾飞的原因。除了经济因素之外,激励机制的改革也不容忽视。

某盟首先改革的是领导干部的激励机制。在改革前,一些领导干部认为中央的优惠政策主要倾斜东南部沿海,自己地处西北落后地带,能够维持原状已属不错了,所以少数领导就存有不思进取的观念。另外,在政府机关内人浮于事、办事拖延、裙带关系的现象也时有发生。鉴于这些情况,鄂尔多斯市党委委派章武担任某盟党委书记。章武到任后派人查看盟直处局主要领导人员的档案记录,得到下列资料:

性别——85%为男性,15%为女性。

年龄——75%的人处于 50 岁到 60 岁之间,18%的人处于 45 岁到 50 岁,5%的人处于 35 岁到 45 岁之间,2%的人在 35 岁以下。

文化程度——25%的人读完大学,55%的人读完高级中学,20%的人读完初级中学,5%的人读完小学。

任职时间——35%的人任职 10—15 年,35%的人任职 5—10 年,20%的人任职 3—5 年,10%的人任职 3 年以下。

令章武特别担心的是机关内积极性偏低,这些领导干部的需要并不仅仅是物质激励,他们对成就也是及其渴望的。于是章武在党委常委会上,他提出"目标设置加高额奖酬"的方案,并让其他同志评议。有的说:"下属可能更需要物质的激励,而我们不仅需要物质激励,更需要成就激励";有的认为"下属所关心的可能仅仅是通过工作获得外在的报酬,也就是获得多少工资和奖金,他们不太关心内在报酬";还有的认为"在下属中有的人逃避责任,干工作不全力以赴。问题在于他们对我们的工作缺少理解"。章武感到盟直处局的干部对下属的评价不太正确。他走访和调查了半个月,又经过了半个月开会讨论。决定正式实施"目标设置加高额奖酬"的方案,并以某盟盟党委的名义公开向社会承诺:"三年不脱贫困帽,自摘头上乌纱帽"。对盟直处局的要求是如果部门工作在自治区排名位次下降,有关领导要降职。盟内 8 旗(区)实行"座位制",经济发展速度和运行质量居第一位的旗(区)奖10万元,第二位的奖8万元,其中旗(区)委书记、旗(区)长可各得1万元。排名最后的旗区领导,第一年降薪,第二年免职。

其次全力培养和造就一支优秀的企业家队伍。该盟逐步建立了"理性沟通、高能激励、刚性约束"的激励机制。盟直处局安排一些中青年干部到东南沿海开放城市挂职学习,一般为三年的学习期,边学习边从事海外及东南沿海开放城市与鄂市某盟的横向交流工作;在盟内也组织了各种各样的学习班和学习经验交流会。又邀请国内外的专家、学者来盟内座谈国内外的发展经验。"理性沟通"是指理解企业家,信任、保护企业家。在鄂市有个不成文的规定:三大企业总裁随时随地有见市委书记、市长的权利。"高能激励"是指对有贡献的企业家实行重奖鼓励企业家成长。"刚性约束"是指企业家实行"风险上岗制",厂长、经理不缴抵押金不能上岗,连续两年亏损就地免职。从而造就了一批优秀企业家。

经过改革,某盟的羊绒产业的生产加工和销售占全国的1/2。某盟的羊绒真正成为一只会飞的"羊"。

讨论题
1. 试结合案例分析什么是激励,本案例中运用了哪一种激励理论?
2. 管理者应如何结合工作实际,做好激励工作?人员激励应遵循哪些原则?
3. 如何建构有效的团体?

第十章 权力与政治

> 权力与政治是一种重要的组织行为现象,阐明权力的含义及特征、权力的构成因素、权力的行使方式,以及政治行为的表现形式和对政治行为的道德制约,是本章的主要内容。

一、权 力 概 述

(一) 权力的含义

权力是组织活动中的一种重要现象,它看不见、摸不着,但却是一种实实在在存在的东西。组织中的个体和群体几乎无时无刻不感受权力对他(他们)的影响,对组织活动过程的影响。

那么什么是权力?对权力的定义有诸多表述。马克斯·韦伯把权力定义为"社会关系中的行动者处于执行自己意志的位置而不管反对的可能性"①。沃尔特·诺德认为,"权力是一种影响资源能量流动,以达到与他人相反的目标的能力,只有当这些目标至少已部分发生冲突,权力的行使才显现出来"②,斯蒂芬·罗宾斯则认为,权力是一种影响和控制对他人来说有价值的东西的潜在能力。如果A对B拥有权力,那么A就能影响B的一些

---

① 马克斯·韦伯:《社会经济组织理论》,自由出版社1947年,第152页。
② 沃尔特·诺德:《人类的梦想和权力的现实》,载《管理评论》1978年7月,第675页。

行为,其结果有利于 A 个人的目标。因此,权力需要两个或两个以上的人——行使者和对象。权力不考虑意图,权力可以存在,但不被使用,因而它是潜在的①。

综上所述,我们可以看到,在组织行为学中,权力通常指的是一种影响他人行为的力量,或一种让某事或某行为以你想要发生的方式发生的力量。权力的实质是对他人行为的控制。

这一定义表明了权力具有以下几个特征:

(1) 权力首先是一种关系。既然权力被认为是一种对他人实施影响的能力,那么这一关系特征对行为分析是重要的,因为它关注权力关系的互动动力以及这一关系中的主要角色。

(2) 权力从另一角度表现了一种依赖性。正如一种观点认为的,A 对 B 有权,也就意味着 B 依赖于 A。

(3) 互惠性。在大多数权力关系中,存在着一种明确的不平等,很容易发现哪一方有权。然而,领导人如不依靠下级也将一事无成。事实上,管理者的一个显著特征在于他们要依赖他人才能有效地工作。因此,依赖性和互惠性关系是权力关系的一个天然特征。

(4) 特殊性。权力针对的是具体的问题、状况和人。一个人的权力范围也就是受他影响的问题、状况和人的范围。如果一个人的权力适用于大量的问题,那么他的权力范围也就大,反之就小。

(5) 可能性。根据韦伯的定义,一个人的权力等于他能行使自己意志而不顾反对的可能性。或者,权力是一种他人对权力行使者的打算进行反应的可能性。从这一观点来看,权力是两种可能性(掌权者行为导致事情发生的可能性和没有其行动可能出现事件的可能性)之间的差异。

(6) 程度。不管客观现实如何,一个人权力大小的程度取决于一些面对权力的人的看法,取决于他们将权力归因于掌权者的过程。由于个人差异很大,由于权力大小程度最终由他人决定,掌权者可能会有比他们自己认为的更多或更少地影响他人的能力。

权力不等同于职权,职权是由组织领导者的地位决定的,是一种具有强制性的法定权力。职权的特点在于它有明确的范围,权力因职位不同而变化,它同领导者的个人因素没有关系。而权力不仅仅包括了职位权力(尽

---

① 斯蒂芬·罗宾斯:《组织行为学》,新泽西:普林特斯豪尔出版社 1979 年,第 163 页。

管职位是权力的主要来源),它通常还包括了一些不是来自职位的权力,即因领导者个人因素而产生的影响力。职权不同于权力,在于法定权力不一定等同于实际权力。比如,在现实组织生活中就存在着有职无权或无职有权的两者不一致的状况。此外,根据切斯特·巴纳德的观点,权力还有一个接受的问题。同职位相连的权力在行使过程中不一定被接受,不被接受,也就没有影响力,尽管法定的权力在形式上还是存在。

因此,与职位相比,权力既包括了法定权力的一面,也包括了非法定权力的一面,它是一个更大的概念。法定权力表现了权力具有的强制性特征,这一强制性的作用不仅在于维护一个领导者的威信和尊严,它同时更重要的是在维护组织的威信和尊严。强制性构成了权力影响的一个主要方面。

权力的非法定性的构成因素与领导人的个人因素有关,因而表现了权力的动态特征。这一动态特征表现在权力的影响除了具有强制性一面之外,会因领导者个人的威望、能力和才干等状况而发生变化。一个具有职位权力,但缺乏个人素质的领导者在行使权力的过程中,其影响力显然不能与上述两者兼备的领导者的影响力相比。这也就是我们要求领导行使权力最好是职权与个人特征相统一的道理所在,以便权力能最大限度地发挥其效用。

与权力通常相连的还有一个概念便是权威。权力与权威都可以产生影响力,两者的不同在于权力通常被指称为一种影响他人行为,获得他人服从的力量或能力,而未涉及影响他人、取得服从的权利。因而权威通常被定义为一种寻求他人服从的权利。权威使得权力合法化。权威在不少情况下是同权力通用的。事实上,权威也可以分为职位权威和人格权威,而这两者并非在任何情况下都是一致的。职位权威通常可以对应法定的权力,这一权力表明了它的合法性基础,因为这一权力(与职位相连)是组织授予的。官僚组织中的等级制度安排本身就体现了一种权威结构。从这一意义上可以说,有权力就有权威,但是,有权威却不一定具有权力。人格权威并不必然与职位权威相连,一些不具领导职位的人有权威,并对组织的个人和群体产生影响,这在组织的活动中是一种常见的现象。他不是凭借职位而是凭借个人的人格、能力等产生影响的,而这一影响比起职位权力发生的影响来,可能更具接受性,因为人们对仅凭职位权力产生的影响可能口服心不服。

马克斯·韦伯曾以历史的眼光界定过三种不同权威,即魅力权威、传统权威和合理合法的权威。魅力权威主要凭借个人自身的魅力使人追随和服从;传统权威基于人们对传统、习俗、惯例、文化价值的认同而获得他人的追随和服从;合理合法的权威则基于组织体制的合理合法化而获得他人的追随和服从。可以说,韦伯在第三种权威中涉及了现代组织中权力的一个合法性基础,它表明了社会和历史的一个进步。实际表明,在权力的行使过程中,权力的法定和非法定两个方面的统一、职位权威和人格权威的统一,能使权力达到其最大的效用。

(二)权力的基础

权力的基础可以从两个层面来谈。
1. 个人权力的基础
组织生活中一个不容忽视的事实是,某些人拥有影响他人行为的较大的能力。在组织内,权力的分配是不平等的。那么,这些掌权者的权力来源是什么?佛朗奇和罗文指出了来自个人特征的五个社会权力的不同基础,以及有权和无权者关系的实质[①]。这五个权力基础是:

(1)奖励权,即对有价值的资源的控制。如果组织中的某位上司能够自由地雇用引进员工、确定工资、控制工作安排,以及编制预算等,那么很容易理解,这种对理想的资源的控制能够提供这位上司的权力来源。奖励可以是有形的,如提升、加薪,也可以是无形的,如表扬和承认。在任何情况下,它通常构成了组织中个人权力的一个来源。一些领导者往往因无法控制组织中一些重要的资源而被指责为毫无权力的傀儡。因此,资源可以将一个人的权力提高到接受者向往的程度。由于接近有价值的资源,从而提高了管理者的权力基础,因此,管理者必须恰当地管理这些资源。要注意,握有资源和恰当地使用资源是两回事。

(2)强制权,即对惩罚的控制。除了控制理想的资源,管理者也常常控制对他人的惩罚,或称之强制权,换言之,下属会做上司要求其做的事,因为担心如不做会受到惩罚。惩罚可能包括扣工资、降级、不理想的工作安排等。就像奖励权一样,强制权只有使用恰当才会有效。惩罚过重或不当可

[①] 佛朗奇和罗文:《社会权力研究》,载 D·凯特怀特主编的《社会权力的基础》,密执安大学出版社 1959 年,第 150—167 页。

能会产生一些不理想的负作用。毫无疑问,对惩罚的控制表明握有组织中的一种重要的资源。

(3) 合法权,即受到承认的组织权威。一个学生决定他人的考试成绩和一个教授的决定是不同的。这与合法权有关,即一种个人因其在组织中的地位而对他人行使权威受到承认的权利。学生承认教授。合法权通常来自一个人在组织中正式的等级和地位,组织成员一般接受来自地位比其高的人对其行为的影响。不过,这不意味着等级高的人可以合法地控制他人行为的所有方面。管理者只能对下属的这一行为,即属其接受的组织责任范围内的行为产生影响。例如,秘书可以接受上司要求其整理文件,但可拒绝为其儿子打字,因为后者超越了下属接受的组织责任的范围。这里的关键是合法权力只适用于被承认和接受为合法的那些行为。

(4) 榜样权,即建立在向往、尊敬之上的权力。受人喜欢和尊敬的人通常能对他人的行为产生影响,如品行高尚、声誉良好的管理者可能发现他们对那些愿意效法的年轻管理者具有归属权。

(5) 专家权,即建立在知识和技术之上的控制。知识就是力量也可译成知识就是权力。这一点在今天尤为明显。组织的管理有赖专家。如果组织想生存发展,就必须遵循其意见。通常各种不同的专家权常被狭窄地定义,仅限于其专长的范围。专家权是一种影响组织中的他人行为的非常有效的方式。毕竟,人们会听从那些比他高明的人的意见和看法。

尽管可以分别指出个人权力基础的五个方面,但五种权力是紧密相连的。比如,一个人越是多地使用强制权,人们可能就越不喜欢他,因而他的归属权就受到影响。同样,具有专家权的管理者也可能有合法权,因为在其专业领域内,人们接受它作为方向。此外,一个人的组织地位越高,其合法权也就越大,从而也就越有机会行使奖励和惩罚权。

主要依赖哪种权力基础发挥影响,这在很大程度上取决于个人的个性因素。有研究指出,行使专家权通常能产生较好的影响,而下属一般不喜欢上司主要依赖压制权。除了个人之间可能的差异之外,还有一些环境因素也会极大地影响各种不同权力策略的使用,其中之一便是与影响的对象,即影响谁有关。简而言之,尽管有许多被用来影响下属的不同的权力形式,一般来说,专家权是最受推崇的。

2. 团体权力的基础

在组织中,人们不是单独行动的,团体也行使着权力。一个组织通常被分为不同的部分,为不同的功能承担不同的责任,如财务、人事等。一些从事这些不同组织活动的正式部门常常必须指导其他团体的活动,这就要求它们具有权力。那么,这些权力的来源是什么?通过什么手段,正式的组织团体可以成功地影响其他团体的行动?有两个理论模式可以来回答这一问题:资源依赖模式和战略权变模式。

(1)资源依赖模式。组织通常可以被理解为一个由不停地交换资源的部分构成的复杂体,即正式组织的部门常常给予或接受其他部门的一些有价值的东西,如钱、人、设备、信息等。这些重要的资源对组织的运作是至关重要的。

各种不同的次组织常常依赖其他次组织取得这些资源。以一个开发、生产和销售其产品的大的企业组织而言,销售部门提供了使研发部门跟上新产品的财源。当然,如果没有经营部门有关消费者兴趣等方面的信息,销售部门就不能做得很有效。这一关系表明,一个次组织控制了其他次组织所依赖的一些资源,也就对这些次组织拥有了权力,因为控制资源使得团体能成功地影响其他团体的行动。可以说,一些比其他次组织握有更多资源的次组织在组织中更有权力。这样一种不平衡、不对称在组织的资源依赖格局中常常发生。一个次组织在所需资源方面越是依赖其他次组织,那么它的权力就越小。

费佛和沙兰斯克曾指出,次组织的权力取决于它控制的其他次组织所需资源的程度。因此,虽然所有的次组织都能对组织作出贡献,但最有权的是那些能提供最重要资源的次组织。控制其他部门所需资源使得次组织在取得所需资源的谈判中取得更好的位置[1]。费佛和沙兰斯克举大学为例。在大学里,各个学术部门就其掌握的权力来说是非常不平等的。例如,有的系学生多声誉高,因而也就获得更多的资助。这样,他们希望更多地控制有价值的资源。具体来说,一些较有权力的系是那些能最成功地从校方获取稀少和有价值的资源(如研究生奖学金的基金,教员研究资助等)的系。

资源依赖模式表明,重要的次组织权力就是对有价值的资源的控制。但不止这一点,它还控制其他次组织的活动。

(2)战略权变模式。这一模式指的是通过控制其他部门所依赖的活动

---

[1] 费佛和沙兰斯克:《组织决策中权力的基础和使用》,载《行政学季刊》1974年第15期,第216—229页。

或功能从而获得权力。比如,一个组织的会计部门通常被认为有同意或不同意其他部门所需资金的责任。这表明会计部门的行动会极大地影响其他次组织的活动,后者的活动取决于它的决定。一个部门根据其行动能控制不同的次组织的相对权力,正是在这一意义上,可以说获得了对战略权变的控制[1]。例如,会计部门老是批准生产部门的预算,却总是不通过经营部门的预算,这就使得生产部门变得更有权力。

那么,在组织中,战略权变究竟产生在什么地方?劳伦斯和洛奇在其经典的分析中指出,权力在不同的产业中不同的部门里得到分配[2]。他们发现,在一些成功的公司中,一些战略权变控制在那些对组织的成功来说最重要的部门手里,例如,在食品加工业(新产品的开发和销售对它来说是最重要的),成功的企业具有一些为销售和研发部门控制的战略权变。在集装箱行业(准时递送高质量的货物是最重要的),成功的企业将决策权置于销售和生产部门。

那么,什么因素使得次组织得以控制战略变量?赫金森认为有三个方面的因素:① 减少不定性的能力;② 高度的组织中心;③ 不可替代和必须的活动[3]。任何能解决组织面临的不确定状况的次组织可指望拥有最大的组织权力。相应的,组织内部权力的平衡可指望随着组织的变化而变化。例如,有关西方国家公用事业组织的战略权变的研究表明,重点已经改变。当公用事业刚开始时,工程师握有最大的权力。而现在,这些公司已经成熟,面临着政府管制和诉讼问题。权力转移到了律师手中。其次,较有权力的次组织是那些在组织中具有高度中心的组织。一些次组织发挥着更加中心的作用,而有些则起着边缘的作用。例如,会计部门在采取行动前,会有许多其他部门前来咨询,这使它成了组织的中心。再者,当次组织的活动是不可替代和不可缺少时,它就控制了权力。如果一个小组能行使某些功能,那么负责控制这一功能的次组织或许就不特别有权。

---

[1] 赫金森等:《组织权力的一种战略权变理论》,载《行政学季刊》1971 年第 15 期,第 115—128 页。
[2] 劳伦斯和洛奇:《组织与环境》,哈佛大学出版社 1967 年,第 29 页。
[3] 赫金森等:《作为权力的组织》,载 L·克宁斯主编的《组织行为研究》,辛辛那提 JAL 出版社 1981 年,第 151—196 页。

二、权力的行使

(一) 权力行使的条件

权力行使的条件主要涉及权力的行使者、权力行使的对象以及环境三个因素,这三者的互动决定了权力行使的结果。

费佛从冲突论的角度指出了权力行使的三种必需条件[①]。① 互相依赖。互相依赖为冲突和相应的解决冲突的方式提供了一种机会。它来自一种共同的活动。在这一活动中,个人或小组的活动影响他人或小组的活动。它把组织成员的活动联结起来。每一个人对他人做什么和获得什么非常在意。在没有互相依赖的地方,不存在冲突的基础,因而也没有理由要一个人对他人施加影响。② 资源的稀缺性。如果每个人都能得到足够的资源,那么冲突就会消失,因而也不存在一个人对他人施加影响。不过,当资源稀缺时,就必须对资源的分配作一选择。资源越是稀缺,行使权力和施加影响以解决冲突的机会也就越多。③ 异质的目标。当组织成员都同意组织目标以及取得这些目标的方法时,那么冲突的可能性、政治活动的机会就会比不一致时来得少。在一个组织中,通常存在着许多不同的目标以及取得目标的不同看法,当这一情况出现时,使用权力的可能性就会增加,可以将上述三个因素以图 10-1 的形式表示出来:

$$
\begin{array}{c}
稀缺资源 \\
\downarrow \\
影响 \rightarrow 冲突 \leftarrow 异质目标 \\
\downarrow \\
权力使用
\end{array}
$$

图 10-1

毫无疑问,由上述三个因素导致的冲突是权力行使必需的条件。但是,权力的行使并不仅仅用来解决冲突,事实上,如达成组织目标所需的合作和

---

① J·费佛:《组织中的权力》第三章,麻省:曼斯菲尔德·比特曼出版公司 1981 年。

协调，也需要权力的行使。

权力行使条件的另一层面是权力的行使者。权力行使者可以说是三个因素互动过程中的最主要的因素，他在相当程度上可以决定权力行使的结果，权力行使者在这里涉及两个方面：一是个体的权力行使者，另一是集体的权力行使者。在组织管理中，通常也将两者分别称为领导者个人和领导者集体。就领导者个体而言，领导者的个人品质和能力对于权力的行使起了重要作用。品质低劣可能导致权力的不正当使用或滥用，而能力低下则又可能使权力无法发挥其应有的效用。在这里，强调德才兼备对于领导者较好地行使权力来说是重要的。此外，领导者集体在今天也可以说是权力行使的一个主体。在今天，组织的领导者通常是由一个领导者集体构成的。领导者个人行使权力离不开领导集体成员之间的互相支持和配合。因此，领导者集体的构成能否使领导者在素质、能力等方面优势互补，也会对权力行使的结果产生影响。不能想象，一个离心、离德、内耗不断的领导者集体能使权力的行使产生好的结果。

此外，权力行使涉及的又一层面是权力行使的对象，也即权力行使的客体。在组织活动中，他们通常被称为被管理者或群众。根据巴纳德的观点，权力必须被接受，否则权力产生不了任何影响。这一观点表明了被管理者在权力行使过程中的作用，因为领导者恰恰是通过下属的共同努力来完成组织目标的。因此，在权力行使过程中必须考虑被管理者是否接受。

H·雷兹曾指出，有三个理由可以说明为什么被管理者要接受掌权者的影响[①]。

（1）顺从。这一顺从旨在要么获得奖励，要么逃避惩罚。他们并不在意行为是否正确、适当或令人满意，而是希望从掌权者那里得到外在的奖励。在掌权者看来，从对方那里获得服从需要两个条件：他必须能控制对方，即他必须有奖励和惩罚的权力。此外，他必须有机会监督对方的行为。即他必须能决定对方是否会服从，以便恰当地奖惩他。简而言之，他必须有充分的资源来进行奖惩。

（2）认同。被管理者希望此举有助于建立和维持与掌权者之间的一种令人满意的关系，他们强烈依附掌权者，乐意接受其影响，这是因为他们喜欢并认同掌权者，他们并不一定相信其行为是正确的、恰当的、令人满意的。

---

① H·雷兹：《组织行为学》，霍姆沃德·伊利诺斯理查德·厄文出版公司1981年，第452页。

认同可以以模仿行为的形式出现,通过模仿来表达其认同。模仿通常会在面临不确定性的情况下发生,比如碰到一种新的状况,在此当中他对什么行为是恰当的没有把握;或发现原来恰当的行为已经不恰当,等等。认同也可采用互惠角色行为的形式,认同的两个要求是吸引和出色,即与掌权者的关系必须对对方有吸引力。

(3)内在化。在内在化过程中,被管理者接受掌权者的影响,是因为他认为掌权者要他表现的行为与自己的价值系统相一致。他认可此种行为,是因为行为本身就是一种内在的奖励,而不是掌权者因此种行为表现而奖励他,被管理感兴趣的是行为的内容,他感到此举直接满足了一种需要,或解决了一个问题,或在道德上是正确的。比如上司叫你休假一天去钓鱼,因为工作很辛苦。你会去,尽管你不喜欢上司,他也不会因你去而奖励你,原因是你喜欢钓鱼,并且你认为他知道你工作辛苦。内在化的两个要求是掌权者必须是有信誉的,行为必须是相关的。被管理者必须首先感到掌权者确切知道什么对他来说是好的,这意味着掌权者对对方具有专家或合法权力。如果你认为上司不知道你工作辛苦,只是放你一天假,你可能不会放假去钓鱼。其次,行为必须被看作是与问题相关的,在上一事例中,问题是你的体力和智力状况。你感到工作过重,放松、钓鱼是与问题相关的。

在雷兹看来,顺从、认同和内在化是接受影响的三个不同过程,在这当中,内在化又被认为是一种最有力的过程。从管理者的角度来说,把握被管理者的这三个方面的心理因素,可以为权力的行使创造有利的条件。

(二)权力行使的原则

权力的行使会对组织成员的行为和组织活动的结果产生重要影响。使权力的行使产生好的结果,需要在权力的行使过程中掌握以下几个原则。

(1)守法原则。领导者的权力来自组织的授予。与权力相伴的是权限,即权力的行使有一个范围和限制。权力只有在这一范围或限制之内行使才是合法和有效的。守法原则要求在权力的行使中反对两种现象:① 以权代法。这是一个在法制薄弱和欠缺的社会里经常出现的问题,现实生活中这种以权代法的例子不胜枚举,而以权代法,这一权力事实上已经失去了它的合法性基础。② 滥用权力。权力滥用是权力行使中一个常见的现象,它往往与特权、同制约机制的缺乏联系在一起。权力的滥用有多种形式,以权谋私即为其中一种。权力的滥用会腐蚀权力的基础,使权力丧失信誉,也使权力的行使者丧失信誉并最终使其丧失权力。

(2) 谨慎原则。谨慎原则要求在权力的行使中坚持两个不要:① 不要炫耀权力。炫耀权力会使下属产生反感,从而减少或丧失权力的影响力,因为权力在相当程度上取决于下属的接受。领导者权力的运用是一种手段,不能把手段当作目的。权力在握而谦虚谨慎,宁肯备而不用而不肆张扬,这样反而能增强权力的影响力。② 不要玩弄权术。权术和艺术一字之差,但两者大相径庭。艺术显示了权力运用的灵活性,这是高明的领导者必须具备的,而权术则通常指一种丧失原则、不讲信用甚至是出卖良知的行为,它无视道德的存在。玩弄权术或许可能逞于一时,但最终会弄巧成拙。文明的政治不应该与玩弄权术联系在一起。哲人说,诚实是最好的策略,在权力的行使中也是如此。

(3) 效用原则。权力的行使要达到其目的,因而效用是必须考虑的一个因素。效用原则要求在权力行使时首先要把握时机。比如,行使强制性权力的最好时机不一定在实际的行使过程中,而往往是在行使之前。运用强制性权力时采取事先诱导、宣传教育或事先警告等手段,让下属知道领导者提倡什么,反对什么;什么是对的,什么是不对的,使下属形成对领导的敬畏感、崇敬感,对促进人们自觉行动和预防越轨行为作用更大,比发生了问题时再行使惩治权效用更好[①]。其次,效用原则要求在权力行使时注意方法的运用。比如,在权力行使过程中平等的方式要比居高临下的方式来得好;强制性权力的运用要坚决果断,同时要小心谨慎;奖励性权力的运用不能过多过滥等等。此外,在某种情况下,非职位权力的运用可能可以取得比职位权力运用更好的效果。

(4) 责任原则。权力的行使还应当遵循责任原则。权力通常是与责任相连的。拥有什么样的权力就应当承担什么样的责任,我们通常称之权责相称。拥有权力而不承担责任往往会导致轻率用权,甚至滥用权力。例如,我们不时看到决策中的一些重复性错误,其所以发生,在某种程度上是不追究领导者责任的一个结果。责任原则要求我们在制度的安排上有一种设计,并在执行过程中严格按照权责一致的原则办事。

[①] 罗锐韧主编:《哈佛经理手册》,企业管理出版社1997年,第528页。

(三) 权力行使的技巧

权力行使除了客观条件之外,还得益于掌权者行使权力的技巧。在同样情况下,技巧的优劣高低会产生不同的权力行使的结果。权力行使的技巧可以涉及很多方面,这里主要谈两个方面,即塑造权威形象和授权。

(1) 塑造权威形象。正如前面指出的,领导者的权威是行使权力的一个重要条件,而权力力量最重要的就是体现在领导者的感召力上。领导者的感召力通常指影响和改变他人心理和行为的能力。从另一角度说,也是领导者的状况和行为在领导者身上产生的心理效应。

领导者的感召力可分为职位感召力和人格感召力,也有人称之为权力性感召力和非权力性感召力。权力性感召力主要基于传统、职位和资历的因素。在这里,职位是一种最主要的因素,因为它构成了领导者权力的合法性来源。但正如前面所说,仅有这一点是不够的。从某种程度上说,塑造权威形象更重要的方面在于建立非权力性的感召力,或人格感召力。这一感召力的主要构成因素包括:① 品格因素。品格因素指领导者的道德品质、人格、作风等,它反映在领导者的一切言行之中。优秀的品格会给领导者带来巨大的感召力。② 能力因素。一个有才能的领导者会给工作群体带来成功的希望,使人们对他产生一种敬佩感。③ 知识因素。知识本身就是一种权力,领导者如具有某种知识专长,便会对他人产生更大的影响。④ 感情因素。感情是人对客观事物好恶倾向的一种内在反映。人际关系的密切能产生亲和感,从而产生影响力[1]。

除了应当具备两个方面的感召力之外,西方学者的一些研究表明,在权威的塑造上,有三个方面可以加以注意:① 作为领导者,要有尊严,并包括某种程度的神秘性。戴高乐认为领导魅力需要三个因素:神秘、品格和威风。在他看来,"最重要的是,没有神秘就不可能有威信,因为对一个人太熟悉了就会产生轻蔑之感。一切宗教都有神龛,而任何人在他贴身仆人的眼中都不是一个英雄。"尼克松也曾说,如果一个领袖具有神秘、高风亮节的品格和威风,他就能够有威信[2]。② 与下属保持一定距离。等级制组织

---

[1] 罗锐韧主编:《哈佛经理手册》,企业管理出版社1997年,第321页。
[2] 同上书,第325页。

中的职位本身就决定了领导者与被领导者之间的距离。与下属保持一定距离是必要的,但这一距离不能过大,过大表明没人跟上,或上下关系不融洽、不协调;这一距离也不能过小,过小使得领导者混同于一般人而显得无足轻重,丧失其权威和尊严。"军官不能与士兵称兄道弟"正是这个意思,称兄道弟就会使军官无法指挥,无法行使权力。把握这种距离的分寸感是一种艺术。领导者是组织群体中的一员,但又是具有特殊性的一员,没有距离,也就没有了这一特殊性。③ 表里如一。这是权威形象的一个基本方面。表里不一、言行不一的一个直接后果就是导致领导者威信丧失。言必行、行必是塑造权威形象的一个原则。不能想象,一个言行不一致的领导人会受到下属的尊重。

权威形象的塑造不是一个刻意的过程,而应该是在同组织员工互动过程中自然演进的一个结果。它应该是一个领导者不断提高自身修养,改进工作作风,增强工作能力的过程。权威形象并不是一种高高在上、颐指气使的孤家寡人的形象,他应该是组织集体中平等的一员,但却具有核心的力量。

(2)授权。授权是领导者权力行使的一个重要内容。从授权的形式来看,通常有口头授权和书面授权;随机授权和计划授权;个人授权和集体授权;长期授权和短期授权;逐级授权和越级授权等。不管形式如何,授权,简言之,是一种领导者将其法定权力向下属合理分权的行为。

授权是权力行使中的一种常见现象,因为授权通常可以使领导者摆脱一些繁杂琐碎的杂事,而致力于考虑组织全面性问题。其次,将权力授予适当的人,有助于发挥这些人的才干,从而提高自己的工作效率,因为在劳动分工的情况下,作为一个领导者不可能对样样问题都精通。再者,授权提供了一种下属参与的渠道,使下属感受到一种信任,从而加强上下之间一种良好的人际关系。

有效的授权要注意以下几个方面:

(1)授权要恰当。这里的恰当首先指的是授权范围要恰当,对下属的授权要有分寸,授权过大和过小都是必须加以避免的。授权过大,会导致自身权力的空心化,并最终导致权力的架空和丧失。授权过小达不到激励下属的目的。因此,授权要有一个合理的度。其次,人选要恰当。被授权者应当具备行使被授权力的能力和才干,不能不顾授权对象的能力状况而随意授权。此外,授权者和被授权者两者的关系要恰当。这一恰当的关系主要表现在授权者既不因授权而丧失对组织活动的控制或造成组织活动的混乱,被授权者也不因获得授权而跨越授权范围,或在授权范围内处处受制,横遭干涉。

(2) 授权的同时要加以控制。正确的授权不是授权后放任不管,而是对下授的权力具有某种程度的控制。之所以要实施某种程度的控制,在于下授的权力可能因客观条件和主观条件的变化而需要调整。这一控制同时要求授权者大权在握,重要的权力不下授。其次,要让授权对象在获得授权的同时,承担行使该权力相应的责任,从而减少自身对授权控制的负担,再者,授权的控制有助于防止下级的越权行为。

(3) 防止反向授权。所谓反向授权,指的是下级将本来应该由其拥有的权力和承担的责任推给上级,也即通常所说的把应该由他自己处理的矛盾和问题交由上级处理。反向授权会导致上下关系的颠倒,模糊上下权责的划分。它使下级养成一种依赖心理,也使上级处于一种被动状况,疲于应付多种本来不应当由其处理的问题。反向授权的产生可能来自领导者不善授权,或担心大权旁落,凡事都插手。它也可能来自下属缺乏自信,凡事往上推,或害怕承担风险,因而将矛盾上交。

权力在行使过程中会受到一些因素的影响,这些因素概括起来,大致有以下三个方面:

(1) 组织系统的结构有缺陷。这一缺陷首先表现在领导机构的二元或多元设置上,从而形成两个或两个以上的中心。多中心对于权力的有效行使是极为不利的。这一结构设计会导致政出多门,互相冲突,导致命令系统的紊乱。其次,这一缺陷表现为领导者权责不明,职责不清,这导致在权力行使过程中出现一些诸如丧失合法性、权责不相等、交叉重复、效率低下等状况。再者,这一缺陷还表现在组织成员分工不清,角色模糊甚至角色错位上,这使权力行使的互动过程出现混乱。

(2) 领导者职位权力和非职位权力的背离。前面曾指出,有效的权力行使不仅取决于领导者如何行使其职位权力,还取决于他如何行使其非职位权力,两者的统一对领导者来说是一种理想的状况。但在现实生活中,两者的背离都是一种常见的现象。非职位权力方面的一些缺陷常常有力地抵消了权力行使的效用性。导致两者背离的原因,既可能有组织制度方面的原因,例如领导者选拔机制有问题,把本来就不合格或素质低劣的人选拔到了领导岗位;也有可能是领导者个人的原因,因为非职位权力是一个动态的概念,例如不力求上进,不努力提高和完善自己,也会使本来合格的人变得落伍。

(3) 上下人际关系的紧张。这一紧张的人际关系减少了领导者的信誉,并使他的权威性受到挑战。正如前面指出的,行使权力的过程也就是一个上下互动的过程,领导者需要依靠下属的共同努力才能完成组织的目标。紧张的人际关系有可能导致下属不接受权力,从而使权力行使丧失其对象。

除了以上三个方面的因素之外,社会心理、组织文化、领导方式、传统习惯、理想信念等也会对权力的行使产生影响。

三、政　治

(一) 权力与政治

我们把权力定义为一种对他人的行为产生影响的能力。那么,在组织行为中,一般所说的政治其含义又是什么呢? 同样,在这里,对政治也有诸多的定义。一些西方学者例如罗宾斯认为,"组织政治是组织成员的任何一种自利的行为。"有种观点认为政治是一种务实的取向,以一些务实的方法在组织中拔得头筹。也有人认为,组织政治是组织行为的一种重要动力,它尤其与权力的获得有关。还有一种观点认为,政治就是权力行使。梅斯认为,权力涉及潜在的对他人的成功影响。当要采取行动来完成这一理想目标时,我们便不再谈论权力,而是开始谈论政治。很容易想象这一状况:一些人干了些事,完成了他们的目标,而这些目标与组织的目标并不必然一致,这就是组织的政治——一些组织和个人为了满足其目标而采取的影响他人的非正式的制裁或赞同的行动。正是使用权力来确定个人自我利益这一因素,才使组织政治与使用组织同意的权力作了区分①。

从以上定义中我们可以看出,在组织行为中,政治首先与权力相连,其次与个人利益和目的相连。但前者没有指出这一权力的主体以及行使的方式,后者没有涉及个人利益与组织利益的关系。事实上,组织行为中的政治

---

① 梅斯:《组织政治的定义》,载《管理学刊》1980 年第 23 期,第 237—251 页。

指的是一种权力的非正式使用方式,其主体是组织的全体成员,行使的目的有可能追求或保护自我的利益,但也可能完成组织的任务或目标。权力的非正式行使方式指的是有时候你必须在组织正式渠道之外去行事,从而保证你目标的实现,这就不是经典的组织理论所涉及的东西,而成了一种政治行为。此外,这一政治行为的行使者可以是组织的所有成员,因为下属也可以通过此类活动对上级产生影响,从而改变上级的行为方式。

尽管组织内有很多政治活动,但 J·格朗兹和墨里的研究表明,这些政治活动不是平等地在组织所有部分中发生的[1]。根据他们的看法,政治活动最可能在不存在或缺少明确的规章的地方(如部门间的合作、提升和转移、授权)发生。相反,在一些具有明确规定的组织活动中(如雇佣政策、惩戒政策),政治活动则最少发生。这表明,政治活动通常是在模糊不清的情况下发生的。如果事有定规,那么人们通过采取政治行动来滥用权力的可能性是很低的。但是,在组织活动中,不可能任何事情都有定规。人们常常会碰到一些全新的模棱两可的状况(在这种情况下,要么没有规则,要么规则模糊不清)。此外,组织是由人构成的,而每个人的目标、价值观和利益都是不同的。要将所有人的目标、利益以及将个人目标和利益与组织的目标和利益协调起来是很困难的。除了使用正式的途径来解决问题之外,解决此类问题的另一个途径便是通过政治讨论、说服和妥协来解决问题。由此可见,政治活动或行为是一种常见的组织活动。J·格朗兹和墨里的研究同时还表明,较多的政治通常会在组织的较高层次发生,而较少在较低的层次发生,因为高层次的利益最大,权力因而也会被滥用。

按照西方学者的观点,政治在组织行为中如同权力一样,是一个中性词,其本身并无好坏,但人们对政治活动中采用的政治手段和权力的运用总是抱有一种怀疑和不信任的态度。政治通常与谎言、欺诈、阴谋和厚颜无耻联系在一起。有一种观点认为,马基雅维利的《君主论》提供了一种对政治手段和权力的最佳认识[2]。在马氏看来,应予称赞的是,一个君主必须始终遵守信用,保持正直,而不是玩弄诡计,进行欺骗,这一点应该是每个人都清楚的。但是,当代的经验却表明,那些做成大事的君主都很少遵守信用,知道怎样狡猾地欺骗别人,而最终他们都胜过了那些以忠诚信用行事的人。

---

[1] J·格朗兹和墨里:《工作场所政治的经历》,载《管理学刊》1980 年第 23 期,第 237—251 页。
[2] 麦金生主编:《哈佛肯尼迪政治学院读本》,四川大学出版社 1998 年,第 128 页。

因此,你必须知道,有两种进行斗争的方式:一种是通过法律,另一种是通过暴力。第一种方式是由人进行的,第二种方式是由动物进行的。由于采用第一种方式经常是不够的,那就必须诉诸第二种方式。对政治手段和权力行使的不信任和无知可能导致屈服于使用暴力的人,而自己也可能使用暴力。因此,通过承认组织需要部分地通过政治来运转这一点入手,我们就能清楚地了解政治手段的好处和缺陷。麦金生认为,"人们认识到领导者和被领导者之间的集体目标,被领导者需要某一东西,领导者满足了他们的需要,而被领导者就让领导者拥有权力。这是在政治上进行良好而又没有政治谎言的政治手段。"①

以第一种方式进行斗争,避开第二种方式,这是人们所向往的。在这里,建立一种健康的组织文化是非常重要的。

（二）政治行为

为了理解组织政治,认识在组织中会以不同形式发生的政治行为是很重要的。R·爱伦曾归纳了五种在组织活动中经常出现的政治行为②。

（1）怪罪于人。当坏事发生时,指责他人是组织政治最常见的策略。常用的手段便是寻找替罪羊,即一些为失败顶罪的人。上司可能会将某些失败怪罪于下属,寻找替罪羊能使政治上精明的人避开(或至少减低)与负面状况的联系。尽管这一做法会产生道德问题,但它在组织活动中经常发生,因而指出这一点很重要。

（2）控制对信息的接触。信息是组织的血液。因此,控制那些知道或不知道某些事情的人是在组织中行使权力的一种最重要的方法之一。尽管组织中很少使用完全虚假的信息(部分是考虑被抓的结果),但控制信息以提高一个人在组织中地位的做法经常可以看到:① 扣押那些使你看上去很糟的信息;② 避免接触那些可能向你询问你不愿泄露的信息的人;③ 有选择地发布信息;④ 用一些可能不完全有关的信息来压倒他人。认识这些控制信息的方法是很有必要的。

---

① 麦金生主编:《哈佛肯尼迪政治学院读本》,四川大学出版社1998年,第128页。
② R·爱伦:《组织政治:组织政治行动者的策略与特征》,载《加州管理评论》1979年,第77—83页。

(3) 树立一种有利的形象。某种程度的"形象塑造"对于那些想提高其组织控制的人来说是再平常不过的了,如一身成功者的打扮,把自己与他人的成功和成就联系在一起,以及关注自己个人的成功和其他一些积极的特征。

(4) 建立支持基础。为了成功地影响他人,取得组织内他人的支持是有用的。例如,管理者在正式提出其建议之前,往往会先说服或通报他人,以保证到时得到这些人的支持,避免被当众拒绝的尴尬。他们也可能通过给他人以好处,使人感到有欠于你的方式来获得支持。组织中的投桃报李便是一种常见的互惠形式。

(5) 与权势者结盟。这被认为是一种最直接的取得权力的方法。比如,一个低等级的人如果有一个有权的导师,就会变得更有力量。再如,人们可能事先同意结盟,即在一起以获得一些共同的目标(如把某个领导人轰下台)。研究表明,相对弱势的团体捆绑在一起是他们取得组织权力的最有效方法之一。

要指出的是,许多的方法导致组织学家把政治行为看作是在多重圆圈里进行的博弈,那么,展现在组织中的政治博弈是什么呢?

研究组织权力和政治的著名学者亨利·明兹伯格指出了四种主要的政治博弈:① 权威博弈。这方面的一些博弈旨在反对权威以及对这种反对的反击。这种博弈可以很激烈,也可以很缓和。组织通常的一个反应是强化权威并控制下属。这种针锋相对的斗争通常对两者带来的是伤害多于成效,因而较多采用的方式是谈判这类更具适应性的技术。② 权力基地博弈。这方面的一些博弈旨在提高一个人组织权力的广度和深度。例如与强者的联盟,它包括将自己依附于一个上升的权势者或功成名就的人,以换回一种行动。一个相对弱小的下属可能通过坚决支持其上司而从他那里获得建议或信息,以及权力或威望,它使双方得益。③ 竞争者博弈。这方面的一些博弈旨在削弱对手,如在直线职能的博弈中,直线上的领导人负责运作,他们同向其提供帮助的职能人员发生冲突,这方面的另一种冲突称之为竞争者信誉博弈。在这种博弈中,不同观点的人或组织旨在减少他人的权力。例如,组织的生产部门可能喜欢稳定和有效的目标,而营销部门可能偏重成长和顾客服务的目标,其结果是每一方都旨在营造支持他的盟友。由于组织需要多个次组织的合作,因而此类博弈通常被视为具有破坏组织功能的作用。④ 变革博弈。这方面的一些博弈旨在产生组织变革。例如,组织成员秘密报告组织的一些不当作法,以期加以制止和带来变革。

在明兹伯格看来,政治博弈或政治活动的存在可能有时对组织没什么影响。如果有,通常是有害的。

(三) 对政治行为的道德制约

正如前面指出的,组织行为中的政治指的是权力在组织正式渠道之外的非正式行使方式,是在正式结构无能为力的情况下采用的一种方式和手段。这种方式和手段有助于组织目标的达成,但另一方面,它也为非正当地使用留下了空间。由于正式的制度结构上的制约通常针对的是组织的一些正式的权力安排,因而对政治行为的制约也许只能更多地从道德层面进行,以防止不当的政治行为对组织造成伤害。

如何使政治行为变得有道德? 一般认为可以有以下三条加以辨别的标准: ① 政治行为是有助于个人私利还是有助于完成组织目标? 如果是前者,则是不道德的。② 政治活动是否尊重受影响的人的权利? 一般来说,违反基本人权的做法是不道德的。例如,建立在间谍技术之上的政治技术是非法的,而且还影响了别人的隐私权。③ 政治活动是否符合平等和正义的标准? 任何不正当地损害一方或有利于一方是不道德的,对两个同样资格的人给予不一样待遇即是一例。

毫无疑问,对政治行为的道德制约是重要的,道理很简单,组织中权力的滥用会带来伤害,从组织管理的角度来说,政治行为应表现出它积极的一面,其消极面则应当予以压抑。这样,就有必要建立一些提高组织道德的战略,其要点包括:

(1) 从上到下进行整合。领导者首先应该在组织活动中提高其道德意识,道德不是自动产生的,而是通过从上到下的交流形成的。如果组织的上层能以身作则,则能起到上行下效的作用。领导者应该在道德方面成为组织员工的表率。

(2) 通过规章来确定道德。应当建立指出非道德行为的正式的程序,因为规章的确立需要受到一些处理非道德行为的具体程序的支持。建立组织的道德典则是需要的。同时,确立一些上诉程序可能也是有用的,因为有了这样一些程序,员工就可以大胆地指出一些不道德的组织行为。

(3) 把道德规则融入组织所有的职位中,使其制度化。职位除了涉及员工的权利、责任、任务、行为角色等内容外,还应包括道德的内容,这里主要是职业道德的内容,而职业道德对于确定或修正个人道德是有作用的。

(4) 形成一种健康的组织文化。人的机会主义倾向往往是一些不道德行为得以产生的一个原因,而这种机会主义的产生在很大程度上又是同组织的环境和文化联系在一起的。组织应该培育一种健康向上的组织文化和道德氛围。从外部方面着手(如确定道德规则等)来制约人们的道德行为固然重要,但是,使人们自觉地表现良好的道德行为可能更重要。在这里,组织文化起着更为重要的作用。

思考题

1. 权力的不同构成基础对于权力的行使具有什么意义?
2. 如何创造有利的权力行使的条件?
3. 你如何理解政治斗争的两种方式?如何制裁不道德的政治行为?

第四篇　组织发展

第十一章 组 织 设 计

> 组织是人们耳熟能详的概念，也是人类社会中最常见、最普遍的现象。企业、学校、政府机关、党派团体等等都是组织的例子。实际生活中，人们也总是依附于一定的组织。"人是天生的社会动物"，也即人的社会性决定了组织存在的必然性，没有组织的社会是无法想象的。如此，组织也便成为众多学科的关注对象，政治学、社会学、管理学、心理学等都曾把组织作为热点来研究。但进入当代以来，组织研究越来越趋向于专门化和独立化，现代组织学、组织行为学等独立学科的形成标志着这一点。本章就是从组织行为学的角度来对组织进行考察，分析了组织与组织要素、组织理论，以及影响组织设计的因素和组织设计的过程。

一、组 织 概 述

（一）组织的含义及其分类

组织，在英语中为 organization，来源于器官（organ），因为器官是自成系统的具有特定功能的细胞结构。后来又逐渐演变为专门之人群而言，运用于社会管理之中。在中国古代，"组织"一词原指丝麻织成布帛。《辽史·

食货志上》有"饬国人树桑麻,习组织"之说。有关组织活动的论述则更为古老,如《孙子兵法·势篇》有"凡治众如治寡,分数是也","斗众如斗寡,形名是也"。这里"众"、"寡"指组织形式,"治"、"斗"指组织方法。

组织是由若干要素组成的有机整体。其基本构成要素包括以下几个方面:

第一,组织目标。组织目标是组织赖以建立和存在的前提和基础,也是组织活动的出发点和归宿。任何组织,都有自己的目标。例如,人们建立企业组织,其基本目标在于最大限度地进行生产并实现利润最大化;建立政府组织,其目标在于最有效地实现对国家事务和社会公共事务的管理。因此,不同的组织其目标是不同的。即使是在组织内部,组织目标也不是单一的。组织目标实际上是一个体系,由上到下,由宏观到微观构成了一个多层次、多序列的庞大体系。

第二,组织成员。组织成员是指组织中人的因素。人是社会活动的主体,自然也构成组织的基本要素。这有两层意思。首先,组织如果没有人,就无法运转起来,再好的目标、再有效的规章制度都会流于形式。其次,组织存在的价值最终都可以归结为是实现人的目的,组织必须贯彻"以人为本"的原则。一个组织要实现良性发展就必须有合理的人员结构,这会涉及组织人员的选拔、任用、管理等。

第三,制度规范。实践生活中,组织的运作一般总是井然有序的,这归功于组织所具有的制度规范。这些制度规范既可能是外部赋予的,也可能是组织自身制定的。例如,国家行政机关的活动必须依照法律、法规的规定来进行,实现依法行政。而其他的一些非公共组织,为了实现组织目标也必须制定自己的制度规范,同时他们的活动也必须在法律允许范围内开展。制度规范就组织的目标、权力分配、运作程序、成员的权利义务关系等方面作出规定。因而,制度规范的完善程度,是衡量组织是否健全的主要标志。

第四,组织机构。组织机构是组织的实体,也是履行组织职能、达成组织目标的载体。任何组织都设立相应的组织机构,以便承担相应的职能。组织的机构是分层次、分领域的。组织机构的设计必须考虑到组织的实际需要。一般应该做到设置科学合理、精干高效。组织机构设置是组织设计的重要内容。

第五,权责体系。权责体系是组织内部权力分配、权责关系、指挥系统、运行程序、沟通渠道及各种机构、各个岗位在组织中的地位、作用及其内在联系的具体表现。权责体系的科学配置,既要做到各层次、各部门、各职位的合理分权与分工,又要做到明确各部门、各职位与整体组织之间的权责关系。

第六,物质要素。组织的物质要素是指组织经费、办公场所、办公设备、物资、用品等进行组织活动所必需的物质条件。物质要素是组织进行活动的最基本的前提。组织的物质要素的来源因其自身性质不同而有差异。如企业组织其物质要素来源于自身生产的利润,而对于政府组织,却来源于税收和其他各类收费。

现代意义上的组织,是静态组织结构和动态组织活动过程的统一。所谓动态组织指的是,在特定环境中为了有效地实现共同目标和任务,确定组织成员、任务及各项活动之间关系,对资源进行合理配置的过程。所谓静态组织是指由若干个人或群体以一定形式所组成的社会实体单位。此外,还有人从两者统一的角度来界定组织,如巴纳德认为组织是"两人以上有意识地协调力量和活动的合作系统"。本章主要侧重于静态的组织研究。

从以上定义中我们发现组织至少有以下几个层面:① 组织总是体现着一定的社会关系,因而也体现一定人员和团体间的互动;② 组织总具有一定的结构形式,这种结构成为一定社会关系的载体;③ 组织是一个开放系统,不断与外部环境进行材料、能源和信息的交换,从而不断改革和发展。

此外,组织分类的标准是多样的。如根据组织的规模大小可以分为小型组织、中型组织、大型组织和巨型组织;根据组织性质可分为政治组织、经济组织、文化组织和社会组织;根据组织的层级地位可分为高层组织、中层组织和基层组织等等。众多的研究者也从不同角度对组织进行了分类,比较有影响的主要有以下几种。

第一,正式组织和非正式组织。将组织分为正式组织和非正式组织,是许多社会学家、组织行为学家、心理学家所一致赞同的。但较早而又系统地对两者从理论上进行分类和论述的应当说是美国著名管理学家 C·巴纳德。巴纳德认为,当两个以上的人为既定目标而自觉协调其活动时,这样的组织是正式的。他接着提出:正式组织的实质就是有自觉的共同目标。每个正式组织必须包括以下几个系统①:① 职能化系统,使人们有可能实行专业化分工;② 有效的激励系统,能引导人们对集体的行动作出贡献;

---

① 李建设:《现代组织学》,浙江教育出版社1998年,第21页。

③ 权力(权威)系统,能引导集体成员接受管理者的决定;④ 合理的决策系统。

总之,正式组织是为了有效地实现某一目标,对组织内部成员职责范围和相互关系用方针政策、规则、章程、组织图等明文规定而构成的一定组织体系。

关于非正式组织,霍桑实验发现了非正式组织的存在,但巴纳德在《经理人员的职能》中第一次对此作了较系统的论述。他认为:"非正式组织就是在正式组织中,由于个人之间的相互接触、交互影响而形成的自由结合体,它不具有特定的目的,而是具有偶发性或自然形成的。"非正式组织一般具有以下特点:① 自发性。正式组织中的成员往往出于满足自身友谊、帮助、社交等需要,而在正式组织之外自发形成。② 内聚性。非正式组织虽然没有严格的规章制度维系约束其成员,但他们之所以能够凑到一起,或是因为有较为一致的生活目的,或是有相近的价值取向,或是有共同的兴趣爱好,或是有共同的生活背景,或是有切身的利害关系……这些都会使其成员产生较为一致的团体意识,起着内聚和维系成员的作用。③ 不稳定性。由于非正式组织是自发产生、自由结合而成的,加之没有正式的结构体系和规章制度的约束,就呈现出很大的不稳定性。它往往随着环境的变化、观点的更新、新的人际关系的出现等而发生变动。

在实际生活当中,非正式组织对正式组织起着补充、限制的作用。首先,它具有促进信息传递的功能,可以沟通不便由正式组织中正式渠道所通过的信息和意见,能缩短人们的心理距离,从而有助于主管人员了解真实情况,作出合乎实际的抉择。其次,它能够影响和激发成员为整体服务的愿望,增强正式组织的凝聚力。再次,正式组织可以借助于非正式组织的互动关系,避免正式组织过多过滥的控制,有利于保持个人尊严,实现心理满足。当然,如果引导不当或管理不善,非正式组织的消极作用也是同样明显的,不仅可能妨碍正式组织功能的发挥,而且会导致组织的分裂、僵化和衰退。

第二,社会功能分类说。美国著名社会学家帕森斯根据组织的社会功能和效益,将组织划分为四种类型:生产组织、政治组织、整合组织和模型维持组织。生产组织以经济生产为核心,不仅包括从事物质生产的企业组织,而且包括医院、饭店等服务性组织。政治组织是指为了实现一定的政治目的进行权力分配的一种组织。帕森斯认为美国的一些政党和有地位的宗教团体都属于这一类。整合组织是用来协调社会内部各种冲突,维系社会秩序从而引导人们向某种既定目标发展的一种组织,例如法院。模型维持组织的功能在于维持某种固定的形式,确保社会发展,例如学校、社团、教会等。

第三,人员分类说。这种分类方法是由美国社会学家艾桑尼提出来的,他根据组织对成员的控制方式和组织成员的顺从程度的不同,将组织划分为强制型组织、功利型组织和正规组织。强制型组织是用高压和威胁等强制手段来控制其成员,而部属对上级的行为则漠不关心。例如监狱、战俘营、精神病院等。功利型组织是用金钱或物质的媒介作控制的手段,例如工业组织、商业组织即属此类。正规组织则是用在伦理道德或信仰等基础上形成的规范权力来控制成员,例如宗教组织。

第四,实惠分类说。美国著名社会学家、交换学派的代表皮特·布劳等人根据组织目标与受益者的关系不同,把组织划分为互利组织、商业组织、服务组织、公益组织四种类型。互利组织是指所有参加者都对可获得实惠的组织,例如工会、政党团体、宗教团体、俱乐部等。商业组织是指组织的上层人物方可获利的组织,工厂、公司、企业、银行都属于此类。服务组织的受惠者是顾客或服务对象。公益组织的目标则在于为社会和一般大众谋取利益,警察机关、行政机关、军事机关、科研机关均属此类。

(二) 组织的结构与功能

组织结构就是表现组织各部分排列顺序、空间位置、聚集状态、联系方式以及各要素之间相互关系的一种模式,它是执行管理和经营任务的体制①。简言之:组织结构是组织的外在形式,是组织各要素的一种特定安排,及组织各要素的排列组合方式。组织结构在整个管理系统中起着"框架"的作用,有了它,系统中的人流、物流、信息流才能正常流通,使组织目标的实现成为可能。一般而言,组织结构的形式主要有以下几种:

(1) 直线型组织结构。这是最早、最简单的一种组织结构形式。指组织依纵向划分为若干等级,各层级的业务性质和职能基本相同,不同层级的管辖范围自上而下逐层缩小,各层级分别对上一级负责而形成的层级节制的组织体制。故又称为层级制。例如军队建制中的连—排—班—士兵的层

---

① 杨文士、张雁:《管理学原理》,中国人民大学出版社1994年,第176页。

级系列。其优点是结构比较简单,权力集中,责任明确,命令统一,联系简捷,行动效率较高。其缺点是对领导者的要求很高,领导者必须是"万能的",因为领导者必须对组织内的全部职权负责。这在组织规模较大,工作比较繁琐与专业时,仅仅依靠领导者个人的知识及能力,几乎是不可能的。一般的,这种组织结构形式只适用于那些没有必要按职能实行专业化管理的小型组织,或者是现场的作业管理。

(2) 职能型组织结构。职能型组织结构形式指的是,组织同一层级根据职能或业务分工,横向划分为若干部门,各部门的职能范围基本相同,但职能或业务性质不同,相互间分工合作的组织体制。这种结构形式是专业化不断发展的产物,职能机构在自己的业务范围内,有权向下级下达命令和指示。因此,下级直线主管除了接受上级主管的领导外,还必须接受职能机构的领导和指示。职能制的优点是能够适应现代组织技术比较复杂和分工较细的特点,实行分工管理,利于专门人才发挥专业特长;利于业务专精,提高管理水平,同时还可减轻上层主管人员的负担;同类业务划归统一部门,职有专司,责任明确,利于建立有效的工作秩序,防止顾此失彼和互相推诿。但其缺点也比较明显,即这种机构形式妨碍了组织必要的集中和统一指挥,形成了"多头领导",对基层来说,"上边千条线,下面一根针",无所适从。同时,它也不便于组织间各部门的整体协作,容易形成部门间的各自为政的现象。

(3) 直线职能型组织结构。实际上,在实践过程中不存在单纯的直线制或职能制。一般而言,都必须将直线制和职能制结合起来。直线职能制综合了前两者的优点并试图克服其缺点,它设置了两套系统,一套是按命令统一原则组织的指挥系统,另一套是按专业化原则组织的职能系统。它是在坚持直线指挥的前提下,为了充分发挥职能部门的作用,直线主管在某些特殊的任务上授予某些职能部门一定的权力,他们也可以在权限范围内直接指挥下属直线部门。可见,直线职能制能较好地将命令统一和发挥部门积极性结合起来,既保证了行动效率,有利于集思广益。我国整个行政政府体系的设置基本上是遵循这一形式的。

(4) 矩阵式组织结构。矩阵组织结构既不同于管理中的"水平"组织联系,也不同于其"垂直"组织联系。它是为了加强组织内各职能部门之间,职能部门与规划项目之间的协作,把组织内各部门有机联系起来,把集权与分权更好结合起来而建立的一种有效的、多功能的组织结构。在矩阵组织结构内部,存在着纵向的职能系统和为完成某一任务而组成的横向项目系统。在这一组织结构中,其成员由各相关的职能机关或部门根据任务的需要配备,隶属关系仍属于原单位;专门项目小组或委员会负责人对特定任务负领导责任,对整个工作统一协调和指导。相关的职能机关或部门对特定任务不负直接责任,但有义务予以支持和合作。对员工而言,他们既同原职能部门保持组织与业务上的联系,又参与项目小组,接受项目小组负责人的领导和指示。

矩阵组织结构的优点是:① 把职能分工和组织合作结合起来,有利于专项任务的完成。② 常设机构和非常设机构结合,既发挥了职能机构应有的作用,保持了常设机构的稳定性,又使组织具有适应性和灵活性。同时,由于专项任务一完成,非常设机构即行撤销,避免了组织机构的膨胀。③ 有利于个人的提高和发展,矩阵组织内的每个人都有更多的机会学习新的技术和技能。但其缺点也是明显的:① 由于员工往往接受双重甚至多重领导,因而容易造成员工无所适从,尤其是当他所接受的命令不一致时;② 很难保证组织的职能机构和专门任务小组的行动一致与意见协调,容易造成工作中的扯皮现象或低效率,因而,需要较高的协调成本;③ 由于矩阵组织本身的不稳定性,往往导致组织工作人员缺乏归属感和安全感。

矩阵组织结构并不是在任何情况下都适用。一般来说,在下述几种情况下可能存在矩阵组织:① 在外部环境的压力下出现双重中心任务;② 当一个组织需要获取大量的信息情报时;③ 当一个组织的下述几个部门同时要求分享某一资源时[1]。

显然,在现实生活中组织结构是多种多样的,不管是哪一种组织结构组织功能即组织在社会生活与生产中的职责与功能,不同的组织结构具有不同的功能,同样的组织结构可能也具有不同的功能。但在一般意义上,组织至少具有以下几类功能。

(1) 组织可以形成合力,完成个体所不能完成的任务。组织本身是一定社会成员为实现一定的目标而形成的有机结合体。单个人所完成不了的任务,在个人以一定方式结合起来后则可以完成。即使是在原始社会,由于生产力水平的极其低下,人类为了生存的需要如捕获猎物、抵御自然灾害等,他们在实践中就感受到,单个人是无法做到这一点的,而众多人联系起

---

[1] 〔美〕里基·W·格里芬:《实用管理学》,复旦大学出版社1989年,第283页。

来采取集体行动则是安全而有效的。其原因在于,组织即意味着合作,而合作是能够产生"社会生产力"的。这种综合"社会生产力"是相对于个人天生所具有的"自然生产力"而言的。它是在"自然生产力"基础上形成的"集合效应"。它是高于个体"自然生产力"的"机械之和"。

(2) 组织可以满足成员的心理需要。"人是天生的社会动物",一个人从出生之日起,就生活在一个组织化的社会之中。并且,这一过程贯穿于个人一生的始终。任何人在人生的不同阶段都要加入一个或多个组织,个人在组织中获取自身生存的各种资源和满足。其中对人们心理的满足是个重要方面,例如人们在组织中可以获得安全感,可以满足自尊的需要,可以增加自信心,可以增加力量感等。

(3) 组织有利于资源的优化配置。组织存在的前提是它必须拥有相应的资源,从这个角度讲,组织是一个资源占有和分配单位。通过组织活动,它使得各种资源流向社会各个领域。组织发展一方面是社会分工和专业化发展的产物,但另一方面,社会组织本身又可以促进专业化。这就有利于各种资源的优化配置。

(4) 组织的存在是社会发展所必不可少的。组织是社会存在的基本单位,各种组织共存是社会的一大基本特征。很难想象一个缺失组织的社会是一个能健康发展的社会。社会的发展与进步过程实质上就是一个组织化程度不断提高的过程,作为一种重要的社会资源,它在社会发展中起着不可替代的作用。

二、组织的一般理论

(一) 传统组织理论

传统组织理论(又称古典组织理论)盛行于 20 世纪 10—30 年代,它着重分析组织的结构和组织管理的一般原则,研究内容主要涉及组织的目标、分工、协调、权力关系、责任、组织效率、授权、管理层次和幅度、集权和分权等。代表人物有:提出官僚制理论的 M·韦伯,提出科学管理理论的 F·泰罗,提出行政程序理论的 H·法约尔以及作为这一时期组织理论的综合者和传播者的古利克和厄威克。

1. 马克斯·韦伯的官僚制组织理论

韦伯提出的"官僚制"(科层制)并非是低效率的贬义词,而是专指组织结构设计中的某些特点。他认为,从纯技术的观点来看,官僚制组织是效率最高的组织形式。韦伯十分强调权威在维系和支配一个社会组织中的作用。他提出了三种完全不同的组织形态:神秘化组织、传统型组织和法理型组织。每一种组织都意味着它独特的管理机构和管理体制。在现实生活中,可以说,任何组织都是三种形态的结合。其中,他认为官僚制是最接近于理性化的组织。官僚制组织指根据一定的规章制度建立,采用层级节制的结构,并依照一整套规定的途径和程序来实现组织目的,组织内的每一职位被赋予相应的权力,领导者的权威建立在职位的基础上,在组织内部进行明确的专业分工,根据学识和能力选用合格人员,使工资和工作相称,并采用固定薪金。它具有六大特征:① 权限法定;② 等级结构;③ 非人格化;④ 官员的职业化;⑤ 注重人员培训;⑥ 完善的规章制度。韦伯认为,这种组织具有"准确性、稳定性、严格的纪律性和可靠性","能够取得最高的效率"[1]。官僚组织之所以有效,在于它有基于职能专业化的分工制度,有明确规定的职权等级制度,有关于任职者职能与职责的规章制度,有处理工作情况的程序,以及人与人之间的非人格化按能力与才干选择人员并加以培训的制度。

韦伯的官僚制组织理论是西方现代工业发展的结果,反映了现代科学技术对组织管理理论的要求。并且,官僚制组织形式也成为现代社会许多组织机构的典型。韦伯也因对组织理论的巨大贡献而被后人视为"组织理论之父"。但是,官僚制并非没有缺点,许多研究者已经指出了其缺陷:① 容易导致组织内部的部门和目标冲突,不利于上下和水平沟通。② 组织成员过多地囿于规章制度的限制,使得组织成员缺乏灵活性和创造性。③ 组织中严格的等级制削弱了成员的主动性,民主参与气氛淡薄,并容易导致领导者的官僚主义。④ 注重非人格化使组织变为一个不注重成员感情,缺乏人情味的团体,成员很难得到心理满足[2]。在现代科技日新月异的当代,官僚制的不足更是日益明显。

---

[1] 马克斯·韦伯:《社会与经济组织理论》,纽约:格兰科自由出版社1964年,第337页。
[2] 参见李建设:《现代组织学》,浙江教育出版社1998年,第43页。

2. 泰罗的科学管理组织理论

被称为"科学管理之父"的泰罗是科学管理学派的代表人物,他一生中发表了许多管理论著。1911年出版了他的代表作《科学管理原理》,在这本书中尽管他并没有专门论述组织理论问题,但人们仍然可以从他的管理思想中读出有关组织思想的真知灼见。泰罗在组织理论方面的贡献主要有以下几点:首先,关于组织系统的部门分类。泰罗认为,要保证和完善任务管理,必须建立一套组织系统,这一系统至少应包括四个部门:作业科学研究部门、培训部门、保证工作条件的部门和计划部门。其次,主张把计划职能(管理职能)和执行职能(实际操作)分开,计划职能由专门的计划部门来承担,这实际上是主张将管理者的管理职能和工人的作业职能加以分离,各负其责,同时又相互合作。再次,强调组织管理职能的专门化,即将整个管理工作划分为许多较小的管理职能,管理者尽可能只专门地分担某一种管理职能。最后,提出组织管理中的例外原则。例外原则是指高层领导保留处理例外事项的决定权和控制权,而把处理例行的、常规性的一般日常事务的权力分解给各职能部门和下级管理人员,它是和职能化组织管理紧密相连的。这里的"例外"包括两种情况:第一,由于新情况不断出现,会产生某些各职能部门原有权限中并未列入的事项;第二,各职能部门之间、职能部门和下层人员之间在工作中难免引起相互矛盾,而这些矛盾是他们难以自身调节的。这些例外情况需要高级管理人员的直接处理。

泰罗的科学管理组织理论尽管是他对工业组织长期研究的结果,但是,他的这些思想无疑具有普适性,对于一般行政组织也具有指导意义。

3. 法约尔的行政组织理论

亨利·法约尔是法国著名的管理学家,一生从事大公司的管理实践,有着丰富的组织管理经验,他晚年写出的《工业管理与一般管理》堪称管理学说史上的不朽名著。在这本书中他对自己一生中的管理实践和管理思想进行了总结与系统的阐述。归纳起来,主要有以下几个方面:① 提出了管理五要素说,法约尔对管理做出了如下定义:"管理,就是实行计划、组织、指挥、协调和控制"①。并将管理活动视为与技术活动、安全活动、营业活动、会计活动、财务活动同等重要的企业六大活动之一。② 提出了组织管理的

---

① 〔法〕H·法约尔:《工业管理与一般管理》,中国社会科学出版社1998年,第5页。

一般原则①。③ 组织的外部形态和内在要素,法约尔认为,组织的外部形态指的是组织的外在结构形态。这种形态是由人员的数目决定的,人数少则管理层次少,人数多管理层次也就多。最低层次的组织以不超过15人为宜,超过15人则应增加组织数,同一层次的组织不应超过四个,否则就应增加组织的层次。组织的内在要素指的是组织人员特别是管理人员的素质和能力,同样层次同样人员数的外部形态结构组织,但效率却不一样,关键在于组织的内在要素不一样。④ "跳板原则"。在论述等级制度当中,法约尔认为,有许多事情,其成功就在于执行得快,因此,就应该把尊重等级路线与保持行动迅速结合起来。为此,他创造性地提出了"跳板原则"(又称"法约尔桥"),即如果两个平行的组织发生矛盾,可直接协商解决,并在事后及时向他们各自的领导汇报他们所共同商定的事情,而不是沿着等级路线,逐级上报直至最高级,然后再从最高级逐级往下批示的循环往复过程。这样的解决方法就可以减少沟通环节、提高工作效率。⑤ 参谋组织。法约尔是坚决主张命令统一原则的,但他同时也认识到了这一原则的不足。因为,高层领导能力再强,也难以胜任广泛而复杂的直接管理职能,为此,他提出设置参谋组织来协助高层领导进行管理。参谋组织由各方面具有专门知识和能力的人员组成,其主要工作在于协助领导做好决策工作。

4. 古利克和厄威克的贡献

古利克和厄威克分别是美国和英国的管理学家。他们是传统组织理论和管理理论的汇集者和总结者,他们的贡献不在于为组织理论和管理理论增添了什么,而在于他们对传统组织理论的系统化、条理化和一体化并首次提出"组织理论"这一科学名称。他们所编写的《行政管理科学论文集》集中反映了古典管理学派的思想精华。当然,他们在总结前人思想基础上也提出了一些重要的组织理论和组织原则。古利克在研究了法约尔管理五职能论后,提出了管理七职能论——POSDCORB,即计划、组织、人事、指挥、协调、报告和预算。厄威克则提出了他认为可以适用于一切组织的八项原则:① 目标原则,及一切组织都应当表现为一个目标;② 权责相符原则,即权限与职责必须对应;③ 职责原则即上级对所属下级的工作绝对负责;④ 等级原则,即组织中必须划分若干等级;⑤ 控制幅度原则,即上级领导人直接管辖的下级人数不应超过5—6人;⑥ 专业化原则,即一个人的工作限为一

---

① 参见 H·法约尔:《工业管理与一般管理》,中国社会科学出版社1998年,第23—50页。

种单一的职能;⑦ 协调原则,即组织各层次、各部门达到协调一致;⑧ 明确性原则,即对每项职务都要有明确的规定。

以上简单介绍了传统组织理论的基本观点,不难发现,传统组织的特点是注意分析静态组织结构和研究管理原则,以追求组织的合理化和效率为宗旨。在研究方法上不同程度地采用制度、法律、机构的研究方法,以建立一般组织原则为主。传统组织理论开创了人类对组织管理的有系统的研究,提出了一系列有价值的管理思想和观点,并为后来的组织研究奠定了基础,至今仍具有重要的影响。但是,传统组织理论的不足同样明显。主要表现为:① 只注重对组织静态结构的研究,忽视了对组织动态面的研究;② 过分强调组织的人格化、理性化,而忽视对人的主观能动性及多方面的需求的研究。仅仅把人视为生产工具和经济动物,忽视了人的尊严和价值,对人的关心不够;③ 他们只将组织当作一个封闭性的系统来研究,忽视了各种组织赖以存在的社会条件和社会环境及其相互之间的关系和影响。

(二) 行为科学组织理论

这是一种研究组织行为和个人行为,并以人的行为为研究重点的管理理论,它是组织理论发展的一个重要阶段。该理论产生于20世纪30年代,它综合运用人类学、社会学、心理学、经济学、管理学等理论和方法,注重研究行为及产生这些行为的原因,经历了从研究人际关系到应用行为科学的发展过程。其主要代表人物有梅奥、巴纳德、马斯洛、西蒙、赫兹伯格、麦格雷戈等人,下面略作阐述。

1. 人际关系组织理论

1927—1932年,美国学者G·E·梅奥等人主持的霍桑试验开创了对组织中人际关系的研究。该试验结果指出,组织不仅是一个经济和技术结构,也是一个社会和心理结构。个人不仅是传统组织理论认为的只受物质刺激、追求感性的"经济人",而且首先是愿意合群,通过合作取得工作成果的"社会人"。因此,个人不仅受经济奖励的激励,而且受各种不同的社会和心理因素的激励,不断增强职工的满足感可以提高工作效率。霍桑试验首次指出,在正式组织之外还存在着非正式组织,其研究旨在揭示不同于过去正式组织条件下的人际关系,揭示正式组织和非正式组织的关系,并注重研究非正式组织所起的作用。在此基础上,人际关系组织理论强调应对传统观念中的以正式结构和职位为基础的领导方式作实质性的修改,主张民主式"参与管理"。

2. 组织均衡理论

巴纳德是这一组织理论的提出者。该理论把组织特性和人的特性联系起来,指出为保证组织的生存,组织应在一定条件下诱导其成员参与组织活动,对组织做出贡献。组织通过"贡献"与"诱导"之间的"平衡"来进行活动。巴纳德提出了"效力"和"效率"两个概念。所谓效力是指一个组织由于其成员的努力协作而达到目标的程度,效率则是指组织对其成员个人目标的满足程度。组织只有在实现组织目标的同时也能够不断为其成员提供使他们的个人需要得以满足的条件,确保其贡献与满足平衡时,才能抵消成员对组织的离心力,从而提高组织的效力。这样,组织的管理者的重要职能就是对管理对象"进行刺激"。巴纳德认为,对组织成员来说,社会和心理刺激是第一位的;经济刺激是重要的,但是第二位的。组织若要发展,必须同时提供特殊的和一般的诱导,即精神的和物质的诱导。此外,组织均衡理论也强调正式组织和非正式组织之间的平衡,对非正式组织进行正确的引导有助于促进正式组织的效率。

3. 马斯洛、赫兹伯格、麦格雷戈的组织理论

马斯洛、赫兹伯格和麦格雷戈在组织成员的激励和人性等问题上,提出了新的见解。

20世纪40年代,马斯洛提出了需求层次理论,在他的《人类动机理论》和《动机和人》等著作中把人的需要按其重要性和发生的次序分为五个层次:生理需要、安全需要、社交需要、自尊需要和自我实现的需要。当某一层次的需要得到相对满足后,其激发动机的作用随之减弱或消失,此时上一级的较高层次的需要成为新的激励因素。因而"人类的基本需要是一种有相对优势的层系结构"[1]。

F·赫兹伯格于20世纪50年代末在《工作的动机》中进一步研究了人的激励动机问题,并提出了双因素理论。即在每种工作中都存在着激励因素和保健因素。赫兹伯格通过实地调查发现:引起职工不满的因素,主要是金钱、地位、安全、监督系统、工作环境、人际关系等。他称这类因素为

---

[1] A. H. Maslow:"*A Theory of Human Motivation*",《Psychological Review》,July,1943.

"保健因素",这些因素的缺乏会引起职工的不满,但有了它们也并不能构成强烈的激励,它们只能构成维持工作的最低或及格标准。使职工感到非常满意并形成强烈激励的因素主要是工作过程中的工作成就感、工作进步、工作成长、工作责任等。赫兹伯格称这类因素为"激励因素"。赫兹伯格的双因素理论与马斯洛的需要层次论有一定的联系。马斯洛侧重分析需要与动机,赫兹伯格侧重分析满足这些需要的目标和诱因;保健因素和激励因素分别与马斯洛需要层次的划分有着对等关系。

D·麦格雷戈注重对人性的研究,20世纪60年代在其代表作《企业的人性方面》提出了X理论和Y理论。他认为,X理论从否定而悲观的观点看待人性,传统组织理论属于这一类。他们假设人性好逸恶劳,缺乏主动性。因而,只能采取命令、强制的管理方式。为此,麦格雷戈提出与此项对应的Y理论。Y理论对人性的判断要点如下:① 人生性并非懒惰和不可信任,组织成员对工作的态度,取决于他们所处的环境,如果组织给予积极诱导和激励,成员将渴望发挥才智,反之则视工作为一种痛苦;② 强制和控制不是使成员完成组织目标的惟一方法,他们在执行自愿的工作中能够自我控制和自我指导;③ 人在正常条件下能学会承担责任,并能主动要求承担责任,具有相当高的创造力、想像力和解决工作中问题的能动性。但在现代社会条件下,实际上人的才智只发挥了一部分。以Y理论为基础的管理方法能够鼓励组织成员参与决策,向他们提供承担责任和挑战性的工作机会,扩大他们的工作范围,便于组织分权和授权,倡导他们对自己的工作进行评价,通过激励和诱导,使他们努力工作来实现组织目标,从而实现"组织目标和个人目标的结合"。

4. 西蒙的组织理论

H·西蒙是决策学派的代表人物,他提出"管理即决策"的著名论断,组织首先是决策的网络。与此相适应,他的组织理论也是围绕"决策"这一中心来展开的。西蒙的观点可以归纳如下:① 组织机构的建立必须同决策过程联系起来,而不能只遵循部门化原则。② 组织系统内部一般分为三个层次,高层机构要设计整个系统,确定其目标并实施监督,大多是非程序化决策;中层机构管理生产和分配系统的日常工作,大多是程序化决策;基层机构从事于直接生产过程,基本上是程序化决策。③ 关于组织权力的配置,西蒙认为从组织决策的角度看,集权和分权各有利弊,因此他强调要适当地分权和集权,而不应绝对分权和集权。在整个组织的决策必须是集权的,但由于个人能力的有限,在某些问题上必须适当地分权。④ 组织结构的设计要按照分工原则,但西蒙强调的组织分工不是指业务内容的分工,而是将整个决策系统的组织分解为彼此独立的子系统,以尽量减少子系统之间的依赖性,使其有充分的决策权,以便最大限度地分散决策。

行为科学组织理论开拓了组织研究的新领域,与传统组织理论相比而言,它在以下方面实现了超越:从静态研究发展到动态研究;从以研究结构为主到以研究人及其决策过程为主;更加重视组织中人的因素,不仅强调组织目标的实现,也强调个人目标的实现;不仅强调对正式组织的研究,也强调对非正式组织的研究;研究方法上主张多学科联合攻关,从规范研究转向实证研究。但学者们也认为这些理论过分注重人的研究,忽略组织的结构功能。同时其中的许多论点也有失严谨和偏颇,例如对人性的抽象假设,一些命题在实际行动当中也难以真正实践①。

(三) 系统学派组织理论和权变理论

系统学派和权变学派是现代组织管理理论中有代表性的两种新学派。系统组织学派兴起于20世纪中后期,它是一般系统理论在组织管理当中的具体展开,它使组织研究从封闭转向开放,从组织内部转向组织内、外的互动。权变理论则是在系统学派基础上的具体应用和展开。这里主要介绍卡斯特、罗森茨韦克、利克特等人的组织观点。

1. 卡斯特和罗森茨韦克的组织观点

卡斯特和罗森茨韦克是美国华盛顿大学的管理学教授,他们在1970年合著了《组织与管理——系统方法和权变方法》,在这本书中系统阐述了他们的系统组织管理理论。其思想如下:

(1) 提出组织是一个开放系统。他们认为,一个企业或一个政府机关,都不是处于封闭状态,它们与组织系统之外的社会环境存在着持续的互动,而且这种互动必须保持动态的平衡。任何一个组织都必须接受足够的资源投入,以维持其正常运转,同时也产生出足量的经过转换的资源供给外部环境,以便继续这种循环,保持组织与社会环境的平衡。

(2) 强调组织是一个整体系统。他们不仅将组织看成是一个开放系

---

① 参见李建设:《现代组织学》,浙江教育出版社1998年,第51页。

统,而且看成是一个整体的、与外界环境有一定界限的社会技术系统。他们认为,任何组织作为一个整体系统一般都有下列五个分系统构成:① 目标与价值分系统,指组织的目标与存在的社会价值。② 技术分系统,指组织为达到目标所运用的各种技术和知识。不同目标的组织,其所需用的技术和知识当然也不同。③ 社会心理分系统,它由相互作用的个人与群体组成,包括个人的行为与动机、人的地位和作用的相互关系、团体与团体间的交互行为等。④ 结构分系统,组织结构与权责分配、信息沟通和工作流程有关。⑤ 管理分系统,负责协调各分系统,以使组织的任务和目标能顺利完成。

(3) 组织内子系统间关系。他们认为,这些子系统之间同样有相互输出、输入的关系,正是这种互动关系使得整个组织构成为一个完整的系统。同时,高效率的子系统构成组织整体系统高效率的基础。运用系统观点来考察管理的基本职能,可以提高组织的整体效率,使管理人员不至于只重视某些与自己有关的特殊职能而忽视了大目标,也不至于忽视自己在组织中的地位与作用。

2. 利克特的组织观点

利克特是美国著名的心理学家、行为学家,长期担任美国密歇根大学研究中心主任。他与他的同事对企业组织和领导模式进行了多方面的研究,他的贡献在于以下几点:

(1) 支持关系理论。他认为,有效的组织模型应更加注意人际关系的行为和各种社会因素。为此,他提出了一种支持关系理论,即职工必须认识到他们在工作中的经验和接触是有助于他们对个人价值及其重要性的认识和感觉的。

(2) 第四系统组织。利克特对组织的模型进行分析和分类,他把既有组织模型分为:第一组织系统、第二组织系统和第三组织系统。第一组织系统与韦伯的理想的行政型组织模型极为相似;第二、第三组织系统虽与第一组织系统有所不同,但是,它们并无本质上的差别,都运用权力主义的命令形式,可把它们统称为权力主义管理方式。在此基础上,利克特提出了自己的第四系统组织模型。他认为,第四系统组织模型是管理效率最佳的模型。与此相适应,第四组织系统中的管理方式也是最有效的,他称之为参与型管理方式。即领导之间、领导与下属之间相互信任;领导欢迎下属人员参加对工作的讨论;领导虚心听取同事与下属人员的意见。

(3) "联系栓"的作用。他提出,在一个组织内,每一个下级的领导人同时又应该是较高一级领导层中的成员。这样,这些领导人就可成为上、下级领导层的联系栓。每一级的领导可积极参与上、下级的决策等一切活动,整个组织就是通过这些联系栓连接成为一个统一的整体的。

3. 权变组织观点

权变学派组织理论的研究视角是在系统观点上发展起来的,它借用了系统理论的宏观构架,即把组织看成一个存在于环境中的系统,但在研究重心上却与系统学派观点不一致。权变学派强调组织中各部分之间以及组织与环境之间的具体关系,旨在提出以何种关系结合能使组织产生最大的效果。它的核心命题是"如果……就要……"的权变关系,其中,环境构成自变量,而组织管理构成因变量,自变量与因变量之间的函数关系就是一种权变关系。其实质是力图找出一种针对某一种特定环境而最有效的组织管理对策。

当然,权变学派的各代表人物的研究重点也是有区别的,他们有的侧重于对组织管理的研究;有的侧重于对组织的结构模式的研究;也有的侧重于对组织领导方式的研究。但和传统组织理论相比较而言,权变学派至少具有以下两个特点:① 它强调根据组织内外不同的具体条件,采取相应的组织结构、领导方式、管理机制。这不同于传统理论主张寻求一种一成不变的、普遍适用的、最好的组织管理理论和方式。② 把一个组织看成是社会系统中的分系统,要求组织各方面的活动都要适应外部环境要求。

权变学派提出了新的分析思路和分析方法,而且,他们的一些理论和具体做法在实践中的应用也产生了较好的效果,从而极大地丰富和提升了组织管理理论。但他们的缺陷在于忽视时间的变量因素,也不说明如何处理或改变在一段时间内各部分,以及组织与环境之间实际发生关系的状况①。

(四) 组织理论的新发展

20 世纪 70 年代以来,世界经济和科技的发展进入了一个全新阶段。这种飞速发展、尤其是科技领域的日新月异带来的影响是双向的。首先,发展带来了社会生活各个领域的广泛变革,发展本身要求有新式的环境与之相适应,发展给社会变革带来了压力性要求;其次,发展本身所实现的进步

---

① 《中国大百科全书·政治学卷》,第 295 页。

足以使得社会中的种种变革成为可能,发展给社会变革带来了可能性保障。这种情况自然也适合于组织理论的发展与变迁。一方面,知识经济时代的来临,给组织设计和组织管理提出了新的课题,即组织如何面对这种新变化进行有效管理;另一方面,信息革命和网络技术的发达为组织的变革造就了基本的物质技术基础。

组织管理学家们围绕时代主题,从不同角度推进了组织理论的创新。提出了许多新概念、新思想。例如,"学习型组织"、"无边界组织"、"柔性组织"、"企业重建理论"、虚拟组织等等。这里简单介绍"学习型组织"。

"学习型组织"是近年来风靡于世界的一种新型企业组织。作为一种管理技术或模式,它使企业在现代创新、竞争和快速发展的现代经济社会中,有着更强的生命力,使之充满活力和创造精神,使管理者胸怀远大,企业公司员工勤奋工作、精神愉快而健康,企业也能够在竞争的风浪中长期稳定而较高速地发展。

"学习型组织"具有以下几种特点:① 组织机构精简,员工实现了相当程度的知识化,因而,有很强的工作能力;② 组织结构和控制的扁平化,在组织改革过程中尽量减少或者取消中间管理层,扁平化控制强调信息共享,重视横向的联系、沟通与协作,重视权力分散、自我管理、民主管理;③ 有弹性,组织具有很强的适应能力,拥有根据可预期变化及其结果进行迅速调整的能力;④ 不断自我创造,强调发挥职工的主动性、创造性,鼓励实现自我超越;⑤ 善于学习,组织领导和员工为能够适应各种环境压力,被要求不断学习,也要善于学习;⑥ 自主管理,这与组织控制模式变化相关,它改变了传统科层制自上而下的严格控制,鼓励实现多元化和个性化。

"学习型组织"之所以能具有上述几种特点,是与它强调以下几项修炼密不可分的。

(1)自我超越:是学习型组织中所有其他修炼的基础,它主要是训练个人能以专注、真诚、主动、宽容及开放的心灵学习成长,使人有理想、耐心与毅力,从而培养个人生命的创造力和成熟的人格。

(2)改善心智模式:就是要组织中的成员时时以开放与求真的态度将自己心里的想法、假设摊出来,认真而坦白地检验它的正确性,进而改善它们。

(3)建立共同远景:学习必须要有方向和动机,共同的远景提供组织一个真正值得长期献身的目标及不断学习创造的动力。

（4）团体学习：它必须植根于自我超越、改善心智模式和建立共同远景等修炼的基础上，组织成员才能以开放、真诚、整体为重的态度不断相互练习深度思考与求真的对话技术。

（5）系统思考：是学习型组织中整体动态搭配能力的核心。它训练我们如何扩大思考的时间范围，将问题放回它所处的系统中来思考，以了解问题所在系统的全貌。此外，它还提供一些思考方法与工具，以了解系统之所以产生变化及其背后的整体互动关系。

三、组 织 设 计

（一）组织设计过程

组织设计就是对构成组织的各个要素、各个部门进行总体规划，并把目标、责任、权力等进行有效组合和协调，以形成有效组织活动和组织结构的过程。它主要包含以下几层意思：

（1）组织设计是人们有意识的选择行为。组织设计的主体是人，为了组织设计的有效性，组织设计者必须充分地发挥主观能动性，它必须在众多的选择中作出抉择。

（2）组织设计的核心是组织结构设计。组织设计的含义是广泛的，它既可能组织实体的构建过程即组织结构的设计、调整和安排；也可能是活动和过程的动态"组织"。但一般而言，组织结构设计是组织设计的核心和基本点。因为，组织结构的设计过程实质上几乎涵盖组织的各个方面，从这个角度说组织设计就是组织结构设计。

（3）组织设计的目的在于建立一个可以有效达成组织目标的组织，但其途径不限于建立一个新组织，同时也包括对已有组织的改组、改造和重新调整。

组织设计的内容简单而言就是指在组织设计时所应考虑到的关键问题，即组织设计应包括的对象。

组织行为学家罗宾斯认为，组织设计时必须考虑到六个关键问题：工作专业化、部门化、指挥链、管理幅度、集权与分权、正规化。他运用如表

11-1所示来表明这些因素对重要的结构问题可能提出的答案①。实际上对这些问题的解答就构成了整个组织的设计内容。

表 11-1　在设计适当的组织结构时，管理者需要回答的六个关键问题

关键问题	答案的提供
任务应该分解到什么程度？	工作专业化
对工作进行分组的基础是什么？	部门化
员工个人和工作群体向谁汇报？	指挥链
一位管理者可以有效地指挥多少个员工？	管理幅度
决策权应放在哪一级？	集权与分权
应该在多大程度上利用规章制度来指导员工和管理者的行为？	正规化

组织设计是个系统而复杂的工程。因此，组织设计必须遵循一定的科学程序。本节将简单介绍组织设计的一般过程与程序。

1. 确定组织目标

确定组织目标是组织设计的首要环节。对于任何一个组织而言，组织目标并非单一的，它实际上是一个多种类、多层次、多阶段并且相互联系着的庞大体系。确定组织目标就是要实现各层次目标间的有效协调与优化。

组织的目标可以按照不同的标准来进行分类。从时间上划分，有长期目标、中期目标和短期目标；从层次上划分，有高层目标、中层目标、基层目标；从性质上划分，有经济目标、社会目标和政治目标。另外，还有诸如个人目标和团体目标、可行性目标和不可行性目标等等。

组织目标还可以从以下三个方面来考察：

（1）目标的层次性。组织目标无疑是分层次的。整个组织有一个总目标，而组织内的各部门、各层次又有自己相应的组织分目标、子目标。这些目标构成了一个自上而下、由复杂而简单、由抽象而复杂的庞大体系。

（2）目标的时间跨度。组织内各种目标的时间跨度也是不一样的，例

---

① 斯蒂芬·P·罗宾斯：《组织行为学精要》，机械工业出版社2000年，第275页。

如,长期目标的时间跨度要比短期目标大,战略目标比阶段性目标的跨度大。当然,不同类型组织在确定目标的时间跨度时,标准是不一样的。食品公司可能把两年的目标看成长期目标,而钢铁公司则可能把二十年以上的目标才看成长期目标。

(3)目标的优先性。由于组织目标是多元的,在同一层次上可能同时存在着多种都必须实现的目标,只是在轻重缓急上具有选择性。例如,在一定条件下,政府组织必须在效率和公平或者在个人需要和组织目标之间作出选择,以确定谁更具优先性。

确定组织目标应该遵循如下要求:

可行性。这是首要的要求。如果所确定的目标是明显超过现实条件,缺乏完成的可能性,那么这种目标对于组织而言是无意义的。因此,在确定目标过程中,必须考虑外部环境要求和自身的资源占有水平与实现能力。

明确性。指的是组织目标的选择和表述要明确而不含糊。它必须能够让组织内各层次的人理解和领悟。对于目标的基本原则和具体要求的规定,也必须是清晰的,而不是让人捉摸不定和无所适从。

统一性和协调性。组织目标由上而下必须自成一体,在方向上必须具有统一性。高层目标统领低层目标,阶段性目标服从于战略目标。同时,各级目标之间必须能够有机衔接,并且能够实现组织成员最大限度的认同。

科学性。这是对组织目标的技术性要求。组织目标的确定是一个高度复杂的技术性工作。它必须科学地分析组织所处的政治、社会、经济环境以及当前和未来需要等客观因素,正确估计主观条件。

社会性。确定组织目标不仅要考虑组织自身的利益,而且要考虑全社会的利益,力求取得社会的认同,不能依靠损害社会来谋取组织和个人的私利。当然,不同的组织其社会性要求是不一样的,一个政府组织就比一个企业组织应该更多地考虑社会利益。

权变性。目标的确定性并不排斥目标随着环境的变化而作出适当的修改。这种修改或调整,可能是局部的,也可能是根本性的。

2. 管理层次和管理幅度

管理层次和管理幅度是组织中的一对重要的相关概念,也是制约组织结构的两个相互联系的主要因素,因而,是组织设计中的一个重要环节。确立科学、合理的管理层次和管理幅度,对于保证组织的运行效率是极其重要的。

管理层次是指组织在纵向结构上所划分的管理层级的数目;管理幅度则是指一个管理者或组织直接管理的下属人员和机构的数目。两者是紧密相连的,在管理对象或组织规模既定的情况下,两者成反比关系。管理幅度越宽,则管理层次就越少;反之,管理幅度越小,则管理层次就越多。在组织设计过程中,管理层次和管理幅度必须适当。管理幅度过小,管理层次过多,则可能不仅导致机构臃肿、人浮于事、信息不畅、官僚主义等负面效应,还会大大增加组织的管理和协调成本;同样,管理幅度过宽而管理层次较少,则可能不仅使管理者疲于应付,也造成同级间由于缺乏有效监督而带来的沟通困难,难以形成组织合力。按照管理幅度的大小和管理层次的多少,就可形成两种结构:直式结构和扁平结构。(见图11-1a、11-1b)

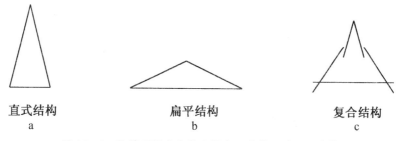

图11-1 依管理层次和管理幅度区分的三种组织结构

在确定管理层次和管理幅度过程中,尽管组织学家们一般都主张上层管理幅度小一些,下层管理幅度大一些的复合结构(见图11-1c),但具体多少数目为合理的管理幅度大家意见并不一致。有的提出5—6人为最佳的管理幅度,但实践中也有达到24人时其管理依然是很有效的情况。因此,我们不可能脱离具体情况而简单地规定一个普遍的、适合于一切组织的层次和幅度。在确定管理幅度和管理层次时,必须充分考虑到各种影响组织管理层次和管理幅度的因素。一般的,一个组织中管理层次的多少,应具体地根据组织规模的大小、工作的复杂性程度、管理对象的空间范围以及管理幅度而定。对大部分组织而言,管理层次往往可以在宏观上分为三层,即上层、中层、基层。上层的主要任务是从整体利益出发,对整个组织实行统一指挥和综合管理,并制定组织目标及实现组织目标的一些大政方针;中层的主要任务是负责分目标的制定和选择计划实施方案、步骤和程序,按部门分配资源,协调下级活动等;基层的任务则在于按规定的计划和程序,协调基层员工的各项工作,完成各项计划和任务。当然,在具体组织机构设计上,每一层次所对应的可能不只一级组织。例如,我国行政机关,也可以分为上层、中层和基层,但却有"国务院—省—市—县—乡"五级政府。

影响管理层次的因素则主要有:

(1) 主管人员及其下属人员的素质与能力。素质和能力较强的主管人员与同类素质和能力较差的人相比,就可以要求更大的管理幅度;或者,在同等幅度下,其管理更有成效。同样,凡受过良好训练的下属,不但所需监督较少,而且不必时时、事事都向上级请示汇报,这样就可增大管理幅度。

(2) 工作的性质。是指工作本身的繁简程度、稳定性程度等。工作越繁琐、多变、不可控,则所需要的监督和控制就越多,因而管理幅度就会较小;反之,则可以适度增大。

(3) 技术条件。包括组织所具有的沟通联络技术、信息加工处理技术等,这些技术越先进,组织的沟通网络、协调渠道和控制手段就会越丰富,从而有可能扩大管理幅度。

(4) 上下级的权责关系及其明确程度。在一个权责关系极其明确的组织中,组织成员都有严格的权利、义务、责任规定,在工作中其所遵循的就更多的是职责规范,而不是上级的直接命令和指示,强调自我控制,这就可以缩减管理者的直接控制范围。同时,计划完善程度高,也能达到这样的效果。

(5) 组织氛围。例如,在一个员工有高度自觉性并对组织有高度认同感的组织中,员工就需要较少的外部控制,而在一个懒散、缺乏向心力的组织中,即使很小的管理幅度也可能是无效的。

此外,下属人员的空间分布、领导体制和方式等也都是影响管理幅度的因素。

尽管不同条件下,管理幅度和管理层次是不同的,但近年来无论是企业组织还是政府组织,都存在着拓宽管理幅度,减少管理层次的趋势。这既源于降低管理成本、提高效率的考虑,也由于科技进步所带来的可能性,还体现了管理民主化的进展。

3. 明确权责体系

今天,我们用"工作专业化"来表达组织中把工作任务划分成若干步骤完成的细化程度。工作专业化的实质是:一个人不是完成一项工作的全部,而是先把工作分解成若干步骤,每一步由一个人单独完成。就其实质讲,每个人或部门专门从事工作活动的一部分,而不是全部活动①。工作专业化是与社会分工的发达程度紧密相连的,社会分工越发展,则专业化的程度就越高。现代社会是个高度专业化的社会,不仅企业生产过程中需要不同的专门技能,就是在政府组织当中,工作也日益技术化、专门化。

工作专业化是一种有效地利用员工技能的方式。专业化是与技术进步密切相关的,现代社会中的大多数组织,许多工作都是高度技术性的。这些工作的完成需要分解成多个步骤,并要由众多具有高度专门技能的人来合作完成。如果所有的员工都参与组织工作的每一个步骤,那么,就要求所有的人不仅具备完成最简单的任务所需要的技能,而且具备完成最复杂的任务所需要的技能。这不仅不利于效率的提高,而且是一种严重的人力、物力浪费。相反,如果实行专业化,不仅由于重复性工作,员工的专项技能会有所提高,而且同样重要的是,从组织角度看,实行专业化有利于组织提高培训效率。

但是,工作专业化并非工作效率提高的不竭之源。证据表明,专业化在提高劳动生产率方面,有一个极点,超过这个界限,就会走向反面。例如由于长期重复同一工作,人们会表现出厌烦情绪、疲劳感、压力感、低生产率、低质量、缺勤率上升等。因此,在某种情况下,通过丰富员工的工作内容,让他们做完整的工作,或者让他们加入到需要交换工作技能的团队中,他们的产出会大大提高,工作满意度也会增加,但这并不意味着专业化的过时。

在组织设计过程中,必须充分重视专业化的效用,同时也应该正确地实现专业化。专业化的划分,必须遵循社会分工的一般规律和技术的一般要求。另外,专业化必须与协作相结合,没有协作的专业化是毫无意义的。

部门化是继专业化之后的一个重要环节。一旦通过专业化完成任务细分之后,就需要按照类别对它们进行组合,以便共同的工作可以实现协调。工作分类组合的基础正是部门化。一般来说,组织管理层次最高级以下的各级都要进行部门化,每低一级又有其进一步的部门的划分。部门化的依据是多种多样的,一般而言,下述几种方式是比较常见的:

(1) 职能部门化。即以相同或相近的工作进行部门分类。例如,一个政府可以依经济、外交、国防、治安、文教等职能进行部门分类;企业中则可以职能分为生产部、市场营销部、财务部、行政管理部、国际部等。这种职能

---

① 史蒂芬·P·罗宾斯:《组织行为学精要》,机械工业出版社2000年,第276页。

分组法的主要优点是,把同类专家集中在一起,能够提高工作效率。职能部门化通过把专业技术、研究方向相同的人分配到同一个部门中实现规模化。

(2)产品部门化。它是根据生产产品的活动或产品的种类来安排组织结构。企业生产的产品总是多种类的,依这些产品种类,可以相应设置有关部门,该部门负责人对于本领域内的一切有关问题负责。这种部门化方式的主要优点是,有利于本部门内的协作,提高决策效率并有利于对产品的质量监督,从而可以提高产品绩效的稳定性。但它也同样具有不足,各部的管理人员可能把注意力仅仅集中于本部门的生产上,因而对整个组织的集体关心有所忽视。

(3)地域部门化。即按地理区域来进行部门划分。这种形式尽管不像职能和产品部门化那样普遍,但在一个服务对象分布广泛的地域,却有其特定价值。例如,在营销领域,根据地域,可分为东、南、西、北等多个区域,分片负责。

(4)服务对象部门化。根据组织工作对象的要求,也可以进行部门划分。一个组织服务的对象可能是多种多样的,因此,就有必要区别对待这些群体。根据服务对象类型来划分部门的理论假设是,每个部门的顾客存在共同的问题和要求,因此通过为它们分别配置有关专家,能够满足他们的需要。例如,在一些西方国家,银行里往往就为了满足顾客的需要而设立各种存款和贷款部门。在贷款部门又分为农业贷款部、商业贷款部或消费品贷款部。

(5)工作流程部门化。一些组织还可以按照工作的流程来进行部门化,在这个过程中,由每个部门负责一个特定环节的工作。由于不同的环节需要不同的技术,因此这种部门化方法为在生产中进行同类活动的归并提供了基础。邮政部门通常采取这种部门化方式。

除此之外,也还存在一些其他的部门化形式,如时间部门化、人数部门化。在实际的组织设计过程中,上述部门化形式可能不是孤立的,而是常常综合利用的。对于一个组织而言,部门化应上下、左右很好地统一协调起来。

此外,指挥链是一种不间断的权力路径,从组织最高层扩展到最基层,明确谁向谁报告工作,对谁负责。它能够回答下述问题:"我有问题去找谁?"以及"我对谁负责?"等。在传统组织理论时期,指挥链曾是组织设计的基石,因为它们强调的是组织中严格的等级秩序和服从体系。尽管今天指挥链的重要性相对下降,但它仍是组织设计时需要慎重考虑的一个问题。

指挥链的形成是与权威和命令统一性紧密相连的。权威是指管理职位所固有的发布命令并期望命令被执行的权力。这里指的是那种由组织所授予的正式权力即职权，它是管理者完成自己的职责任务所不可缺少的要素。权威必然意味着命令和服从，命令统一性原则，有助于保持权威链条的连续性。这种连续性实际上要求一个人应该对一个主管，且只对一个主管负责。如果指挥链的统一性遭到破坏，一个下属就可能不得不忙于应付多头领导、不同命令之间的冲突或次序优先的选择。

时代发展与科技进步对指挥链、权威、命令统一性构成了重大冲击。例如，现在一个员工在电脑技术的帮助下能在很短的时间内，得到20年前只有高层主管人员才能得到的信息，使得管理者不再是某些信息的垄断者。同样，计算机技术的发展，可以使组织中任何职位的员工不通过正式渠道同任何人进行交流。此外，授权的普遍化和对自我管理团队、多功能团队和包含多个上司的新型组织设计思想的偏爱都造成以下情况，即权威和指挥链的维持变得日益困难并且显得无关紧要了。尽管还有许多组织仍然认为，通过强化指挥链可以使组织的运作效率达到最高，但今天这种组织确实是越来越少了。

最后，在一个组织形成了基本结构之后，就要进一步明确集权、分权、授权的关系，集权与分权实际上是指组织的决策权放在哪一级的问题。所谓集权，就是指决策权集中在高层管理者或领导部门，下级部门和低层管理者只管执行来自上级的命令和指示。分权则是指，组织的决策权并不仅仅掌握在上级部门和管理者手中，下属部门和管理者也拥有自主支配组织的某些资源并在一定范围内进行自主决策的权力。一般而言，组织的集权和分权都是必要的，问题的关键在于，依据组织所处的内外环境来科学地界定集权和分权的程度。

对任何组织来说，绝对的集权和分权都是不可能的。集权程度高尽管有利于保证命令统一、标准一致，便于维护组织的整体利益、统筹全局、集中力量，层级节制也较分明、指挥灵便。但它不能因地制宜，缺乏生机和活力，容易滋生官僚主义，忽视地方或局部利益，也会影响下级主动性、创造性和积极性的发挥。分权程度高尽管能弥补集权化之不足，但缺点也同样明显，如不易发挥组织整体功能，易产生各自为政的现象；往往会因人力、财力不足而拖延和贻误工作；还会大量增加组织的协调成本。但近年来，分权化趋势日益突出，这与使组织更加灵活和主动地作出反应的管理思想是一致的。

授权是与分权关系密切的一个概念,孔茨认为,"分权是授权的一个基本方面"。可见,授权的涵义略大于分权。授权是指一个单位的较高一级的领导和组织通过某一种形式或程序,把处理一部分工作的权力交给某一个人或其下级组织。授权对组织而言具有较大的意义：① 能够减轻上级的负担,使领导能够专心于重大问题的处理;② 能够锻炼下级人员的能力,增强他们的责任心,调动他们的工作积极性,也有利于其专长的发挥,从而提高组织的工作效率;③ 作为一种民主的管理方式,允许下级的参与,能够改善上下级间关系,使之更为融洽。

在授权过程中还应该遵循一些原则：① 授权不授责。领导者可以向下级授予权力,但却不得借此推脱所应负的责任,他应该承担因下授权力而产生的各种责任。② 防止反向授权。应该防止下级把任何工作都推给上级,造成上级整天忙于琐碎事务当中。③ 不越级授权。授权只能是直接上级授予其直接下级,一级授权给一级,否则,容易引起管理层次的混乱。④ 保持有效控制。将权力授予下级,放手让他们去工作,并不意味着上级可以对下级撒手不管。领导者应通过制定明确的工作准则、考核制度、报告制度、监督措施等来对下级的工作结果进行有效控制。⑤ 权变原则。上级向下级授权的程度并非千篇一律、一成不变的,而应该依组织性质、规模、组织风气以及下级能力等因素而区别对待。

4. 制定组织规范

在对组织的各个方面做出设计之后,有必要将它们通过一定的形式固定下来,使之真实地呈现于人们的面前。这个过程实际上是一个组织正规化的过程,正规化是指组织中的工作实行标准化的程度。这样的一个过程不仅包括对既有组织设计内容的书面化和确认,同时,也意味着对组织工作程序的设定。制定明确的组织规范,不仅可以使组织成员明了自己的责、权、利,从而使工作有据可依,而且,可以防止执行过程中的变形和走样,保持工作的稳定性。一般而言,组织的标准化程度愈高,则组织工作愈高效而有序。

（二）影响组织设计的因素

1. 外部因素

（1）环境因素。任何一个组织都是存在于特定的环境当中,组织与环境之间始终存在着互动关系。从系统、权变的观点出发,组织结构设计首先应该考虑组织所处的环境因素。环境在一段时间内可能是相对稳定的,也可能是处于经常性快速变化当中的。但相对于组织而言,却总是不确定的。在不同的环境中两个单位的组织结构也会很不相同,有学者提出了在稳定环境中的机械式组织结构和在不稳定和不可预测环境下的有机组织结构之分。实际上,环境因素不但影响着一个单位的组织结构的设计,就是在同一个组织内,下属各部门的组织结构也会随不同的环境而有所不同。

(2) 情报信息处理。环境的变化,特别是在动荡激变的环境中会层出不穷地涌现出许多的信息情报。不同的组织对同一类情报会采取不同的控制和处理方式。换句话说,一个组织对信息情报的处理会影响到其组织机构的设计。尽管不同的组织在一定时间内所处的环境可能是相同的,但由于他们的情报信息处理方式上的差异,其所涉及的组织结构也可能是不同的。一般的,组织的信息处理能力越强、越准确,它所进行的组织设计就会越科学。

2. 内部因素

(1) 战略与目标。对于现代组织来说,组织的战略与目标是组织设计的基本依据。如果脱离这个方向,组织设计必然是无效的。具有不同战略和目标的组织,其组织结构应该是有区别的。就同一个组织而言,组织战略目标的任何调整和转移,都会引起组织结构上的重大改变。例如,一个企业组织,它将战略目标由保持一个比较成功的地区性公司修改为要发展成一个大型的跨国公司,其组织结构必然要作出相应的调整。

(2) 技术水平。现代组织与传统组织存在很大区别,一个重要的原因在于组织所具有的技术水平是不同的。一个组织的技术程度对其组织结构有极大的影响作用,组织技术的复杂性在一定程度上决定了组织结构的复杂性。从另一方面来看,组织技术的进步也能够促使组织结构简单化,使组织的纵向层次减少,管理幅度增大。近年来,组织结构的扁平化趋势就是与技术进步密切相关的。

(3) 组织规模。组织规模对组织结构的影响是显而易见的。所谓组织规模,是指一个组织所具有的人员数量以及这些人员之间的相互作用关系。假定在其他影响因素相同的情况下,组织规模对组织结构的影响是最为明显的。一个五人小组和一个万人企业相比,组织结构的差别是巨大的。有学者通过调查研究发现,组织规模与组织结构之间的关系大体为:① 组织规模越大,工作就越专业化;② 组织规模越大,标准操作化程序和规章制度就越健全;③组织规模越大,分权的程度就越高。当然,组织规模对组织结构的影响,在组织发展的不同阶段是有差别的。在初期,组织规模可能是决定性因素,但当组织发展到一定规模时,其他因素例如技术水平就可能成为首要的影响因素。

(4) 组织成员的社会心理。组织的结构模式对组织成员的态度和行为有相当影响。因而,组织设计就应该考虑到组织中人的社会心理需求。其主要表现为人的满意感、离心力和吸引力。研究表明,专业化和标准化与工作满意感有直接关系,只有适度的专业化和标准化才可能赋予组织成员以最大限度的满足感。再例如,组织内的分权与集权程度,也将直接影响到组织成员的责任感和成就感。

(5) 文化差异。组织设计还必须考虑到组织的文化传统。每个组织自身在长期的实践生活当中,都会形成某种特定的信念、作风、行为规范和道德标准。这些精神现象被视为组织文化。组织文化是一套非正式规则,它构成了组织内部环境的一个重要方面,它指导着员工的日常行为,是引导行为的强有力工具。组织间文化的差异,会在很大程度上影响到组织的结构选择。例如,在一个民主氛围浓厚的组织中,组织的分权化取向就较为明显,组织控制较弱。

思考题
1. 试阐明组织理论的演变趋势。
2. 组织部门化的标准有哪些?
3. 你如何看待组织目标的确定,它有哪些要求?
4. 谈谈你对制定组织规范的看法。

案例讨论

机构设置与工作效率[①]

某市农林局是历经二分二合后而设置的一个政府职能部门。到了

---

① 资料来源:中国人民大学"行政管理在线"案例库。

1986年,该市又将农林局分解为"市农林局"、"市农业科学技术研究推广中心"(简称"市农技中心")、"市畜禽技术研究推广中心"(简称"市畜禽中心")这三个单位。其中,"农技中心"与"农林局"为正县级,隶属市农委领导,"市畜禽中心"为副县级,隶属市农林局领导(实际是一个人、财、物都独立的单位)。正是由于"市农委"、"市农林局"、"市农技中心"这个三角关系的存在,从而使该市的农、林、牧工作逐渐步入到一个非常尴尬的境地。

一是行文关系不通。因全省各地、市的"农技中心",都是隶属农业(林业)局领导的事业单位,所以,省农牧厅历次下发的公文只对市农林局一家,而不管什么农委、农技中心,这就给开展正常的工作带来了许多的不便。1987年12月底,省农牧厅下发了一份《关于填报食用菌情况的通知》的文件,该文到市农林局之后,局长考虑到本局没有具体的人员去抓这项工作,同时,市农技中心设置有专门的食用菌科室,于是就在公文处理单上签道"请交市农委领导阅示"。但一直到1988年5月份,经市农委多次协调后,才勉强由农林局汇总上报省农牧厅。

二是业务工作不协调。在1988年的7月底,原市畜禽中心所辖的市奶牛场,接连几天死掉奶牛15头,该场找到市农委汇报此事。市农委说,这关系到业务技术方面的问题,请与市畜禽中心联系,让他们负责处理。等到了畜禽中心,该中心说:我们隶属市农林局管,你们让农林局通知我们,我们再去。等到了农林局,农林局说:我局的农牧科是个空架子,总共才两个人,并且都是搞农业的;畜禽中心名义上归我们领导,实质上他们已是一个人、财、物全部独立的经济实体,级别和我们差不多,我们怎么能安排得了他们呢?后来经过再三的要求,农林局才勉强找到畜禽中心,等说明原由后,市畜禽中心就说:奶牛场直属领导是市农委,你们真是多管闲事。为此,农林局的同志感到非常难堪。最后还是通过市农委、市农林局、市畜禽中心三家共同协商后,才达成了解决问题的协议。

讨论题

1. 某市农林局的组织设计存在哪些问题,原因是什么?
2. 某市农林局的组织结构属于哪一种类型?
3. 试结合该案例分析影响组织设计的主要因素有哪些。

第十二章 组 织 文 化

> 组织文化是组织的灵魂,是一个组织生存发展的基础和动力。每一个组织在其发展过程中,必然形成一些独特的组织文化,这种组织文化深刻地影响着一个组织的运作和组织成员的行为。20世纪80年代以来,组织文化越来越为学术界和企业界重视,它昭示着文化因素的重要性,促使人们为提高组织工作的成效,努力塑造适合本组织的优秀组织文化。
>
> 本章主要介绍组织文化的内涵、特点及其功能,组织文化的类型以及组织文化的建设问题。

一、组织文化概述

(一)组织文化的含义、特点与功能

文化(culture)一词,源于拉丁文(cultura),意为"耕作出来的东西",一指为敬神而耕作,二指为生计而耕作,它是与"自然存在的东西"相对立。人们比较公认的文化定义是英国人类学家泰勒在他的名著《原始文化》中提出的:文化乃是指知识、信仰、艺术、道德、习惯以及作为社会成员而获得的种种能力、习性在内的一种综合体。

我国出版的《辞海》对文化的定义为:广义地讲,文化是人类在社会实

践中所创造的物质财富和精神财富的总和;狭义地讲,文化是指精神财富,包括意识观念、社会制度、社会心理、生活方式、行为规范、时尚习惯等等。

组织文化存在于企业、学校、政府部门或社会团体等组织中,反映着组织这个特殊群体的文化特征。而关于组织文化的概念,不同学者也有不同理解。沙因认为:"组织文化是特定组织在处理适应外部环境和内部整合过程中出现的种种问题时所发明、发现或发展起来的基本假设的规范。这些规范运行良好,相当有效,因此被用作教导新成员观察、思考和感受有关问题的正确方式。"迪尔和肯尼迪虽未完整地给组织文化下定义,但也在论述中从不同角度揭示了组织文化的内涵。在《公司文化》中他们提到,"强有力的文化是一套非正式的规则,它指导员工的日常言行","是引导行为的强有力的工具",它是以组织成员共有的"一整套价值观和信念为基础的"。

组织文化的内涵是极为丰富的,有的学者认为,组织文化是组织中物质文化和精神文化的总和,是硬件和软件的结合。物质文化是组织中的外显文化,包括组织办公设备、原材料、产品等,是有形可见的东西;另一部分是组织中的隐形文化,是以人的精神世界为依托的各种文化现象,包括组织的共同价值观、传统、行为准则等。

有的观点认为,组织文化是以价值观为核心的,包括信念、作风、行为规范在内的各种精神现象。它体现在物质形态之中,并发挥其影响和制约作用。

还有的学者将组织文化分为3个层次,认为每个层次对于组织文化的形成和维系具有重要作用。

1. 精神层

对于一个民族来说,精神是这个民族最核心的部分,民族精神使得一个国家能傲然屹立于世界之林。对于一个组织来说,组织文化是组织的灵魂,是一个组织赖以维系的精神支柱。组织文化的精神层的内涵是广泛的,它包含着一个组织的目标信念、管理哲学、道德观念等等。它深存于每个组织成员的内心世界,无形中影响着个人和组织的思维和行为方式。

2. 制度层

制度层是指约束组织成员行为,维持组织正常秩序的一套规范性行为准则。制度层是组织正常运行、人员有效管理的保证。相同类型的组织具有相似的制度层面,如在我国行政机构中,一般都有考核制度、晋升制度等;

在国有企业中,厂长负责制、职代会制是各企业普遍具备的制度。此外,组织内部的一些特殊的典礼、仪式也属于制度层,它是组织在发展过程中形成的对于促进组织成员交往,加强组织凝聚力的颇有成效的制度。

3. 器物层

器物层是组织文化在物质层面的体现,是组织价值观的物质载体。它主要包括厂容厂貌、产品包装设计、纪念建筑物等。它们容易为人们看见,是一个组织最外显的层面。

从商业角度和短期效益看,人们往往会将注意力集中于器物层面,注重其视觉效果和形象塑造,故而在企业的装潢和广告上投入大量资金。的确,良好的建筑环境会使企业获得良好的形象,好的广告能使企业更具知名度,但事实证明,真正在社会中成功的大企业,不仅注重器物层面的建设,而且在组织文化的更深层次上进行精神层、制度层的建设。只有三者兼顾,一个组织才能获得真正的成功。

组织文化具有以下方面的特点:

(1) 民族性。组织成员总是在一定的民族文化氛围中成长起来的,他们的价值观念、行为准则等都受该国的文化影响,并将这一套传统的价值标准带入组织中来。所以我们可以发现,日本企业和美国企业具有不同特征,日本企业的家族制管理是其传统的产物,而美国企业注重竞争、自由流动的特性也是美国气质的反映。

虽然在全球经济一体化的趋势下,各国企业所具有的共性将越来越多,但每个民族、每个国家仍会具有其自身的民族性,这一点不容我们忽视。如果我们忽视组织成员内心深处的一种民族情感和价值准则,组织的协调和健康发展便很可能受到阻碍。在国际交往方面,只有充分认识到他国的组织文化所具有的民族性特征后,国际交往才谈得上真正的理解和尊重。此外,有一些跨国公司或合作企业,组织成员来自不同民族和国家,具有不同价值观念,如何对这种组织文化进行建设,对于管理者将是一个挑战。

(2) 历史承继性。正如民族文化的形成是历史长期积淀的产物一样,组织文化的形成与发展也是一个长期的过程。组织文化的形成既是组织管理者长期摸索的智慧结晶,也是组织成员相互作用的结果,它随着组织的发展和变革而不断地发展和丰富,具有相对的稳定性和历史惯性。即使领导人更迭,组织的精神依然存在,组织的特色和竞争力依然能够保持。

组织文化不仅从历史上吸取养分,同时将它的价值观和道德规范不断地灌输给新的组织成员。当然,组织文化并非是一成不变的,在不同时期由于组织面临不同环境或受组织成员构成状况的影响,组织文化也在不同程度上变革与更新。

(3) 整体性。组织文化是建立在组织成员共同价值信念和道德规范基础上的整体统一的文化,是组织特定的整体风貌,使其不同于其他组织。组织文化作为一套价值信念和道德规范,为组织成员,包括管理者和一般成员所共同遵循。同时,组织文化不仅作用于正式组织,对于非正式组织也产生深刻的影响。组织文化内存于组织成员的精神层面,能有效地使组织成员为实现组织目标而形成一个团结的整体。

不可否认,一些大型复杂的组织中并不只具有一种文化,同一组织中不同部门可能有明显不同的文化,如某企业的销售部和人事部便有不同的文化氛围。然而,不同部门之间文化氛围虽有差异,但组织作为一个整体仍具有为人们共同认同的组织文化。

(4) 时代性。组织文化在不同时期受当时政治、经济和文化的影响,呈现出不同的文化特征,它是时代精神的反映。如在我国,组织文化在计划经济时代和市场经济时代具有很大的不同。在计划经济时代,由于企业是由国家养着,所以组织文化往往是保守和固步自封的。而当今我国的企业渗透着现代管理的种种意识,组织更富活力和竞争性,具有较强市场经济意识。

(5) 独特性。由于所有制结构、行业、历史、经营特点、产品特点等关系,不同的组织有不同的组织文化,一个组织具有其独特的文化,使其区别于其他组织。一个组织的价值观和传统往往被它特有的语言、过去的英雄故事等强化了,行为准则蕴涵在日常仪式中。

组织文化的功能具有两重性,主要表现为它的积极作用与消极作用,也即组织文化既有可能推动组织的发展,也有可能阻碍组织的变革。

1. 积极作用

(1) 导向功能。成功的组织文化在组织中建立了有效的动力机制,能激发组织成员的事业心和成就欲,能统一组织目标和个人目标,将组织成员的创造性和热情引导到组织目标中来。在现实生活中,单纯依靠制度和硬性管理并不能满足组织成员的心理需求,也不能有效使组织中个体目标符合整体目标,而组织文化能为组织成员提供精神动力,既是组织成员个体目标趋向组织目标的内在动因,又成为个体目标发展的导向。

（2）凝聚功能。当组织成员在价值观、道德规范上对该组织的文化具有共识时，组织能够形成较好的凝聚力和向心力。组织文化能将性格各异、具有不同观念的人团结在组织中，消除组织内部的矛盾和分歧，满足组织成员的心理需求，形成组织运作的巨大动力，以便更好地实现组织目标。当组织成员将个人发展与组织成长紧密相连时，一个有凝聚力的组织将有助于组织面临任何挑战。

（3）规范功能。无论是正式的规章制度，还是非正式的约定俗成，都对组织成员行为起到约束作用。虽然完备的规章制度在一定程度上规范人们的行为和维持秩序，但只有组织成员在接受了组织中的共同价值观念之后，他才可能自愿地对制度表示遵从，自觉地为组织目标而努力。这种对组织成员的规范作用被人们称为"软约束"。

（4）激励功能。成功的组织文化不仅能创造和谐平等的文化氛围，还能创造出有效的竞争环境。正如马斯洛的需求层次说中指出，人的需求是多层次的，如果忽视了人的内在需求，一个组织便无法激励其成员为目标而奋斗。组织文化主张理解人、关心人、尊重人、爱护人，强调个人自由而全面的发展，强调重视员工的精神需要。优秀的组织文化能发现员工的心理需求，能运用恰当的激励机制，使员工获得尊重与认同，同时能产生精神振奋、开拓进取的氛围，激发组织成员的热情。

（5）效率功能。组织文化可以从两个方面促使组织提高效率。在组织成员方面，可通过激励等方式增强组织成员的热情与活力来提高组织整体的活力和效率。在管理体制方面，以开放型、参与型体制代替传统僵化封闭式管理体制。开放型管理体制强调参与，强调民主决策，主张组织成员的默契合作，提倡组织之间的竞争，也强调组织内部竞争，这样一套体制能使组织在民主、竞争的氛围中提高组织的整体效率。

2. 消极作用

（1）削弱个体优势。在既定的组织文化中，组织成员在价值观、道德信念方面完全可能与组织文化相异，在组织文化的压力下，组织成员有可能是非自愿地隐藏或放弃原有的观念而服从组织文化。受组织文化的影响，组织成员的个性可能会受到压抑，削弱了个体的独创性的发挥。事实上如果每个人都顺从既定的组织文化，不对组织文化提出质疑，一个组织也容易固步自封、停滞不前。

（2）阻碍组织的变革。组织文化的形成是历史长期积淀的结果，并根植于组织成员所坚信的深层价值观中,具有稳定性,不会轻易更改。所以当组织处于动态的环境中需要变革时,组织文化的惰性很可能成为组织变革的障碍,它使组织在面对挑战时趋于保守。所以如今很多大型组织在推行强有力的组织文化时,应该充分考虑到它的潜在功能。因为对于一个组织来说,过去成功的措施在未来不同环境中很可能失效,甚至导致失败。

(二)组织文化的类型

由于组织所处的社会背景、历史传统和工作作风等方面的差异,组织文化有其各自特点,展现出各自的活力与特色。不同学者按不同标准对组织文化类型进行了划分,有的学者按组织文化特性将组织文化划分为参与型组织文化、一致型组织文化、适应型组织文化和任务取向型组织文化;有的学者按活跃程度划分为僵化型、保守型、渐进型、活跃型和激进型文化;有的学者按影响大小划分为强文化和弱文化。

对组织文化的分类,有助于我们对组织文化有着更清晰的了解,明辨不同组织文化的价值所在。作为管理者,只有在深知本组织所属类型、所具备的特点之后,才能更好地进行组织文化的建设。对于个体来说,不同个体可能对某种类型的文化适应比其他类型更强,组织文化的分类则提供了这样一种标准,有助于对个人发展方面进行指导。下面介绍几种典型的组织文化类型理论。

迪尔和肯尼迪认为,组织文化由企业环境、价值观、英雄、习俗仪式和文化网络五种因素组成,他们在《公司文化》一书中将组织文化分为四种类型。

(1)强人文化。这种文化往往存在于风险高、反馈快的企业,如广告公司、风险投资公司、电影公司等。这类企业是个人主义者的世界,强调"最佳"、"最大"、"最伟大",组织内部充满了竞争的气氛。这种组织注重短期获利、急功近利,不重视长期投资,故而这种组织成员合作精神较差,人员流动率高,很难建立坚强而又统一的企业文化。

(2)努力工作—尽情享乐文化。这种文化一般存在于富有生机、运转活跃的销售组织,如计算机公司、房地产经销公司和所有上门推销的销售组织以及大众消费品公司。在这种组织中,员工承担的风险不大,但工作紧张,成功来源于不断的努力,压倒一切的是行动。这种组织非常适合精力充沛、拼劲十足的年轻人。这种文化往往是用数量来衡量工作的价值,如果没有管理好,容易导致数量代替质量的后果。

(3) 赌博文化。这是一种风险大、反馈慢的文化。置身于这种文化的公司包括煤矿、冶金公司和石油公司等。这种组织的建立是经过仔细权衡和深思熟虑的,它往往可能获得高质量的发明和重大的科技突破。在这种组织中员工须足够成熟、有足够的信心对待缓慢的进展,就像一场赌博一样。当然这种组织有时发展很慢,由于周期长,有可能在短期内遇到资金周转不灵的问题。

(4) 过程文化。这种文化存在于风险低、信息反馈慢的领域,包括银行、制药业和大多数政府部门。由于反馈慢,员工对自己的工作效果没有概念,所以将注意力集中于技术的完美上,注重公文往来、行政事务,对于过程和细节力求准确无误。在这种组织中,员工遵纪守时,照章行事,工作井然有序。这种文化易产生僵化体制和官僚主义。

杰弗瑞通过对组织的研究,将组织文化分为四种类型:学院型文化、俱乐部型文化、棒球队型文化和堡垒型文化。

(1) 学院型文化的组织往往为组织成员提供大量的专门培训,使其训练成有特定作用的专家。这类组织并不排斥没有工作经验的大学毕业生,而愿意为他们提供机会,使其能在某一领域不断学习,获得一定专业技术知识。学院型文化强调连续服务、职能性专业技术知识和制度方面的学问。学院型文化存在于世界闻名的宝洁公司、IBM、可口可乐公司、电器公司和许多消费品生产企业。

(2) 在俱乐部文化的组织中,资历、年龄和经验是衡量组织成员的重要标准。与棒球队文化不同,俱乐部不赞同工作自由流动,它奖励忠实、负责和"称职"的人。在这类组织中,位高资深者往往有稳定而有保证的工作职位。在大多数情况下,不同职能岗位上的管理人员在工作中可逐步升迁到公司的领导层,迅速升迁并不常见。这类组织一般包括政府代理机构、公用事业单位和军队。

(3) 在棒球队文化的组织中,资历、年龄和经验则不是最重要的指标,这类组织注重组织成员的个人能力,按工作绩效来确定报酬。因此这类组织往往吸引着企业家、创新者和冒险家,因为在这类组织中,高级管理人员往往可获得大量薪金以及重要的自治权。当然,这类组织挑战性极高,风险也高,工作流动性较大。在这类组织中,组织成员都非常勤奋地工作以获得高报酬和升职机会,此外,组织成员也常常从一个企业跳到另一个报酬更高更自由的企业。棒球队文化通常存在于一些广告公司、咨询公司、律师和会计事务所等,还有像微软这样的计算机软件开发商那里。

(4) 对于堡垒型文化的组织来说,组织生存问题至关重要。具有堡垒型文化的组织很少为成员提供安全性承诺,也很少奖励表现良好的成员。堡垒型文化的组织处于规模缩小或重新组织的时候,很可能解雇许多雇员。堡垒型文化或许欢迎那些富有挑战的人,而不喜欢那种寻求归属感或寻求未来可靠收入的人。某些堡垒型文化组织在陷入困境之前也曾有过棒球队文化、俱乐部文化或学院型文化,其余的堡垒型文化的组织包括一些具有周期性景气和呆滞循环特征的企业,主要包括一些林产品公司、旅店、出版商和纺织企业等。

在现实中很多组织并不是单一文化类型,有的组织或许倾向于某种类型,有的组织或许处于两种类型之间,也有的组织在不同的时间表现为不同的类型。一个组织可能由棒球队文化成长为学院型文化,也可能由棒球队文化变成堡垒型文化。不同文化类型要求组织成员去理解把握,去适应不同文化,也可根据自身性格特点,选择不同文化类型的组织。

哈里森在研究文化与组织设计的基础上,提出了四种组织文化分类:权力文化、角色文化、支持性文化和成就文化。后来汉迪对这种类型学研究作了某些修改,他认同权力文化和角色文化,同时又加入了任务文化以及人的文化。

(1) 权力文化。权力文化型组织只有很少的规则和工作程序,不大讲究规范化形式。这种组织依赖于信任和感情来取得效率,依靠"心灵感应"和个人交谈互相沟通。这种组织只有一个中心权力,资源的控制和某些人事权力是这种文化的主要基础。这种组织的结构颇像一张蜘蛛网,文化依靠中心权力泉源,从中心放射出权力射线和影响,并由职能的或专家的"绳子"相联结。

权力文化型组织是强有力的,它对于外界挑战能迅速作出反应。但这种组织的发展好坏取决于中心地位的人的素质,而接班人的问题则是他们取得持续成功的关键。这种文化主要存在于小企业之中。

(2) 角色文化。在角色文化中权力主要来源于职位权力,而不是个人权力。角色文化型组织是按逻辑和理性来运行的,规章制度是主要发挥影响作用的手段。

在角色文化中,人们更重视角色或职务,而不是担任职务的人,个人是否能完满执行角色的任务是选拔人员的标准。这种组织的效率取决于工作和责任分配的合理性,而不是依赖于人的个性。每个人只需在其职位上承担他应承担的东西,超过或高于角色规定的业绩是不必要的。角色文化型组织给个人提供了安全感和各种预期的奖励或晋升制度。这种组织对环境提出来的挑战感觉是迟缓的,或许它已感到改变的需要,但实行改革仍是缓慢的。角色文化主要存在于公用事业、汽车和石油工业等单位。

(3) 任务文化。任务文化是以职务或项目取向的,其影响的发挥主要依靠专家权力而不是职位权力或个人权力。任务文化寻求将适当的资源积聚在一起,再将适当的人安置在适当的组织层次上,这是一种团队文化,利用团队的统一力量去提高效率,使个人与组织目标相一致。"矩阵组织"就是任务文化的一种结构形式。在这种文化的组织中,个人可以自由支配自己的工作,工作结果是评判优劣的标准。这种文化能够建立一种以能力为基础而不是以年龄、资历为基础的相互尊重的关系。

任务文化适合于需要灵活性和敏感性的市场和环境,我们可以在产品生命周期短、反应速度快、具有竞争性的地方找到它。但是,任务文化几乎不能产生规模经济或深度的专业知识,并且这种组织难以控制,本质上并不稳定。

(4) 人的文化。这种文化并不常见,也尚未普及,但不少人已接受了它的价值观。在这种文化中,个人是中心点,组织主要是为了服务和帮助其中的个人,没有更高的目标。成员的心理契约表明,组织从属于个人并依赖于个人而存在。控制机制甚至管理等级在这种文化中是不可能存在的,除非成员们彼此同意。权势是大家共享的,权力的基础通常是专家的权力。每个人做自己擅长的工作,对于某些恰当的议题发表意见。

虽然目前很少见到人的文化占优势的组织,但我们常可看到个人偏好属于此种文化类型的人。如某个大学的教授,他虽活动在角色文化中,做一个教授应当做的事,但从根本上说,他往往将组织看作营建自己的事业、实现自己志趣的地方。还有很多组织内的专家,如律师、咨询人员、建筑师等,也很少感到自己从属于某个组织,而一般将组织看成是提供自身发展的空间。

从组织所处的民族和社会文化的外在环境角度看,组织文化与民族文化和社会文化具有同构性。按照这一思路,组织文化主要可划分为美国式组织文化、日本式组织文化、欧洲式组织文化和中国式组织文化。

（1）美国式组织文化。美国是一个由移民组建的国家，历史较短，民族文化融合也较复杂，美国的组织文化在其发展过程中形成了自己特殊的风格，主要有以下特征：① 注重能力。美国式组织非常注重组织成员的工作绩效，在提升时将能力和潜力放在首位，而将资历、年龄等放在次要地位。正因为美国组织具有这种文化强势，它对于世界各地的优秀人才具有吸引力。② 尊重科技知识，追求卓越。美国政府注重教育事业的发展，社会各界也重视专业人才的培养，除了大学和专门学校之外，组织内部也往往设立专项基金用于员工培训，在当今世界科技飞速发展、竞争日趋激烈的形势下，美国组织尊重知识，追求卓越，总是创造更好的环境让成员致力于开拓和创新。③ 强调规章制度。美国在健全法制和深入普及法制观念上花了很大力气，故而美国有着较为健全的法律制度，按规章制度办事是美国各种组织所遵循的原则。美国组织与员工之间的相互关系主要是由一系列完备的"游戏规则"和契约来维系和调节的，实行"责、权、利"统一的人员聘任制，分工明确，对事不对人，所以工作效率较高。④ 崇尚竞争。美国是一个市场经济发育完善的国家，人们崇尚竞争，认为竞争可以推动社会进步。组织之间、组织内部成员之间的竞争一般受到鼓励。竞争能使优秀者脱颖而出，能促进组织成员更加努力地工作和发挥自身的优势。

（2）日本的组织文化。日本的经济高速发展是有目共睹的。近代以来，日本注重引进先进技术，在其原有的文化基础上，形成了日本的独特组织文化，带来经济的腾飞。日本的组织文化主要有以下几个特点：① 民族精神。日本的民族精神是儒家文化的产物，归结起来可以是"仁义礼智信，忠孝和爱忍"。也就是重视思想统治，讲究伦理道德。民族精神是日本组织文化的基石，它能激励组织成员为了组织而尽忠效力。② 家族主义。日本的组织文化往往将家庭伦理道德观念移植到组织中去，为使组织能协调发展，所有的管理活动和组织行为都是以组织为中心。一个组织就是一个家庭，家族主义要求组织成员对组织有强烈的认同感和集体荣誉感，要求和谐的人际关系，以处理家庭关系的宽容心理来对待同事。日本的组织重视协作与技术，提倡为组织而牺牲个人意志，这种独特的组织文化能使组织更有效率地达到目标，但也容易掩盖个体的特性。③ 以人为本的管理思想。日本组织以"人"为中心，努力试图发挥员工潜能，并创造使之安居乐业的场所及和谐关系，以期达到组织的目标。这种组织有一系列为员工设计的制度。如终身雇佣制等。很多组织形成"人比组织机构更重要"的管理思想,强调尊重、信任和关怀,与员工沟通感情,并通过教育提高员工素质,以发展和巩固组织文化。④ 职业道德教育。日本由于是个岛国,资源有限,自然灾害频繁,所以日本组织文化追求稳定,有着强烈的忧患意识,而日本职业道德教育便从这种忧患意识,还有家族主义等方面出发,结合个人成就欲的需求,形成日本特有的组织文化氛围,为组织成员创造接受教育和提高能力的机会。

(3) 欧洲式组织文化。这里所指的欧洲式组织文化,主要以德、法、英为首的西欧国家为主。欧洲各国拥有悠久历史和良好社会环境,有许多闻名于世的成功企业,每个企业都有其固守的文化。欧洲各国非常重视管理技术研究,对思想意识和管理哲学研究相对较弱,使得欧洲各国组织文化与他国相比,创造性并不明显。① 传统与现代相结合。不同于美国的高度"理性化"管理方式,欧洲式组织文化带有人文主义色彩,是传统文化与现代管理思想的结合。这种组织强调严密的组织机构和高效的运行机制,同时也有一系列措施和法制保障员工参与组织决策,实现"民主化共同决策"。欧洲式组织一般来说作风保守,不主张冒险。② 注重职业道德,注重员工素质。忠于组织忠于职守是欧洲各国组织的一个显著特征,这既是传统文化所使然,又是现代管理的特征。欧洲各国对员工素质也非常重视,如德国甚至将员工培训视为企业发展的柱石和民族存亡的基础。③ 关心环保。欧洲各国重视生态环境的保护,讲求美化环境,将人与自然密切结合起来。

(4) 中国的组织文化。中华民族具有悠久的历史文化,其中有很多是我们当代组织文化建设可借鉴的精髓。然而过去由于受极左思潮的影响,在一段时期内,我们否定了传统文化,也拒绝接受国外先进管理思想,所以在组织管理过程中采取了高度集中的办法,全国各种类型的组织都是统一的思想模式和行为准则。在改革开放之后,特别是在建立社会主义市场经济之后,我国的组织文化开始相应地发生了较大变化。总的来说,中国的组织文化具有以下几个特点:① 强烈的政治色彩。我国各界组织都带有较浓厚的政治色彩,无论是政府部门还是企业。对于国外企业而言,追求利润是企业的目标,所以企业的文化也富有经济色彩,而我国的企业文化则包括很多政治内容。② 注重伦理道德。无论是干部的任命考核,还是业绩的评定和判断,甚至对其决策及其行为的选择和评价,一些组织并不是按客观效果作为价值评判的依据,而是以道德规范和伦理标准作为衡量的基本价值准则。因此,我国组织文化中,伦理道德和政治思想占了重要的位置。③ 注重人治。过去由于受封建意识的影响,我国的组织中人格化领导权威色彩较强烈,组织成员往往以顺为贵,尊重领导,许多组织往往按领导的个人意志来运作。④ 强调公平。我国历来有"不患寡而患不均"的传统,追求公平是大多数人的心理倾向,这对消除社会的不公正现象有一定帮助。但如果只注重公平,往往会产生平均主义倾向,不利于调动积极性。

二、组织文化理论

组织文化理论的兴起不仅标志着组织管理科学研究进入了一个新阶段,也标志着组织行为科学理论的重要转变,是组织管理的一大趋势。本节所介绍的是西方管理学界的几种重要的组织文化理论,它有助于我们对组织文化深入了解,也有助于我们在进行组织文化建设时能借鉴国外先进管理经验,重塑优秀组织文化。

(一) 7S 框架

麦肯锡咨询公司的研究人员在长期考察研究中发现,结构、战略、制度、人员、作风、技能和共同价值观等七要素对于一个组织的成功具有重要作用。其中,前三种为硬管理因素,后四种为软管理因素。

通过对日本和美国的企业进行比较研究,研究人员发现,美国企业经理过分强调硬 S,而忽视了软 S 的重要性。美日企业的管理方面在软 S 上的差别主要表现为:

(1) 共同价值观。日本企业注重向员工灌输企业的基本信念,努力试图将员工的个人目标与企业目标统一起来,强调建立共同的价值观。而美国企业忽视这样的共同价值观,它们认为可以要求员工努力工作,但不能干涉员工的个人生活和基本信念,因为员工的价值观念和基本信念是私事,与组织无关。美国人注重个人自身价值,强调个性的发挥,强调独立,忽视整体的协作依存。而日本人认为组织的价值优于个人的价值,为了组织可以放弃自身的信念,强调个人与组织保持一致,强调组织内的相互合作依存。美国的组织重视利润目标的价值,忽视了社会、环境和人事关系目标的价值,而日本组织对于社会环境等方面的价值非常重视。

(2) 人员。美国组织虽然认识到每个人从物质到精神都有不同层次的需要,但认为组织的使命是满足员工的物质需求,而其余的需求应由国家、社会、教会和家庭所承担。日本的企业经理则认为,关心员工的生活是企业的职责,组织应对员工的整个生活负责。美国的企业经理将员工看作是达到组织目标的工具,是供使用的客体,经理与员工保持一定距离,对训练指导下属人员不太重视,而日本企业则认为员工虽是达到组织目标的客体,但也是应该给予尊重的主体。日本企业经理对职工非常关心,也重视对员工的培养指导。

(3) 作风。美国企业经理崇尚硬性的规章制度,管理作风硬朗,语言行动都非常坚决果断,对员工内心感受很少关注,语言行动不留余地。而日本企业经理注重员工的内心,以赢得人心为最高准则,所以日本企业经理崇尚同情体谅的作风和温和的语言行动。

(4) 技能。在处理问题过程中,日本经理善于艺术性地处理问题,善于在清楚与含糊、确定与待定、完善与粗略之间求得平衡与统一,而美国的企业经理处理问题较为生硬,偏向纯粹清楚、确定和完善。

(二) 卓越企业文化论

彼得斯和沃特曼在畅销全球的《追求卓越》一书中分析了各种成功的管理模式,在探讨美国的组织文化和业绩的关系的基础上,总结了优秀企业的八种文化特征,它们是:

(1) 贵在行动。优秀企业强调走动管理,注重信息沟通。管理者时间观念极强,往往不等全部信息搜集完毕便开始决策。

(2) 紧靠顾客。优秀企业坚持顾客第一、员工第二、社区第三、股东第四的理念。紧靠顾客主要表现在注重售后服务,视顾客为上帝,开拓市场以及倾听顾客的意见等几个方面。

(3) 行自主,倡创业。优秀企业为鼓励创新人才的脱颖而出,常常进行组织内部的变革,如将大公司分解为自主经营的小公司,在内部展开竞争,让多个开发小组同时研制同一类产品,解决同一问题,提供各种创新的机会。优秀企业鼓励冒险,允许失败。

(4) 以人促产。优秀企业将员工视为提高质量和生产率的根本源泉,因此企业应该善待员工,保障员工就业,信任员工,平等对待员工。这种以人为本,将人提高到"目的"的地位,使员工获得尊重和满足感,能调动员工的热情,最终有助于企业自身发展。

(5) 深入现场。优秀企业的管理人员不应只坐在办公室里,企业鼓励管理人员在基层、一线走动研究。

(6) 不离现场。优秀企业有着自身最核心的优越性技术,它拒绝从事自身不熟悉的业务。如果它要拓宽经营范围,也是以核心技术为中心而展开。优秀企业不主张各个领域都四面出击,认为应紧守本行。

(7) 精兵简政。优秀企业一般都有结构简单、人才精干的特点。它既保持一种简单而稳定的基本组织形式,又富有创业精神,不断成立分部,将新业务分出,或当老的分部日益庞大官僚化时愿意分化出新的分部。

(8) 松紧结合。优秀企业奉行一套共同价值观,注重行动,强调信息沟通和迅速的反馈,有着明显严格的特征,但优秀企业并不僵化,它也有着松散的特征,有着灵活的组织结构、俱乐部式的环境和富有自由的革新活动。

彼得斯和沃特曼的这项研究把握了20世纪80年代初期组织文化研究的精髓,并贡献出应付日本竞争的美式答案。他们认为过分强调战略、结构以及定量推导是片面的,而决定成功的因素,正如前面所列的八种文化特征,更多地依赖人力资源管理的"软"特征,如员工、共享价值等。"卓越企业文化论"引发了人们对高层管理的重视,成功地实现了管理思想重点的转移,使组织文化的重要性突显出来。

(三) 美国企业精神

劳伦斯·米勒在《美国企业精神——未来企业经营的八大原则》中认为,任何一种管理技术和结构都应该体现正确的价值观或企业精神,米勒认为美国企业具备强烈的竞争精神,使其能在国内外的竞争中获得成功。这种竞争精神可包容在八种基本价值观中,它们是:

(1) 目标原则。人由于有"自我实现"的需要,所以他希望献身于一种有价值的目标。组织行为是有目标的活动,组织文化应将有价值的目标反映出来,让员工明确个人目标与组织目标是相连的。管理者应将目标宣传灌输给每个员工,从而使员工将自我实现融于组织目标的实现之中,真心拥护组织的目标。具有竞争力的领导者会把"我们的灵魂"与"我们的工作"连在一起,并因为有真正的拥护者和追随者而使组织实现其崇高而长远的目标。

(2)共识原则。组织成员由于受过较好的教育和训练,他们有自己的价值标准,对问题有着自己的见解,他们并不习惯无主见地顺从他人,而是希望自己的思考和工作能获得重视认同。组织成员素质的提高,要求管理者和管理方式从"指挥式"转向"共识式"。决策是一个组织运作中最重要的一环,"共识式"决策要求管理者在决策过程中召集较多同事或部署进行坦诚的交流与商讨以达成共识。这种共识原则能使组织成员和管理者共同思考工作,既满足了组织成员的参与需求,又能获得众人的创意。这种共识下的决策因为获得人们的认同,实施起来也比较容易。

(3)卓越原则。卓越是一种理想境界,是一种工作伦理,是一种精神动力。追求卓越使一个组织在工作中力求完美,求新求变,培养出追求卓越的精神。组织成员可定期地进行自我分析,注重自我教育,改进现状,以获得更好的成绩。当然,为了追求卓越,组织也应为成员提供一定的激励机制。

(4)一体原则。一体原则指的是追求组织全体成员的"一体感",也就是使员工认识到个人利益与组织利益休戚相关,使员工时刻为组织着想,愿意为组织利益而牺牲个人利益。创造这种"一体感"的关键在于减少不必要的管理层次,尽量让基层人员担当责任,强调组织成员的参与和共识。此外,管理者还可通过个人表率作用,尊重信任员工同时引导员工产生"自我拥有"的满足感。

(5)成效原则。成效原则即是将员工的利益与工作的成绩联系起来。如员工的工资是按工作成绩来支付,而不是按权力和资历来确定。个人的奖赏、晋升也主要根据工作成绩而定。尤为重要的是,精神上的奖赏比物质上的奖赏更能给员工带来优胜感和光荣感。

(6)实证原则。优秀企业能大量运用数学观念、数学工具到组织决策中,以科学的态度面对问题。优秀企业讲求实证原则,对统计程序、资料图表都有着清晰的认识,在决策过程中常常搜集资料并做分析,使决策更具科学性。

(7)亲密原则。亲密感存于组织和成员之间,是一种感觉,是人性最基本的追求。当组织成员相处时相互表示真诚、友善、尊重、信任和关心,在这种健康的环境中,人们能感受到亲密感的存在。当组织成员在组织中能感受到亲密感,他会有一种安全踏实的感觉,愿意共享自己的创意,对组织将更加忠诚和信任。

(8)正直原则。正直就是诚实,前后一致,表里一致,以负责的态度采取行动。正直是组织文化赖以建立的根基,是一个管理者应具备的品质。正直的精神使管理者有着人格魅力,能鼓舞员工,激发他们的干劲,获得下属的信任和支持。

(四)Z 理论

日裔美籍教授大内在对美国管理模式和日本管理模式进行研究之后,推出了他的 Z 理论。Z 理论在对日本和美国典型传统管理运作模式对比分析的基础上,吸收了适合美国国情的日本管理模式的长处。Z 理论充分考虑了人的社会性和需求的多样性,将管理者和被管理者融为一体来寻求组织和个人的相互协调。Z 理论的主要内容是:

(1)员工承诺。比较美国的短期雇佣制和日本的终身雇佣制,Z 模式主张实行长期雇佣制。雇佣期长能使员工更加熟悉企业的内情,培养良好的企业氛围,使员工有安全感,愿意接受企业的宗旨、作风、传统等。Z 模式强调在员工想离职时尽量挽留,向他们提供更平等更富有挑战性的工作,在经济衰退时也尽量不要裁员,要保证员工的安全感。

(2)评估。Z 理论主张实行缓慢的评估和晋升制度,并不主张美国式的迅速评估和晋升方法,目的是培育员工的长期观点与协作态度。在美国模式中,员工迅速流动,成员往往认为如果 3 年内没有重大升迁便是失败。因此为了避免人才流失,对于新的员工,在头 10 年中应实行没有差别的整批人加薪。

(3)事业发展。日本企业管理模式中,事业发展的途径是非专业化的,企业实行终身工作轮换制,这种制度提供了员工与他人合作的机会,容易培育出通才,但难以培育出专才。美国管理模式则比较注重专才的培养,但容易造成人的发展片面化。Z 理论主张扩大事业发展的道路,有计划地实行横向职务轮换,以增加员工工作的热情、效率和满意感。

(4)控制。日本企业管理实行的是含蓄内在的文化控制,而美国企业的控制方式是明确的和形式化的。Z 理论结合了日本管理模式控制中的含蓄和美国管理模式中的明确形式的控制法。在了解和沟通时用明确的方法,而重要的决策用含蓄的方法控制。Z 理论强调在企业内部建设高度一致的文化,用自我指挥取代等级指挥,从而实行内在有效的控制。

(5)决策。日本管理模式主张群体决策,这种方式让每个有关人员参与讨论,反复协商,最终往往能作出创造性决策,并且决策的实行能得到大家的支持和贯彻。美国管理模式注重个人决策,这种决策非常迅速,但贯彻执行不一定能得到支持拥护。Z 理论提倡群体决策,并认为可以让基层人员也参与进来。

(6)责任。日本管理模式中责任是由群体承担,而不是单独的个人对特殊事件担负责任。在美国模式中责任一般是个人承担。而 Z 理论主张强化共同目标,使每个人都能自觉对群体作出的决策负责,从而避免紧张状态的出现。

(7)人员关心。在日本的管理模式中,员工与组织,员工与老板,员工与员工之间是一种整体关系,组织不仅向员工提供工作,还努力使员工在各方面能得到全面的发展。而在美国的管理模式中,人与人之间的关系是一种局部关系,人们的相互了解局限于工作范围之内。Z 理论强调发展整体关系,认为整体关系是组织富有凝聚力的表现,能促使组织协调和睦地发展。

三、组织文化的发展

优秀的组织管理者,不仅应强烈地意识到组织文化的存在,而且应该注重提倡和发扬组织中优秀的传统精神,摒弃和消除组织中不良的观念和风气,使组织文化趋于完善。组织文化建设,则是指组织的管理者有意识地培育优良文化的过程。

(一)组织文化的塑造机制

沙因认为,组织管理者可以通过多种方法和途径塑造、强化组织文化,组织可以依赖下述首要和次要机制进行文化塑造。

1. 首要机制

（1）管理者最重视的问题。管理者注意和赞扬某些事情，有规则地处理这些事，向组织成员发出强烈信号，告诉他们什么是重要的，什么是期望他们去做的。员工通过观察领会，可以把握组织文化的特征。

（2）管理者对非常事件和危机的反应。当组织面临一场危机时，管理者在处理危机时会表现出大量与文化有关的行为。这种方式既可以强化已有的文化，也可产生新的价值观和行为规范。如一个组织面临市场对其产品需求急剧下降时，有的组织或许会裁员，有的组织会减少工作时间或在不减少劳动人员的情况下减低报酬率。不同的解决问题的方式反映了不同组织的价值观。

（3）角色示范、教育和指导。组织文化往往通过管理人员的身体力行传达给员工。如果员工仿效上级的行为并将其融入自己的行为模式时，这说明角色示范发挥了作用。在日常的培训中，营造一种相互支持的工作氛围对增进责任感将很有意义。此外，通过教育和指导，也可让员工明白组织注重追求什么，注重什么。

（4）奖金分配状况。组织成员可通过奖金和报酬制度了解所在组织的文化，因为各种奖惩制度向员工表明了在组织看来何种作用和行为是最有价值的。组织的奖励措施的贯彻和它的文化之间有强烈的依存关系，有的学者甚至认为，影响组织文化的最有效的方法即是奖励制度。

（5）招募、选拔、提拔和解聘的标准。在招募选拔时，组织往往有意识地选聘那些适合组织文化的人员。此外决定选派由谁承担特定职务和工作，让谁升职和调动，以及出于何种理由解聘谁等等，这都加强和表明了组织的文化。

2. 次要机制

（1）结构、体系和程序。为塑造组织文化，使组织更有信心面对未来，组织可在组织结构设计、制度和程序方面采取一定措施。如针对臃肿的官僚结构，一个组织或许会通过发挥团队精神，主张让员工参与等方式来解决这个问题。

（2）表象、外观和物质空间。组织的建筑屋设计、办公室环境等代表着组织的一种精神。如一个应聘者走进某公司后看到装修豪华的布局和整洁舒适的办公环境，自然会对公司形成特定的印象。

（3）故事及传说。一个组织往往有一些事实与想象相混合的故事和传说,叙述在过去的年代中对组织成功影响较大或解救公司于危难之中的英雄事迹。管理者传播与其价值观相关的故事与传说,这将有助于组织文化的形成与巩固。

(4) 正式阐述。正式阐述是指将组织倡导的价值观以正式文字进行书写表达,包括组织的任务、目标、价值观等。这种正式阐述还可通过各种方式加以宣传。

(二) 组织文化的发展阶段与层次

组织文化的发展是一个长期的过程,一般来说,组织文化的形成可分为以下四个阶段:

(1) 创建阶段。这一阶段的组织文化,主要是组织的创始者对组织的形成和运转的一些基本构想。组织结构、对组织成员的要求、最终目标、组织的政策及策略等在这一时期都有了基本的雏形。

(2) 群体认同阶段。这一时期是组织成员对已有的构思进行认同的过程。这个过程包括群体对已有文化的认知和接受,最终取得一种共识。

(3) 共同价值观的形成。在前一阶段的基础上,组织成员按创始者的构思进行活动,在实践中形成共同的价值观和理念。

(4) 共同价值观的普遍化。当组织规模进一步扩大后,创始者的这种共同价值观被越来越多的组织成员所接受和认同,形成确定的行为模式,并作为与其他组织相区别的明显标志。组织文化在这一时期进入了成熟和稳定时期。

组织文化的发展同样也是一个制度化和物化的过程,它在不同的发展阶段有不同的内容,在不同层次也有不同的特征。一般来说,组织文化的发展经历以下三个层次:

(1) 初级阶段:基本假设阶段。这一时期人们对于构思组织文化并没有十足的把握,很多方面也并未认识到,很难认定哪些因素能够构成组织文化。这一阶段的构思包括组织成员对组织与环境的关系、关于人性的基本假设、关于某些活动的本质等等。这是形成组织文化的基础条件。

(2) 中级阶段:基本价值的认同阶段。这一时期,组织成员基本上对组织文化达成了共识,并认识到这种共识的价值。人们可以识别这种文化,但还没有形成共同价值观和确定的行为模式。

(3) 高级阶段：实物与创作阶段。在这一时期,组织文化中许多观念性的东西已经被物化,成为可视听之物,诸如某种技术、艺术表现及明显的行为模式等。但是,对这种文化形式很难加以高度的概括和总结,需要专门的人员去阐释。

组织文化在一定层次上是与组织社会化联系在一起的。社会化一词是指社会的长者把必要的社会技能和知识传递给年轻成员的过程,组织社会化一词含有相似的含义,即组织的资深成员把完成任务和承担角色所必需的知识、技能以及价值观、行为规范传递给新员工的过程。

通过社会化,组织将新员工带入自身文化的系统之中,使个体学到了与组织文化有关的态度、信息和价值观。从组织的角度看,组织社会化就好像是给每个员工贴上组织的指纹,或给他们打上自己的遗传编码。从员工的角度看,组织社会化是一个"学习规则",是其在组织中生存和成功的必要过程。

组织社会化一般经过以下四个阶段：

(1) 预期社会化。在这个时期人们设想组织的某一具体角色应当如何。例如个体可能会猜测将要从事的工作的种类、报酬、工作环境等内容。如果新员工对将来承担的角色抱有不现实的期望,这容易导致今后工作中出现种种不满和矛盾,严重者会因对组织的极为不满而离职。为了避免出现这种问题,公司在招聘、引进新员工时应提供关于组织的真实信息。

(2) 遭遇。在这一阶段人们已经进入组织,并且开始承担某一角色。这并不是一个平静稳定的阶段,新的员工经常会遇到各种没有预料的事和一些变化与冲突。在这一时期,个体常常迫切地寻求关于角色、价值观、行为规范等方面的信息。

(3) 同化。本阶段员工已经从新来者转变为组织的参与者。一旦被同化,员工个体开始会对自己产生认同,并开始享受工作的乐趣。同化后员工能自愿积极遵守并维护组织的准则与规范。

(4) 离职。组织社会化的最后一个阶段是离职。离职的原因有很多种,可能是退休,可能是由于跳槽或裁员,也可能是组织解散或被兼并。

社会化过程有多种类型,它既可能是集体的,也可能是个体的。前者是指群体一同进入新组织并获得共同经验,后者是指单独一人进入一家新组织并获得惟一的经验。社会化与组织结构有关,如果组织结构不良,并未能给新员工提供好的社会化的空间,新来者只能依靠自己试错法获得经验。

社会化还可以分为连续社会化和随意社会化,前者是指按部就班、有秩序地进行社会化,后者是指没有步骤、比较模糊地进行社会化。最后,社会化还包括固定社会化和可变社会化,前者有完成的具体日期,后者则没有时间限制。

思考题

1. 组织文化有什么特征和功能?
2. 试述西方组织文化理论对我国组织文化建设的借鉴意义。
3. 结合你所在的组织,谈谈应如何建设优秀的组织文化。

第十三章 组织变革

> 在当今这个日新月异的时代,所有组织都处于一个动态的、适应的过程中,组织的这种适应与变化就是组织变革。组织变革是环境压力和内部要求的结果。日益一体化的全球经济体系与冲突不断的国内社会状况都迫使组织做出调整,组织内部的结构功能的不协调也会促使组织的变革。当然,组织变革也不是一帆风顺的,它必定会碰到来自个人和组织本身的阻力。为了克服这些阻力,有计划的变革就会成为除被动变革之外的最主要的变革形式。本章主要介绍组织变革的内容,以期提高组织管理者的认知水平与处理变革的能力。

一、组织变革概述

(一)组织变革的动力

组织变革受到内部动力和外部动力的推动。内部动力是组织变革的重要原因。组织内部结构机能的障碍以及组织成员的性质改变都是来自组织内部的变革压力。内部力量迫使组织自觉地积极地改变组织结构、提高组织效能,以适应环境的变化。

组织内部结构机能的障碍主要包括:组织要素的不完备、组织结构的不完整,以及由此导致的组织功能低弱、适应性差等问题。组织要素是组织赖以存在的基础,它包括组织的人员、资源、制度、职位等。组织要素随着时间的推移,需要不断地新陈代谢。新陈代谢的过程就意味着旧的要素将要被无情地淘汰,组织的空间将会因为旧要素的消失而出现真空。组织真空带来了组织结构的断裂和不完整,使组织出现许多问题,如核心领导的缺失、中间层级的不畅通、职能部门的低效、辅助部门的缺乏等。结构不完整要求组织迅速进行组织变革,以建立崭新的完整的组织形式。

没有完整的组织结构,组织就不可能发挥出较高的效能。组织的效能是组织整体的有效性和功能的综合表现,它是一个组织能否继续存在的基础。组织的效能包括组织的集体团结能力、目标的实现能力、环境的适应能力、维持自身平衡的能力[①]。这些能力是以组织的结构为依归的。结构的残缺一定会影响到功能的发挥。核心领导的缺位会减弱组织的团结力,再加上中间层级的不畅、职能部门的低效、平行部门的缺乏就势必有损组织的目标实现力、适应力和平衡力。具体表现为以下几种情况:决策低效或决策失灵、信息沟通不畅、不能实现目标、缺乏创新[②]。很难想象,像这样的组织还可以在"白色激流"[③]中拥有一定的竞争力。所以,组织效能的低弱意味着组织必须进行变革,不变革组织就会在激烈竞争的环境中处于不利地位,甚至被淘汰出局。

对组织产生变革要求的内部动力,还有一个重要的方面就是组织成员的性质改变。组织成员既包括组织领导者,又包括一般成员。成员性质改变是指组织成员的知识技能、个性结构、价值导向、生活方式的变化。这些变化有时对组织变革起决定性作用。组织领导者无疑是组织形式的核心支持者,根据自己的价值观、目标战略,有时他会对组织进行有计划的重大的变革——或者是彻底的革命。组织领导者的锐于进取、敢于革新的个性是这种革命的直接原因。历史上许许多多改革者的悲惨命运就是他们的创新行为受到传统反对的结果。另外,组织的一般成员也可以对组织体发生影响。当今社会组织中成员的知识水平越来越高,他们的价值自觉程度也更高,所以他们要求打破传统组织森严的等级,换以自我管理的扁平组织。他

[①] 根据帕森斯的 AGIL 模型。
[②] 孙彤:《组织行为学教程》,高等教育出版社 1990 年,第 379 页。
[③] 用来比喻不确定的、活跃的社会经济环境。〔美〕史蒂芬·P·罗宾斯:《组织行为学精要》,机械工业出版社 2000 年,第 384 页。

们完全具有改变组织结构的能力,因而主导了当今组织变革的潮流。

任何组织都是处于不确定的环境中的,环境的变化总会转化为外在的压力迫使组织进行变革。环境的外部压力表现为以下几种情况(如表13-1):

表13-1 组织变革的外在压力

压 力	举 例
政治环境的变动	前苏联的解体对西方国家政治组织的影响。
国际政治环境	如智囊组织的影响。
国内政治环境	中国改革开放政策对各种组织的影响。
经济全球化	加入WTO组织对中国政府组织、社会组织、企业组织的结构功能的巨大影响。
文化的冲突	对外友好协会必须考虑到所对口地区的文化性质,并设置相应的组织机构。跨国企业必须考虑到文化的差异,做出相应的调整。
技术的进步	网络技术对传统官僚组织的金字塔结构的严重的冲击,迫使官僚组织解散僵硬的垂直结构,以适应一体化和信息化的环境要求。

政治环境的变化是组织变革的主要外因。现代生活中政治性彰显(无论在国际还是在国内)给组织变革带来了动力。国际政治的紧张对立促成了一批政策机构的诞生,也推动了一些国家国内政府组织的改革。没有哪个政府不愿意在对外机构中下点心血以提高它的效能,来应对国际环境的压力。国内政治改革(如中国的改革开放)最大的效果就是开放组织结构,吸引多种元素的加盟,增进组织的能力。在这种情况下,组织的价值观念也朝着更加人本主义的方向发展。

从20世纪80年代开始,西方学者就关注着经济全球化的趋势。经济全球化把一国的国内生产市场推向全球市场,突破国际间贸易壁垒,建立新的国际贸易"力量集团"(如欧洲经济一体化、日元区、WTO组织等)[①]。全

---

① 〔美〕黑尔里格尔、斯洛克姆、伍德曼:《组织行为学》下册,中国社会科学出版社2001年,第882页。

球化要求组织调整战略目标,将服务于国内市场的方向调整到服务于国际市场的方向上来。它还要求组织建立新的结构满足全球环境的需求,从而完善组织的服务功能。政府组织更要注意它的灵活性、效率性与适应性,不能落后于全球化下快捷的沟通步伐。尤其是一些发展中国家的政府组织更要积极改变传统,引进先进观念,把全球意识与国内利益有机地结合起来,及时、稳妥的完成组织变革的过程。

在全球化的压力下,不同的文化也面临着更加直接的冲突。这种冲突又会反应在社会组织中。它不仅仅表现为各种文化将会汇聚到一个组织中来,还表现为一个组织必须具有应变各种文化压力的能力。作为社会的中枢部门,政府组织更要有包含各种文化的胸怀和能力,否则难以在文化冲突的浪潮中站稳脚跟。政府组织必须培养一种新的价值观念,这种观念将把融合文化差异作为当然的任务,把尊重文化自主性当作最重要的标准。以这种价值观为导向,建立面向多元文化的信息机构、适应多元文化挑战的决策机构以及满足多元文化需求的服务机构。

技术力量,尤其是网络技术的突飞猛进在近二十年来对组织形式产生了前所未有的作用。网络是一种真正全球化的力量,它突破了民族国家的疆域,把浓缩了政治、经济、文化、宗教、艺术各种因素的信息辐射到全球范围,使信息渗透到全球共同体的每一个角落里。而正是这种信息正在和将要震动所有组织的既有结构功能。信息技术能使管理者与组织环境之间取得更好的联系,使管理过程具有广泛的参与决策、更快的决策、更好的组织情报(包括迅速识别问题和机会)等特征。它还可以使组织结构扁平化、增加集权化和分权化、增强协调性①。传统官僚组织形式将会逐步缩减中间层级,领导核心与一线员工的联系将得到加强,僵化的、集权的、非人性的组织将被灵活的、分权的、人性化的组织取代。

(二)组织变革的阻力

与组织变革的动力伴生的是组织变革的阻力。组织变革总会受到个人和组织的抵制。变革遇到阻力的原因是多重的(见图13-1)。公开的阻力

---

① 〔美〕理查德·L·达夫特、李维安等译:《组织理论与设计精要》,机械工业出版社1999年,第74页。

可能表现为罢工、破坏生产、怠工,在政府中主要表现为不负责任、离间人际关系、破坏组织的团结。隐蔽的阻力可能表现为严重的惰性和工作缺席、辞职、士气低沉、高事故率。危害更大的是成员的参与意识和责任感的降低,乃至消失①。

个人阻力	组织阻力
知觉	组织文化
个性	组织设计
习惯	资源限制
对权力和影响的威胁	固定投资
对未知的恐惧	组织间协议
经济原因	

图 13-1　变革阻力的来源

1. 个人对变革的阻力

个人对变革的阻力主要来自以下几个方面:知觉、个性、习惯、对权力和影响的威胁、对未知的恐惧、经济原因等。知觉中的问题是知觉防范,即倾向于选择感受那些最适合人们理解的事物。人们可能会这样的抵制变革:只接受他们已经理解的东西,习惯性地忘记可能导致其他观点的知识,错误理解新的沟通知识。这样,组织变革的新趋向总会受到他们传统惰性的束缚。个人个性的一些方面(如教条主义和依赖性)也可能使他们抵制变革。教条主义和依赖性的主要问题是它不主张创新,不鼓励建设新的组织结构。它使人狭隘于既定的理论条条中,依赖于其他组织或个人的推动来按部就班地做事。它使人失去自我评价能力,因而抵制任何将会改变现有状况、给他们带来不必要的麻烦的行为。个人习惯在变革的情形中也会制造阻力。这是因为习惯的安全性和舒适性给人们带来稳定感与轻松感,人们不必要冒较大的风险就能够获得生活的幸福和快乐,只是在生活的秩

---

① 〔美〕黑尔里格尔、斯洛克姆、伍德曼:《组织行为学》下册,中国社会科学出版社 2001 年,第 891 页。

序难以维持时,人们才会尝试进行组织变革,以求更好的发展。

组织变革有时会对既有的权力和影响模式产生不利。特别是在被动的组织变革中,心理上并不乐意变革的领导者和成员肯定会担心变革将冲击原有的权力结构,减弱他们的影响力,因而损害他们的既得利益。事实上也是如此,变革的最主要的目的就是改变原有的权力结构,或者分权,或者集权,或者重新编排权力执掌的顺序,更换核心领导者的角色。在某些发展中国家,为什么政治改革那么艰难,其中一个特别重要的原因就是掌权者不愿意放弃手中的权力,舍不得牺牲既得利益(很多利益其实是不义之财)。

变革是充满不确定性的,未来的风险总是或多或少的存在。所以,对未知恐惧也阻止变革的顺利进行。人们不愿意为了他们认为不值得冒风险的事情尝试改革。他们不愿意承担变革的责任——这个状况是以前的责任分配体系不公正造成的。他们也会积极地反对变革者的行为,将一种对变革的冷淡转化为一种反对变革的热情。经济原因无疑在人们的考虑中占很大的比重。人们一定会抵制将减少他们收入的变革。从一定程度上说,员工的工作现状是他们过去投入的回报,他们的成功运作、绩效评价、环境的适应性都是时间的积累成果。他们不愿意突来的变革给他们带来压力,影响他们实现以前的工作标准和获得以前的工作收入与享受。他们还担心未来的工作前景以及收入情况。

2. 组织对变革的阻力

组织的性质也决定了它要抵制变革。它对变革的阻力主要包括以下几个方面:组织设计、组织文化、资源限制、固定投资、组织间的协议。组织的有效运转必须有一定的稳定性和连续性。这种特性发展到一定程度就表现为组织的结构惯性,它会自发地阻止试图改变组织结构、破坏组织稳定的意图和行为,不管这些变革是来自外部还是来自内部。因为变革力量来自内外两个方向,所以组织结构的阻力就表现为对外的封闭性和对内的控制性。与组织结构密切相关的是组织文化,组织文化是组织的内核,它比组织结构更有内在的隐蔽性和稳定性。一个有活力、开放的文化往往能容忍组织的变革。但是一个压抑的、封闭的组织文化一定会阻止组织的变化,因为变革会改变人们的价值和信念,从而对处于文化解释者地位的成员来说就是极大的不利,他们不会主动地出让既有地位,而是努力维护既有文化传统,保证自己的优势特权。

除了组织本身的结构和文化因素以外,组织中的资源限制和固定投资也会影响组织变革。组织变革需要资本、时间和有技能的人,正像组织由这些因素构成一样,组织变革也是由它们推动的。在一个特定的时间里,组织变革的领导者可以调动充足的资本和精干的助手对既有的组织结构进行调查分析,并在此基础上革新落后的组织部门,辞退不能胜任职责的员工,引进高层次人才,改变组织的外部服务方式。而事实上,变革者所需要的资源总是有限的,不但不能方便地支持他们的事业,而且常常制约着变革的进行。同样,在资源丰富的组织中,大规模的固定投资也使组织变革不能轻易地进行,因为要变革,就必须改变固定投资的形式,然而要寻找适当的改变固定资产形式的方法并不是很容易的。这正是大国政府和跨国公司的组织变革没有小国和小公司那么及时和灵便的原因之一。

组织间的协议往往会对那些能限制他们行为的人施加义务。根据协议,一些曾经视作管理特权的行为(如招聘、辞退、分工、奖励、提升、惩罚等)可能要受到协议或合同的限制。组织的变革者必须考虑到这些因素,否则变革对象会依据协议进行抗争,使变革者的各项计划受阻。

二、组织变革的模式

(一)组织变革的系统模式

组织变革的系统模式是运用系统的方法,以分析组织结构的构成要素为基础,深入分析各个要素之间的关系以及组织功能的发挥和变化。美国学者哈罗德·莱维特认为组织变革的模式由以下四个变量构成:

(1)结构,指组织的权力责任分配、管理层次和幅度、组织信息的沟通、工作流程等;

(2)任务,指组织的使命和目的,组织任务之间存在一定的上下或平行的结构关系;

(3)技术,指任何组织完成任务所运用的方法和手段;

(4)人力,组织的基本要素,组织活力的根本,是组织完成任务、达到目标的各种人力资源。

这四个变量在组织中的关系是互相依存的、缺一不可的,任何一个变量的变动都会导致其他变量的变化(见图13-2)。同样,我们在进行组织变革的时候,必须既要抓住切入点,又要调整各个因素之间的关系,在一个整体中完成变革的任务。在变革中,可以从以下几方面入手:改变组织的工作任务;改变组织的结构;改变人的态度和价值观、人的行为和组织成员之间的沟通状况;改变完成任务的机制和技术等等。

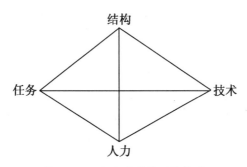

图13-2 组织变革的系统模式

美国学者黑尔里格尔对这个系统模型进行扩充,把组织系统的主要因素扩大为六个:人员、文化、任务、技术、设计和战略。它们的互动关系如图13-3[①]:

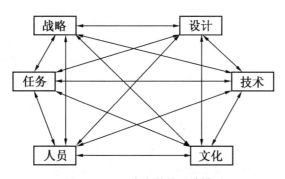

图13-3 一个变革的系统模型

如图13-3所示,这六个变量是相互依赖的。任何一个变量的改变都

---

① 〔美〕黑尔里格尔、斯洛克姆、伍德曼:《组织行为学》下册,中国社会科学出版社2001年,第906页。

可能会导致其他一个或多个变量的改变。例如,组织战略计划的改变可能决定了组织设计中新的形式的变化,反过来,它又会导致人员结构的变化以及组织技术的更新,而这些又将改变组织任务的性质。以上的变革还会带来组织文化的改革,而组织文化又会以相反的力量或推动或阻止组织的变革。所以,进行有计划的组织变革时,可以从六个环节中选准一个变革点,同时辅助性地兼以其他要素的变革,从而系统地推动组织变革的完成。

美国组织行为学家杜布林将组织变革的系统模式分为三个部分:输入、中介变量、输出部分。输入部分是内外环境对组织的变革压力,它迫使组织进行改革,主要表现为环境、目标、价值观、技术、结构社会心理因素和管理等。中介变量是指促使输入部分对组织结构的影响得以发生的机制,它主要有组织的结构、人员的态度和动机、领导方式和上级主管部门等。输出是组织变革的后果,包括有利、中性和不利的后果。

(二) 组织变革的过程模式

组织变革的过程模式是根据组织变革的时间线索,着重分析组织变革之前、之间、之后的变动形式,把握组织变革的动态过程。

社会心理学家库尔特·勒温从探讨组织变革中组织成员态度出发,对组织变革提出了"解冻、变革、再冻结"三过程理论。他的理论是以他的力场分析为起点的。他认为组织变革就是动力和阻力的力场中力量的平衡,即任何一种情形都可以被认为是在一种来自于同时相互挤压的各种力平衡的均衡状态中,见图13-4[①]。所以,要进行组织变革,就必须增加变革的推动力,减少变革的阻力,改变力的方向。变革三过程正是以这些工作为最主要手段而形成的。

解冻是指激发变革的动机,即刺激人们改变习惯和传统,接受新的观念。解冻首先要求否定员工的既有态度和行为,使他们认识到维持现状的不利后果。其次要向员工说明组织的现状和问题,分析问题的症结所在,取得员工对变革的同情与支持,并产生变革的欲望。此外,还要通过减少变革的障碍或消除对失败的恐惧来创造一种心理上的安全感,坚定组织成员变

---

① 〔美〕黑尔里格尔、斯洛克姆、伍德曼:《组织行为学》下册,中国社会科学出版社2001年,第899页。

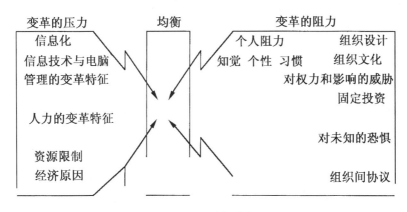

图 13-4　力场分析

革的信心。解冻的一个重要内容是对变革阻力的克服,克服变革阻力的方法主要有:教育与沟通、参与、促进与支持、协商、操纵和收买、强制等。

变革是指在接受新的观念和更新认识的基础上形成新的态度和行为。它主要是通过认同和内在化的方式来实现的。认同是组织体向组织成员提供态度和行为的新模式,使员工不断地对照自己,模仿新的模式,修正旧的模式。内在化是组织成员用心去解决问题和学会如何与这些问题相处的一种方法。组织成员在反复地实践中,将所学到的态度和行为转化为自己在解决问题时采取的态度和行为,融入个人的品德之中。

再冻结是利用一定的强化方法,使被员工接受和完全融入员工品德的态度和行为长久地保持下去。强化有两种方式:连续强化和断续强化。连续强化是在被改变的人每次接受新的行为方式时,就予以强化,如当即给予员工以肯定和鼓励。断续强化是间隔一定的反应次数予以强化一次,如有规律性的奖励和环境认同活动。此外,群体内部组织成员之间互相强化,对于稳定和维持新的态度和行为也有积极的作用。

美国管理学者卡斯特从探讨解决问题的角度出发,将组织变革的过程归纳为六个步骤:

① 回顾与反省。对组织的历史情况进行回顾和反省,对当前内外环境的状况进行调查研究。② 觉察问题。即通过回顾、反省、调查研究,发现组织内外存在的问题,并认识到组织变革的必要性。③ 分析问题。分析问题实际上是发现现状与目的情景之间的差距,这个目的情景既可能是先前定

下的,也可能是当前设计的。同时还要找出问题的症结所在,包括问题的起因、特征、与环境的关联性以及影响。④ 找出解决问题的方案。从多个角度设计解决问题的方案,并对各个方案进行评估、选优,确定最佳的执行方案。⑤ 实行变革。调动各种资源,包括人力、物力、财力,将变革方案一步步推行下去。⑥ 评估变革效果并做出反馈。在完成变革计划之后或者在进行变革中间分阶段地进行效果评估,找出成效,发现问题,及时反馈给计划制定部门,并帮助执行部门调整方案,改进策略。

美国管理心理学家夏恩认为,组织变革的过程实际上是一个组织不断适应环境和内部条件变化的应变循环过程。每一个应变循环都包含六个具体步骤,每一个循环的结束就意味着另一个循环的开始:

(1) 洞察内外环境变化。即发现组织内部环境和外部环境出现的主要变化,以及它们给组织造成的压力,明确组织如何适应这些变化,应该做出什么改革。

(2) 输入变化信息,研究变革问题。即向组织中的相关部门输送内外环境变化的信息,并分析这些信息对组织的意义,研究应变的方案和措施。

(3) 采取变革行动。根据获取的信息确立变革的方案,改变组织的结构和功能,改变组织的产品输出形式。

(4) 稳定变革措施。减少或控制因变革而引起的各种负效应,消除干扰,扫清道路,使计划顺利进行下去。

(5) 输出变革成果。向环境输出经过变革的、符合环境要求的、更有适应性的产品和服务。

(6) 洞察新变化,发现新问题。通过输出新产品和新服务,进一步了解外部环境的状况和内部条件的一体化程度,从而获得应变效果的反馈,为下一次变革做准备。

美国心理学家凯利认为,组织的变革过程应包括三个阶段:诊断、执行和评估。这三个阶段又由九个具体的步骤组成(如图 13-5)。

(1) 诊断。顾名思义,诊断即调查出组织当前面临的问题,找到问题的"病灶"所在,发现原因,对症下药。

(2) 执行。进行组织决策,组织力量制定解决方案,拟定变革计划,并准备采取行动。

(3) 评估。对变革的绩效进行评议和估价,找出执行中的偏差,及时反馈给计划执行部门,强化或修正组织变革的行动。

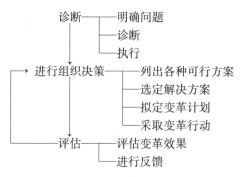

图 13-5 凯利的组织变革模式

这个模型中特别要注意,在对组织进行诊断时,要认清两个关键因素。首先是组织行为是多个相互作用的力量的产物;其次,诊断得到的信息往往只代表了问题的表面而非本质。另外,组织诊断的重要性还可以从以下组织变革的原理中得到强调①:在你试图变革某种事情前必须彻底理解它;你不能只改变一个系统的某一个部分;人们会抵制任何一个他们觉得是惩罚的事情;变革经常产生压力;对设定目标和设计战略的参与减少变革的阻力并增加认同感;行为变革应小步进行。

(三)组织变革的成长模式

组织的成长模式也是组织变革的一种模式,它是从组织的成长与发展的角度来研究组织变革的过程。这种模式与过程模式相区别的地方主要在于它是从组织从小到大、从年轻到成熟的整体生长过程来研究组织变革的规律性。在这个方面作了深入研究和作出突出贡献的学者是美国组织管理学家 E·葛雷纳。

葛雷纳提出了著名的组织成长四阶段理论②。他认为组织的成长和发展包含着组织演变和变革两重含义。演变是指组织体比较平稳的生长;变革是指组织结构发生的重大动荡。他还认为这两个时期是交织在一起的,

---

① 〔美〕黑尔里格尔、斯洛克姆、伍德曼:《组织行为学》下册,中国社会科学出版社 2001 年,第 904 页。
② 本处材料主要来源于〔美〕理查德·L·达夫特:《组织理论与设计精要》,机械工业出版社 1999 年,第 89—91 页。

互相推动着前进。他根据五个模型要素：组织的年龄、组织的规模、演变的各个阶段、变革的各个阶段、组织的成长率来设计他的组织成长模型。他认为，任何组织都要经过从小到大不断成熟的四个相对平衡的时期，每个时期都会遇到特定的危机，但组织会自觉地寻找危机的原因并想办法克服它，从而以这个危机的克服为新的开端，迈向更高一级的阶段。

（1）组织的创业阶段。这是某个特殊的创业者为了一定的目标带领下属进行创业的阶段。组织非常脆弱，组织结构是高度非规范化和非官僚制的。组织核心成员的创造性是组织的成长动力。

处于这个阶段的组织会遇到领导的危机。随着组织的成长，组织成员的数量会快速地扩增，组织结构会因此产生一定的复杂性。这时，就需要有一个具有创造性和协调能力的领导核心。领导能力的增强就可能把组织推向第二阶段。

（2）组织的集体化阶段。如果领导危机得到解决，组织就获得了强有力的领导并且可能会提出明确的目标和方向。组织部门也随着权力等级、工作分配而建立，组织成员之间的关系开始出现等级化，命令成为组织成员完成任务的动力。

这一阶段组织会遇到需要委派代表控制的危机。新的管理阶层的成功会使下层员工感到"自上而下"领导机制的约束，低层级的管理者因而在他们的作用范围内获得自信，并希望有更大的自主权。但是高层管理人员因得力的领导使他们不愿意放弃其职责时，就会发生自主权危机。

（3）组织的规范化阶段。自主权危机得到解决需要有调节权力关系的规范章程，所以组织权责的规章、程序和控制系统的设计与建立就标志组织进入了规范化阶段。规范化阶段中，高层管理者主要负责战略与协调工作，中层管理者负责组织的生产和服务工作，另外，一个新的中层职能技术人员开始形成较大的影响，组织进入职责明确、分工明晰的阶段。

这一阶段面临的重要危机是官僚危机。规范化的组织形式稳定了组织的结构，明确了组织的职能，但是组织机构的扩张造成了严重的官僚习气，压制了组织的创新和发展。

（4）组织的精细化阶段。官僚习气危机的解决靠的是合作和团队工作的新意识。官僚制给组织的结构和功能造成了严重的危机，组织僵化、人浮于事、缺乏创新、效率低下等，所以只有改变这种结构，引进创新、合作的团队意识,利用灵活、高效的团队方法,加强组织内部各部门之间联系,才能推动组织的变革,提高组织的绩效。

精细阶段也存在危机,即不断更新的危机。组织都有一定的生命周期,当组织达到成熟后,就可能会走向衰弱。组织会逐渐地不适应环境的要求,组织结构过度僵化,反应迟钝,人员老化以及其他未知的危机,这种情况要求组织应处于不断的变革之中。

(四) 组织变革的综合模式

美国学者萨尔弗里奇和索科里克根据组织变革的措施及其变革领域将所要变革的问题划分为两大类:第一类属于组织结构和管理性质的问题,它们带有逻辑和物理性质,较容易发现;第二类问题是属于行为领域的问题,带有一定的感情性质,隐蔽而不易觉察。他们按照问题在这两大领域的分布变化,由浅入深地把变革措施分为十个等级,并设计了如下模式:

Ⅰ级:组织结构(正规职称、岗位责任、权力和信息网络)
Ⅱ级:职能的政策与实施(机械性目标管理①、职工入厂教育和技术培训)
Ⅲ级:人事政策和实施(改善保健因素)
Ⅳ级:工作考评与改进(成果定向性目标管理②)
Ⅴ级:管理人员开发(管理态度和技能的开发)
Ⅵ级:工作丰富化(改善激励因素)
Ⅶ级:群体间行为(群体思想见面会)
Ⅷ级:群体内部行为(群体建设思想见面会、有机目标管理③)
Ⅸ级:个人行为(个人的敏感性训练)
Ⅹ级:所属群体行为(所属群体的敏感性训练)

---

① 机械性目标管理是指管理部门间各级机构下达工作指标,目的在于加强对各个部门的协调控制。
② 成果定向性目标管理指通过完备的计划和对结果的检查,帮助各级管理人员提高管理能力。
③ 有机目标管理指小组帮助其成员完成在目标管理中规定的指标,借以充分发挥组织目标管理的潜力。

三、组织变革的方法

有计划的组织变革总是要通过许多方法来达到目的,这些方法根据它的变革方向可以分成以下三类:以人和文化为重点的方法,以任务和技术为重点的方法以及以结构和战略为重点的方法。以下是对这三种方法的详细论述。

（一）以人和文化为重点的方法

组织变革的关键是人的观念和态度的变革,所以任何组织的变革都必须认真对待组织中成员的观念革新问题。组织成员的观念构成了组织文化的基础,在组织人的变革的同时,组织文化也面临着重组和革新的危机。组织人与组织文化的变革关系到组织变革的本质,从一定意义上甚至可以说,它是组织变革成败的标志。这种变革的方法主要包括以下几种:敏感性训练、反馈调查、过程咨询、团队建设以及参与型工作文化的建立等。

（1）敏感性训练。这种方式也可以称为实验室训练、交友小组、T型小组（训练小组）等。这些训练的目的是通过无结构小组之间的互动训练来改变小组成员行为的方式。实验中,小组成员被安排在一个自由而开放的环境里,自由交往,互相沟通,讨论学习。这种讨论在行为科学家的指导下进行,科学家给予引导,而不是命令,个人是通过模仿和交流来学习,并不会被迫按专家的安排来做事,专业人员为参与者创造机会,促使他们发表意见,形成自己的信仰和态度。

T型小组的目标是使参与者对自己的行为和他人如何看待自己有明确的认识,对其他人的行为有更强的敏感性。"它的特定目标是提高对他人的移情能力,改善倾听的技能,扩大人的心胸,增强对个人差异的承受力,改进解决矛盾的技巧。"[①]T型小组的训练可以使个人获得感知别人的敏感性,增进自我了解与对他人的理解,克服组织交往的障碍,增强组织中的团

---

① 〔美〕史蒂芬·P·罗宾斯:《组织行为学精要》,机械工业出版社2000年,第400页。

结性与凝聚力。

（2）调查反馈。调查反馈的方法是对组织成员所持的态度进行调查评估，摸清组织成员之间在认知方面的差异，并将这些差异反馈到他们中去以达到解决这些差异带来的问题的目的。调查反馈包括：① 从一个组织的成员中收集信息；② 将资料整理组织成能说明一定问题的有用的形式；③ 把这些信息反馈给组织成员。

收集信息可以采用调查问卷的形式，组织中的高层成员将与其他成员和外部专家一起设计问卷。问卷的调查内容可能涉及组织成员对许多问题的认知与态度，如交流过程、激励系统、决策实践、部门间的合作以及对组织、工作的满意度等。问卷的信息对组织成员情况的较全面的反映能够帮助组织变革找到最佳的切入点。

问卷的信息将会反馈到每一个组织成员手中，成员不仅知道自己的情况，还知道组织整体或团队的调查报告。这样不仅可以促进个人的自我了解，还可以增进组织成员之间的相互了解与整体认识。成员得到信息反馈的途径有：① 几乎同时；②"瀑布"模式，预先在最高层召开小组会，然后逐级开小组会；③"从下到上"模式，即先在组织参与的最下层召开小组会①。调查反馈将组织的全体成员放在工作关系的环境中来对待，使他们感到自己与组织命运的相关性，能为组织变革提供有效的信息帮助，满足组织和个人的需要。

（3）过程咨询。过程咨询是指让外部顾问参与组织的内部流程的管理，为组织成员更好地认识、理解组织工作的过程提供咨询。过程咨询要牵涉到组织行为中的下列几方面的内容：① 交流。组织成员都有必要了解组织交流过程的特征和形式，并使过程尽量地公开和有效。② 领导。组织成员要理解领导风格，领导者要调整领导风格去更好地适应不同的情形，团队成员要学会根据个人特长来转换领导角色。③ 决策和解决问题。组织成员要学会组织是如何决策的，以及学会有效地解决问题的行为方式。④ 规则和角色。组织成员必须知道个人角色的承担和表现过程，团队要考察规则的合理性并学会通过有意识的过程来改变规则。⑤ 化解矛盾。组织如何化解个人、团队和部门之间的矛盾是另一个重要的过程。过程咨询

---

① 〔美〕黑尔里格尔、斯洛克姆、伍德曼：《组织行为学》下册，中国社会科学出版社2001年，第929页。

可能为诊断、理解、化解组织的矛盾提供有效的方法。

过程咨询的顾问不是解决问题的专家,而是通过与组织成员的共同工作了解组织的工作流程、组织的内部关系以及组织的矛盾和问题,提出他们的诊断意见,帮助组织正确地认识自己,引导组织自觉地克服矛盾,向一种有效的协作性组织关系发展。

(4) 团队建设。团队建设就是组织成员聚合在一起工作,通过互相配合与协作而达到一种融洽的组织氛围,实现组织目标。团队建设的活动主要包括目标设置、团队成员人际关系的发展、通过角色分析明确成员各自的职责、团队过程分析等。

团队建设的目标设置是非常重要的,让团队成员集体参加目标的制定能够增加员工的责任感,增加他们对目标的认同度,从而增强组织凝聚力。接下来,让成员集体参与工作的分析和分配,对工作的绩效进行评价,通过相互交流明确问题的所在,可以促进组织的整合与效益的提高。团队建设还要注意确定组织成员的角色,使成员认识到自己在组织中的地位,认清个人的职位和责任,担负起应尽的义务。还可以利用轮换职位、互相了解工作责任的方法来加强彼此的沟通和了解,形成团结和睦的团队人际关系。另外,团队建设与过程咨询有相似的地方,即分析团队运作的关键过程,明确工作方法,以及改进这些过程,提高团队效率。

实际工作中,对一个有效团队来说,黑尔里格尔提出的下列建议可能是有益的:

- 确定最紧要的事和方向;
- 基于技术和潜能而非个性来挑选团队成员;
- 对首次会议和行动给予特别关注;
- 设立一些很快就能达到的绩效目标来取得成功和自信心;
- 经常给团队带来新的挑战和信息以便维持动力和兴趣;
- 使用积极的反馈、认知和奖励。

(5) 参与型工作文化的建立。组织文化的变革是组织变革的关键环节。一种被称作参与型工作文化的组织体制成为了变革的方向。这种体制就是高绩效—高承诺(HP-HC)工作体制。它将技术和团队工作混合起来以产生一种组织成员间的所有关系融洽的感觉,同时可以应用最复杂的经验和技术。高绩效—高承诺工作体制有以下特征[①]：① 委派。将决策和行动的责任赋予给对某项任务拥有最相关和最及时信息或最适用技术的人员。② 跨边界的团队合作。打破组织边界，不再以单一组织的职能或部门为中心，而是以产品服务和为产品的顾客服务为中心，强调跨组织的合作。③ 授权。积极地将工作责任与权力下放到组织成员中去，使他们获得担负组织工作责任的机会，从而积极努力地为组织工作。④ 人员和技术的整合。将技术回归到组织人中，让人管理技术，而不是技术管理人。⑤ 一致的目标观。工作中的人们对组织的目标和完成目标的方法有相同的观点。

高绩效—高承诺的工作体制的建立可以被用来有效地管理组织中的人力、技术、财务资源，并能够充分地调动组织成员的智慧和才能，使组织中的既有资源发挥最大的效用。

（二）以任务和技术为重点的方法

以任务和技术为重点的方法强调在组织的工作中和组织所运用的技术中进行变革，以达到推动组织发展的目的。这种方法主要包括以下几种：工作设计、社会技术系统、全面质量管理、工作生活的质量等。

（1）工作设计。工作设计是一种对完成工作所采用的方式进行精细、有计划的再造，来达到提高激励程度、参与度、效率以及效益的目标。工作设计的变革方式主要有：工作轮换、工作扩展、工作丰富化以及自我管理的工作团队等。

无论是工作岗位的轮换、工作内容的扩展，还是工作生活的丰富化，或者是工作过程的自主化管理，都是基于这样的目的：促进不同工作岗位之间的相互了解，增加工作的多样性、任务的一致性，扩展工作的内在意义、自主性和产生的回报等。把按照固定流程的机械的工作改变为有意义、有生活乐趣的工作。这种变革不仅会改变工作本身的性质，也可以改变组织存在的价值——既为组织成员提供组织的生存保障，又为组织成员提供个人寻求自我价值正确的空间和机会。在工作重新设计的组织中，组织成员的自主和参与得到支持，组织结构不再拘泥于某种形式，而是非常灵活地应变

---

① 〔美〕黑尔里格尔、斯洛克姆、伍德曼：《组织行为学》下册，中国社会科学出版社2001年，第931页。

着形势的发展。

（2）社会技术系统。社会技术系统方法包括两方面的内容：社会系统和技术系统。这是因为任何组织的工作都必然关系到社会和技术两种因素。技术系统是组织中用来完成任务的工具、技巧、流程、技能、知识和设备等；社会系统是包含在组织中工作的人员以及他们之间的关系。组织变革必须同时满足社会和技术两方面的需要。

在组织中，技术系统通过操作规程的要求对行为进行规范，从而构成了对社会系统的约束。如果工作设计者在设计过程中忽略了组织人的个性和态度、他们的交往方式、他们的人际关系，那么不管他们的设计多么精巧，也最终会由于技术因素无论如何都不能取代社会因素而陷入困境。社会技术系统就是要将这两者结合起来，达到既可以利用技术系统的规范程序，又可以发挥社会系统的价值认同的目的。

比较好的方法是围绕组织化的工作团队，而不是单纯的个人来定义工作设计概念。这种工作团队又应该是自治工作群体或自我管理群体。他们可以计划自己的工作、控制自己的节奏和质量，做成很多传统上由管理层做的工作。

（3）全面质量管理（TQM）。要求达到或超过顾客的预期是全面质量管理的核心含义。产品质量最终要通过顾客来认同和评判的。如果一个组织符合全面质量的标准时，它的工作设计、流程都满足了顾客的要求，并且同时缩短了满足他们要求的时间和成本。

全面质量管理包括多种元素，如变革组织文化、高层管理的义务、培训、连续的改进过程以及对顾客、供应商、顾客关系的管理等。全面质量管理既是技术的运用，又是文化的改进——共同的价值观重视质量，并且组织授权在管理中特别重要。美国政府创设的马尔科姆·鲍德里奇国家质量奖就是专门用来奖励那些质量达到世界水平的组织，该奖的考察者和评委们总结了在TQM方面七个主要领域的成就[1]：

- 一项不断地改进各种运营活动的计划；
- 一套精确评价这些改进的系统；

---

[1] 〔美〕黑尔里格尔、斯洛克姆、伍德曼：《组织行为学》下册，中国社会科学出版社2001年，第948页。

- 一套基于将公司业绩与世界上最好公司作比较的标准而设立的战略计划;
- 一种与供应商和顾客密切的伙伴关系,它将改进反馈给营运活动;
- 对顾客的深入了解,以使顾客的需求能转化为产品和服务;
- 对防范错误的重视,而不仅是修正它们;
- 一种在组织中由上而下地改进质量的承诺。

(4) 工作生活的质量(QWL)。QWL 指的是组织对组织成员工作和生活需求的反应过程。意思就是指组织通过一定的工作机制,把员工吸入到组织的决策行为中来,使他们能够参与对自己工作的设计,对目标的制定,从而提高他们的工作积极性和满足感。它的主要目的是使工作更加人性化,使工作与生活更加一致。有人将 QWL 的一系列手段总结为以下八类[①]:

- 足够而公平的补偿;
- 安全而健康的工作环境;
- 发展个人能力的工作;
- 一个有利于个人成长的并且有保障的机会;
- 一个尊重人的个性、远离偏见、具有共同的意义和积极向上动力的社会环境;
- 个人拥有隐私权,持有不同意见可通过正当途径予以陈述的权利;
- 一个在最低限度上占用个人闲暇时间和剥夺家庭需要的工作角色;
- 组织所采取的行动具有社会责任感。

在几乎所有 QWL 方案中,都会包括工作设计、参与管理和弹性工作制等相关内容,这些手段可以被用来保证员工在组织中获得平等的机会,并且帮助他们学会在受到管理者专断指挥时能够保护自己。

---

① 〔美〕史蒂芬·P·罗宾斯:《组织行为学精要》,机械工业出版社 2000 年,第 398 页。

(三) 以结构和战略为重点的方法

组织整体范围的变革目的一般在于变革组织的结构、战略和文化。以结构为重点的方法涉及组织职位、组织间关系以及组织整体结构的再定义和重塑。以战略为重点的方法涉及组织的基本使命或目标以及实现该目标的计划或战略的再考虑。这两种方法都是全局性的组织变革,涉及的问题广而深,要求投入的各种资源的数量也很巨大,所以这两种方法在运用的时候都必须非常慎重。具体说来,大致有以下两种方法:适应性组织结构设计、战略变革。

1. 适应性组织结构设计

任何组织的结构都不是一成不变的,它总是在试图适应环境的变化,不断调整组织形式以达到既有效率又有稳定性的目标。当前组织形态正在向着更加扁平化、分散化、职能化转变,传统的官僚组织结构正在受到巨大的挑战。这种变革的趋势把组织结构导向一些新的组织形式,如结构扁平化的组织、附属组织或者平行组织、分散化的网络组织、职能化的矩阵组织等。

(1) 扁平化组织。扁平化组织是指减少管理中间层,让高层管理者直接与执行人员见面的组织形式。扁平化组织被变革者青睐的原因是:第一,减少管理层级,扩展管理幅度,缩减管理成本,提高管理经济效益;第二,加快管理层级之间的沟通,提高组织间信息的流通速度和效率;第三,管理幅度的扩大,赋予组织员工更大的自主权,增强组织的凝聚力和竞争力。扁平化组织已经被许多政府机构与大型企业采用,如新西兰政府的改革、IBM公司对组织结构的调整,这些改革都取得了很大的经济和社会效益,为后来的改革者提供了有益的经验。

(2) 附属组织或平行组织。在大型组织中,庞大的机构已经很难适应变化越来越快的社会形势,所以就有必要设立一些灵活的辅助性的附属组织来帮助组织完成许多任务。这些组织与正式组织是平行的,可以摆脱正式组织的羁绊,利用正式交流和权威渠道之外的人员群体,来确认和解决正式组织比较棘手的问题。附属组织与正式组织紧密相连但又有自己的特点,有人把它概括为以下几点:第一,所有的交流渠道都是公开的和相连的;第二,对有关问题的信息进行快速和完全的交换;第三,所采用的规则鼓励对目标、假设、方法、选择以及评价的标准进行仔细的探讨和研究;第四,高层管理者能灵活地召集下属来解决问题,但并不受他们限制;第五,开发联系附属组织与正式组织的机制①。附属组织不仅可以增强解决问题的能力,还可以使员工获得参与和自主的机会,提高组织的适应性和创造性。这种组织形式已经在政府、事业、企业、社会中介组织中广泛的运用了,如附属的参谋机构、灵活的执行机构、广泛分布的服务组织等。

(3) 网络组织。网络组织是将巨型组织分散化,把组织职能分散到各个分支机构中去,同时又注意加强各分散组织的关联的组织形式。网络组织强调借用先进的网络信息技术来帮助组织设计组织结构,沟通组织信息,协调组织的行动和完成工作。过去凭借组织中庞大的中间层级来执行的管理沟通,现在完全可以借用网络来进行,大量的管理权力可以下放到各个团队中,核心的管理部门越来越扮演着各个分支部门的协调员和调度员角色。管理工作既能够在分支机构中及时地反馈到社会环境中,又可以在核心部门的统一协作下取得一致,减少冲突,实现目标。目前正在各国实行的"电子政府"工程将使这种组织在较广泛的基础上建立起来,企业更是可以利用这种组织形式灵活的特点适应社会需求,及时改变组织服务战略。

(4) 矩阵组织。很多组织为了突破机械的或官僚制的结构而转向矩阵设计。矩阵组织是在大型组织面临职能重叠和交叉的情况下出现的、根据产品或职能来组织各类资源的组织形式。这种组织与前面三种组织一致的地方,就是它将组织的大量职能分散到各个项目团队中,按照组织的职能变革来设立组织的机构,促进组织以目标为中心高效和有序地运转。矩阵组织之所以被许多大型组织采用,主要是因为它的灵活性和适应性。当组织面临下列情形时,这种组织是优于别的组织形式的。这些情形是:组织正在应用复杂的技术,必须有专门的职能部门来操作;面对快速变化的市场,使组织具有高度敏感的神经,即敏感的职能机构;需要项目和功能间的高度合作,要求组织建立以项目为中心的职能部门。

2. 战略变革

战略变革是指组织在战略目标、实现目标的途径以及对变革方式的选

---

① 〔美〕黑尔里格尔、斯洛克姆、伍德曼:《组织行为学》下册,岳进等译 中国社会科学出版社 2001年,第953页。

择等基本层次上的变革。这种变革意义重大,牵涉到组织未来走向、组织变革的急变程度以及变革成功的可能性等根本问题。

战略目标是组织发展的动力和方向,在环境变化的背景下,战略目标常常要进行适应性地调整,有时是大规模的变革。变革战略目标的任务是艰难的,因为目标是既定的,它反映了旧传统中组织结构的惯性和组织资源的利用水准。对目标的变革就会涉及对组织结构与组织资源利用的再规划。所以,在变革战略的计划中,就要全盘考虑组织体的实际情况,并针对这些情况作出新的论断,将组织与环境协调的结果有效地加入目标变革的计划中。

实现目标的途径是战略变革的另一个重要内容。这就是远景设计,即对未来情景的设计和展望。一个好的例子由开放系统计划的过程提供。开放系统计划被设计用来帮助组织系统地评价它的环境和发展组织对环境的反应系统。它有下列步骤:

- 从环境对组织预期和需求的角度评价外部环境;
- 评价组织现在对这些环境需求的反应;
- 确立组织的核心使命;
- 构造一个未来环境需求和组织反应的现实情景;
- 构造一个未来环境需求和组织反应的理想情景;
- 将现实与理想的未来作比较并准备一个减少差异的行动计划。

战略变革还包括对变革方式的选择。变革方式主要指组织变革战略是采取从上到下型,还是从下到上型。这里有一个二元核心方法。所谓二元核心方法就是将管理和技术变革加以比较,从而选择对不同的组织来说是最恰当的变革方式。任何组织都包括二元核心:管理核心和技术核心。管理核心高于技术核心,它的责任包括设计组织结构、控制和协调组织活动、并与组织环境中的社会、政府、经济条件、金融资源、人力资源等发生关联。技术核心处于组织的中层,它的责任包括为组织中的资源整合提供技术支持,帮助组织有效地把产品和服务输入社会中。所以,根据不同组织的属性要注意运用不同的组织变革方法。

管理变革是从上到下型的变革,是指组织在管理核心层主动进行的较大规模的结构性变革,包括结构重组、小型化、团队、控制系统、信息系统和部门组合等。管理变革要适应环境和内部流程的变化,它的变革往往影响重大,所以它没有技术变革的频率高。因此,一般来说,管理变革适用于机械型组织,这类组织一般具备严格的官僚层级,组织职责也比较明确和规范,结构也比较稳定,如政府组织、事业机构、公营企业部门等。因为较浓的集权色彩和密切相关的社会责任体系,所以这类组织经常采用目标、战略、结构、控制系统、人员等方面的管理变革措施来进行组织变革。

技术变革是从下到上型的组织变革,是指组织的技术层积极引进生产或者管理的新技术、新设备,借助技术的力量从下部来推动组织基础的变革,从而促进组织整体的改进。技术变革适用于有机型组织结构,这类组织主要以技术为重要的轴心,制造社会需要的产品,提供各类服务。组织技术与中、低层员工有机地结合在一起,使得他们有可能根据在技术运用中形成的经验提出他们的构思。这种变革经常出现在赢利性的企业中。这些企业利用技术变革迅速地改变产品模式以适应市场的千变万化。

当然,实践中,这两种方法经常是配合使用的。以管理变革为重点的机械性组织可以运用技术变革提高组织的技术效率,促进组织的功能改善;以技术变革为重点的组织在面临组织重大危机的时候还是要靠管理变革来改变组织的战略目标与远景规划,重塑组织的结构,完善组织的功能。

思考题

1. 组织变革的动力主要有哪些?
2. 组织变革的阻力表现在哪些方面?
3. 组织变革的几种模式各有何特征?
4. 试比较几种不同的组织变革方法。

案例讨论

S 市的居委会怎么了?[1]

1999 年 3 月,经过反复比较研究,专家多次论证,S 市《关于社区建设

---

[1] 本案例摘选自《中国社会导刊》,1999 年第 12 期。

的意见》出台了。在意见中，S 市提出了调整居委会规模，划定新的社区。将社区明确定位在街道办事处以下，居委会以上。具体是：依据居民居住的自然地域和心理认同感，按有利于社区管理、有利于社区自治、有利于社区资源利用、有利于提高工作效能的原则，将 2 753 个居委会合并调整为 277 个社区。其中，以居住地的自然地界划分了 970 个"板块型"社区，以封闭型小区为单元的 99 个"单元型"社区，以家属宿舍为主体的 170 个"单位型"社区。其中最大的管辖 4 800 户，最小的管辖 400 户。

在社区定位的基础上，S 市建立了新型社区组织，形成新的管理机制。即每个社区建立社区成员代表大会，第一次将社区内的机关企业、学校等单位纳入社区成员范畴，参与社区建设。社区成员代表大会，是居民自治管理的代表机构，决定社区的重要事项，选举社区干部；建立社区管理委员会，吸纳驻社区公安民警和物业公司参加，与居委会实行一套班子、两块牌子。职能除原有的教育服务外，又增加了监督职能，即对政府职能部门、物业公司等社区服务部门的监督。社区管理委员会享受政府补贴，建立社区协商议事会。在社区成员代表大会闭会期间行使对社区事务的协商、议事职能，对管理委员会的工作提出建议，进行监督；建立社区党组织，组织社区党员参加社区建设。

S 市的改革方案其背水一战的"激活点"选在社区管委会的民主选举上，辅之以提高工资补贴的政策，推波助澜。S 市提出，坚持公开、公正、公平的原则，依据《居委会组织法》的有关规定，借鉴《村委会组织法》的普遍、直接、差额、无记名投票的办法，在报名的基础上，各街道办事处通过资格审查、考试、答辩的方法筛选出入围名单，提交到各社区居民代表大会讨论，正式确定候选人之后，在差额之间进行竞选演说，最后投票正式选举。

组织变革后，S 市社区建设工作步伐骤然加快。政府各职能部门把工作重心向社区下移，直接服务社区，各区街的职能部门从服务基层、完善社区功能、还权还政于民的角度，找准社区建设的落脚点。沈河区 164 个社区实现了警务、医疗、信访三进社区。86 个社区建立了具有独立办公室的警务室，其余社区采取了民警与社区管委会合署办公的形式，使警务室进社区达 100%，使可防性案发率比去年同期下降了 45%。49 个社区建立了具有独立地点和必备设施的社医疗点，其余建立了社区医疗点，为近 7 万人提供了医疗、健康、计划生育等内容的咨询服务，近 7 000 人接受社区门诊、上门医疗、家庭病床的服务，近 30 万人建立了健康档案。各社区还建立了驻区人大代表、政协委员、社区议事会成员的信访接待日,使信访服务100%进社区。

社区单位的加盟,福利设施的共享,使社区资源充分利用起来,据统计,1999年S市没给社区增加一分钱投入,但82%的社区挂上了"老年活动站"、"儿童活动中心"、"文化体育中心"的牌子。一个安宁、舒适的社区环境开始展现在人们面前,居民们开始找到归属感。

10月15日,来自北京、天津等地的50多位专家、学者,部分城市的社区工作者汇集S市,对S市社区建设进行了论证。一些专家认为,S市把社区的规模定位在小于街道大于原来的居委会的范围内是一个创新,符合S市城市管理体制改革的需要,有利于社区资源功能的合理利用和有效发挥,使社区建设有了可操作性。在管理体制上,S市建立了社区党组织、成员代表大会、管委会、议事会四个组织机构,类似于现在的党委、人大、政府、政协的体制,从职责、职能上各自相对独立,又有领导,基本上解决了他们之间的决策、执行、监督、协商、制约的关系,能够有效保证社区自治性质,防止自治组织行政化、官僚化。

在社区建设过程中,S市层层建立领导机构,注重理顺条块关系,在社区建立了警务室、医疗中心、文化活动中心、社区服务网络,使社会的各项功能渗透到社区之中,为完善中国的城市基层管理找到了一条出路。

当然,S市的社区建设还不成熟,还有一些不足,专家们的意见综合如下:

——社区性质已经确定,但还有一些居民不知道自己有哪些民主权利,也不知如何行使这些权利。一些党政部门还是按老规矩办事,放权观念还没有及时建立,与新形势的发展相比有点滞后;

——社区作为自治组织到底应该在哪些方面自治,政府中的哪些权力交还给社区,需要进一步明确,并要通过立法加以保障。

——社区议事层对执行层的监督职能有待加强和改善,能否考虑民选议事会成员,使管委会受聘议事会,其工资补贴等待遇由议事会根据民众评议工作实绩而定,使监督得到保证。

——社区管委会把物业公司纳入其中有所不当。物业公司是企业,是赢利性组织,其经营者进入管委会不利于实现监督职能。

——社区管理人员职业化、专业化配套制度须尽快建立。特别是等级标准、资格认定、奖惩制度、医疗养老保险制度的建立对于稳定社区干部队伍，提高社区工作者素质、结构十分重要。

——建立社区财力资源支撑体系，以保证社区建设与经济发展同步增长。市区在增加社区投入的同时，政府对社区成员单位也要从政策上明确其责任，并要倡导社区居民自愿捐赠。

——培育社区中介组织，在居民与社区，社区与政府之间建立起传达民情、反映民情的渠道。

有专家说，21世纪人类发展有两大战略问题：一是知识经济，二是社区发展。这两大问题相互关联，因为知识经济的发展会使失业人数猛增，工作时间缩短，会出现一个在家办公的群体等等。这些都要社区来承载，这是一个世界性潮流。S市审时度势，在居委会体制上进行大胆的改革，是符合形势变化的，也是超前的。

讨论题

1. S市的社区改革采用了以什么为主的改革方法？
2. 要进一步改革还应采用什么方法？

主要参考书目

1. 斯蒂芬·P·罗宾斯:《组织行为学》,(第七版)中国人民大学出版社,1997年。
2. 理查德·佩廷格:《掌握组织行为》,广西师范大学出版社,2001年。
3. 贺云侠:《组织管理心理学》,江苏人民出版社,1987年。
4. 麦克尔·威斯特:《成功的团队工作》,商务印书馆,2000年。
5. 乔森纳·特纳:《社会学理论的结构》,浙江人民出版社,1987年。
6. 理查德·尼克松:《领导者》,世界知识出版社,1983年。
7. 理查德·达夫特:《组织理论与设计精要》,机械工业出版社,1999年。
8. 麦金生:《哈佛大学肯尼迪政治学院读本》,四川大学出版社,1998年。
9. 竹立家、李登祥等编译:《国外组织理论精选》,中央党校出版社,1997年。
10. 查尔斯·汉迪:《非理性的时代:掌握未来的组织》,华厦出版社,2001年。

图书在版编目(CIP)数据

组织行为学/竺乾威,邱柏生,顾丽梅主编. —上海：复旦大学出版社,2002.11 (2017.6重印)
(MPA(公共管理硕士)系列)
ISBN 978-7-309-03399-1

Ⅰ.组… Ⅱ.①竺…②邱…③顾… Ⅲ.组织行为学-研究生-教材 Ⅳ.C936

中国版本图书馆 CIP 数据核字(2002)第 079713 号

组织行为学
竺乾威　邱柏生　顾丽梅　主编
责任编辑/邬红伟

复旦大学出版社有限公司出版发行
上海市国权路 579 号　邮编：200433
网址：fupnet@fudanpress.com　　http://www.fudanpress.com
门市零售：86-21-65642857　　团体订购：86-21-65118853
外埠邮购：86-21-65109143　　出版部电话：86-21-65642845
上海华教印务有限公司

开本 787×960　1/16　印张 22.25　字数 375 千
2017 年 6 月第 1 版第 10 次印刷
印数 36 801—38 900

ISBN 978-7-309-03399-1/D·212
定价：35.00 元

如有印装质量问题，请向复旦大学出版社有限公司出版部调换。
版权所有　　侵权必究

复旦大学出版社出版

复旦博学·MPA 系列

1. 当代中国公共政策　　　　　　　　　　　　刘伯龙、竺乾威主编
   定价：24.00 元

2. 公共行政学（第三版）　　　　　　　　　　　　　　竺乾威主编
   定价：34.00 元

3. 公共行政学经典文选（英文版）　　　　　竺乾威、〔美〕马国泉编
   定价：48.00 元

4. 行政法学（第二版）　　　　　　　　　　　　张世信、周帆主编
   定价：33.00 元

5. 公共经济学（第二版）　　　　　　　　　　　樊勇明、杜莉编著
   定价：35.00 元

6. 领导学原理——科学与艺术（第三版）　　　　　　　刘建军编著
   定价：40.00 元

7. 政治学　　　　　　　　　　　　　　　　　孙关宏、胡雨春主编
   定价：30.00 元

8. 组织行为学　　　　　　　　　　　　竺乾威、邱柏生、顾丽梅主编
   定价：33.00 元

9. 行政道德文选（英文版）　　〔美〕杰拉尔德·凯登著　〔美〕马国泉编
   定价：45.00 元

10. 定量分析方法　　　　　　　　　　　　　　张霭珠、陈力君编著
    定价：29.00 元

11. 定量分析方法导引、题解与案例　　　　　　陈力君、张霭珠编著
    定价：28.00 元

12. 公共经济学导引与案例　　　　　　　　　　　　樊勇明编著

　　　　　　　　　　　　　　　　　　　　　　　　定价:27.00元

13. 信息技术及其应用　　　　　　　　　　　　　　吴柏林编著

　　　　　　　　　　　　　　　　　　　　　　　　定价:35.00元

14. 公共政策分析　　　　　　　　　　　　　　　　张国庆主编

　　　　　　　　　　　　　　　　　　　　　　　　定价:35.00元

15. 土地资源管理学　　　　　　　　　　　　　　刘卫东、彭俊编著

　　　　　　　　　　　　　　　　　　　　　　　　定价:30.00元

16. 比较公务员制度　　　　　　　　　　　　　　　周敏凯著

　　　　　　　　　　　　　　　　　　　　　　　　定价:28.00元

17. 行政伦理:美国的理论与实践　　　　　　　　〔美〕马国泉著

　　　　　　　　　　　　　　　　　　　　　　　　定价:34.00元

18. 公共管理学　　　　　　　　　　　　　　　　　庄序莹主编

　　　　　　　　　　　　　　　　　　　　　　　　定价:35.00元

19. 公共行政理论　　　　　　　　　　　　　　　　竺乾威主编

　　　　　　　　　　　　　　　　　　　　　　　　定价:45.00元

20. 公共部门人力资源管理　　　　　　　　　　吴志华、刘晓苏主编

　　　　　　　　　　　　　　　　　　　　　　　　定价:39.00元

21. 政府绩效评估与管理　　　　　　　　　　　　　范柏乃著

　　　　　　　　　　　　　　　　　　　　　　　　定价:35.00元

复旦博学·政治学系列

1. 当代中国政治制度　　　　　　　　　　　　　　浦兴祖主编

　　　　　　　　　　　　　　　　　　　　　　　　定价:19.00元

2. 政治学概论(第二版)　　　　　　　　　　孙关宏、胡雨春、任军锋主编

　　　　　　　　　　　　　　　　　　　　　　　　定价:32.00元

3. 新政治学概要(第二版)　　　　　　　　　王邦佐、王沪宁等主编

　　　　　　　　　　　　　　　　　　　　　　　　定价:30.00元

4. 政治营销学导论 赵可金、孙鸿著
定价：32.00元

5. 选举政治学 何俊志编著
定价：30.00元

6. 西方政治学说史 浦兴祖、洪涛主编
定价：20.00元

复旦博学·国际政治与国际关系系列

1. 当代西方国际关系理论 倪世雄等著
定价：48.00元

2. 近现代国际关系史 唐贤兴主编
定价：40.00元

3. 当代中国外交（第二版） 颜声毅著
定价：38.00元

4. 国际政治学新论 周敏凯著
定价：25.00元

5. 全球化时代的国际关系（第二版） 俞正樑著
定价：30.00元

6. 中国国际关系理论研究 赵可金、倪世雄著
定价：39.00元

7. 国际关系与全球政治——21世纪国际关系学导论 俞正樑著
定价：30.00元

8. 中国先秦国家间政治思想选读 阎学通、徐进编
定价：30.00元

9. 国际关系：理论、历史与现实 邢悦、詹奕嘉著
定价：47.00元

其 他 教 材

1. 行政学原理　　　　　　　　　　　　　　　孙荣、徐红编著
   　　　　　　　　　　　　　　　　　　　　　定价:28.00 元

2. 政府经济学　　　　　　　　　　　　　　　孙荣、许洁编著
   　　　　　　　　　　　　　　　　　　　　　定价:24.00 元

3. 秘书写作　　　　　　　　　　　　　　杨元华、孟金蓉等编著
   　　　　　　　　　　　　　　　　　　　　　定价:36.00 元

4. 社会心理学　　　　　　　　　　　　　　　　　孙时进编著
   　　　　　　　　　　　　　　　　　　　　　定价:29.00 元

5. 办公室管理　　　　　　　　　　　　　　　　　孙荣主编
   　　　　　　　　　　　　　　　　　　　　　定价:20.00 元